献给凯伦·范·迪克

Es wird etwas sein, später,
das füllt sich mit dir ...

Later will be something
filling itself
with you

稍后，还将会有
什么东西，将自身用你
填充

二外
翻译
文库

计金标 主编

翻译改变一切

理论与实践

〔美〕劳伦斯·韦努蒂 著
蒋童 译

Translation Changes Everything: Theory and Practice

Lawrence Venuti

北京第二外国语学院
BEIJING INTERNATIONAL STUDIES UNIVERSITY
商务印书馆
创于1897 The Commercial Press

目　录

致　谢

本著所收录的论文，除第 13 篇此前未曾发表之外，其他均在不同的文集或期刊中刊发。我衷心感谢版权持有者允许我重印这些论文：

"Translation, Community, Utopia." In *The Translation Studies Reader*. Ed. Lawrence Venuti. 1st and 2ud editions. London and New York: Routledge, 2000/2004. pp. 468-88/482-502.

"The Difference That Translation Makes: The Translator's Unconscious." In *Translation Studies: Perspectives on an Emerging Discipline*. Ed. Alessandra Riccardi. Cambridge: Cambridge University Press, 2002. pp. 214-241. Copyright © 2002 by Cambridge University Press.

"Translating Derrida on Translation: Relevance and Disciplinary Resistance." *Yale Journal of Criticism* 16/2 (2003): 237-262. Copyright © 2003 by Yale University and The Johns Hopkins University Press.

"Translating Jacopone da Todi: Archaic Poetries and Modern Audiences." *Translation and Literature* 12/2 (2003): 231-245. Copyright © 2003 by Edinburgh University Press Ltd.

"Retranslations: The Creation of Value." In *Translation and Culture*. Ed. Katherine Faull. *Bucknell Review* 47/1 (2004); Lewisburg, Pennsylvania: Bucknell University Press. pp. 25-38.

"How to Read a Translation." *Words Without Borders: The On-Line Magazine for International Literature*, July/August 2004.

"Local Contingencies: Translation and National Identities." In *Nation, Language, and the Ethics of Translation*. Ed. Sandra Bermann and Michael Wood. Princeton: Princeton University Press, 2005. pp. 177-202.

"Translation, Simulacra, Resistance." *Translation Studies* 1/1 (2008): 18-35. Copyright © 2008 Taylor and Francis/Routledge.

"Translations on the Market." *Words Without Borders: The On-Line Magazine for International Literature*, February 2008.

"Teaching in Translation." In *Teaching World Literature*. Ed. David Damrosch. New York: Modern Language Association, 2009. pp. 86-96.

"The Poet's Version; or, An Ethics of Translation." *Translation Studies* 4/2 (May 2011): 230-247. Copyright © 2011 Taylor and Francis / Routledge.

"Translation Studies and World Literature." In *The Routledge Companion to World Literature*. Ed. Theo D'haen, David Damrosch, and Djelal Kadir. London and New York: Routledge, 2012. pp. 180-193.

"Towards a Translation Culture." *The Iowa Review* 41/2 (Fall 2011). Online.

特别感谢促成本书出版的编辑们：桑德拉·伯曼、杰西卡·布兰特利、大卫·达姆罗什、西奥·德汉、凯瑟琳·福尔、斯图亚特·吉莱斯皮、苏珊·哈里斯、杰拉尔·卡迪尔、约瑟夫·卢齐、阿兰·萨利耶诺·梅森、亚历山德拉·里卡尔迪、雪莉·西蒙、凯特·斯特吉、拉塞尔·瓦伦蒂诺、迈克拉·沃尔夫和迈克尔·伍德。第 9 章中提及的霍加思出版社、查托和温都斯出版社以及马丁·塞克尔有限公司的销售数据，是经过英国作家协会和兰登书屋集团有限公司的友好许可后才使用的。

感谢卢德里奇出版社的编辑路易莎·塞姆莱恩对本书的支持。乔纳森·加加斯在准备电子文件和建议修订方面给予了巨大的帮助。有两三篇论文是在玛莎·特南特提供的极佳条件下才撰写的，关于泰罗尼亚事宜，她提供了众多信息。

我对英语和加泰罗尼亚语单词的评论，依靠的是《牛津英语词典》和《加泰罗尼亚语大词典》的在线版本。所有未标明出处的翻译均由我负责，因为这些译文要视其具体的语境才能确定其意义。

题献选自保罗·策兰的诗歌《还将会有什么？》的开头几行，该诗收录于《时间家园：遗作中的晚期诗歌》(法兰克福：苏尔坎普出版社，1976年)。英文是我自己翻译的。

劳伦斯·韦努蒂

纽约市

2012年6月

1

引　言

本书收录了我自2000年以来发表的一些论文。其中两三篇虽然是应邀为期刊和其他学者编辑的集子所作，但我在其中所讨论的问题是广泛的，并始终与翻译研究、文学和文化研究的当前趋势和辩论相关。这些问题包括对等、复译和读者接受等基本概念，包括翻译在学术机构和全球文化经济中的影响等社会逻辑问题，还包括译者无意识和翻译伦理等哲学问题。

本书的某些文章提出了如何将译作读作译作、将译作讲授为译作的指导原则。译作是独立的文本，相对独立于译文译自的原语文本。其他文章则就翻译研究、翻译培训和出版业的趋势进行评论，另外一些文章提出从古至今一直延续的历史观点。每篇文章中都包含详细的案例研究，试图在理论概念及其物化显现之间建立联系。这样，所有讨论都与实践相关，无论是写作、出版、评论、教学，还是翻译研究。有不少讨论的思考是出自我自己的翻译项目，所涉及的文体和文本类型也是多种多样，既有人文的，也有实用的，包括诗歌、小说、戏剧、哲学、社会学、旅游指南和广告。大多数情况下，翻译语言是英语，但也涉及其他语言，如加泰罗尼亚语、汉语、荷兰语、法语、德语、古希腊语、意大利语、拉丁语、俄语和西班牙语。

尽管本书收录的论文形式不拘一格，但也绝非“大杂烩大拼盘”。以过去大概十年为时间框架，本书选文的目的有二：一是勾勒我对翻译思考的轨迹，二是介入翻译研究与翻译评论的主要趋势。这两个目的是相互关联的，因为彼此相互影响，但每个目标又截然不同，可以单独描述。只要它们能为本书提供

整体的连贯性，我就会加以描述，并展望未来我自己的工作和整个翻译研究的 2
趋势。

放弃工具主义

这些文章反映了我在思想上的重大变化。到 20 世纪 90 年代末，我已经形成了一种试图综合不同理论概念的翻译方法，其核心就是施莱尔马赫[①]的翻译方法观念，即认清原语文本的语言与文化差异。之后，法国译论家贝尔曼[②]在其翻译伦理的思想中进行了修正，即通过在翻译中体现原语文本的异质性来尊重文化差异性（参见 Schleiermacher 1813 和 Berman 1999，初版为 1985 年）。然而，在我看来，这一层面以一种间接的方式最有效地表现了出来，即在接受语境中质疑和颠覆语言与文化价值观的等级制度。在接受语境中，主导价值观倾向于通过同化来压制差异，或者通过无视将差异边缘化。我寻找到两种"异化"策略（一是陌生化，二是质询）。这些价值观：选择一些与已翻译的原语经典相悖的原语文本，采用的翻译方法

① 弗里德里希·施莱尔马赫（Friedrich Daniel Ernst Schleiermacher，1768—1834），德国哲学家、新教神学家、翻译家、翻译理论家，曾在哈勒大学学习，受康德哲学与德国浪漫主义的影响。1813 年 6 月 24 日，施莱尔马赫在柏林皇家科学院发表演讲《论翻译的不同方法》（*Ueber die verschiedenen Methoden des Uebersetzens*），总结并阐述自己的重"异质"的翻译观。这篇演讲影响深远，成为后来法国译论家贝尔曼和美国译论家韦努蒂思想的源泉。（本书脚注均为译者注。）

② 安托瓦纳·贝尔曼（Antoine Berman，1942—1991）是当代法国著名的翻译理论家，拉美文学及德国哲学的翻译家。他受德国翻译论家施莱尔马赫重"异质"的翻译观影响，提倡异化翻译和通过"直译"的翻译策略来实现异化翻译、保持文化的异域特征。其代表作《异域的考验：德国浪漫主义时期的文化与翻译》（*L'épreuve de L'étranger: Culture et traduction dans l'Allemagne romantique*），已于 2021 年 1 月由北京大学法语系章文教授译为汉语，生活·读书·新知三联书店出版。

不必严格遵循原语文本，正如施莱尔马赫与贝尔曼所主张的那样，而是培养一种实验主义（experimentalism），就像十九世纪意大利作家塔尔切蒂[①]和现代主义诗人埃兹拉·庞德[②]所实践的那样。（Venuti 2008: 15-16, 18-20, 125-126, 176-178）。

随着20世纪的展开，这些策略是基于我对当时世界各地的译者开始在一个强调狭义的、流畅的话语体制下展开翻译实践的理解，这种流畅通过依赖翻译语言中最熟悉的形式，通常是当下的标准方言得以保证。因此，对标准的创新变化或对非标准项目的适当使用，可以释放出一种异化的“剩余”（remainder，此概念借自让-雅克·莱瑟科尔[③]），这些效果超出了按字典定义所进行的语义对应，并在接受语境中记录语言与文化的差异（Lecercle 1990; Venuti 1998: 10-11）。我的想法并非要放弃流畅翻译，而是要将其边界扩展到超出译者所允许的有限词汇和句法之外。当话语体制涉及像英语或法语这样的主要语言时，这里的“主要”是指其在全球语言层次中的文化权威或声望，实验性翻译策略可以产生一种“少数化效应”（a minoritizing effect）。这一少数化效应是德勒兹[④]和瓜

---

① 伊吉欧·雨果·塔尔切蒂（Iginio Ugo Tarchetti，1839—1869），意大利作家、诗人、记者。韦努蒂于1993年编译并出版了其作品《怪异小说集》（*Fantastic Tales*），第二年又翻译出版了他的小说《受难》（*Passion: A Novel*）。

② 埃兹拉·庞德（Ezra Pound，1885—1972），美国诗人、文学评论家与翻译家，意象派诗歌运动的重要代表人物，美国艺术文学院成员。庞德是后期象征主义诗歌的领军人物。他翻译中国古典诗歌、日本俳句，并从中生发出“诗歌意象”的理论，为东西方诗歌的互相借鉴做出了卓越贡献。庞德发起翻译培训班派（Workshop），也是宣扬中国文明、翻译介绍中国古诗的西方诗人之一。

③ 让-雅克·莱瑟科尔（Jean-Jacque Lecercle），法国南特大学语言哲学教授。

④ 吉尔·德勒兹（Gilles Deleuze，1925—1995），生于巴黎，中学毕业后进入巴黎索邦大学哲学系就读。他的哲学思想其中一个主要特色是对欲望的研究，并由此出发到对一切中心化和总体化攻击。德勒兹的主要学术著作包括《差异与重复》《反俄狄浦斯》《千高原》等。1995年11月4日，德勒兹因难以忍受肺病折磨，从巴黎住处的窗户跳楼自杀，享年70岁。

塔里[①]将主要语言和文化“去领土化”的意义，将其带入挑战其权威的“逃逸”之路（Deleuze and Guattari 1987: chapter 4; Venuti 1998: 9-13）。应用于翻译，少数化的概念将异化实践定位于国家和跨国框架中。

无论是在翻译研究中，还是在我的翻译项目中，我都无意放弃对异化效果的追求。调动这种效应以质疑接受语境中的主流价值观的想法仍然是迫切需要关注的问题，或者更确切地说，对我而言，它恰恰已经成为人文主义翻 3
译的定义，因为它在语言与文化的差异中循环往复，而不应缩小这些差异以维持现状，无论翻译的语言与文化居于中心还是边缘，是主要还是次要。任何语言都不能承受由于限制或排斥与其他语言接触而造成的停滞，也没有哪种文化能够承受这样的自满，即让构成它的价值观层次结构免受审视和批评。（Venuti 2008: 19-20）

无论如何，我逐渐认识到，尽管施莱尔马赫-贝尔曼的运思方式表面上是解释学的方法，尽管表面上将翻译视为一种解释行为（interpretation），但它却以一种翻译的工具模型（an instrumental model of translation）为基础。在这种模型中，无论是翻译的形式、意义还是效果，都被视为原语文本中包含或引起的不变量的再现或转移。对于施莱尔马赫和贝尔曼而言，原语文本的异质性（foreigness）是其词汇和句法、风格和体裁、主题和话语中的不变特征，而译者必须通过紧密遵循这些文本特征来再现或表现这种异质性。因此，施莱尔马赫把他所谓的“所有翻译的真正目标”描述为“尽可能纯粹地享受外国作品”和“最直接地享受作品本身”，其中的词汇“纯粹”（unadulterated）和“直接”（direct）表明译者提供的不是对原语文本的解释，而是对该文本直接的接触

① 费利克斯·瓜塔里（Félix Guattari，1930—1992），法国哲学家、精神分析家。他发明了“精神分裂分析”和“生态哲学”。他因与德勒兹合作《反俄狄浦斯》和《千高原》而闻名于世。可参考《游牧思想：吉尔·德勒兹、费利克斯·瓜塔里读本》，长春：吉林人民出版社，2003年。

（Schleiermacher 1813: 61）。同样，贝尔曼也认为，翻译应该“在其自身的语言空间中将异质揭示［打开］为异质”（disclose the Foreign as Foreign in its own linguistic space）。这里，他借鉴了海德格尔关于真理作为揭示“存在”（being）的概念（Berman 1999: 75）。施莱尔马赫和贝尔曼对工具模型的假设，与圣哲罗姆[①]和尤金·奈达等理论家的思考方式非常意外地相似，他们“意义对意义”的翻译和“等效”概念继续产生出深远的影响（Venuti 2012a: 483-485）。

这些表述假定原语文本中有固定的或不变的本质，并且，无论在何时何地发生翻译行为，译者都能自由地触及。工具主义并未考虑到翻译在原语文本中所铭刻的转化性差异（transformative difference），也即损失与收获的比例，这只能通过翻译语言和文化而间接地窥见（因此，我诉诸现代实验主义的文学话语，以使译者的工作变得可见）。翻译传递的异质性，永远不可能以某种直接的形式存在，它总是一种通过在接受语境中的可理解度和兴趣所调停的结构。构成原语文本的语言与文化差异，不可避免地会被削弱和改变，即使译者保留了相当严格的语义对应，因为文本所包含的远不止于此类的对应关系：其独特的语言特征支撑是其原初文化中意义、价值与功能，而这些特征在转移到不同的语言和文化时，不可能完好无损地、无变化地存留。一言以蔽之，工具主义是一种无法提供对翻译深刻且全面理解的虚假观念。

4 我开始构造一个更为严密的解释学模型（hermeneutic model），将翻译视为一种解释行为，作为多种解释可能性中的铭刻。这一模型，假设无论原语文

① 圣哲罗姆（St. Jerome，约 347—420），罗马基督教圣经学者、翻译家。早期西方教会中学识最渊博的拉丁教父。生于斯特利同城（Stridon）的富裕基督教家庭。359 年，赴罗马学习希腊和拉丁文、修辞学和哲学，广交哲学和历史方面的学者。366 年正式入教。约 379 年在安提阿（今土耳其安塔基亚）升为神父。忠于《圣经》及其原则，并注释《圣经》。哲罗姆博学多闻，翻译了拉丁文《圣经》，称为“武加大本圣经”（Vulgate），1546 年特兰托会议确定其为天主教唯一权威的拉丁文《圣经》译本。

本的形式、样式或文本类型是人文学的、实用文体的还是技术文体的，其形式、意义和效果都具有根本的可变性。这种变化的程度总是受到解释原语文本所用材料和进行翻译的机构的控制。在法律和科技文本（例如合同和专利、医学研究和药学论文）中，只有对习惯用语、标准术语和明确定义的功能的常规应用，才能通过固定原语文本的形式和意义来限制或预先排除变化。我随后将其余部分重新定义为创建新语境：翻译通过应用一套形式和主题的解释项（interpretants），将原语文本重新语境化于翻译语言和文化中，以便铭刻一种解释。遵循德里达的铭刻概念，我认为原文本不仅在进入翻译过程时就已经被解释过、带有文化话语的痕迹，而且在翻译时还会经历进一步的、可能是相异的铭刻；遵循查尔斯·皮尔士[①]的解释项概念，我将翻译过程视为形式与主题调停的应用，其功能在于执行铭刻行为，这一过程可将原文转化为译文（Venuti 2012a: 495-499）。铭刻行为和解释项成为避开德国解释学传统的解释学模型的关键因素，尤其是海德格尔和伽达默尔的工作，其目标旨在揭示原语文本中的本质意义。我所开始构想的不同模型，打开了对翻译解释的可能性，允许它们随着译者应用的解释项的不同性质而变化，但使解释能够在翻译产生和流通的条件下——语言和文化、社会和政治——清晰、精确地被描述与评估。铭刻和解释项这两个概念，通过提纯语言剩余，增强了它的解释能力，促进了对翻译在接受语境中释放的不同效果的准确描述。当然，这种描述本身也是一种解释，它建基于对限定那种情境的价值观、信仰和表征的重构。

以这种更为灵活的方式将翻译视为一种解释行为，引领我进行了一次伦理反思。这一反思认识到原语文化差异不可避免地丧失以及翻译文化差异带来的过分收益，这种权衡揭示了翻译创造性的可能性。为了重构翻译伦理学，我转

---

① 查尔斯·皮尔士（Charles Peirce，1839—1914），美国最具独创性的哲学家之一，物理学家，数学家，实用主义创始人。

向了巴迪欧[①]的“事件”（event）这一概念，即那些通过揭示文化和社会机构中的缺陷而与之决裂的创新形式或实践的出现（Badiou 2001: 67）。让事件启动的翻译行为，在该机构中引入了语言与文化的差异，启动了由原语文本的解释所激发的新的思维方式。此外，作为一种语言和文化实践，翻译在更大范围内的事件方面具有独特性，这可能会潜在地影响接受语境中的价值、信仰和表征的层级结构，甚至影响整个符号资本（symbolic capital）的层级结构，正像帕斯卡尔·卡萨诺瓦[②]（遵循皮埃尔·布尔迪厄的社会学）将其视为不同民族文学传统之间的结构关系（Casanova 2004）。

恢复历史、文本性和能动性

在以往的二十年间，翻译研究作为一个学术领域经历了惊人的增长。以语言学为导向的研究方法在翻译培训中仍然流行，其中强大的分析工具被用来解决主要涉及实用和技术文本的翻译问题。特别是语料库语言学，在分析翻译文本和建立数据库以协助翻译工作方面大为有用。然而，自2000年以来，即使是对期刊文章、论文集和专著的简略概览也清楚地表明，各种形式的文学和文

---

① 阿兰·巴迪欧（Alain Badiou，生于1937年1月17日），出生于摩洛哥拉巴特，法国作家、哲学家。他受过数学和心理学的训练，关注哲学、政治及现实问题，前巴黎高等师范学校哲学系主任、教授，现任欧洲研究院（EGS）教授，著有《世纪》《哲学宣言》《存在与事件》等。

② 帕斯卡尔·卡萨诺瓦（Pascale Casanova，1959—2018），法国著名文学评论家，对世界文学研究做出过重要贡献。她是杜克大学的客座教授。其作品《文学世界共和国》（*La République mondiale des lettres*）曾在西方学术界产生了重大影响，尤其是在2004年被翻译成英文后，迅速成为世界文学领域的经典参考文献。在这本由博士论文修订而成的专著中，卡萨诺瓦从全球意义上思考文学问题，并从地理、经济和政治生态入手讨论了文学世界不平等的权力关系。

化研究，已经开始在全球范围内主导翻译研究。在方法论和研究成果方面最有成效的方法往往是社会学导向的。

社会学理论，尤其是由布尔迪厄[①]提出的一系列概念，越来越多地应用于翻译研究中。这一趋势最初出现在法语区，如魁北克和法国，那里的学者如让-马克·古旺威克[②]和吉泽尔·夏皮罗[③]研究了翻译在法国文学领域中的重要地位。这里的重点集中在大规模或系统性趋势，考察大量的翻译语料库、统计出版数据以及考虑特定文体融入法国文学传统的情况。古旺威克（Gouanvic 1999; 2007）研究了20世纪翻译成法语的两种美国文学样式：科幻小说和现实主义小说。夏皮罗研究了翻译模式在多大程度上促进了“语

① 皮埃尔·布尔迪厄（Pierre Bourdieu，1930—2002），法国当代最具国际性影响的思想家之一，巴黎高等研究院教授，法兰西学院院士。1972年，布尔迪厄出版社会学著作《实践理论概要》，1975年他创办了《社会科学的研究行为》杂志，1980年又出版了《实践的逻辑》，英译本出版于1990年。布尔迪厄的国际性学术影响是从80年代后期开始急速上升的，进入90年代后仍后劲十足。

② 让-马克·古旺威克（Jean-Marc Gouanvic，生于1944年），法国文学学者和翻译家，以其对翻译研究领域的贡献而闻名。他的工作主要关注翻译的社会文化方面，探讨翻译如何受到所处的文化和社会环境的影响，并对这些环境做出贡献。他在各种文章和书籍中探索了这些主题，强调翻译在文化交流中的作用，并突出了翻译如何反映和塑造源文化和目标文化的身份。他的研究经常深入探讨翻译文学文本的复杂性和细微差别，特别是译者如何处理文化差异以及他们在此过程中所做的创造性选择。他的贡献对于塑造现代对全球化世界中翻译的复杂性和影响的理解具有重要影响。

③ 吉泽尔·夏皮罗（Gisèle Sapiro，生于1965年），法国杰出的社会学家和研究者，研究文学社会学、翻译研究和知识。她的工作通常关注文学作品的社会和文化方面，探索这些元素如何受到更广泛的社会政治环境的影响。夏皮罗的研究揭示了文学代理人（包括作者、出版商和译者）在塑造文学作品及其在不同文化背景中的接受度方面的作用。夏皮罗还在翻译研究方面做出了重要贡献，考察影响文学作品跨文化翻译和传播的社会政治因素。她的研究强调了翻译如何作为文化交流的媒介，但也如何受到文化和政治霸权的影响。她的见解对文学研究、社会学、翻译研究和文化研究的学者来说非常宝贵，她的研究继续影响这些领域。

言和文化多样性”以及“表明在世界翻译市场上去国家化文学生产的趋势”（Sapiro 2010: 313-318）。

在文学研究领域内，第二个相关趋势与对歌德“世界文学”概念的重新构思相一致，这一工作由诸如卡萨诺瓦和佛朗哥·莫雷蒂[1]等学者完成。这里的焦点同样是系统性的：翻译被视为国际化的文学关系，这些关系根据语言和文学之间象征资本的不均匀分布而层级化。世界文学还被视为一种特殊的文本形式的生产（外来形式与本地内容的结合）以及一种接受方式（文本跨越语言和文化边界时意义的积累）。翻译在这两种实践中都占据了显著位置。世界文学的理论家倾向于避免文本细读（close reading），而是进行莫雷蒂所称的“远距离阅读”（distant reading），其关注的是微小特征如修辞和主题，或是宏大结构如体裁和传统的发展（Moretti 2000: 56-58）。

第三个研究趋势明显带有政治意味：提倡那些积极主动的翻译实践，介入社会和军事冲突，并支持特定的一方。莫娜·贝克尔[2]努力识别翻译中嵌入意识形态色彩浓厚的叙述，她的工作基于社会和传播理论家制定的叙述概念，这为这一
6 研究方向提供了强有力的推动（Baker 2006）。莫伊拉·英希莱里[3]在理论上细致

[1] 佛朗哥·莫雷蒂（Franco Moretti，生于 1950 年），意大利文学史学家和理论家，1972 年毕业于罗马大学当代文学专业，曾任教于萨莱诺大学和维罗纳大学。他曾就读于美国哥伦比亚大学和斯坦福大学。2000 年，他创立小说研究中心，并与马修·乔克斯共同创立斯坦福文学研究所。

[2] 莫娜·贝克尔（Mona Baker，生于 1953 年），英国曼彻斯特大学翻译与跨文化研究中心翻译研究荣休教授，国际著名翻译理论家。著有《换言之》《翻译与冲突》《翻译研究：语言学中的批判性观念》《卢德里奇翻译研究百科全书》。她的文章发表在各种国际期刊上，她是《译者》杂志的创始编辑，曾任圣哲罗姆出版社编辑部主任，国际翻译与跨文化研究协会创始副主席。

[3] 莫伊拉·英希莱里（Moira Inghilleri），杰出学者，专注于翻译和口译研究领域。她的工作主要集中在翻译和口译的社会文化和伦理维度上。她为理解文化、社会和伦理因素如何影响翻译和口译的实践和理论做出了重要贡献。她的著名作品《翻译与移民》探讨了翻译、移民和社会变革之间的交集。

地探讨了译者在冲突情况中保持中立的难度，她研究了在庇护裁决和战区口译中涉及的伦理和政治风险（Inghilleri 2011）。维森特·拉斐尔[①]通过类似的复杂方法，追溯了一种统一的美式英语被强制实施的压迫历史，以理解伊拉克口译员在美国军事占领期间所处的妥协位置（Rafael 2009）。

这些趋势的社会导向对翻译研究做出了重要贡献，不仅推进了该领域的发展，而且吸引了该领域以外学者的关注。然而，它们的主导影响意味着某些领域受到的研究较少，甚至在某些情况下被完全忽视。这种不均衡尤为明显，因为翻译既是一种语言实践，同时也是一种文化实践，它在世界各地催生出悠久的理论和评论传统。受到较少学术关注的领域包括历史、文本性和能动性。

过去的十年里，很少有项目研究翻译在特定文化情境和特定历史时刻的情况，这些研究体现为广泛的档案研究。社会学应用的普遍性和对行动主义的关注，由持续的冲突和灾难性事件所驱动，已经在翻译研究中植入了一种现实论（presentism），使得重点被明确地放在了最近的出版实践、政治紧张和军事斗争上。总体而言，主导的研究趋势对二十世纪或二十一世纪之前产生的翻译理论和实践，或一般的文本，显示出较少的兴趣。因此，将过去不仅作为理论概念和实践策略的来源，而且作为理解和批判现实的手段，对这种用途的关注越来越少。

翻译文本的性质，对于实践和培训都非常重要，而且翻译文本性（translated textuality）对于阅读和分析翻译的含义，对于研究和教学也同样重要，但这些方面几乎没有得到充分研究。在某些世界文学的最新理论中，细

① 维森特·拉斐尔（Vicente Rafael，生于1956年），知名学者，在历史学、文化研究和后殖民研究领域有着重要贡献。他特别以对东南亚历史的专业知识闻名，尤其是菲律宾历史，他的跨学科方法结合了历史研究与文化和文学分析。他的工作通常集中在语言、权力和殖民主义的交汇点上。他广泛研究了翻译在殖民主义和抵抗背景下的角色，考察了语言和翻译如何作为权力工具和文化谈判及抵抗的手段。他的研究深入探讨了殖民主体如何通过语言和叙事与殖民权力互动并颠覆它们。

读译文的方法被明确排除。最重要的是，基于社会学概念的系统性解释的转向，往往会压制将文本作为分析单位的地位，这有时是故意的（例如，参见 Heilbron & Sapiro 2007: 93-95 对“解释性”方法的拒绝）。在翻译的意识形态批评中对叙事的强调，并没有真正弥补对翻译文本性的忽视，反而极大地限制了可能应用翻译和分析翻译的解释项。如果按照贝克尔所说的“叙事理论，允许我们拼凑和分析一个并非完全可追溯至任何特定文本片段的叙事，而必须从多个来源叙事”，那么，这一理论要求对翻译文本进行激进的解释，排除其他理论和批评话语（Baker 2006: 4）。我们仍然不理解译者文字选择的文化与社会含义，关于如何编写和阅读译文，甚至翻译是什么样的交际行为，还没有形成共识。

7 如果不怀有对在特定文化和特定时期生产和接受的翻译文本的历史感，我们就会缺乏对译者能动性的理解。通过文化和社会领域的概念以及各种形式的资本来研究广泛的发展，已经相当程度地阐明了翻译模式，显示了跨文化关系是如何被层级化地构建的，无论是在个别语言社群之间还是在全球范围内。然而，这种方法掩盖了译者具体文字选择所发挥的作用，而更倾向于将机构中代理网络的作用视为翻译流通中最重要的因素。

在这方面，多次引用布尔迪厄体现的“认知和激励结构系统”（system of cognitive and motivating structures）在某一领域中产生实践的习惯体（habitus）概念，并没有给译者行为（translator’s actions）带来更细致的区分（Bourdieu 1990: 52）。相反，这一概念在翻译研究中的应用极为简化，可能是因为这一概念本身过于将人类行为简化。因此，古旺威克断言：

> 翻译作为一种实践，通过使用特定策略来顺应规范（norms）关系不大；换言之，翻译不是从可用的丰富多样解决方案中有意识地选择的问题。规范无法解释译者做出的或多或少主观和随机的选择，他们可以自由选择翻

> 译或不翻译，从而严格遵循或不遵循原文。如果译者给文本强加原文没有的节奏、词汇或句法，从而用自己的声音替代了作者的声音，这本质上并不是有意识的策略选择，而是译者在目标文学领域中获得的特定习惯体的效果。
>
> （Gouanvic 2005: 157-158）

古旺威克正确地将翻译规范与有意识的深思熟虑区分开来：规范更可能是译者学习并以潜意识或无意识方式应用的主导语言和文化价值观，因此它们可能被同化为布尔迪厄式的习惯体。然而，假设译者的文字选择或策略都缺乏深思熟虑或意图性，正如依赖习惯体所暗示的那样（“习惯体是一种没有意识或意志的自发性” [Bourdieu 1990: 56]），这就完全背离了对翻译行为的熟悉程度以及在任何文学翻译的创作过程中做出的无数选择。古旺威克实际上将译者融入了文学领域，尽管这种做法也并非没有矛盾。译者确实可以选择强加节奏、词汇或句法，但是，因为这些语言和文学形式可能从文学领域中可用的资源中选取，它们可以被视为跨个体的元素，所以很难与个体的声音等同。最终，诉诸习惯体会剥夺人类行为全部复杂性的译者能动性，这种复杂性不仅包括有意图的行动，还包括与规则和资源（例如翻译规范）相关的自我反思监控，不仅包括一定程度的意识，还包括由未被承认的条件和未预料的后果构成的无意识（参见 8
Giddens 1979：第 2 章；参见第 2 章和第 5 章）。

尝试新方法

接下来的 14 篇文章受益于当前的研究趋势，并通过补偿我所定义的局限性，潜在地将这些趋势引向更有成效的方向。论文以重新构思的解释学模型（hermeneutic model）为基础，保持翻译研究中的社会和政治导向。这是我的工作从一开始就有的特点，同时，论文通过重建生产和接受语境，将译者的能动性和翻译文本理论化，在案例研究中加以体现。我的假设一直是翻译研究必须努力链接社会和文本，以便推动进步，但这种联系必须植根于将翻译视为解释行为的概念。

然而，这些文章不仅应被视为在章节排列的顺序上构建了连贯的论点，而且，从词汇的强烈意义上来说，它们更像是试笔，旨在发展一组反复出现的理论概念并思考其实际意义。因此，每篇论文通过检视不同案例以构建不同的论点，关键概念反复阐述、多次陈述以适应不断变化的语境中的差异。虽然这些文章是按时间顺序排列的（每篇文本末尾方括号内标明了首次发表的日期），但可以单独阅读，无须遵循任何时间顺序。但如果读者选择按时间顺序阅读，就会看出我思考的轨迹：从工具主义向翻译的解释学模型转移，放弃语言剩余并采纳铭刻和解释项，以及再思尊重伦理。这一伦理认为翻译展示尊重的最决定性方式是将原文作为翻译文化中创新伦理的基础。

在整个过程中，我一直在关注翻译理论和实践之间值得商榷的区别，无论是研究实践还是翻译实践。在《翻译研究的名与实》（1972）（这篇被视为确立翻译研究领域，但后来被认定有局限）一文中，霍姆斯[①]将翻译研究分为三个类别："描述性的""理论性的"和"应用性的"（Holmes 1988: 71, 77；参见 Chesterman 2009）。最终，他承认这些"分支"并不像他所描述的那样"独

---

① 詹姆斯·霍姆斯（James S. Holmes，1924—1986），荷兰阿姆斯特丹大学文学系教授，原籍美国，长期从事比较文学和翻译理论研究。1972 年，他在哥本哈根召开的第三届国际应用语言学会议上发表了题为《翻译研究的名与实》（The name and nature of translation studies）的论文。此文被视为翻译研究学派的奠基性文献，就翻译研究的学科性质和研究范围等问题，提供了宏观的解释框架。霍姆斯建议使用 translation studies 作为学科术语，并得到翻译研究界广大学者，如勒弗维尔、巴斯内特、霍恩比等人的积极响应和支持。于是，"翻译研究"一词脱颖而出。"翻译研究"于 80 至 90 年代在西方得以发展成为一门得到公认的学科，霍姆斯的开创之功的确不可磨灭。

立”，因为它们之间的关系是“辩证的”，或是相互决定的（Holmes 1988: 78）。他解释道：

> 例如，翻译理论离不开描述性和应用性翻译研究中坚实的、具体的数据，而另一方面，在没有至少一个直观的理论假设作为起点的情况下，甚至无法开始在其他领域工作。
>
> （同上）

在这里，霍姆斯持有的假设是经验主义的，即认为知识仅仅是通过观察给出的，而不是基于理论概念构建的。因此，描述性和应用性研究被认为提供了可
以推断出理论的“坚实的、具体的数据”：霍姆斯的模型是科学的，运用了归 9
纳方法。霍姆斯不仅将理论性思索降格为“假设”，而且他似乎也没有意识到，即使是确定哪些文本特征、翻译策略和教学实践可以被归类为数据，也需要一个概念基础。在将翻译理论视为源自经验事实时，他没有意识到相同的数据可以用于、并支持不同的理论。他也无法预见翻译研究诸多的后续发展：在过去的半个世纪里，大多数影响研究的理论话语都来自该领域之外，主要是语言学、哲学以及文学和文化研究等学科。

在译者关于他们工作的评论中也可以察觉到类似的经验主义，其主要表现是对理论的敌意。乔纳森·加拉西[①]近期的一次访谈尤其中肯，因为他的工

---

① 乔纳森·加拉西（Jonathan Galassi，生于 1949 年），诗人、编辑、翻译家和出版执行者，创作多部诗集，包括《晨跑》《北街》《左撇子》以及小说《缪斯》。自 1986 年以来，加拉西一直在法拉尔、斯特劳斯和吉鲁出版社（Farrar, Straus & Giroux）担任编辑。加拉西在哈佛大学学习诗歌，师从著名诗人罗伯特·洛威尔（Robert Lowell）和伊丽莎白·毕晓普（Elizabeth Bishop）。他因其对文学的贡献获得了古根海姆奖学金，并担任美国诗人学会名誉主席。2008 年，他因在美国发现、培养和支持小说作家方面的杰出角色而获得了马克斯韦尔·珀金斯奖。此外，加拉西还因忠实地翻译意大利诗歌而闻名。

作涉及许多文化实践：他是诗人、意大利诗歌的译者以及美国最杰出的文学出版社（法拉尔、斯特劳斯和吉鲁出版社）的总裁兼出版人。当被问及“有没有你不感兴趣的特定类型的翻译，或你不喜欢的关于翻译的思考方式，或者与你的方法相悖的翻译？”，加拉西回答道：

> 恐怕我对翻译理论不是很感兴趣。我认为翻译实际上是一种实际操作的艺术实践。当然，还有商业翻译，翻译的经济业务，但这与我们现在讨论的内容并不相关。我们在这里谈论的是职业工作，通过与另一种语言的作家的接触，延伸诗人工作的范畴。你问的问题真的很有趣。我认为马克·斯特兰德（Mark Strand）是一位非常出色的翻译家。他具有伊丽莎白·毕晓普[①]所拥有的能力。他的风格平静，就像水一样通透。
>
> （Fitzgerald 2012）

尽管加拉西对翻译理论持保留态度，他的回答却基于诗歌翻译的某些假设，我会称这些假设为明确的理论。他不仅重视那些诗歌风格影响了其译作的诗人，还重视他在斯特兰德和毕晓普身上发现的特定诗学（particular poetics）。在此回应之前，加拉西曾赞扬过毕晓普对巴西诗歌的翻译：“我会说她的写作清澈透明，这在她的翻译中非常美丽地展现出来，就像透过非常清澈的水观看某物。”（同上）这种透明的形象指向了庞德的现代主义诗学，而这一诗学的部分就是通过翻译发展出来的。庞德在 1928 年的论文《卡瓦尔坎蒂》中指出，吸引他的恰恰是 13 世纪意大利诗人卡瓦尔坎蒂作品的语言特征：

---

① 伊丽莎白·毕晓普（Elizabeth Bishop，1911—1979），美国 20 世纪最有影响力的诗人之一。1934 年毕业于瓦萨学院后，在纽约文学圈里的生活为其事业奠定了基础。后与大学同学路易斯·克兰住在南方佛罗里达的基维斯特岛 5 年。她的一生很多时候都在旅行，游离于美国文化生活之外。1950 年定居巴西，后返回波士顿，任教于哈佛大学。1979 年去世。

> 我们已经失去了那个光芒四射的世界，在那里，一种思想清晰地跨过边缘，穿透另一种思想，一个充满动力的世界，“中等暗”（mezzo oscuro 10
> rade），“自身散发永恒的效果”（risplende in sé perpetuale effetto），形成的磁场，被看见，或那些接近可见的，但丁《天堂篇》中的物质，水下的玻璃，似乎在镜子中看到的形式，感官可察觉的诸种现实……
>
> （Anderson 1983: 208）

“水下的玻璃”：这与加拉西的评论非常相似。沿着庞德的案例，加拉西的翻译理论显然假设了现代主义哲学和诗学价值观，如逻辑实证主义和语言精确性，或许最终是基于经验主义的语言作为直接表达和引用的观念。

我所推崇的翻译思考方式，是对任何试图在理论和实践之间划清界限的尝试都持怀疑态度。没有理论概念，就不可能有任何实践；每种实践都同时受到可能未被表达或未被思考的假设的推动和限制，但这些假设无论如何构成了实践可能发生的直接条件。在翻译的情况下，“理论”和“实践”的类别是紧密相关且在效果上相互影响的。创新性的翻译研究，无论是理论倾向的还是历史倾向的，都可以引导新的翻译实践，激发和证明翻译的不同方式，而创新性实践，无论是由特定的文化情境、独特文本类型的出现，还是通信媒介的发明所激发，都可以催生新的理论概念和研究的产生。没有基于理论的自我意识，翻译研究和实践就无法发展其方法，也无法对其项目进行深入的批判。

最后，关于本书的标题。它指向一个基本假设，这一假设贯穿每篇论文并在个案研究中得以实现：翻译具有带来多重转变的潜力。翻译改变了原语文本的形式、意义和效果，即使译者为总结和评论创造可靠的基础而保留了语义上的对等。通过创造声望或创造刻板印象，翻译改变了原语文本起源的文化情境。通过带来新的、不同的东西，既不是原语文本，也不是翻译语言中的原创作品，翻译改变了接受文化语境。在这个过程中，翻译改变了各种机构中所孕育的价值观、信仰和表现形式。翻译处理的是开放变化的偶然性。坚持翻译的工具模型，坚持原文本不变量的存在，压制译者的解释并忽视其响应的文化语境，最终一定会恐惧变化。

1 翻译，共同体，乌托邦

理论的二律背反

尽管似乎没有人会否认翻译文本的主要目标及功能是交流，但在今天，我们已经不再认为翻译仅仅是一个简单的交流行为。受到诸如存在主义现象学和后结构主义等大陆哲学传统的影响，当代翻译理论认为语言构成思想，意义是多重决定的场所。因此，翻译被视为给予原语文本特定于译入语言与文化的意义（参见 Heidegger 1975; Lewis 1985; Benjamin 1989）。翻译从来都不是一种轻松的交流方式，因为译者在处理原语文本语言和文化的差异时，需要将这些差异简化并引入接受语境的差异，以使翻译得以在那里流通。因此，与其说原语文本是被传达，倒还不如说是被归化的，或者更确切地说，通过铭刻（inscription，又译“铭写”）的方式被同化进接受方的理解和兴趣中。这种铭刻从选择翻译文本开始，这始终是一个高度选择性和动机强烈的决策，并在翻译它的过程中发展出多种话语策略（discursive strategies），始终涉及在不同接受话语中的选择某些话语，而不选择其他话语。因此，铭刻是全面的，即便它永远不可能是完全的、无缝的或是终极的。在翻译文本进一步被读者处理并被赋予其他含义，在服务于接受语境中的其他兴趣之前，铭刻已在每个词汇中发挥了作用。

作为本土铭刻而非跨文化交流的翻译，已经使理论家们走向了一种伦理反思。在这一反思中，解决方案已经成型，以表明原语文本的异质性，即其在语言和文化上相对于接受语境的不同（例如，参见 Berman 1999 和 Venuti 1998）。
12 然而，对抗本土铭刻效应的伦理，只能主要以国内术语、方言、语域、话语和翻译语言与文化的不同风格来制定和实践。这意味着原语文本的语言与文化差异，只能通过在翻译中的位移、通过引入到接受语境中的价值观和习俗的差异而间接表达。因此，这种伦理态度与政治目的同时存在：铭刻归化术语成为翻译中重写的焦点，发展话语策略，并通过这些策略打乱接受价值的层级，从而开启陌生化、再造经典、意识形态批评和机构变革的过程。译者可能会发现，归化的概念本身就值得质疑，因为它隐藏了异质性和杂合性（heterogeneity and hybridity），使得翻译中所使用的既有刻板印象、规范和标准变得复杂。

当受到这种差异的伦理政治驱动时，译者就会寻求与异域文化建立共同体，与之共享理解，并基于这种理解展开项目合作，甚至愿意让这种理解修正并发展接受方的价值观念和习俗。寻求与国外共同体接触的冲动表明，译者希望扩展或完善特定的接受语境，弥补翻译语言与文化中的缺陷。正如莫里斯·布朗肖[①]所论述的，当个体能动性受到质疑的缺陷出现时，共同体的概念就会产生（Blanchot 1988: 56）。受伦理和政治驱动的译者，不会忽视翻译过程中缺乏平等地位的问题，他们对异质感兴趣，但不可避免地倾向于接受者。这样的译者知道，翻译永远不能仅仅传达异域文本，因为它只能使对那个文本的归化理解成为可能，无论这种理解多么陌生化，无论它多么具有颠覆性或支持归化。

在没有受到接受方智慧和兴趣影响的跨文化交流的情况下，翻译能培育哪些类型的共同体呢？本土铭刻会限制并重新定向翻译的交流目标，那么，又有哪些共同体是基于异质性的本土铭刻呢？

---

① 莫里斯·布朗肖（Maurice Blanchot，1907—2003），法国作家，是 20 世纪法国著名的文学评论家、理论家及小说家。他的作品主要有《死刑判决》《文学空间》《未来之书》《无尽的谈话》《等待，遗忘》等，《黑暗托马》是他最著名的作品。

翻译交流

在20世纪70年代，形式主义理论家吉迪恩·图里①试图将翻译定义为一种交流行为，同时承认在此过程中起作用的接受价值观念（receiving values），承认限制交流的目标规范。他写道，翻译

> 是在特定的文化语言系统内**传递翻译信息的交流行为**，这对原信息的分解、不变元素的确立（establishment of the invariant）、跨越文化语言边界的转移以及目标信息的重组都有着相关的重要影响。
>
> （Toury 1980: 17，粗体为图里所加）

“确立不变量”：如果翻译中的交流被定义为不变量的传输，那么，确立不变量的需求是否意味着翻译做的事情不仅仅是交流，甚至可能是其他事情？源信息 13
总是被解释和被重新发明，特别是在没有固定解释的文化形式中，例如文学文本、哲学论著、电影字幕、广告文案、会议论文、法律证词，等等。如果源信息在“某个”特定目标语言和文化中经历了“确立”过程，它怎么可能是不变的呢？它总是根据不同的价值观重构，并且总是根据不同的语言和文化的变化而变化。图里最终通过完全回避这个问题来处理交流问题：他将重点从探索翻译与原语文本之间的等价关系转移，转而关注翻译在目标文化中的可接受性。因此，关于异质的思考被预先排除，转而支持描述接受文化规范的研究。

但是，让我们继续探讨这个被预先排除的一系列问题。例如，在翻译过程

① 吉迪恩·图里（Gideon Toury，1942—2016），以色列特拉维夫大学教授，描述翻译学派的代表人物，《目标》（*Target*）期刊主编之一。主要著作有《翻译常规和1930—1945年的希伯来文学翻译》（1977）、《翻译理论探索》（1980）、《描述翻译学及其他》（1995）。

中，一部小说的哪些形式和主题特征可以被描述为不变量？由于准确性的标准根据文化和历史时刻的不同而变化，因此构成不变量的定义也会相应变化。让我们问一问当前的翻译实践。今天，大多数语言的小说译者寻求保持叙述形式（narrative form）的基本元素不变。情节不被改写来改变时间或其顺序，任何角色的行为也不会被删除或修订，日期、历史和地理标记、角色的名字通常也都不会改变，即使这些名字相当复杂且异域化，或只在极少数情况下改变（例如俄语名字）。当代经典的准确性标准，是基于对原语文本的忠实：对小说的准确翻译，不仅要再现叙述形式的基本元素，而且应在大致相同的篇幅内完成。

然而，在1760年，普雷沃神父[①]声称他的法语版塞缪尔·理查森[②]的《帕米拉》（*Pamela*）准确无误，尽管他将七卷英文版缩减为四卷法文版。他坚称："我没有改变任何与作者意图相关的内容，也没有太多改变他表达这一意图的方式。"（Lefevere 1992: 39）对我们来说，这些声明不仅仅代表了一个不同的准确性标准（基于对作者意图和风格的理解），它们似乎还超越了翻译的实际操作。普雷沃神父的文本确实就原文进行了删节和改编。

在当前的实践中，一部小说的翻译要能且必须传达构成原语文本结构叙述形式的基本元素。但并不意味着这些元素完全不变。任何语言的使用都可能通过采用多种非标准或次要形式（如地区或群体方言、行话、陈词滥调、口号、文体创新、古语、新词）来改变标准方言。莱瑟科尔称这些变化为"剩余

---

① 普雷沃神父（Abbé Prévost，1697—1763），本名安托万·弗朗索瓦·普雷沃（Antoine François Prévost），法国小说家、历史学家，因一生漂泊不定而得名"漂泊者普雷沃"（Prévost d'Exiles）。他著述颇丰，最著名的是《德格里厄骑士和曼侬·莱斯戈的故事》（*L'Histoire du chevalier des Grieux et de Manon Lescaut*）。

② 塞缪尔·理查逊（Samuel Richardson，1689—1761），18世纪英国著名小说家，保守派作家，作品有《克拉丽莎》《帕米拉》等。他关注婚姻道德问题，多以女仆或中产阶级女性为主人公，善于描写人物情感和心理，开创了此后英国家庭小说的一种模式。其中，他的作品《帕米拉》开创了英国感伤主义文学的先河。他的写作风格，影响了后世许多著名作家，例如卢梭的《新爱洛伊丝》。

物”（remainder），因为它们超出了传达单一含义的交流，反而将注意力吸引到交流行为的条件上，这些条件首先是语言和文化的，但最终包括社会和政治因素（Lecercle 1990）。文学文本中的“剩余物”当然要复杂得多，通常是形式和主题的沉积，包括过去的和现在的（Jameson 1981: 140-141）。

因此，任何通过翻译进行的交流，都将涉及归化剩余的释放，尤其是文 14
学。原语文本被用国内方言和话语、语域和风格重写，这产生了文本效果，只能在翻译语言与文化的历史中表示意义。译者可能为了传达原语文本而制造这些效果，试图为其形式和主题发明类似之物。但结果总是超出任何交流，释放出以目标为导向的意义的可能性。

思考一下最近的一部意大利小说《佩雷拉先生如是说》（*Declares Pereira*）的英文翻译吧。帕特里克·克里格（Patrick Creagh）于 1995 年翻译了安东尼奥·塔布基（Antonio Tabucchi）1994 年的作品《佩雷拉先生如是说》（*Sostiene Pereira*）。克里格的英文主要是当前的标准方言，但是他培养了一种明显的口语风格，有时甚至偏向使用一串黑社会黑话。他将“taceva”（silent，沉默）译为“gagged”（缄口的），“quattro uomini dall’aria sinistra”（four men with a sinister air，四个面容阴郁的男人）译为“four shady-looking characters”（四个看起来可疑的人），“stare con gli occhi aperti”（stay with your eyes open，保持睁开眼睛）译为“keep your eyes peeled”（保持警觉），“un personaggio del regime”（a figure in the regime，政权中的人物）译为“bigwig”（政界要人），“senza pigiama”（without pajamas，没穿睡衣）译为“in his birthday-suit”（一丝不挂），“va a dormire”（go to sleep，去睡觉）译为“beddy-byes”（上床睡觉觉）（Tabucchi 1994: 13, 19, 43, 73, 108, 196; 1995: 5, 9, 25, 45, 67, 127）。克里格还混入了一些独特的英国词汇和短语。他将“orrendo”（horrible，可怕的）译为“bloody awful”（糟糕透顶的），“una critica molto negativa”（a very negative criticism，非常负面的批评）译为“slating”（苛责），“pensioncina”（little boarding house，小旅馆）

译为“little doss-house”（小屋），“sono nei guai”（I’m in trouble，我有麻烦了）译为“I’m in a pickle”（我陷入了困境），“parlano”（they talk，他们谈话）译为“natter”（他们唠叨），“a vedere”（to look，看）译为“to take a dekko”（瞥一眼）（Tabucchi 1994: 80, 81, 84, 104, 176; 1995: 50, 51, 54, 64, 115）。

在意大利文之后，我插入了可供替代的译法，用以突出克里格翻译的范围和创造性。这些替代词不一定比他的选择更准确，在每个案例中，两种翻译都建立了词典意义上的与意大利语单词和短语的语义对应。克里格的选择传达了可以称为“不变量”的含义，只要它们被简化为意大利语和英语共享的基本含义。

然而，克里格的翻译与这个含义不同。这种变化可以被称为“转换”（shift），正如自 1960 年代以来翻译研究中发展的这个概念（例如，参见 Catford 1965; Blum-Kulka 1986; Toury 1995）。如果将克里格的英文与塔布基的意大利文并置，确实可以看出词汇上的转换，从意大利语当前标准方言到英式英语和美式英语的各种口语方言的转换。在回答我的询问时，克里格承认“有些短语，在英语中比意大利语更口语化”，明确表示他的转换不是由两种语言之间的结构差异所要求的，而是由文学和文化目标所驱动的，克里格说，“我甚至尝试只使用 1938 年那个时期流行的习语，并将它们分配给合适的说话者，以使角色之间的语言有微小的差异”（1998 年 12 月 8 日的通信）。

然而，“转换”这一概念并不能完全描述克里格选择所引发的文本效果。他的翻译通过释放一种特有的英语剩余物超越了他的文学和文化意图：不同的方言和语域建立了与英国文学风格、体裁和传统的关系。在体裁区分方面，塔布基的作品是一部政治惊悚小说。该小说设定在葡萄牙独裁者安东尼奥·德·奥利维拉·萨拉查[1]的时代，讲述了里斯本一家报纸的老年文化编辑

① 安东尼奥·德·奥利维拉·萨拉查（António de Oliveira Salazar，1889—1970），于 1932 年至 1968 年间出任葡萄牙总理，长达 36 年之久。他作为葡萄牙的独裁领导者，一生备受争议。2007 年，他被评选为“最伟大的葡萄牙人”。

佩雷拉如何在几周内逐渐激进化，其高潮表现为刊登了对法西斯政权的抨击。克里格将标准口语、英式英语和美式英语多语言混合，赋予了他的散文极富会话性的特点，与塔布基对惊悚情节的呈现方式一致：佩雷拉的叙述采取了口头形式，是对未命名的权威机构的一份官方证词（因而才有了这一奇怪的标题）。然而，口语化的英语也改变了佩雷拉的人物塑造，暗示他比意大利文本中呈现的那位年长的记者更不拘谨，也许更年轻。

同时，对于熟悉小说的读者来说，英美的俚语指向了英语小说历史上的时刻，可能让人联想到处理类似政治主题的惊悚作品，特别是格雷厄姆·格林[①]的一些小说，如《密使》（*The Confidential Agent*, 1939），与塔布基的作品一样，背景设定在西班牙内战期间，并涉及支持共和派对抗佛朗哥[②]的尝试。如果认识到这一文学参照（literary reference），克里格的翻译实际上邀请读者区分塔布基对法西斯的左翼反对立场和格林更谨慎的自由主义（Diemert 1996: 180-181）。格林将他的惊悚小说视为涉及社会和政治问题的"娱乐型作品"，旨在"不改变事物，而是让它们表达"（Allain 1983: 81）。克里格翻译与格林小说之间的语言相似性，突显了塔布基和格林对同一历史事件处理上的意识形态差异。

---

① 格雷厄姆·格林（Graham Greene，1904—1991），英国作家、编剧、文学评论家。1932年，以《斯坦布尔列车》成名。1950年，第一次获得诺贝尔奖提名，一生共获得21次提名，被誉为诺贝尔文学奖无冕之王。1976年，获美国推理作家协会最高荣誉奖：大师奖。1981年，获耶路撒冷文学奖。1986年，由英女王伊丽莎白二世授予英国功绩勋章。直到格林去世，他一直被誉为"20世纪最伟大的作家"。威廉·戈尔丁将他评为"20世纪人类意识和焦虑最卓越的记录者"。同时，格林也是马尔克斯最喜欢的作家之一，马尔克斯曾对他说："我是你的忠实读者，格林先生。"

② 弗朗西斯科·佛朗哥（Francisco Franco，1892—1975），西班牙内战期间推翻民主共和国的民族主义军队领袖，西班牙国家元首，大元帅，西班牙首相，西班牙长枪党党魁。1936年发动西班牙内战，自1939年开始到1975年独裁统治西班牙长达36年。1947年自任摄政王。1969年指定胡安·卡洛斯为王位继承人。1975年逝世于马德里。死后胡安·卡洛斯登上王位，实行民主改革，西班牙结束独裁统治。

因此，尽管可以说克里格的翻译传达了塔布基小说的形式和主题，但这些特征都无法逃避由英语语言剩余物铭刻引入的变化。剩余物不仅铭刻了一套特定于接受语境的语言与文化差异，它还补充了构成原语文本的差异的丧失。正如麦金泰尔[①]所观察到的，由于在任何“承载传统的共同体”（tradition-bearing community）中，“实际使用的语言与该传统的共享信念的表达紧密相关”，这使得语言具有“历史维度”（historical dimension），这种维度在翻译过程中往往无法存活（MacIntyre 1988: 384）。麦金泰尔认为，这种不可译的问题，在“20世纪后期国际化的语言使用”中最为明显，例如在英语中，“对可能的对立信仰体系几乎没有预设”，因此会“中和”原语文本的历史维度（同上）。因此，在英语翻译中，

> 一种无法脱离语境就无法作为**其本身**阅读**的文本**，却被变成了一种无语境的文本。但在这样处理它的过程中，它被变成了不再属于作者也不会被其原本受众所认可的文本。
>
> （同上：385，粗体为麦金泰尔所加）

克里格的翻译，一方面将英语语言文化史铭刻进塔布基的小说中，另一方面又取代了意大利文本的历史维度。这个文本在叙事传统中占据一席之地，包括第
16 二次世界大战期间和之后的抵抗小说（resistance novels）以及关于法西斯统治下生活的小说，例如阿尔贝托·莫拉维亚的《顺从者》（*Il conformista*，1951；

---

① 阿拉斯代尔·麦金泰尔（Alasdair MacIntyre，生于1929年），哲学家，出生于苏格兰格拉斯哥，圣母大学研究哲学的奥布赖恩高级教授（O'Brien Senior Research Professor）。著有《马克思主义和基督教》《论无意识》《伦理学简史》《对时代自我形象的批判》《德性之后》《谁之正义？何种合理性？》《三种对立的道德探索观点》《第一原理、终极目的与当代哲学问题》等。主要兴趣在道德哲学、政治哲学、哲学史和神学等领域。

英译本 *Conformist*）和乔治奥·巴萨尼的《芬齐–康蒂尼花园》（*Il giardino dei Finzi-Contini*，1962；英译本 *The Garden of the Finzi-Continis*）。意大利历史包含法西斯传统这一事实，确保了塔布基的读者会以独特的意大利方式理解萨拉查政权，不仅作为对墨索里尼独裁统治的暗示，而且作为对当时事件的寓言。《佩雷拉先生如是说》创作于 1993 年，并于次年出版，当时意大利由中右翼联盟掌权，由西尔维奥·贝卢斯科尼[①]的意大利力量党运动在选举中获胜。正如塔布基所说，"那些不喜欢意大利政治局势的人把它（他的小说）视为内部抵抗的象征"（Cotroneo 1995: 105）。赋予了这种特有的意大利意义，《佩雷拉先生如是说》在出版后一年内售出 30 万册。

尽管受到英美评论家的好评，克里格的译本并未成为畅销书。出版两年后，由新方向出版社出版的美国版只销售了 5000 册。克里格保持了词典上的对等，但他翻译中的语言剩余不足以保留使小说对意大利读者，以及其他具有类似历史的欧洲国家如西班牙的读者产生共鸣的文化和政治历史。

铭刻交流

翻译是否能够向读者传达对原语文本的理解，这种理解对于源文化的母语读者或至少精通其语言并熟悉其形式和实践的人来说是可获得的？是的，我想要论证，但这种交流永远是部分的，既不完整又不可避免地偏向于接受语境。它只有在翻译释放的归化剩余物中包括了原语文本首次出现时的文化背景铭刻时才会发生。

① 西尔维奥·贝卢斯科尼（Silvio Berlusconi，1936—2023），意大利前总理，世界政治家、企业家、经济学家和传媒界巨头，AC 米兰足球俱乐部前老板。他横跨商界、政界、体育界和娱乐界，曾四度担任意大利总理，是二战后意大利任职时间最长的总理，曾入选 2019 年福布斯全球亿万富豪榜。2023 年 6 月 12 日，贝卢斯科尼在米兰去世，终年 86 岁。

这里工作的交流形式是二阶的，建立在词典对等之上，包含但超出了沃尔特·本雅明[1]所称的信息“资讯”或“内容”（Benjamin 1923: 75）。本雅明写道：“当一部作品在其持续生命中达到了名声的时代时，产生的翻译就不仅仅是信息的传输了”（同上：77）。我理解“名声”这个术语意味着文学文本的整体接受情况，不仅是在其自身的语言和文化中，也是在已将其翻译的文化的语言中，不仅是国内外评论家的评判，还包括文学历史学家和批评家的解读以及一个国际著名文本可能在其他文化形式和实践中承载的形象，无论是精英还是大众。一部小说的翻译可以传达的不仅仅是词典意义，不仅仅是叙事形式的基本元素，而是一种参与其“在后代中基本永恒延续的生命”的解释（同上）。而
17 且这种解释可以为原语读者所共有，为他们所写的文本所共有。然后，尽管针对不同语言和文化的读者，翻译将促进与源文化的共同理解，一种部分恢复原语文本历史背景的理解。

以加缪1942年的小说《局外人》（*L'Étranger*）为例。加缪本人承认，区别于法文文本的风格、情节和人物特征都源自20世纪早期的美国小说，尤其是欧内斯特·海明威的作品，以及詹姆斯·M. 凯恩等作家的硬汉或强硬派散文。相较于斯图尔特·吉尔伯特（Stuart Gilbert）1946年的版本，马修·沃德（Matthew Ward）于1988年翻译的《局外人》（*The Stranger*）为英语读者更有效地呈现了这种互文联系。这些差异在开篇就很明显：

---

① 沃尔特·本雅明（Walter Benjamin，1892—1940），犹太学者，有人称其为“欧洲最后一位文人”。本雅明的一生是一部颠沛流离的戏剧，他的细腻、敏感、脆弱不是让他安静地躲在一个固定的夜晚，而是驱使他流落整个欧洲去体验震惊。本雅明在柏林以一个自由作家和翻译家的身份为生。1933年，他被纳粹驱逐出境，移居法国，并成为“社会研究所”成员。为了躲避盖世太保，1940年又移居至西班牙边境小镇，在此写下了许多重要的作品，如《论歌德的〈亲和力〉》《德国悲剧的起源》《单向街》《机械复制时代的艺术作品》《1900年左右的柏林童年》以及传世名作《巴黎拱廊街》。1940年9月27日，本雅明于西班牙一个边境小镇被迫自杀。他的翻译主张，集中体现在1923年所作的《译者的任务》一文中。

Aujourd'hui, maman est morte. Ou peut-être hier, je ne sais pas. J'ai reçu un télégramme de l'asile: "Mère décédée. Enterrement demain. Sentiments distingués." Cela ne veut rien dire. C'était peut-être hier.

L'asile de vieillards est à Marengo, à quatre-vingts kilomètres d'Alger. Je prendrai l'autobus à deux heures et j'arriverai dans l'après-midi. Ainsi, je pourrai veiller et je rentrerai demain soir. J'ai demandé deux jours de congé à mon patron et il ne pouvait pas me les refuser avec une excuse pareille. Mais il n'avait pas l'air content. Je lui ai même dit: "Ce n'est pas de ma faute." Il n'a pas répondu. J'ai pensé alors que je n'aurais pas dû lui dire cela. En somme, je n'avais pas à m'excuser. C'était plutôt à lui de présenter ses condoléances. Mais il le fera sans doute aprés-demain, quand il me verra en deuil. Pour le moment, c'estunpeu commesi maman n'était pas morte. Aprés l'enterrement, au contraire, ce sera une affaire classé et tout aura revêtu une allure plus officielle.

（Camus 1942: 1）

Mother died today. Or, maybe, yesterday; I can't be sure. The telegram from the Home says: YOUR MOTHER PASSED AWAY. FUNERAL TOMORROW. DEEP SYMPATHY. Which leaves the matter doubtful; it could have been yesterday.

The Home for Aged Persons is at Marengo, some fifty miles from Algiers. With the two o'clock bus I should get there well before nightfall. Then I can spend the night there, keeping the usual vigil beside the body, and be back here tomorrow evening.

I have fixed up with my employer for two days' leave; obviously, under the circumstances, he couldn't refuse. Still, I had an idea he looked annoyed, and I said, without thinking: "Sorry, sir, but it's not my fault, you know."

Afterwards it struck me I needn't have said that. I had no reason to excuse myself; it was up to him to express his sympathy and so forth. Probably he will do so the day after tomorrow, when he sees me in black. For the present, it's almost as if Mother weren't really dead. The funeral will bring it home to me, put an official seal on it, so to speak.

（Camus 1946: 1-2）

今天，母亲去世了。或者，也许是昨天；我不能确定。来自疗养院的电报说：您的母亲去世了。明天葬礼。深表同情。这让情况变得模糊不清；可能是昨天发生的。

老年人之家在马伦戈，离阿尔及尔大约五十英里。坐两点钟的巴士，我应该能在天黑前到达那里。然后我可以在那里过夜，守着遗体进行通常的守夜，明天晚上回来。

我已经和我的雇主请了两天假；显然，在这种情况下，他不能拒绝。不过，我觉得他看起来有些恼火，我就不假思索地说："对不起，先生，但这不是我的错，您知道的。"

后来我觉得我本不需要那么说。我没有理由为自己辩解；应该由他来表示同情等等。也许后天他看到我穿黑衣时会这么做。目前，感觉上好像母亲并没有真的去世。葬礼会让我感受到这一点，可以说是给它盖上官方的印章。

18 Maman died today. Or yesterday maybe, I don't know. I got a telegram from the home: "Mother deceased. Funeral tomorrow. Faithfully yours." That doesn't mean anything. Maybe it was yesterday.

The old people's home is at Marengo, about eighty kilometers from Algiers. I'll take the two o'clock bus and get there in the afternoon. That way I can be there for the vigil and come back tomorrow night. I asked my boss for two days off and there was no way he was going to refuse me with an excuse like that. But he wasn't too happy about it. I even said, "It's not my fault." He didn't say anything. Then I thought I shouldn't have said that. After all, I didn't have anything to apologize for. He's the one who should have offered his condolences. But he probably will day after tomorrow, when he sees I'm in mourning. For now, it's almost as if Maman weren't dead. After the funeral, though, the case will be closed, and everything will have a more official feel to it.

（Camus 1988: 3）

今天，妈妈死了。也许是在昨天，我搞不清。我收到养老院的一封电报："令堂去世。明日葬礼。特致慰唁。"它说得不清楚。也许是昨天死的。

养老院是在马朗戈，离阿尔及尔八十公里。我乘两点的公共汽车去，下午到，赶得上守灵，明天晚上即可返回。我向老板请了两天的假。事出此因，他无法拒绝。但是，他显得不情愿。我甚至对他说："这并不是我的过错。"他没有搭理我。我想我本不必对他说这么一句话。反正，我没有什么须请求他原谅的，倒是他应该向我表示慰问。不过，到了后天，他见我戴孝上班时，无疑会作此表示的。似乎眼下我妈还没有死。要等到下葬之后，此事才算定论入档，一切才披上正式悼念的色彩。①

① 此处汉译参见柳鸣九译《局外人》，上海：上海译文出版社，2010年，第1页。

两个版本的英文都采用了相当口语化的语域，但一旦对比起来，差异就开始增多。吉尔伯特的翻译比较自由，他为了清晰而增加了一些词汇，将“je pourrai veiller”（我将能够守夜）扩展为“I can spend the night there, keeping the usual vigil beside the body”（我可以在那里过夜，守着遗体进行通常的守夜）。他修改并缓和了法语措辞的突兀，将“Cela ne veut rien dire”（这没有什么意义）译为“Which leaves the matter doubtful”（这让情况变得模糊不清）。他还赋予了他的散文一种正式和礼貌的形式，将“maman”译为“Mother”（母亲），将“patron”译为“employer”（雇主），将“Ce n’est pas de ma faute”译为“Sorry, sir, but it’s not my fault, you know”（对不起，先生，但这不是我的错，您知道的）。相比之下，沃德的翻译更为贴近原文。他重现了法文的词汇和句法特点，与吉尔伯特的不同之处不仅在于选择了“Maman”和“boss”，而且还坚持了加缪简洁、精确的句子：“That doesn’t mean anything”（这没有什么意义）、“It’s not my fault”（这不是我的错）。因此，沃德赋予了他的散文一种亲切和直接性。在吉尔伯特采用“two days’ leave”（deux jours de congé）、“Home for Aged Persons”（l’asile de viellards） 和“I had no reason to excuse myself”（je n’avais pas à m’excuser）等短语的地方，沃德使用了“two days off”（两天假）、“old people’s home”（老人院）和“I didn’t have anything to apologize for”（我没有什么好道歉的）。沃德本人将这两个版本的区别描述为方言上的不同：他称吉尔伯特的版本为“‘英式’的表达”，而将自己的版本视为“赋予文本更多‘美式’的特质”（Camus 1988: v-vi）。沃德也意识到他正在刻画一种文化差异，释放了一种文学剩余物，引导英语读者走向美国叙事传统、走向“海明威、多斯·帕索斯、福克纳、凯恩”（同上）。

尽管吉尔伯特的译本在某些地方较为自由，但它确立了词汇上的对等，这实际上传达了加缪小说独特的情节和人物塑造。因此，他的翻译也能使英语读者感知到法文文本的美国文学根源，即使他们不了解其更广泛的法国背景。美国著名评论家埃德蒙·威尔逊（Edmund Wilson）在该译本出版的那年为《纽约客》杂志撰写了书评，提供了对其译作的深刻见解。他知道加缪是“被称为存在主义哲学的文学主要代表人物之一”，但他立即承认了自己的无知：“除了这部小说外我没读过加缪的其他作品，我对他们作品的哲学背景完全不熟悉”（Wilson 1946: 99）。由于他的阅读有限，威尔逊直奔熟悉的内容，并强调了吉尔伯特翻译中的国内参考：“我确信，加缪一定读过像《邮差总是按响两次门铃》这样的美国小说。”这一参照最终引发了不利的比较。威尔逊认为《局外人》是对凯恩小说的失败模仿，而不是使用美国形式探索欧洲哲学主题的法国叙事。外国背景的缺失被长期主导美国叙事传统的现实主义所填补，以至于加缪作品中的主角被认为是“不可信的；他的行为从未得到解释或合理化”（同上）。 19

沃德很幸运，他拥有更为见多识广的读者群：他可以依赖四十年来的文学批评和历史，而在这四十年间，《局外人》被研究、讲授，在美国以及全球许多国家都被列入当代世界文学经典。吉尔伯特的版本无疑帮助小说在英语读者中获得了这一地位，但直到沃德版本的出现，才有了与加缪实验风格类似的译本，一种混合了美国和法国的语言和文化形式的异质混合体。通过这种方式，沃德的译本传达了一种对法文文本的理解，这种理解对法语读者而言是可以理解的。这种理解促使沃德决定，例如，在开场句中保留法语的“Maman”：

> 加缪在笔记本中记录了他的观察：“儿子对母亲的奇异感觉构成了他所有的情感。”而萨特在他的《解释〈局外人〉》中，特意指出了默尔索对他母亲使用孩子般的词汇“Maman”。我相信，使用更疏远、成年人的“Mother”会改变默尔索对她的奇异感觉的性质。
>
> （Camus 1988: vii）

沃德的写作释放了铭刻美语和法语参考的剩余物，对英语读者来说，结果确实是陌生化的。不仅美语叙事形式获得了在使用它们的美国作家那里所不具备的哲学深度，而且吉尔伯特的版本也失去了作为对法文文本解释的权威性。这在《纽约客》杂志上发表的一则简短但赞赏的评论中得到了恰当的体现：

> 更贴近、更简洁的翻译的效果，是使得默尔索显得更加陌生化，更具异域风情与更拘谨，不像英语版中解释性的密友那样。他不再那么像是一位无幻想享乐主义的倡导者，而更像是一位通过一次无意义的、被阳光晃眼的
> 20 行为及其无情的社会后果，与他已故母亲建立联系并认识到他与“世界的温柔漠然”之间兄弟般关系的心理学研究对象。这是对吉尔伯特更宏大措辞“宇宙的慈祥漠然”的明显改善。
>
> （*New Yorker* 1988: 119）

这种“改进”，根据这位匿名评论者的反馈，涉及更高的合理性。沃德赋予了加缪的角色那种威尔逊认为吉尔伯特版本缺乏的心理现实主义，尽管这是针对稍晚的美国读者群。沃德的翻译更受他的读者欢迎，部分原因是他们对法国文学和哲学有更多了解，但也因为他的写作方式：他的风格更能唤起美语和法语文化形式的联想，因此更能传达法文文本的内涵。

多样化的共同体

翻译中的本土铭刻构成了一种独特的交流行为，无论是间接的还是偏离的。它在接受语境中围绕翻译文本创造了一个兴趣共同体，一个对它理解并将其用于各种目的的受众群体。当翻译出版时，这种共享的兴趣可能会自发产生，吸引来自译入语言和文化中已经存在的不同团体的读者。它也可能被安置在一个机构中，使翻译执行不同的功能，无论是学术的、宗教的、文化的还

是政治的，商业的或市政的。围绕翻译产生的任何共同体在语言、身份或社会地位上都远非同质。其异质性最好理解为玛丽·路易斯·普拉特[①]所称的“接触语言学”（linguistics of contact），在这一语言学中，基于语言的共同体被视为在“社会差异线”上去中心化（Pratt 1987: 60）。翻译是原语言和译入文化之间的语言“接触区”（a linguistic zone of contact），但也是后者内部的接触区。

通过翻译构建共同体的兴趣不仅仅集中在原语文本上，还反映在译者在其中铭刻的接受价值观、信仰和表征上。并且这些兴趣还取决于翻译的使用方式。在原语文本在某个机构中已获得经典地位的情况下，翻译成为解释共同体的场所，可能支持或挑战当前的典范和解释、流行的标准和意识形态（参见 Fish 1980 以及 Pratt 1986: 46-52 中的批评）。在原语文本已经实现大范围流通的情况下，翻译成为意外群体的聚集地，培育了本来因文化差异和社会分歧而分离的读者共同体，现在则因共同的迷恋而联合起来。翻译可以迎合多样化的受众群体的兴趣，因此接受形式不会完全一致。由于翻译在外来元素中往复，在引入语言与文化差异方面，它同样能够跨越或加强国内受众之间的界限及其所处的层级结构。如果本土铭刻包括原语文本最初出现时的一部分社会或历史背 21
景，那么翻译也可以创造一个包括源语言理解和兴趣的共同体，与另一种文化、另一个传统共同理解。

思考一下围绕一部诗歌译本聚集起来的读者群体。1958 年，美国译者艾

① 玛丽·路易斯·普拉特（Mary Louise Pratt，生于 1948 年），文学和文化研究领域的杰出学者，以其在后殖民理论、翻译研究和语言学领域的贡献而闻名。普拉特对于塑造当代文化互动和碰撞的理解产生了重要影响，特别是在殖民和后殖民背景下。她在《帝国之眼：旅行书写与文化互化》（1992）中提出并解释了“接触区域”，这本著作研究了不同文化相遇、冲突和抗衡的空间，这些空间通常存在高度不对称的权力关系，如殖民主义。这一概念已成为后殖民研究的关键工具，有助于讨论不同文化如何相互作用与影响。她对人类学、教育、历史和文学在内的几个学术领域产生了持久的影响。

伦·曼德尔鲍姆（Allen Mandelbaum）出版了一本现代意大利诗人朱塞佩·翁加雷蒂（Giuseppe Ungaretti）诗作的英译。这本译作受到了美国大学的意大利研究专家的热烈欢迎，其中一些专家本身就是意大利人。《比较文学》杂志的评论员乔瓦尼·切凯蒂（Giovanni Cecchetti）用意大利语撰写了评论，并总结说曼德尔鲍姆的翻译“为美国的意大利研究增光，可以推荐给任何想要熟悉我们时代主要诗人作品的人”（Cecchetti 1959: 268）。“我们”一词表明了切凯蒂对翁加雷蒂诗歌的尊敬程度，主张其具有普遍价值。但由于他是在用意大利语审阅第一个英文译本，“我们”不可能是普遍的，因为它还不包括不懂意大利语的英国和美国读者。切凯蒂设想了一个部分是现实的、学术或专业的，部分是潜在的英语诗歌读者的共同体。

翁加雷蒂还应用了一个与意大利学术共同体中流行的解释一致的精确标准。曼德尔鲍姆保持了相当严格的词汇对等，甚至模仿了翁加雷蒂的句法和分行（line breaks）。他像意大利学者一样，将翁加雷蒂的成就理解为“埋葬文学意大利语的尸体”的努力，通过发展一种简洁、精确的诗歌语言，摒弃了“只是装饰的东西”（Ungaretti 1958: xi）。正是基于这些条件，评论者认为曼德尔鲍姆的译本是成功的。卡罗·戈利诺写道，“如果有人想指出许多地方的译文过于直译，进一步思考则会发现，要保留翁加雷蒂用词的丰富的暗示性，就只能这么做”（Golino 1959: 76）。

因此，曼德尔鲍姆的翻译成为了一个学术共同体对翁加雷蒂诗歌兴趣的所在，一个美国读者群体分享着意大利人对文本的理解。在这种情况下，该译本最终获得了经典地位（canonical status）。在初版近 20 年后的 1975 年，康奈尔大学出版社重新发行了修订扩展版。

尽管如此，仍然可以在曼德尔鲍姆的翻译中察觉到对另一个共同体的吸引力，一个与意大利学术界的兴趣和对翁加雷蒂流行解释不相容的国内读者群。虽然曼德尔鲍姆紧密遵循了翁加雷蒂意大利文本的简练分行，他也引入了一种明显带有维多利亚时代诗歌色彩的风格，曼德尔鲍姆将“morire”（die，死亡）译为“perish”（消亡），将“buttato”（thrown，被扔掉）译为“cast”（被抛弃）、将“ti basta un’illusione”（an illusion is enough for you，一个幻觉对你足够）译为“you need but an illusion”（你只需一个幻觉），将“sonno”（sleep，睡眠）译为“slumber”（沉睡），将“riposato”（rested，休息了）译为“reposed”（安息），将“potrò guardarla”（I can watch her，我可以看着她）译为“I can gaze upon her”（我可以凝视她）（Ungaretti 1958: 7, 13, 25, 37, 145）。他使用了句法倒装：一些是新增的，而另一些是直译的结果，是意大利语的仿译（calques）。 22
这两种方式在英语中都达到了古诗的层面：

Lontano

Lontano lontano
come un cieco
m’hanno portato per mano.

Distantly

Distantly distantly
like a blind man
by the hand they led me.

遥远地

遥远地，遥远地
犹如盲者
彼等握吾手，引导吾行

Una Colomba

D'altri diluvi una colomba ascolto.

A Dove

Of other floods I hear a dove.

（Ungaretti 1958: 35, 53）

一鸽

吾闻，洪水中，一鸽低鸣。

有时，诗意的语言与上下文中的简洁语言产生了偏离，就像在《六月》（*June*）的最后六行中一样：

Ho perso il sonno

Oscillo
al canto d'una strada
come una lucciola
Mi morirò
questa notte?

I have lost slumber

Sway
at a street-corner
like a firefly

Will this night die
from me?

（Ungaretti 1958: 39）

吾失沉眠

巷角摇曳
似萤一只
斯夜
将自吾身消逝?

有的地方，诗歌的格调洋溢着浓郁的浪漫主义，这通常是为了与翁加雷蒂更为 23
广泛的诗行相匹配。比较一下曼德尔鲍姆对维吉尔风格的六行诗《帕林诺之歌》的翻译以及丁尼生的《尤利西斯》。这两部英文作品都采用了伊丽莎白时代的莎士比亚式或马洛式五步抑扬格，都达到了史诗般的高度：

Per l'uragano all'apice di furia
Vicino non intesi farsi il sonno;
Olio fu dilagante a smanie d'onde,
Aperto campo a libertà di pace,
Di effusione infinita il finto emblema
Dalla nuca prostrandomi mortale.

I could not, for the hurricane at fury's
Summit, sense the coming-on of slumber;
An oil that overspread the raving breakers,

Field open to the freedom that is peace,
Of infinite outpouring the feigned emblem
Thrusting at the nape downdashed me mortal.

（Ungaretti 1958: 145）

狂风巅峰，暴雨将至，
沉睡之梦，触之不及。
波涛怒号，油光覆水，
自由原野，敞心向志。
和平如泉，象征倾泻，
颈后冲击，尘世倒颓。

I cannot rest from travel: I will drink
Life to the lees: all times I have enjoyed
Greatly, have suffered greatly, both with those
That loved me, and alone; on shore, and when
Through scudding drifts the rainy Hyades
Vex the dim sea: I am become a name [...]

（Tennyson 1972: 562）

旅途不息，深饮人生，
至渣尽享，时光荏苒。
苦难深刻，情深孤独，
岸畔独立，风雨交加。
飞掠云雨，雨季星移，
朦胧海上，身化名词。［……］

在意大利，使翁加雷蒂的诗歌显得如此创新的是那种清晰的语言，一种现代主义的精确，摒弃了像加布里埃莱·丹努齐奥（Gabriele D'Annunzio）这样的颓废派作家发展出来的华丽、隐喻的风格。曼德尔鲍姆的版本重新引入了这些风格到翁加雷蒂的作品中，恢复了译者自己所称的“文学意大利语的尸体”，尽管现在已经转化成了古英语诗歌的形式。

在释放这种归化剩余物时，曼德尔鲍姆的翻译不仅将翁加雷蒂定位于英语诗歌传统中，还将他与当代诗歌翻译的主导趋势联系了起来。事实上，在20世纪50年代，将当前标准英语与诗歌古风混合起来构成了美国领先译者青睐的诗歌翻译话语。里士满·拉铁摩尔[1]1951年的《伊利亚特》译本成为美国最广泛阅读的翻译，他声称避免使用任何“英语的诗歌方言”，因为“在1951年，我们没有诗歌方言”，而且“斯宾塞或《詹姆士王圣经》的语言”似乎不适合荷马的“朴实”（Homer 1951: 55）。然而，拉铁摩尔的文本点缀着维多利亚时期的诗歌用语：“as when rivers in winter spate”（如同冬季泛滥的河流）、“So he spoke, vaunting”（他如此说，夸耀）、“he strides into battle”（他迈步进入战斗）、“his beloved son”（他心爱的儿子）、“that accursed night”（那该死的夜晚）（同上：125, 131, 279, 438）。约翰·切亚尔迪（John Ciardi）1954年的但丁《地狱》 24
译本，五十多年来一直以平装本在市面上销售，旨在寻求“类似于习惯英语”的风格来唤起意大利文的反修辞特点；切亚尔迪写道，但丁的语言“朴素、直接且具习惯性”，“避免仅为了优雅而优雅”（Dante 1954: ix-x）。然而，对于

① 里士满·拉铁摩尔（Richmond Lattimore，1906—1984），美国诗人和古典学家，以希腊经典的翻译闻名，尤其是对《伊利亚特》《奥德赛》的翻译。拉铁摩尔出生于中国，1926年毕业于达特茅斯学院。他的兄弟欧文·拉铁摩尔是一位汉学家，在麦卡锡时代因与中国的关系而被列入黑名单。1953年至1960年，他与大卫·格林（David Grene）合作，为芝加哥大学出版社共同编辑了埃斯库罗斯、索福克勒斯和欧里庇得斯的希腊悲剧全译本。他于1962年翻译了《启示录》。拉铁摩尔完成了整部《新约》的翻译，并在他死后于1996年出版。

但丁意大利文的这种矛盾理解也描述了切亚尔迪的文本，尽管大部分使用当前用法的朴实语域，但也散布着诗歌的词语和短语："drear"（沉郁的）、"piteous"（可怜的）、"fleers"（嘲弄）、"beset"（困扰）、"perils"（危险）、"solely pressed"（极度受压的）、"thy"（你的）、"anew"（再次）、"it seemed to scorn all pause"（它似乎蔑视所有暂停）、"bite back your spleen"（抑制你的愤怒）（non ti crucciare 译为 don't be distressed, 不要烦恼）、"his woolly jowls"（他的毛茸茸的下巴）（同上：28, 30, 36, 38, 39, 43, 44, 45）。

曼德尔鲍姆的译本弥合了翁加雷蒂实际的意大利语读者与其潜在美国受众之间的文化差距。将一位现代意大利诗人翻译成主流的美国诗歌翻译的话语，实际上是一种有效的经典化举动，一种诗性的方式，把他与歌德这样的经典诗人联系起来（更不用说对丁尼生、莎士比亚、马洛等嗣响）。这是为美国读者所做的。然而，这种本土铭刻与翁加雷蒂在意大利诗歌传统中的意义背道而驰，正如曼德尔鲍姆所说，翁加雷蒂"清除了语言中的所有装饰"（Ungaretti 1958: xi）。华丽的英译版本是在向另一个受众发声，显然是美国读诗的群体，这一群体熟知英美诗歌传统，还熟知近期极为受欢迎的翻译作品。

事实上，曼德尔鲍姆的翻译话语对《诗歌》杂志的评论员内德·奥戈曼（Ned O'Gorman）来说如此熟悉，以至于他对其视而不见。奥戈曼是一位美国诗人，于同年出版了他的第一本诗集。奥戈曼发现翁加雷蒂的诗歌"真的非常壮丽"，同时引用并评论翻译作品，好像它原本就是意大利语文本（O'Gorman 1959a: 330）。奥戈曼喜欢（曼德尔鲍姆的）翁加雷蒂所具有的诗化特点：他称赞这位意大利诗人将"世界转化为诗歌"，并宣称"朗诵"（Recitutive）是"他最精彩的诗"（同上：331）。奥戈曼第一本书中的诗歌反映了这一评价，书中有《诗歌的艺术》（*An Art of Poetry*）一文，他在其中写道："诗歌始于修辞之处"（O'Gorman 1959b: 26）。

总体说来，曼德尔鲍姆的读者群是不可通约的（incommensurable）。尽管都是用英语写成，但翻译作品以不同的语言与文化层面为读者们所理解。意大利学术界也没有认识到维多利亚时期陈腐的诗语。然而，对他们来说，这种风格特征是隐形的，因为英语不是他们的母语，而且作为外语专家，他们最关心的是英文版与意大利文本之间的关系：词汇对等。切凯蒂注意到了曼德尔鲍姆的一种诗意转换，他将“smemora”（to lose one’s memory 失去记忆，to forget 忘记）用古词译为“disremembers”（忘却）（Ungaretti 1958: 51）。然而，这一选择被视为适合意大利文的“罕见和暗示性的味道”，表明了译者的“诗意敏感度”（poetic sensibility）（Cecchetti 1959: 267）。

在英语中，这种诗感或许异于翁加雷蒂的现代主义诗学，有趣的是，只有一位英国读者在纸媒上认出了这一事实。伦敦《泰晤士报》的一位评论家，虽称赞翁加雷蒂为“当世最卓越诗人之一”，感到“曼德尔鲍姆之翻译颇失敏感” 25
（*The Times* 1958: 13C）。无疑评论家想到的是曼德尔鲍姆的诗化翻译，因而倾向推荐一部更“优秀的译注本”，也即让·莱斯库尔[1]于 1953 年出版的译本。该译本里将“D’altri diluvi una colomba ascolto”译为“J’écoute une colombe venue d’autres déluges”（我在聆听一只来自其它洪水的鸽子）（Ungaretti 1953: 159）。只有熟悉英语诗歌，同时通晓意大利语文本及其在意大利诗歌传统中的地位的本土读者，才能觉察曼德尔鲍姆译本中之英语剩余。

围绕此诗译作聚集的读者数量是有限的，主要来自特定的专业或机构，因

---

① 让·莱斯库尔（Jean Lescure，1912—2005），法国诗人，其文学生涯始于 1938 年，他出版了第一本诗集，名为 *Le voyage immobile*（《不动的航行》）。同年，他还创办了一份文学评论杂志，名为 *Messages*（《消息》）。莱斯库尔在二战期间加大了对文学界的参与，他成为秘密文学评论的联合主编，是法国作家国家委员会的创始成员。这个时期标志着他职业生涯的重要阶段，反映了他对文学和抵抗活动的参与。在法国解放后，他被任命为法国广播电台的台长，这进一步突显了他在法国文化和媒体领域的重要影响力。除了他的诗歌和编辑工作，莱斯库尔还以翻译和对文学界的贡献而闻名。1949 年，他翻译了莎士比亚的《一报还一报》，后于 1953 年翻译了意大利诗人朱塞佩·翁加雷蒂的全部作品。他在文学、翻译和文化评论方面的多方面贡献，展示了他对 20 世纪法国文学界的重要影响。

为人各有自己的文化知识领域，无论是原语语言文学的知识，还是译入语语言文学传统的知识。译作成为异国与国内、学术界与文学界等多元共同体的焦点。翻译支持他们语言与文化差异的能力，使他们按照自己的标准理解并培养兴趣，在此过程中孕育出自己的共同体，正如本尼迪克特·安德森[①]所言，这一共同体“永不会识遍所有同伴，相见或闻其名，然而每个人心中皆有彼此交流的形象”（Anderson 1991: 6）。对于一部译作来说，此形象源自于译者构建的原语文本的呈现，一种本土铭刻的交流。翻译，即为原语文本创造新读者，这些读者能意识到其对译本的兴趣，可以与其他国内外读者所共享，即便兴趣不能相容。

安德森所关心的想象共同体，是基于对一个特定民族的国家归属感的，翻译无疑通过引进外来思想、激发国内大规模政治运动之兴起，也曾塑造过此类共同体（参见第 7 章）。20 世纪初，中国翻译家严复选译了赫胥黎与斯宾塞关于进化论的作品，旨在建构中国的民族文化。他翻译了体现在社会达尔文主义中的侵略性这一西方概念，旨在构建中国的大国身份，如若这一身份建立，便可抵御西方殖民计划，尤其是英国的殖民计划（Schwartz 1964; Pusey 1983）。

翻译培育的想象共同体所能产生的效果，既有商业的，也有文化与政治的。譬如，请思考一下一本翻译畅销书所聚集的广大读者群。由于其庞大的规模，此共同体包罗最多样化的国内群体，这一共同体对原文本有特定兴趣，这

---

① 本尼迪克特·安德森（Benedict Anderson，1936—2015），爱尔兰人，社会人类学家，民族问题研究专家，康奈尔大学国际研究院讲座教授，从事国际研究和政府及亚洲事务研究，是著名的东南亚研究学者。其代表作是 1983 年出版的《想象的共同体》（*Imagined Communities: Reflections on the Origin and Spread of Nationalism*），探讨民族主义的起源与散布。安德森认为不是民族产生了民族主义，而是相反，是民族主义创造了民族。民族是想象的共同体，是资本主义、印刷科技与人类多样的语言这三者的重合。安德森的 community 概念，就是韦努蒂此文共同体的理论源头。参见吴叡人译，本尼迪克特·安德森《想象的共同体：民族主义的起源与散布》，上海：上海人民出版社，2016 年 8 月。

一共同体意识到自己属于一个集体运动，一个着迷于外来文学的国内市场。这些不同的群体，将必然以不同方式阅读译本，在某些情况下，差异将无法估量。然而，原文化与接受文化间最大的交流隔阂或许在此。翻译中的本土铭刻，将原语文本的吸引力拓展至异域大众受众。然而扩展吸引力之范围，意味着铭刻不包括太多原语语境。畅销书译本的风险，就是将原语文本简化为接受语境中的群体所共有的方言、文化话语、意识形态。

这一现象可在对 1955 年伊莲·阿什（Irene Ash）出版的英译《你好，忧 26
愁》（*Bonjour Tristesse*）的接受情况中看出，原著是弗朗索瓦·萨冈[1]的畅销小说。在法国，这一作品曾被誉为艺术之杰作：因为它一举赢得了当年的评论家奖（Prix des Critiques），并售出了 20 万册。在英美两国，阿什的这部译作引来了有关其文风的赞誉评论，并且在畅销书榜上停留了数月。但是，没有一位评论家会放弃就其美学形式的考虑，而更倾向于表达对作者 19 岁妙龄的惊讶以及对其主题的不道德感的功能性标准：一名 17 岁的少女策划阻止丧偶的父亲再婚，以便他可以继续进行一系列的外遇。《芝加哥论坛报》的评论很典型：“我欣赏作品的写作技巧，但我对淫乱感到厌恶”（Hass 1955: 6）。

这一普遍性的反应，因评论家所针对的特定读者群体的价值观而异。天主教周刊《公益》（*Commonweal*）严厉批评该小说“幼稚且令人厌烦，因其一意孤行地致力于颓废”（Nagid 1955: 164），而长于世故的《纽约客》则简单地提到了“父亲的享乐形象”，微妙地暗示他 40 岁了，“值得怜悯”（Gill 1955: 114-115）。二战后的美国，父权家庭重新获得了重要性，“丈夫，尤其是父亲，将‘家庭男人’的标志视为阳刚和爱国主义的象征”（May 1988: 98），所以萨冈小

① 弗朗索瓦兹·萨冈（Francoise Sagan，1935—2004），法国著名作家。1954 年，年仅十八岁的她写出了小说《你好，忧愁》。这本关于少年、爱情和孤独的小说，在五年之内被翻译成了 22 种语言，在全球的销量高达五百万册，还被改编成电影，成为轰动一时的文化事件和出版现象。

说中寻求快乐的父亲和女儿必然使其成为道德恐慌和引人遐想的对象。《新政治家与国家》杂志的评论家独树一帜，试图以独特的法国方式来理解它，将年轻的女主人公描述为“摇摆乐、夜总会、存在主义咖啡馆的孩子”，将她与其父与“加缪的无道之人”相提并论（Raymond 1955: 727-728）。

当然，阿什的英文译本是使萨冈小说在英国和美国文化中支持各种不同反应的决定性因素。这一译文立即为广大的英语读者所理解：它采用了当前英语最熟悉的标准方言，但其中也包含了一些生动的口语用法，与法文原著中的类似形式相匹配。阿什将“le dernier des salauds”（最后的荡妇）翻译为“the most awful cad”（最可恶的恶棍），将“loupé”（失败的）翻译为“flunked”（不及格的），将“ce fut la fin”（那就是结局）翻译为“things came to a head”（事情到了关键时刻）（Sagan 1954: 32, 34, 45; 1955: 25, 27, 35）。她通过自由翻译，对法文进行删除或添加，以便在英语中创建更精确的表达，以追求高度的流畅：

> Au café, Elsa se leva et, arrivée à la porte, se retourna vers nous d'un air langoureux, très inspiré, à ce qu'il me sembla, du cinéma américain et mettant dans son intonation dix ans de galanterie française: "Vous venez, Raymond?"
>
> (After coffee, Elsa stood up and, on reaching the door, turned back towards us with a languorous air, very inspired–so it seemed to me–by American cinema, and investing her tone with ten years of French flirtation: "Are you coming, Raymond?")
>
> （Sagan 1954: 38，我的翻译）
>
> 喝完咖啡后，埃尔莎站起身，走到门口，然后转身回到我们身边，带着一种慵懒的神情，似乎受到了美国电影的启发，并用十年的法国调情来调动

她的语气："雷蒙德，你要一起来吗？"

After coffee, Elsa walked over to the door, turned around, and struck a languorous, 27
movie-star pose. In her voice was ten years of French coquetry:
"Are you coming, Raymond?"

（Sagan 1955: 30）

喝完咖啡后，埃尔莎走到门口，转身回头，摆出一副慵懒的电影明星姿态。她的声音中流露出十年的法国媚态："雷蒙德，你要一起来吗？"

这里，译者将四十个法语单词减少到了二十九个英语单词。使用流行的"电影明星姿势"（来翻译"du cinéma américain"），是朝向可读性努力的典型表现。

通过增加英文文本的可读性，这些自由赋予叙述真实感，制造出了一种透明的幻觉，使得英语读者将译文误认为原文（Venuti 2008: 1）。《大西洋月刊》的评论家对"小说具有如此坚实的现实感"印象深刻，评论了阿什的写作，认为好像它就是萨冈的作品："简洁、清澈、精练，她的散文通顺流畅，以惊人的即时性和自信创造了场景和人物"（Rolo 1955: 84, 85）。

阿什的自由翻译也许不显眼，但不可避免地释放了一种归化的"剩余"，即根据发生的具体段落而变化的文本效果，但通常引人入胜，甚至引发人们思考。《新政治家与国家》的评论家也注意到了她的自由处理文本（"她不怕修剪和剪辑文本以适应英语读者的口味"），并讨论了一个例子，其中，"英译本中的明显获益"，由"一种增添的、哀伤的维度"所组成（Raymond 1955: 728）。对于不同的段落，阿什的改写可能不仅仅是伤感的或戏剧化的，而是煽情的，夸大了法语中的色情暗示：

il avait pour elle des regards, des gestes qui s'adressaient à la femme qu'on ne connaît pas et que l'on désire connaître–dans le plaisir.

（for her he had looks [and] gestures that are addressed to the woman whom one does not know yet desires to know–in pleasure.）

（Sagan 1954: 378，我的翻译）

对她，他有那种目光［和］姿态，是那种对一个人尚未了解但渴望去了解的女人表达的——在愉悦中。

I noticed that his every look and gesture betrayed a secret desire for her, a woman whom he had not possessed and whom he longed to enjoy.

（Sagan 1955: 29）

我注意到，他的每一个眼神和姿势都透露出对她的秘密渴望，这个他尚未拥有却又极度渴望得到的女人。

尽管阿什的翻译在某些地方颇为自由，保持了足够的词汇对等，以便传达法文文本的基本叙事要素。然而，在这段文字中添加像“betrayed”和“secret”这样的词表明，她使这个叙事以一种与法文版本截然不同的道德价值观面向英语读者，这种道德价值观将性行为限制在婚姻之内，或加以掩盖。在一部父亲并不向他的青春期女儿隐瞒自己性放纵的小说中，这是一个相当奇怪的效果。阿什把一种国内的可理解性和兴趣铭刻进了萨冈的小说，并让其面向一个几乎和小说最初问世没有任何相同点的异域他乡的共同体。

翻译中的乌托邦维度 28

翻译所培育起来的共同体起初是潜在的，这在文本中有所体现，在译者所采用的话语策略中有所显现，但尚未拥有社会实体。这些共同体的实现依赖于接受语境中翻译将流通的文化构成群体的整体。然而，要吸引这些群体，译者需将原语文本纳入一种不对称的沟通行为之中，这种沟通在意识形态上倾向于翻译语言与文化。翻译总是意识形态的，因为它释放了一种归化的语言剩余，一种价值观、信仰和与接受语境中的历史时刻和社会地位相关联的表征的铭刻。在服务本土利益时，翻译为原语文本的语言与文化差异提供了一种意识形态的解决方案。

然而，翻译又是乌托邦式的。本土铭刻出于传达原语文本意图而进行，因此它充满了围绕该文本创建共同体的期待，尽管是通过翻译。在“本土的语言剩余”中蕴含着希望，即翻译将建立国内的读者群，一个对外国感兴趣的、想象的共同体，从出版商的角度看可能是一个市场。而只有通过“本土的语言剩余”，当其铭刻了部分外国背景时，翻译才能在国内外的读者间建立共同的理解。在提供意识形态解决方案时，翻译构想了一个尚未实现的乌托邦共同体（a utopian community）。

这种思考方式的背后，是布洛赫[1]对文化乌托邦功能的理论，尽管被修订后才能适用于翻译。布洛赫的乌托邦是马克思主义的，他认为文化形式和实

---

① 恩斯特·布洛赫（Ernst Bloch，1885—1977），德国著名哲学家。出生于巴伐利亚路德维希港一个铁路职员家庭。他智力早熟，兴趣广泛，在中学时代就写过有关无神论文稿，并向学术界一些名流通信请教。主要作品有《革命神学家托马斯·闵采尔》《主体–客体：对黑格尔的阐释》《当代遗产》《阿维森那与左翼亚里士多德主义者》《穿越荒漠》《乌托邦精神》《希望的原理》等。

践释放了一种“剩余”（surplus），这不仅超出了主导阶级的意识形态，即“现状”（status quo），而且还预示着一个未来的“共识”（consensus），一个无阶级社会，通常是通过转化某个特定阶级的“文化遗产”，无论是主导阶级还是被主导阶级（Bloch 1988: 46-50）。

我将布洛赫的乌托邦剩余（utopian surplus）解释为翻译过程中铭刻在异域文本中归化的语言剩余。翻译释放了一种意义的剩余，这些意义通过偏离当前标准方言或其他标准化语言，例如通过古语或俗语，来指向本土的文化传统。任何翻译中都隐含着对共识的期望，通过本土铭刻来沟通和认识异域文本。

然而，铭刻永远不可能如此全面、如此完整地涉及本土群体，以至于能在无排斥或无等级的情况下去创建一个利益共同体。翻译的异域文本不太可能对接受语境中的每个读者群都是可理解或有趣的（或同时具备这两者）。而且，即使外国背景部分铭刻在翻译中，外国和国内文化之间的不对称性仍然存在。布洛赫认为，乌托邦基于意识形态，即对社会分歧的有倾向性的表征，这些表征在这些分歧中站队。在翻译的情况下，利益是不可根除的本土利益，总是某些国内群体的利益超越其他群体的利益。

布洛赫还指出，任何历史时刻的不同社会群体在文化和意识形态发展上都
29 是非同步的，其中一些群体还包含了“过去时代在现代的残留”（Bloch 1991: 108）。文化形式与文化实践是异质的，由不同时间性和与不同群体有关的不同元素所组成。在语言中，同一时期共存的方言、话语、语域和风格，可以在每个沟通行为释放的剩余中窥见。剩余是一种“共时中的历时”（diachrony-within-synchrony），它上演了“语言中的矛盾和斗争的回归；它是过去矛盾和斗争在语言中的持续，以及对未来的预期”（Lecercle 1990: 182, 215）。因此，任何翻译中的本土铭刻就是布洛赫所说的“预兆性照明”（Vor-Schein），一种想象未来语言与文化差异和解的方式，无论是本土各群体之间的差异还是异域文化和国内文化之间的差异。

在曼德尔鲍姆的翁加雷蒂诗歌的译本中，乌托邦剩余是维多利亚时期的诗意（Victorian poeticism）。这种英语语言的剩余，不仅超出了意大利文本的传播，还与它们在意大利诗歌传统背景下培养的现代主义实验背道而驰。然而，在20世纪50年代，曼德尔鲍姆的诗意通过调和意大利和美国两种读者群体、学术和文学之间的差异，构想了一个理想的利益共同体。今天，我们可能更倾向于注意到这个共同体的意识形态，而不是理想：曼德尔鲍姆的翻译是一种不对称的沟通行为，既接纳了意大利背景，又将其排斥，同时，在美国各构成群体之间产生了不可调和的反应。然而，翻译的意识形态力量使其在当时具有了乌托邦色彩，希望通过本土铭刻传达异域文本的异域意义。这种乌托邦式的投射最终产生了实际效果。曼德尔鲍姆诗歌剩余中潜在的美国读者群，反映了美国诗歌翻译中的主导趋势，帮助他的译本在学术界内外获得了文化权威。

承载着在原语和翻译文化之间建立共同理解的乌托邦梦想的翻译，可能涉及文学文本，无论是精英的还是大众的。但通常它采取更为平常的形式，服务于技术或实用目的。考虑社区或联络口译，为难民和移民提供的双向口头翻译，他们必须与东道国的社会机构和机构打交道。社区口译员在多种法律、医疗和教育情境中工作，包括政治庇护申请、法庭出庭、医院入院和福利申请等。职业协会或机构本身制定的道德准则倾向于坚持口译员应该是“玻璃窗”（panes of glass），“不经修改、调整或歪曲地传递思想”（Schweda Nicholson 1994: 82；另见 Gentile et al. 1996）。但这些准则没有考虑到口译情境中的文化和政治等级，即正如一本英国口译手册所言，“客户是弱势族裔少数群体的一部分，其需求和愿望常常被多数群体忽视或视为不合法”（Shackman 1984: 18；另见 Sanders 1992）。当然，“玻璃窗”这一比喻压抑了任何翻译中的本土铭刻，即那些阻止 30
口译成为透明沟通的残余，即使口译员仅完成对外语词汇的精确呈现。

实际上，许多社区口译员似乎认识到口译情境中的不对称性，并通过各种策略努力弥补这些不对称性（Wadensjö 1998: 36）。罗伯特·巴斯基对难民听证会的研究表明，口译员只有通过释放特定的本土剩余，才能使难民与裁定机构处于平等地位。外语证词必须用加拿大的价值观、信仰和表述铭刻，产生只在英语或法语中有效的文本效果。法律机构重视线性、透明的论述，但难民必须描述的，诸如流亡、经济困难、监禁、酷刑的经历，很可能动摇他们的表达能力，即使用他们自己的语言来表达。巴斯基指出："将口译员的角色限制在精确翻译难民的话语上，这可能包含犹豫、语法错误和各种不当之处，这不可避免地会危及申请人获得难民身份的机会，无论其诉求是否合理。"（Barsky 1996: 52）同样，口译员必须通过添加有关异域背景的信息，诸如历史、地理、政治或社会学细节来调和加拿大与难民所在国家之间的文化差异，这些细节可能在证词中被省略，且对加拿大的法官和律师来说是未知的。"坚持仅限于口译所说的词语，会剥离对难民申诉至关重要的文化数据。"（Barsky 1994: 49）

巴斯基提供了一个生动的例子，例子讲述了一位巴基斯坦申请人在听证会上使用法语，显然是为了在魁北克当局面前增加分量。但他的法语水平较弱，他的申请先前因为口译问题被拒绝，他试图解释：

> Moi demander, moi demander Madame, s'il vous plaît, cette translation lui parle français. Vous demander, parle français. Parce qu'elle m'a compris, vous qu'est ce qu'elle a dit. Moi compris. Madame m'a dit, désolé Monsieur, seul anglais.
>
> （Literally: Me ask, me ask Madame, please this translation speak to him French. You ask, speak French. Because she understood me, you that is what she said. Me understand. Madam said to me, sorry sir, only English.）
>
> （Barsky 1996: 53，巴斯基的翻译）

字面意思：我请求，我请求女士，请这个翻译用法语跟他说。您问，用法语说。因为她理解我，你，这就是她所说的。我明白。女士对我说，对不起先生，只能用英语。

申请人在一名巴基斯坦口译员的帮助下作证，口译员将断断续续的法语翻译成通顺而有说服力的英语：

> He has a complaint with the interpreter there. He speaks better French than English, but the interpreter was interpreting from Urdu to English. He is not too good in English, better in French, which he could understand. An interpreter was provided to interpret the hearing into English, which he did not agree to. So he was having a hard time expressing himself or understanding the CP, lawyers, himself, and the interpreter. There is no satisfaction in the hearing. And that is one reason why I lost the case.

> 他对那里的口译员有意见。他的法语比英语好，但是口译员是从乌尔都语翻译成英语。他的英语不太好，法语更好，他能理解。提供了一名口译员
> 来将听证会翻译成英语，他并不同意。所以他在表达自己或理解 CP、律 31
> 师、自己和口译员方面遇到了困难。在听证会中没有满意。这就是我输掉案子的一个原因。

当社区口译有效时，它提供了一种复杂的意识形态的解决方案，用于处理难民或移民口头言语中的语言与文化差异。口译不可避免地用东道国的术语，即使用本土术语传达异域文本，但本土铭刻还需要包含一部分赋予申诉意义的国外背景信息的显著部分。这种口译，尽管看似偏向客户，实际上并非意识形态上的偏颇：它既服务于国外利益又服务于本土利益。解决方案的意识形态本

质上是民主的，因为其目标是克服客户与社会机构代表在口译情境内外存在的不对称。根据英国的手册，社区口译员允许“背景和认知截然不同，且在权力和知识上处于不平等关系的专业人员和客户，彼此达到共同满意的沟通”（Shackman 1984: 18）。显然，这种共同满意的重要要求是双方在理性沟通中已经形成对申请有效性的共识。然而，仅当口译员介入以使客户能够充分参与并使机构代表能够对申请有一个明确的理解时，沟通才是理性的。

采取干预主义方法的社区口译因此预设了哈贝马斯所称的“理想言论情境”（ideal speech situation），其条件通常是“反事实的”因为“不太可能”：它们包括“对公众开放、包容性、平等参与权利、免受外部或内部强迫的保护，以及参与者朝着达成理解的方向（即真诚表达言论）”（Habermas 1998: 367）。在预设这些条件时，社区口译员最终致力于培育一个对外国群体开放的国内共同体，但这个共同体尚未实现，或者至少在客户被给予政治庇护、正当程序、医疗保健或福利之前不会有进展。即使到那时，开放的国内共同体主要还是一个乌托邦式的预测，它并未消除难民或移民实际所处的社会等级。尽管如此，它确实表达了希望：语言与文化差异不会导致异域群体被排除在本土场景之外。当然，翻译也曾受到更具争议性动机的驱动。

［2000 年初稿，2004 年修订］

2 翻译所带来的差异：译者无意识 32

我无须多言，接下来的描述或许片面，甚或略带误导之嫌，因为我试图将那些通常潜藏于无意识、本能中之事，转化为有意识、合逻辑之事。面临“perhaps”与“maybe”的抉择时，译者不会将这些词汇置于审判台上，也不会召唤律师来进行辩护或指控。更可能的是，他在心灵的某个角落听到这些词语，发现自己对其中一个的音韵更为喜爱。当然，这种抉择只是表面上看似出于本能。他的直觉会受到对作者作品的深入理解和对那个时代文学广泛阅读的影响。它几乎肯定不会受到任何规则的束缚，即便是那些自设的规则。

威廉·韦弗，《翻译过程论》，1989

威廉·韦弗[①]在一篇文章中这样开头，他在其中详细描述了在翻译意大利短篇小说的一个段落时所做出的选择。到了1989年，韦弗已被认为是现代意大利小说英译的领军人物，他翻译了大约六十部作品，并获得了包括美国翻译协会[②]

① 威廉·韦弗（William Weaver，1923—2013），翻译家，以翻译意大利文学作品而闻名。他帮助将众多意大利作家的作品引入英语读者的视野，其中包括翁贝托·艾柯、卡尔维诺等。韦弗的翻译工作在国际文学界享有很高的声誉，尤其是他翻译的艾柯的《玫瑰之名》（*The Name of the Rose*）。

② 美国翻译者协会（American Translators Association，简称ATA）成立于1959年，是美国最大的专业翻译与口译协会。ATA的使命包括促进专业翻译员和口译员的认可，促进会员之间的交流，制定职业能力和伦理标准，为会员提供职业发展机会，并代表这个行业进行倡导工作。地点设在美国弗吉尼亚州亚历山大里亚市。

和国际笔会[①]美国中心（PEN American Center）等文化机构的重要奖项。考虑到他经验丰富，我们必须认真对待他的观点：即翻译很大程度上是一个无意识的过程，译者选择的依据不仅没有被清楚地表述，而且对他来说是更未知的，“无意识的”（unconscious），选择的决定是在“心灵的某个角落”做出的。实际上，尽管韦弗在描述其中一个这样的翻译过程时给出了他的选择原因，但是这些理由没有一个超越对意大利词汇（atti 更多的是“行为”，而不是“动作”）的简短语义或风格评论，或对可能的英语对等词（highfalutin, too banal, a pompous ring）的评论（Weaver 1989: 119, 118, 120, 123）。许多选择似乎要么基于未陈述的语言和文化价值，要么仅基于个人偏好：“[通过选定‘beat’而非‘beating’] 我可以避免过多的 -ing，这段话中可能已经出现得太多了”；“这段
33 话包含了好几个我讨厌的词”；“字面翻译（an idea, an idea...），在我听起来不对”（同上：122, 118, 119）。韦弗的文章确实记录了他自己的翻译过程，即使他实际上没有进行任何解释。但他所做的断言更多，即“大多数时间”的翻译是“无意识的”，不仅对他或他这一代的译者来说如此，而且对“译者”这个群体而言普遍如此。

这是一个引人深思的假设，但其含义在翻译研究中很少被审视（值得注意的是 Gavronsky 1977 和 Frota 2000 推测性的项目是例外）。翻译学者研究了译者在职业生涯中内化的语言与文化资源，这些资源在翻译过程中自发使用，但在反思后可以表达出来，因此可以说构成了译者潜在的思考（latent thinking），容易恢复而不是被压抑（例如，参见 Toury 1995 中关于“norms”的处理：53-69）。

---

① 国际笔会（PEN）是独立的国际性作家组织，亦称“世界作家协会”或“世界笔会”。1921 年 10 月，英国作家道森·斯各特主持创立该组织，会员是世界各国的诗人、剧作家、散文家、文学编辑和小说家等。因诗人（Poets）、散文家（Essayists）和小说家（Novelists）的英文字头分别为 P. E. N.，合起来正好是英文“笔”字，故称之。

然而，尽管韦弗的文章明确提到了这些资源（对作者作品的了解，对那个时期的阅读），他强调了个人偏好或反感（总是给我带来麻烦的另一个词）[……]；“我不喜欢一行中出现两个复数”（Weaver 1989: 119, 120），他并没有指出这些来源。因此，人们不免要问，这些选择是否不仅受到无意识的驱使，而且韦弗否认应用的“规则”同样是无意识的、潜意识的，或者可能在他的情况下被压抑了，但仍然在翻译过程中活跃着。

精神分析理论的学者同样倾向于忽视这些思考。相反，他们选择遵从弗洛伊德将翻译理解为心理过程（例如，将无意识材料翻译成症状，或者翻译成梦的显现内容）或者是在分析期间发生的诠释过程（将症状和梦翻译成分析师的语言）（特别是参见 Mahony 1980；另见 Amati Mehler et al. 1990 的不同观点：297-301）。1985年，阿兰·巴斯[①]提出了弗洛伊德作为跨语言译者的独特研究，将语言错误视为无意识动机的标志。这项研究提示，作为精神分析理论中的普遍范畴的无意识，需要给予更多关注，因为无意识可能以某种方式在译者选择中发挥作用，并在翻译文本中可见，可供重构。

这里我的目标正是追求这种思路。然而，我的出发点不会是精神分析，不是对精神分析基本概念的阐述，而是关注翻译理论，是对翻译引发的基本语言与文化问题的阐述。如果译者的无意识在翻译过程中起作用，那么了解独特的语言与文化实践，即翻译如何赋予心理分析概念特定形式和意义就显得至关重要。这种方法将使我们能够区分译者无意识的不同方面，区分译者和个人、文化和政治之间的差异。因此，我将通过展示翻译理论概念并用一个具体案例来说明，以此来建立发展心理分析方法的文本基础（textual basis）。

---

① 阿兰·巴斯（Alan Bass）以其对德里达作品的英译而闻名，他翻译了德里达最有影响力的著作之一《书写与差异》，该作介绍了解构主义的概念。

34 翻译中不可化约的差异

尽管原语文本与其译文之间可能看似具有类似的语言和话语结构，但在翻译过程开始之前，并不存在形式和意义或接受方面的相似性。任何此类的相似性都是基于不可通约的差异所构建的，这些差异在翻译开始之前就已经存在，译者可能努力解决或仅仅模糊处理，就像流畅翻译产生的透明幻觉那样，但这些差异在译文中仍然存在，并使得其沟通功能复杂化（Venuti 2008: 1-5）。这些差异是语言与文化之间的差异，尽管它们是翻译本应调和或解决的对象，但最终却加剧了它们的发展，有时甚至在译者和译文受众不知情的情况下发生，从19世纪起，这些受众越来越无法接触到原语文本。我们应该研究这些差异，即使它们是无意识发生的，而不是根除它们。因为它们无法被根除，而且事实上有些差异不应该被根除，因为它们对于理解或意识到原语文本的外来性是必要的，也就是说，使该文本与翻译语言和文化中原创的文本不同。我们为翻译研究设定的目标应该是发展翻译研究和实践的方法，这些方法描述、解释并对翻译不可避免地产生的差异承担责任，这是最终的伦理目标。

为了探索这些断言，首先我将理论放在后结构主义的语言和文本理论之上，特别是德里达[①]的理论之上。正是这些理论试图考虑到语言和文化的差异，并使我们能够以最敏锐和复杂的方式思考它们。德里达关于翻译的许多建议性评论中，有一段提到了翻译文本的物质性（the materiality of the translated text）：

① 雅克·德里达（Jacques Derrida，1930—2004），20世纪下半期最重要的法国思想家之一，解构主义哲学的代表人物，他的思想在20世纪60年代以后掀起了巨大波澜，成为欧美知识界最有争议性的人物。德里达的理论动摇了整个传统人文科学的基础，也是整个后现代思潮最重要的理论源泉之一。主要代表作有《论文字学》《声音与现象》《书写与差异》《哲学的边缘》《多重立场》《人的目的》《胡塞尔哲学中的发生问题》《马克思的幽灵》《与勒维纳斯永别》《文学行动》等。

Or un corps verbal ne se laisse pas traduire ou transporter dans une autre langue. Il est cela même que la traduction laisse tomber. Laisser tomber le corps, telle est même l'énergie essentielle de la traduction. Quand elle réinstitue un corps, elle est poésie. En ce sens, le corps du signifiant constituant l'idiome pour toute scène de rêve, le rêve est intraduisible.

（Derrida 1967: 312）

The materiality of a word cannot be translated or carried over into another language. Materiality is precisely that which translation relinquishes. To relinquish materiality: such is the driving force of translation. And when that materiality is reinstated, translation becomes poetry. In this sense, since the materiality of the signifier constitutes the idiom of every dream scene, dreams are untranslatable.

（Derrida 1978: 210）

词的物质性是无法被翻译或传递到另一种语言中的。物质性正是翻译所放弃的东西。放弃物质性：这就是翻译的驱动力。当这种物质性被重新赋予时，翻译就变成了诗歌。在这个意义上，由于能指的物质性构成了每个梦境场景的习语，梦境是不可翻译的。

德里达认为，原语文本的身体（le corps），也即构成其特定的声学或图形符号链 35
的物质性，无法在翻译中复制，因此不可避免地会遭到译者的抛弃。更准确地说，这种位移涉及双重损失：一是文内效果的损失，即构成原语文本独特质地或意义生成过程的内容；二是文际关系的损失，即为原语的读者所赋予的意义，这些读者在该语言中有广泛的阅读。通过抛弃原语文本的物质性，翻译从根本上脱离了构成该文本的语境。这种去语境化是翻译过程本身产生的第一个差异。

德里达还观察到，当翻译恢复了身体，即在另一种语言中的另一能指链的物质性时，翻译就是“诗歌”（[法] poésie，[英] poetry）。显然，“诗歌”一词可以根据解释者所使用的材料赋予不同的含义，尽管我们无法从这一段中确定德里达本人给予它的含义。考虑到他是一位通晓哲学史的哲学家，我将以古希腊哲学的 ποίησις（poiesis）的意义来理解这一术语：创作翻译（writing a translation），涉及特定的创作行为，一种创造性或发明的行为。翻译创造了另一串伴随文内效果和文际关系的符号链，旨在复制原语文本，但也在翻译语言和文化中发挥作用。因此，翻译超出了译者在原语文本中建立的任何单一的意旨，无论这个意旨多么简化或去语境化。创造不同的符号链增加了语义的可能性，因为译者试图固定一个不仅回应原语的文本，也回应接受语境中的可理解性和兴趣的意旨。通过恢复物质性，通过创造另外一个文本，翻译从根本上重构了文本，因此产生了第二个差异，实际上是一系列语言与文化的差异，这些差异早被铭刻进了原语文本中。

阿兰·巴斯对德里达法文段落的英译可以说明这些观点。他不仅放弃了法文的能指链，而且也没有保留法语的句法，例如名词后的形容词位置，如“un corps verbal”和“l’énergie essentielle”，或者开始最后一句的夺格结构（ablative）：“le corps du signifiant constituant l’idiome [...]”。巴斯没有恢复德里达写作的这些物质特征，因为法语和英语依据不同的语言和话语结构，各有各的表达方式。形容词置于名词之后，是当代法语的标准用法，但这是古英语的规则，今天出现在英语中，也仅限于某些文学情况。因此，巴斯将法语形容词的顺序颠倒时，是遵循当前的标准英语。夺格结构是菲利普·刘易斯（Philip Lewis）所称的“法语中较为宽松、不那么有强制性的关系”的典型，而英语则“更倾向于严格、精确、统一的关系”（Lewis 1985: 35）。在这里，巴斯在避免夺格结构并创造了一个关系从句时，插入了连接词“since”，遵循了英语语言特有的精确性和连贯性的偏好。

同样的偏好也可以在阿兰·巴斯的词汇选择中看到。然而，他的选择在这里显示出与德里达原文更为明显的偏离：法文中使用如“corps”（身体）等词汇来指语言，以及用“laisser tomber”（使掉落，放弃）来指翻译强加于原语文本的损失，既具体又富有隐喻；而英文中使用如“materiality”（物质性）和“relinquish”（放弃）等词汇则更为抽象和精确。巴斯不仅根据英语独特的语言偏好重新创造了德里达的法文，他还将风格从文学转向哲学，这一类型区分在英美哲学中早已确立，使法文文本的语言与英语哲学传统中习用的语言相一致。至少从十九世纪末起，欧陆哲学倾向于模糊文学与哲学写作之间的界限：不仅是后结构主义，还有存在主义现象学，不仅是德里达，还有尼采和海德格尔。相比之下，英美哲学致力于维持这一区分，通过构建模仿科学写作的技术术语：想想符号逻辑和言语行为理论，想想伯特兰·罗素和约翰·奥斯汀。在独立哲学家维特根斯坦的作品中也能看到这种差异，或许是因为他是在英格兰长期生活的奥地利人，用德语写作。维特根斯坦从1922年《逻辑哲学论》严谨的逻辑风格转变到1953年《哲学研究》，偶尔带有比喻的对话风格（Perloff 1996讨论了这种转变）。 36

巴斯的翻译阐明了翻译文本独特的物质性以及译者在制作该文本时的意图。他遵循了当今大多数翻译的规范，无论语言和文化如何，都普遍期待一个可接受的翻译能够与原语文本足够匹配，大致包含相同数量的单词或页面。尽管当代译者常常因语言之间的差异而偏离原语文本的句法结构和词汇项目，但他们仍然试图维持基于当前词典定义的语义相似性，换句话说，就是词汇上的对等。正如德里达在其他地方所论述的，这种意图是“尽可能地贴近‘一个词对一个词’的对等，从而尊重语词数量（verbal quantity）作为词语数量（quantity of words），每一个词都是不可化约的身体，声音形式的不可分割统一体，蕴含或象征着意义或概念的不可分割统一体”（Derrida 2001: 181）。因此，维持词汇对等的努力基于一种特定的语言意义概念，然而，翻译文本的物质性，甚至翻译行为本身不断地对这一概念提出质疑，因为翻译置换了构成原语文本的符号，并增加了回应接收者语言和文化的差异。在德里达使用法语词汇“corps”（身体）和巴斯选择英语词汇“materiality”（物质性）之间，可以清晰地看词汇对等，但只有在这些词被剥离至共同含义时，忽略了它们在形式和语义上的变化，这些变化使它们在法语和英语中均能进一步表达可能性，并将它们出现的文本与不同的哲学传统联系起来。

37 语言剩余与译者无意识

因此，译者永远无法完全规避翻译过程对原语文本造成的损失，包括其意义、结构、修辞和传统的损失。译者也无法规避他们在翻译中的收获，即构建不同的意义、结构、修辞和传统，从而创造远远超出建立词汇对等的文本效果，主要在翻译语言和文化的术语中表达意义。沿着莱瑟科尔（Jean-Jacques Lecercle, 1990）的重要研究，我称这些效果为翻译中的“语言剩余”。

根据莱瑟科尔的理论，剩余在语言使用中始终存在：它是一系列可能的音位、词汇和句法变体，这些变体基于当前标准方言，而标准方言本质上被赋予了文化和社会价值，以排除或压制任何非标准形式，或将其限制在特定用途和情境中。标准方言推动语言使用者走向同质性，比如遵守语法规则，以及遵循主流的意义规范，而剩余则引导关注语言的绝对异质性。剩余包括诸如地区和社会方言、标语和陈词滥调、技术术语和俚语、古语和新词、文学修辞手法如隐喻和双关、文体创新和外来借词等变体。通过变化标准方言，剩余使单一意旨的沟通变得复杂，通过引起对任何沟通行为的语言、文化和社会条件的关注，以及标准方言仅仅是众多可能形式中的一种这一事实。剩余并非标准方言或该方言中传达的意义的剩余部分，而是构成标准和任何传达的意义的基础，即使是通过排除或限制。

在一部译作中，剩余由语言形式和文本效果所组成，这些形式与效果与翻译语言中当前标准方言和原语文本的形式和语义维度均不同。构成剩余的变体使与原语文本建立词汇对等变得复杂，因为它们只在翻译语言和文化中起作用，并反映接收者的语言、文化和社会条件。剩余是翻译中一直存在的归化过程中最明显的标志，即原语文本被同化为接受文化中读者能够理解和感兴趣的内容。但剩余也可能是异化效果的一个重要点，通过偏离当前标准方言，也即读者最熟悉的翻译语言形式，也是编辑最常对译者施加的形式。可以说，巴斯对德里达法文段落的翻译，释放出一种独特的哲学剩余，其中英语词汇选择的工作是将法文同化为英美哲学传统。然而，归根结底，巴斯的选择在语言层面上更多的是异化，而不是归化，通过建立这些传统和德里达哲学之间的相似性，最终增强了他思想中的不同之处。

语言使用者可以有意地释放剩余。例如，诗人或小说家可能希望为了文学效果而变化当前的标准方言；科学家或工程师可能希望开发专门术语来更精 38
确地描述科学定律或技术过程。同样，译者可能决定释放剩余，变化原语文本的形式和意义，因为某个语言特征或文学效果在翻译中只能大致近似，或者无法在原语文本中相同的位置精确复制。这种有意的变化有时被称为补偿（compensation），即创造一个特征或效果，以弥补由于语言与文化差异导致的原语文本某些方面的损失（参见 Harvey 1995）。

剩余也可能在无意中被释放。谈话和写作可能会在标准方言上产生超出语言使用者有意控制的变化，但仍然表达出谈话者和读者所理解的意义。莱瑟科尔实际上暗示，剩余可能被视为“与弗洛伊德无意识相等的语言现象，被语法规则排除或压抑，但试图通过笑话、口误、语病和诗歌回归”（Lecercle 1990: 23）。同样，在翻译中，剩余可能是译者的无意识，但与原语文本和接受文化高度相关。例如，译者可能无意中误解了原语文本的词汇义项或句法结构，而这种错误可能引发含义，这相当于对原语文本的一种被压抑的解读。

思考一下巴斯翻译中出现的一个错误，是对法语句法的误解。在德里达段落的第四句中，他写道："Quand elle réinstitue un corps, elle est poésie"，英译如果直译的话，也许会译为："When it [translation] reinstitutes a body, it [translation] is poetry"。我将重复的阴性代词"elle"理解为指代阴性名词"la traduction"（翻译）；"un"在"corps"前，指任何翻译语言中的言语身体或物质性，即译者可能设计来呈现原语文本的任何能指链。巴斯的译文从法文中引入了几处偏离，其中两处，就是词序的反转和动词从主动变为被动，并非误译，因为它们并未显著影响意义。误解发生在将不定冠词"un"替换为指示形容词"that"上，而"that"显然指的是前三句中提到的原语文本的物质性。从"un"到"that"的转变是错误的，因为它颠倒了意义：德里达英文版本的第一句，即原语文本的物质性无法被带入，与第四句相矛盾，后者表明这种物质性实际上可以被带入或"重新确立"。二十多年来，读者显然没有在这一段中察觉到任何错误，因为他们理解"that"，指的是被翻译的文本。然而，这种阅读忽略了指示形容词的指示力，它指回前面对原语文本"物质性"的三次提及。

我们如何解释这个错误？首先需要排除的是纯粹的无能：巴斯是一位非常有知识的德里达著作的译者，他在约翰斯·霍普金斯大学获得了法国文学博士学位，随后在纽约接受了精神分析师的培训，并继续在那里实践。他翻译了
39 德里达的四部著作：《书写与差异》（1978），即本次讨论段落所在文章的来源；《立场》（1981）；《哲学的边缘》（1982）；《明信片：从苏格拉底到弗洛伊德及以后》（1987）。巴斯的翻译总有启发性的注释，他还在自己的著作中对德里达的哲学和精神分析有深刻的评论。此外，巴斯译文严谨，通常会参考之前发表的翻译。在本次讨论的文章中，他审阅了波士顿大学法语教授兼法国理论著作（包括精神分析理论）翻译家杰弗里·梅尔曼（Jeffrey Mehlman）之前发表的译作（Derrida 1978: XX）。然而，梅尔曼的译作也有同样的错误，即对句法的误解，甚至使用了相同的措辞（Derrida 1972: 90-91）。

巴斯的错误（和梅尔曼所犯错误之前）可能被视为校对中未被发现的疏忽，无论是由于译者本人还是由于芝加哥大学出版社（出版此书及巴斯其他德里达译本的出版商）的编辑。但我想要争辩的是，即使我们认为错误是疏忽，其中仍有更多的东西值得关注。这个更多的东西是一种剩余，显然是无意识的，但仍然有意义。巴斯（和梅尔曼）错误的翻译揭示了所谓译者的梦想：翻译将完整地恢复原语文本，包括其物质性，没有损失或增益，译文将与原文本如此相似，以至于克服了语言和文化之间不可化约的差异。翻译本身是一个梦境场景，在这个场景中，译者的无意识可以通过对语言和话语结构的变化而变化，通过剩余来显现。译者创造的符号链不是翻译原语文本中体现的任何梦想，而是用译者自己的无意识欲望来取代，这种欲望是对特定意义的渴望，或者说在这种情况下，是对翻译中意义理论的特定渴望。然而，这种欲望是隐含的，不是明确的，只能通过对句法的误解来感知。

我从症状学角度阅读（read symptomatically）译者的错误，将其视为一种无意识驱动的标志，而这依赖于弗洛伊德对口误和误读等常见现象的精神分析处理（Frota 2000 考虑了类似的方法）。事实上，巴斯翻译中的错误构成了对法语文本的误读。弗洛伊德指出：

> 在很多误读中，是读者的预期改变了文本，并读入了他期望或所关注的东西。文本本身对误读的唯一贡献是在文字图像上提供了某种相似性，读者可以按照他所需的意义改变它。
>
> （Freud 1960: 112-113）

因此，在翻译德里达对翻译的评论时，巴斯改变了句法，创造了一个能够传达不同意义的类似结构，这种意义实际上与德里达的观点相反。这种对立对于理解误读的精神分析学来说至关重要，因为正如弗洛伊德所指出的，文本“包含

40 某些激发读者防御的东西，这是一些令他痛苦的信息或指控，因此被误读，以适应否认或实现愿望”（同上：114）。

一个段落质疑翻译可能性并断言翻译过程中不可避免地有不可挽回的损失，这可能会让翻译这段内容的译者感到困扰。因此，我认为，巴斯的错误实际上否认了翻译中的任何损失，因为他假设原语文本的物质性可以恢复。（梅尔曼版本中的错误也是如此。）

巴斯的翻译使我们能够更精确地了解译者的无意识。或许首先值得言明的是，译者的无意识是文本性的（textual）：它不存在于翻译的语言之外，而产生于使用该语言进行翻译的过程中。雅克·拉康观察到“无意识既不是原初的，也不是本能的；它对基本元素的了解不过是符号的元素而已”（Lacan 1977: 170）。在产生一系列能指链来呈现原语文本时，译者释放出的剩余暴露了他或她的无意识的运作，但仅仅与该文本或其特定的段落相关。这种剩余可能包括各种文本间的联系。因此，巴斯证明了弗洛伊德无意中的误译是“因为它与他当时在文章和通信中讨论的相关理论太吻合”（Bass 1985: 137），以及与像卡尔·荣格这样的同行在他们自己的研究中所处理的内容一样。

拉康还认为，符号链是产生主体欲望的缺口所在（Lacan 1977: 256-265）。欲望不是起源于主体，而是起源于拉康所称的“他者”（Other），即主体在语言习得过程中内化的符号，包括第一个渴望主体的人（即母亲）所使用的符号，以及主体期待从对满足需求的要求中得到回应的符号（同上：263）。他者是象征秩序（symbolic order），是通过认同过程构成主体的符号链。而这种在语言中的构成是在主体无意识的情况下发生的。按照拉康的公式，“无意识是他者的话语”；换句话说，“符号在他者中的存在，通常对主体而言是封闭的，因为它通常持续地处于被压抑的状态”（同上：193, 200）。

在译者的案例中，原语文本的能指链成为欲望生发之地。原语文本在译者心中造就了一种空缺，译者无意识地期盼这个文本填补这一空缺，并因此对其进行修改以求得满足。于是，译者的欲望便主要体现在那些翻译语言发生错位的情况，或者翻译与原语文本的偏离导致错误的场合。但这也暗示着，译者的欲望从未真正觅得其所求，从未真正得到满足。翻译中对源语的错位和偏离，构成了译者的“幻想”（phantasy），拉康将其定义为：“幻想是主体在其逐渐消逝的欲望层面上维持自我，因为满足需求的过程本身遮蔽了他所追寻的对象”（同上：272；参见 Easthope 1999b 关于弗洛伊德与拉康理论在此点上的不同见解）。

因此，德里达的法语文本引发了巴斯在翻译中的一种无意识需求，即原语 41
文本必须能够完全翻译的祈愿。然而，德里达在文本主题层面上即有关不可译性（untranslatability）的断言，也即语言表达无法完全转化的断言，否定了这种需求。而且，在翻译的词汇和句法层面上，这种否定进一步体现在巴斯对术语的使用上，这些术语暗示了英美哲学的思路，并在揭示他对可翻译性的渴望的错误理解中得以体现。这个无意识释放的剩余实际上是一种似乎满足了巴斯需求的幻想，但却隐匿在实际的挫败感中。

尽管精神分析理论的目标是研究个体心理，但我将这一理论应用于翻译，表明译者的需求不仅仅是个人的，还可以是跨个体的，因为它受到翻译理论与实践的影响。因此，同样的错误表达了同样类型的需求，即对特定翻译可能性的无意识渴望，出现在不同时期由不同译者如梅尔曼和巴斯进行的翻译中。当然，翻译文本可以表达译者个人对特定原语文本和文化以及该文本中特定段落的需求。但是，由于拉康理论中的欲望起源于“他者”，而“他者”具有符号功能，代表主体经验中的不同的人，通过认同、移情或替代来运作（例如，成年女性可以代替母亲成为男性情感中的对象），我们必须承认一个可能性，即译者的祈愿可以采取集体形式，由文化传统和社会制度所决定（这种观点隐含地对 Frota 2000 中强调译者个人性的观点提出了质疑）。在这种情况下，译者的愿望可能不仅仅是个人的，还可能具有政治性质。

意外的声音效果和政治无意识

除了误读之外，弗洛伊德还考虑了涉及声音相似的口误（slips of tougue）。在言语中的某个点，本应出现的词语或短语被其他听起来相似但与上下文无关的词语所替代或混淆，最终揭示了被压抑的焦虑或愿望。弗洛伊德观察到，"并非是'声音接触效应'的影响，而是那些在预期言语之外的思想的影响，决定了口误的发生，并为错误提供了充分的解释"（Freud 1960: 80）。这样的口误直接关系到翻译：因为翻译过程用另一能指链代替了构成原语文本的符号，翻译可能产生意外的声音效果，这些效果只在翻译语言和文化中有效，包括同音词或同义词、韵脚或回声，它们建立了互文关系，从而展现了译者的无意识。

考虑一下下面的翻译，唐纳德·沃尔什（Donald D. Walsh）于1972年翻译的聂鲁达[①]的诗歌 *En Ti La Tierra*（*In You The Earth*），译为《在你之中，大地》：

Little

① 巴勃罗·聂鲁达（Pablo Neruda，1904—1973），智利当代著名诗人。13岁开始发表诗作，1923年发表第一部诗集《黄昏》，1924年发表成名作《二十首情诗和一支绝望的歌》，由此登上智利诗坛。他的诗歌既继承西班牙民族诗歌的传统，又接受波德莱尔等法国现代派诗歌的影响；既吸收了智利民族诗歌特点，又从惠特曼的创作中找到了自己最倾心的形式。聂鲁达的一生有两个主题：政治与爱情。聂鲁达对中国和中国文化很有兴趣，曾经三次来华。1928年他作为外交官赴缅甸上任时来华，给宋庆龄颁发列宁国际和平奖，此行中，他还见到了茅盾、丁玲、艾青等文学界名流，进行了友好的交流。访问时，他得知自己的中文译名中的"聂"字是由三只耳朵（繁体"聶"）组成，于是说："我有三只耳朵，第三只耳朵专门用来倾听大海的声音。"聂鲁达于1950年获得加强国际和平奖，1971年10月获诺贝尔文学奖。

rose,
roselet,
at times, 42
tiny and naked,
it seems
as though you would fit
in one of my hands,
as though I'll clasp you like this
and carry you to my mouth,
but
suddenly
my feet touch your feet and my mouth your lips:
you have grown,
your shoulders rise like two hills,
your breasts wander over my breast,
my arm scarcely manages to encircle the thin
new-moon line of your waist:
in love you have loosened yourself like sea water:
I can scarcely measure the sky's most spacious eyes
and I lean down to your mouth to kiss the earth.

Pequeña
rosa,
rosa pequeña,
a veces,

diminuta y desnuda,

parece

que en una mano mia

cabes,

que así voy a cerrarte

y llevarte a mi boca,

pero

de pronto

mis pies tocan tus pies y mi boca tus labios:

has crecido,

suben tus hombros como dos colinas,

tus pechos se pasean por mi pecho,

mi brazo alcanza apenas a rodear la delgada

linea de luna nueva que tiene tu cintura:

en el amor como agua de mar te has destado:

mido apenas los ojos mas extensos del cielo

y me inclino a tu boca para besar la tierra.

（Neruda 1972: 2-3）

小小的

玫瑰，

花蕾，

有时，

纤小赤裸，

似乎

你能够
放进我的一只手中，
好像我会这样抓紧你
带到我的嘴边，
但
突然间
我的脚触碰到你的脚，我的嘴碰到你的唇：
你已经成长，
你的肩膀升起如同两座小山，
你的胸部在我的胸膛上徘徊，
我的手臂几乎无法环绕你腰间细如新月的线条：
在爱中，你像海水一般释放了自己：
我几乎无法测量天空最宽广的眼睛
我低头吻向你的嘴，以吻亲吻大地。

沃尔什的译本清楚地表明了他打算采用的翻译策略。他大多数情况下都会选择紧密遵循西班牙文本，尊重聂鲁达的词汇、语法和行文。他还坚持使用当 43
前标准的英语方言，尽管有两个例外有效地提升了他语言的同质性：词汇“roselet”，在今天表达诗意可能略显古老，还有缩写“I'll”，则略显口语化。沃尔什的译本非常接近西班牙语原文，而且他的英语非常同质化且熟悉化，所以，他显然旨在抹去他的决定性干预（decisive intervention），承担起诗人兼翻译家本·贝利特[1]在一次批评性评论中所提到的“作为‘无人特别’的角色”

① 本·贝利特（Ben Belitt，1911—2003），美国诗人兼翻译家，出版了许多诗集和翻译作品。他的诗歌以其丰富的意象、复杂的象征主义和对诸如身份、感知和人类经验等主题的深入探索而著称。他还因翻译聂鲁达的作品而受到赞誉。

（Belitt 1978: 48）。沃尔什自己在介绍他对聂鲁达《地球上的住所》（*Residence on Earth*）系列诗歌的版本时，阐述了他的目标：

> 译者的双重责任是找出作者用他的语言所表达的内容，然后用译者自己的语言尽可能忠实地表达作者的词汇和意图，还要考虑到两种语言之间的差异。简而言之，译者必须尽可能使语言的帷幕透明，让作者以一种新的语言发声。
>
> （*Neruda 1973a: vii*）

从我一直在进行论证的角度来看，沃尔什关于他意图的陈述是深度可疑的。他承认语言差异使翻译过程复杂化，但他似乎没有意识到这些差异使任何透明成为译者产生的一种虚幻效应，同时确保聂鲁达在翻译中永远不能"亲自发声"。沃尔什还没有意识到他的实践与意图相矛盾。例如，他使用诗化古词"roselet"并没有再现聂鲁达的开场白"Pequeña/rosa,/rosa pequeña"，这在西班牙语中创造了一种简单、重复、类似歌曲的效果，得益于西班牙语形容词的灵活位置。在这里，聂鲁达的简约被沃尔什诗意的矫饰（artificiality）所取代，由于其古雅的特质，它本身就作为一个词引起了关注，从而阻止了英语读者对这一开场白的透明感体验。

沃尔什的另一次偏离西班牙文本出现在他的倒数第二行"the sky's most spacious eyes"。"spacious"不仅是对西班牙单词"extenso"的不寻常的选择，可能译为"wide"或"vast"更贴切，而且对美国读者来说，这个英语短语可能也会引发音韵联想。它可能会让人想起凯瑟琳·李·贝茨（Katharine Lee Bates）的《美丽美国》（1893—1913）的开头，那是一首非常熟悉的、类似国歌的诗歌，有时在公共活动中演唱：

O beautiful for spacious skies,
For amber waves of grain,
For purple mountain majesties
Above the fruited plain!
America! America!
God shed his grace on thee
And crown thy good with brotherhood
From sea to shining sea!

啊，美丽的，为辽阔的天空，
为琥珀色的波浪般的麦田，
为紫色的山峰之巍峨
高耸于果实累累的平原之上！
美国！美国！
上帝将他的恩典赐予你，
并以兄弟情谊为你的善行加冕，
从海洋辉映到闪耀的海洋！

为了测试沃尔什翻译中的这种回音，我向一些翻译西班牙语诗歌的杰出译者展 44
示了这两个文本，包括美国译者艾略特·温伯格[1]，他翻译了墨西哥诗人奥克塔

① 艾略特·温伯格（Eliot Weinberger，生于1949年），美国翻译家、散文家、编辑，是1990年诺贝尔文学奖得主奥克塔维奥·帕斯的主要英文译者。他编辑的诗集《1950年以来的美国诗歌：革新者和局外人》在墨西哥是畅销书，博尔赫斯《非小说选集》获得了美国国家书评界批评奖。温伯格的散文包括《因果报应的痕迹：1993—1999》和译作诗人北岛的《解锁》（2000），他也是《中国古典诗歌新方向选集》（2003）的编辑，《观看王维的十九种方式》的作者。

维奥·帕斯[①]的作品。温伯格持同意的观点，并补充了一些启发性的观察：

> 无法确定，但我猜“for spacious skies”（为了辽阔的天空）并非有意识的——那些藏在脑后的东西就是这样出现的。当然，“spacious”不是翻译“mas extenso”显而易见的方式。但你说得对，天空和辽阔的结合不禁让人想起“oh, beautiful”（哦，美丽）。我经常在我的翻译中突然发现歌词，并且我不得不将其改变——即使它是最直接的翻译。
>
> （电子邮件通信，2000年10月9日）

温伯格承认在他自己的翻译中，也出现了类似的意外效果，这应该使我们对简单地将沃尔什的译文视为不充分或不称职的看法持谨慎态度。沃尔什（1903—1980）是一位杰出的美国教育家，长于西班牙语教学，此外还从事翻译工作。他曾担任过著名的乔特学校（Choate School）的西班牙语系主任。他还指导了美国现代语言协会的外语项目，并编辑了美国西班牙语与葡萄牙语教师联合会的期刊《西斯班尼亚》（*Hispania*）。20世纪40年代，他开始发表作品，出版了多种类型的书籍：两本西班牙语教师手册，三本西班牙语教科书，为学生编辑了八本西班牙文学文本，翻译了八部拉丁美洲文学作品，包括诗歌和散文，作者包括恩内斯托·卡尔德纳尔（Ernesto Cardenal）、安赫尔·冈萨雷斯（Angel Gonzalez）和佩德罗·米尔（Pedro Mir）以及聂鲁达。尽管沃尔什在专业上取得了许多成就，但他把文学和理论的天真带入其翻译之中，无论我们是从翻译研究的最新趋势来看，还是接受像贝利特这样的同时代人的评价（“一种简单

① 奥克塔维奥·帕斯（Octavio Paz，1914—1998），墨西哥诗人、散文家，生于墨西哥城。他的创作融合了拉美本土文化与西班牙语系的文学传统，继承欧洲现代主义的形而上追索以及用语言创造自由境界的信念。1990年由于“他的作品充满激情，视野开阔，渗透着感悟的智慧并体现了完美的人道主义”而获得诺贝尔文学奖。

的语义学和对科学方法的误导类比，使他将诗的真理实质上与其‘词语’等同起来，将其‘意图’与其数据相对应”）（Belitt 1978: 46）。毫无疑问，沃尔什对他的翻译释放的剩余是无意识的，即他倒数第二行与《美丽美国》开头的音韵相似。

遵循弗洛伊德对口误的研究，我想要证明这种回音是译者无意识祈愿的症状，尽管在这里，这种祈愿带有更大的政治意义。聂鲁达的《在你之中，大地》是一首爱情诗，在诗中，诗人–情人通过将他所爱的女性比作大地来结束对她的感性描述。这一类比在许多诗歌传统中都曾出现：例如，十七世纪英国诗人约翰·邓恩[①]就喜欢使用这样的隐喻，即爱情使两个恋人彼此成为整个世界。这种类比在沃尔什的翻译中确实得到了保留，但声音的剩余改变了 45
其意义：情人俯身亲吻的不仅是大地，或者是被比作大地的他所钟爱的女性，还是美丽的美国，即美利坚合众国，一个在贝茨诗中在某种程度上被拟人化的国家。沃尔什翻译中的无意识祈愿，是智利的一个大诗人，因其在1966年的剧作《华丽与死亡的华金·穆里耶塔》等作品中对美国资本主义的左翼攻击而闻名，应该通过对这个国家的民族主义表现出的暗示来表达他对美国的情感。

这种听觉剩余因此揭示了译者的政治无意识，可以通过额外的历史细节更清晰地聚焦。总部位于纽约的新方向出版社（New Directions），已经与沃尔什签约翻译聂鲁达的两部著作：其一，《船长的诗篇》，其中收录了诗作《在你之中，大地》；其二，《地球上的住所》。沃尔什在1971年交付了第一部著作的完

① 约翰·邓恩（John Donne，1572—1631），英国十七世纪玄学派诗人、教士，被艾略特推崇。邓恩通过使用一种更注重智力的比喻，将激情与推理融为一体，给诗歌重新注入了活力。他创造了极为凝练的意象，通常包含着一种戏剧性对比的因素。他在诗中嘲笑传统的爱情诗的陈词滥调。他不仅在意象和观念上作大胆的实验，而且对诗的节奏和诗节形式也有所创新。

整手稿（与德克兰·斯普林的电子邮件通信，2001 年 2 月 16 日）。这意味着他在聂鲁达于 1971 年获得诺贝尔文学奖期间以及诗人的密友社会主义政治家萨尔瓦多·阿连德[①]，通过民主选举当选为智利总统（1970—1973）期间进行的这些翻译。聂鲁达本人曾被提名为智利共产党的总统候选人（1970），但他后来因看到阿连德的候选资格更有可能而退出（Sigmund 1977: 84-85，91）。

阿连德的当选在西方民主国家尤其是美国引起了震动，引发了不仅是政治上的拉丁美洲共产主义的传播，也是经济上的恐惧，因为外国在智利利益的终结。当阿连德迅速开始重组智利经济，实施土地改革和国有化一些美国公司所拥有的产业时，这些恐惧似乎成为现实。时任美国总统的理查德·尼克松通过实施对智利的国际经济制裁来回应。聂鲁达最终创作了一部作品，预测尼克松的死亡，同时赞扬智利的社会主义“革命”（Neruda 1973b）。

沃尔什翻译中的声音余音，可以被描述为对令人不安的政治现实即智利和美国之间的对立的一种和解愿望，他所翻译的诗人恰是在其中进行干预。沃尔什的翻译例证了文学文本中运作的政治无意识，它们能够通过构成意识形态解决方案的形式和主题特征，为现实的社会冲突提供想象中的补偿（关于这个概念，请参见 Jameson 1981：第 1 章）。沃尔什解决方案的意识形态显然是保守的，充满了像聂鲁达这样的左翼诗人不仅会接受，而且还会珍视美国霸权地位的希望。

沃尔什的翻译实际上反映了冷战时期，那时美国自由民主与苏联国家社会主义之间的意识形态冲突非常紧张。他在这一冲突中保守立场的文化含义，在他作为美国现代语言协会管理员联合撰写的一份关于外语教育的报告中显而易见（Starr et al. 1960）。该报告认为，学习外语是避免对域外文化持民族中心主

① 萨尔瓦多·阿连德（Salvador Allende，1908—1973），智利医生、政治家、总统，在总统任期内实行国有化政策和土地改革、积极发展教育事业，外交方面加强智利同第三世界国家的联系和团结，与中国建交。

义立场的重要方式。报告的作者们断言，“学习外语，涉及使学生参与到该语言所表达的文化中，并使他从他社区的民族中心态度和他必须克服的偏见中解放出来，如果他还想成为一个负责任的世界公民的话”（同上：20）。然而，成 46
为“一个负责任的世界公民”，是在当前的地缘政治情况下服务美国的利益。沃尔什在他签名的前言中，明确地将报告与 1958 年的国防教育法案看齐，提到“专业人士和公众意识到更多的美国人获得多种外语的熟练程度是符合国家利益的”（同上：9；关于国会法案的政治意义，参见 Clowse 1981）。20 世纪 50 年代，沃尔什在为现代语言协会的外语项目工作时，他还帮助起草了几份政策声明，其中认为“美国现在占据了世界领导地位”被视为“常态”，这为增加外语学习提供了正当理由（同上：83）。

这种政治保守主义在充满争议的阿连德总统任期内只能被强化，对沃尔什的翻译施加压力触发了作为无意识意识形态的解决方案的声音剩余。事实上，他的翻译通过从西班牙文本的微妙偏离中以高潮的方式展开了这种解决方案，考虑到沃尔什刻意贴近原文的表达，这些偏离尤其引人注目。聂鲁达在诗的开头使用现在时态的动词用以唤起情人与女性的温柔亲密，而沃尔什则依赖虚拟语气和将来时态，暗示亲密关系尚未实现，即便在这个背景下似乎矛盾。这样，

parece
que en una mano mia
cabes,
que así voy a cerrarte
y llevarte a mi boca,

也许可以直译为

it seems
that you fit
in one of my hands,
that I am going to clasp you like this
and lift you to my mouth

似乎
你能够
放进我的一只手中，
我将要这样紧握你
并把你举到我的嘴边

沃尔什将其译为

it seems
as though you would fit
in one of my hands,
as though I'll clasp you like this
and carry you to my mouth,

似乎
你好像会
放进我的一只手中，
好像我会这样紧握你
并把你带到我的嘴边

这里，特别是在“as through”（好像）的重复中，情人似乎只是在幻想与女人 47
身体的接触。通过比西班牙文本更渐进式地揭示这种接触，沃尔什的翻译更强调了与美国歌曲产生共鸣的那一行中的亲吻。我认为，这种强调是译者无意识中对保守意识形态解决方案的强烈渴望，以解决智利危机。

沃尔什的翻译再次显示，原语文本通过创造舞台来产生译者的愿望，在这里，无意识可以通过文本效应，即声音的污染来揭示。但这个案例也指向了广泛的互文网络在产生欲望中的有效性：沃尔什翻译的互文不仅包括《美丽美国》，还包括聂鲁达的其他文本和对阿连德总统任期的报纸和电子媒体耸人听闻的报道。沃尔什在一个十分动荡的文化和社会环境中工作，这削弱了他对严格遵循西班牙文本策略的有意识控制。

假同源词的无意识动机

假同源词（false cognates）代表另一种口误或误读，有时出现在翻译中，根据译者的经验和待翻译的原语文本，它们可能揭示无意识的愿望。假同源词是译语中的一个词，与原语言中的某个词在形式上非常相似，通常有共同的词源，但由于两种语言经历了不同的历史发展，它们具有非常不同的意义（参见 Shuttleworth and Cowie 1997: 57-58）。由于这种相似性往往是表面的，通常基于声音或拼写，初学翻译的人可能会选择假同源词，他们对原语言的了解可能不完美，对翻译问题的经验有限。因此，当假同源词出现在已经出版了相当数量翻译作品的译者的作品中时，当它不能仅仅归因于不完美的语言知识或有限的翻译经验，或如弗洛伊德所说的“相似性、懒惰或急迫倾向的法则”（Freud 1960: 221），应该寻找无意识的动机。此外，在这些情况下，考虑假同源词与整个原语文本的意义之间的关系，可能会有启发性，因为这个错误可能是译者对该文本隐含评论的症状。

思考一下我作为译者所译的意大利语的一个例子吧。1983年，我出版了第四本翻译作品，这是一本由20世纪作家迪诺·布扎提（Dino Buzzati）撰写的短篇故事选集。在其中一个名为《鬼怪》（[意] *Il Babau*，[英] *The Bogeyman*）的故事中，一位在市议会任职的工程师抱怨一位保姆用“愚蠢的迷信”[意] stolte superstizioni，[英] foolish superstition）来管教他的儿子（Buzzati 1983: 118）。最终，这位工程师说服他的同僚们下令处决这个想象中的生物。死刑执行完成后，故事以叙事者对任何仍将存活的幻想发出警告而结束：

> 48 Galoppa, fuggi, galoppa, superstite fantasia. Avido di sterminarti, il mondo civile ti incalza alle calcagna, mai più ti darà pace.
>
> （Buzzati 1971: 12）

> Hurry, fly away, superstitious fantasies. The civil world, eager to exterminate you, follows in hot pursuit. It will never let you rest.
>
> （Buzzati 1983: 122）

> 快点，飞走吧，迷信的幻想。文明世界急切地想要消灭你，紧紧追随着，它将永远不会让你安息。

我的翻译中包含了一个假同源词：我使用了“superstitious”（迷信的）来翻译意大利语单词“superstite”，实际上它的意思是“surviving”（幸存的）。这个错误，当时我完全没有意识到，出版商的编辑也没有注意到，后来被一位评论家指出，他注意到：

> 被提及的幻想是那些以某种方式设法秘密地幸存下来的东西，布扎提认

为，在我们这个简陋的、实证主义的时代，它超越了界限。遗憾的是，迷信的人是我们自己，而我们自认为更真实罢了。

（Cary 1983: 120）

实际上，我的错误颠倒了故事的含义：尽管布扎提的目的是质疑工程师关于鬼怪是愚蠢迷信的指控，我的翻译却以认同该指控而结束。

由于在这个项目进行的时候，我已经积累了相当丰富的翻译经验，并且在这个或我之前的翻译中并没有发现其他假同源词，我想提出这个语言错误是一个无意识动机的剩余，构成了对布扎提故事的批判性评论。它传达了我压抑的判断，认为他对鬼怪的处理应被视为迷信，因为他所代表的心理过程可以被赋予理性的解释。实际上，布扎提对鬼怪的描绘是不一致的：一方面，这个想象中的生物被称为“滑稽的朋友 / 敌人”，被描述为“一个巨大的黑色动物，其形状似乎是河马或貘的杂交”（Buzzati 1983: 122，118）；另一方面，它的功能类似于弗洛伊德理论中的痛苦惩罚梦境（a distressing punishment dream），在这一梦境中，梦者实现了“因压抑或禁止的愿望冲动而受到惩罚”的愿望（Freud 1953: 710；613，708-713）。因此，鬼怪被说成是在“被责备的孩子”中“引发的恐惧、恐怖”，并且通过以威胁他的职业抱负的上级的面孔出现，也给“工程师带来了一些焦虑”，以此威胁他在公司中的“杰出地位”（Buzzati 1983: 118-119）。布扎提对鬼怪的描绘，结合了弗洛伊德关于梦的心理决定因素的概念和对人类思想和行为的外部影响的迷信观念（弗洛伊德本人在 1960 年就此做出了这种区分：256-260）。我对假同源词的使用指出了这种不一致性，同时还否定了它。

然而，在这个语境下，假同源词所释放出来的剩余，继续回响着意义，这 49
些意义最终变成了矛盾的意义。在将意大利词语“fantasia”翻译为“fantasies”时，我的译文包括了另一个语义转变，不仅仅是从单数到复数的转换，而且是从一般名词到具体名词的转换，从心理官能的“fantasy”或“imagination”，到具体名词“fantasies”的转变。这个术语可以适用于故事中的每一个奇幻表现，无论是想象中的鬼怪，还是儿童和工程师自己所经历的惩罚梦境。因此，误译“superstitious fantasies”（迷信的幻想），等于对布扎提故事中可以察觉到的弗洛伊德概念的全面否定，对梦的工作，甚至也是对无意识存在的否定，因此否定了它可能影响到任何人类思想或行动，包括翻译工作。接着，此处的误译所显示的是，我作为译者在质疑布扎提对幻想的哀伤庆祝中共享了工程师的抑制理性（repressive rationalism），我以与分析师有时对精神分析的反应相同的方式对待意大利作家对无意识的表现：通过抵制它，在这里通过选择一个错误的能指来翻译，从而压抑了意大利文本中的一个关键的能指，同时，通过我的误译所造成的矛盾揭示了我的自我压抑。

那么，为什么我对翻译中相同的症状性错误的解释，既可以假设精神分析概念的相关性又可以否定它们呢？弗洛伊德的理论实际上可以解释这个矛盾。他首先观察到，像在言语口误和阅读错误这样的现象中，压抑的焦虑和愿望的显露对应于“梦的形成机制”（mechanism of dream-formation）：在这两者中，“通过不熟悉的路径，通过外部联想的方式，无意识的思想表现为其他思想的修改”（Freud: 277-278）。其次，弗洛伊德对梦的研究表明，无意识缺乏任何否定或逻辑相反的调和的形式或过程。相反，它通过简单的并置来运作：

> 相互矛盾的思想并不试图消除彼此，而是并排存在。它们经常组合成浓缩体，*就像它们之间没有矛盾一样*，或者达成一些妥协，这些妥协在我们的意识思想中是不会被容忍的，但在我们的行为中经常被接受。
>
> （Freud 1953: 755，斜体为弗洛伊德所加）

因此，可以在翻译错误中检测到的无意识动机，可能会根据翻译释放的剩余、误差无意中产生的文本效应和文本间联系，而显示出多种且相互冲突的决定因素。错误可能是愿望的症状，不仅仅是质疑，而是挑战或抵制原文本中展开的话语。译者的愿望可能最终涉及的是原文本作者的社会权威和文化威望，甚至更广泛地说，希望翻译工作本身获得作者的认可。

译者、“父之名”与母语 50

如果我们最后引入占据弗洛伊德精神分析学说中心的俄狄浦斯三角理论（Oedipal triangle），但根据拉康[1]的语言理论进行重新思考。对于拉康来说，“我们必须在**父之名**中承认符号功能的支持，从历史的黎明开始，父之名的人物已经与法律的形象等同起来”（Lacan 1977: 67）。拉康使用术语“父之名”来指代的不是一个真实的人，即不是主体的真实的父亲，而是父亲在构成主体的能指链中所承担的符号功能。“父之名”代表了各种各样的“法律”表现，包括社会权威或文化威望的法律、人物、机构、价值观和信仰，从古代禁止近亲通婚的规定开始。

在拉康的语言修订的恋父情结（Oedipus complex）中，“父之名”被定义为最终代替“母亲欲望”的一个能指，当爱的需求脱离了纯粹的生理需求并体验匮乏时，主体内的欲望就会出现。拉康观察到，“如果母亲的欲望是阳具（phallus）”，因为她想得到父亲，“那么孩子就希望成为阳具以满足那种欲望”（Lacan 1977: 289）。在拉康的思想中，阳具不是身体器官，不是阴茎，而是一

① 雅克·拉康（Jacques Lacan，1901—1981），法国作家、医生、学者、精神分析学家。拉康从语言学出发来重新解释弗洛伊德的学说，他提出的诸如镜像阶段论（mirror stage）等学说对当代理论有重大影响，被称为自笛卡尔以来法国最为重要的哲人，在欧洲被称为自尼采和弗洛伊德以来最有创意和影响的思想家。

个能指符号，标志着主体进入语言时的性别差异。“父之名”介入到孩子的心理发展中，将对母亲的欲望转化为社会可接受的形式，为主体在语言中构建性别认同（拉康的理论是否适用于女性仍不清楚且有争议：简短且深刻的描述见Easthope 1999b）。对于男孩来说，父亲的干预实际上是阉割威胁，这迫使主体将阳具的欲望定位到其他对象上。

转到翻译，我们可以注意到，译者位于两个能指点之间：（1）“父之名”以原作者和文本的形式存在，它们不仅代表了一个原始的创作者和一篇原创作品，与译者工作的二阶地位相关，还可能积累了重要的社会权威和文化威望；（2）母语及用母语创作的译文，这种语言不仅是译者最熟悉的，而且与最初教授母语的母亲形象有着强烈的欲望认同，这种语言不仅是译者语言能力和文化知识的主要基础，也是翻译文化中当前流行的翻译理论和实践的场所（关于母亲和母语之间关系的临床证据，参见 Amati Mehler et al. 1990：90-105）。原作者和文本以翻译的方式制定了一项翻译法律，要求译者对该文本的语言和话语结构显示足够的尊重，从而模仿并传达它；母语引导译者走向熟悉和熟练的语言使用（language use），这种语言在过去曾满足译者对交际有效性的需求，特别是在翻译中，并且被接受语境中的翻译规范所制约。由原作者和文本代表的
51 “父之名”，通过要求译者在太过紧密和扭曲地将文本转化为翻译语言和文化时对母语的投入加以干预，从而制定了一项翻译法律。在加夫龙斯基[①]关于翻译过程的精神分析反思中，译者“被迫（严格来说）削减自己，以尊重乱伦的禁忌。篡改文本将等同于在某种程度上或完全消除父亲–作者（权威）的存在。”（Gavronsky 1977: 55）

---

① 加夫龙斯基（Serge Gavronsky，生于 1932 年），法国当代文学研究和翻译领域的杰出人物，特别以其对法国文学的工作而闻名。

翻译过程可能仍然会显露出译者压抑的欲望，通过释放无意识的剩余，以此来挑战原作者。这一欲望可能是为了在翻译中占据一种权威的位置，目的在于通过制造隐含质疑这种地位的翻译来实现模仿原作者作为原创者以及（根据作者而定）作为经典人物的地位。巴斯翻译德里达的作品，沃尔什翻译聂鲁达的诗，以及我翻译布扎提的故事，三者都包含了语言上的错位与偏离，译者通过以回应译者无意识欲望的方式修订其文本，抵制原作者的文化威望，即接受可译性的理论，提出保守的政治意识形态，否定幻想的精神分析解释。在每一个案例中，译者的修订都表明与原语文本相关，存在一种更根本和更紧迫的充当原创作者的欲望。

这些翻译显然包含了意义的增益，不仅超越了词汇对等，而且与原语文本中所表示的意义相悖。然而，翻译也不可避免地导致了原语文本形式和意义的丧失，而在这方面也可能存在无意识动机。弗洛伊德指出，揭示无意识运作的言辞口误可能包括遗漏关键词或短语。他举的例子恰如其分，涉及一份法律文件的翻译：

> 在奥地利和匈牙利之间于1867年的“妥协”中，解决的涉及两国财政义务的法律部分中，匈牙利文的翻译中漏掉了“actual”（实际）一词；而［精神分析师］达特纳（Dattner）认为，匈牙利议会起草员的无意识欲望，即尽可能少地给奥地利提供优势，可能导致了这个遗漏。

弗洛伊德的评论表明，漏掉的无意识欲望是集体性质的，可能是民族主义的，明显具有政治色彩。翻译中的遗漏也可能指向其他更个人的动机，或者与译者和翻译与原作者和文本的地位有关。

来看看韦弗 1968 年翻译的意大利作家伊塔洛·卡尔维诺[①]（Italo Calvino）的短篇小说集 *Cosmicomiche*（*Cosmicomics*，《宇宙奇趣》）。卡尔维诺在这里采用的叙事策略是赋予科学思想以拟人化的形式，利用科学来探索和使人类经验
52 变得陌生化。故事名为“Lo zio acquatico”（The Aquatic Uncle，《水族叔叔》），基于进化论，讲的是两只生活在陆地上的爬行动物，一个男孩和一个女孩相遇并相爱的故事。但是，女孩被男孩的叔叔所吸引，他们的关系遇到了困难，因为正如标题所暗示的，叔叔还没有达到可以离开水域环境的进化阶段。文本以男孩爬行动物反思他看到的生物学变化而结束：

> Ogni tanto, tra le tante forme degli esseri viventi, incontravo qualcuno che “era uno” più di quanto io non lo fossi: uno che annunciava il futuro, ornitorinco che allatta il piccolo uscito dall’uovo, giraffa allampanata in mezzo alla vegeta-zione ancora bassa; o uno che testimoniava un passato senza ritorno, dinosauro superstite dopo ch’era cominciato il Cenozoico [...]
>
> （Calvino 1965: 83）

> Every now and then, among the many forms of living beings, I encountered one who “was somebody” more than I was: one who announced the future, the duck-billed platypus who nurses its young, just hatched from the egg; or I might encounter another who bore witness to a past beyond all return, a dinosaur who

---

① 伊塔洛·卡尔维诺（Italo Calvino，1923—1985），意大利当代作家，生于古巴哈瓦那，随父母移居意大利。毕业于都灵大学文学系，二战后开始文学创作。其作品有《通向蜘蛛巢的小径》《分成两半的子爵》《树上的男爵》《不存在的骑士》《我们的祖先》《看不见的城市》《宇宙奇趣》等。他还搜集整理了《意大利童话》。1985 年 9 月，卡尔维诺突患脑溢血在意大利佩斯卡拉逝世。

had survived into the beginning of the Cenozoic [...]

（Calvino 1968: 81-82）

不时之间，在众多生物中，我会遇到一些比我更有特殊地位的存在：比如那些能预示未来的生物，像是哺育刚刚从蛋中孵化出来的鸭嘴兽；或者我可能会遇到其他一些见证了已经无法返回的过去的存在，比如在新生代开始时依然存活的恐龙［……］

韦弗的英文译本紧密遵循意大利文本，甚至在语法方面只有微小的变化。然而有个重要的遗漏，即短语“giraffa allampanata in mezzo alla vegetazione ancora bassa”（一只站立不稳的长颈鹿，仍然身处低矮的植被之中），直译的译文可能就是：“消瘦的长颈鹿生长在仍然很低的植被中”。这个短语涉及法国生物学家让-巴普蒂斯特·拉马克[①]的进化论，他的著作《动物哲学》（*Philosophie zoologique,* 1809），主张生物体根据环境需求发展解剖学特征。因此，根据拉马克的理论，长颈鹿的长颈是由于在非洲地区吃树叶的需要，因为那里没有草。拉马克的理论后来被达尔文的自然选择理论所取代，而这恰好是卡尔维诺故事的基础。然而，在结尾的段落中，卡尔维诺的用典极富他幽默的特点：讽刺的是，这里的拉马克式的长颈鹿比树木长得还要高大。

如何解释韦弗遗漏了这一句呢？首先，我们必须注意，这一遗漏肯定是无意识的。到 1960 年代中期，韦弗不仅是一位有着十年意大利小说翻译经验的资深翻译家，而且他的翻译作品非常出色，受到美国和英国出版商的热烈欢迎，读者评价也很高。他的《宇宙奇趣》英译版甚至在 1968 年赢得了美国国

① 让-巴普蒂斯特·拉马克（Jean-Baptiste Lamarck，1744—1829），法国博物学家，生物学奠基人之一。他最先提出生物进化的学说，是进化论的倡导者和先驱。他还是分类学家，主要著作有《法国全境植物志》《无脊椎动物的系统》《动物哲学》等。

家图书翻译奖。在 2001 年 3 月 13 日的电话交谈中，韦弗自己也将遗漏描述为无意识的“疏忽”，他表示无法解释。

他还提供了一些额外的信息以阐明他工作的背景情况。他说，尽管卡尔维
53 诺的作品自上世纪 50 年代以来就已经被翻译成英文，但《宇宙奇趣》是这位意大利作家的第一本由他自己翻译的书。有趣的是，韦弗提到卡尔维诺在拒绝另一位英文译者后选择了他，认为那位译者不能胜任这项任务。在指出这处遗漏“太大，我一个人无法完成”的同时，韦弗提及卡尔维诺有时会在他的意大利文作品被翻译成英文之前就对其进行修改。但是韦弗无法确定这个省略是否是由于这样的修订造成的，他也不记得有这种情况，这似乎很重要，因为正如弗洛伊德指出，“令人痛苦的记忆特别容易因为有动机的遗忘而消失”（Freud 1960: 147）。事实上，考虑到卡尔维诺作品中的幽默特质，作者进行修订的可能性不大，他可能会希望保留这种幽默。《宇宙奇趣》的任何一个意大利文版本都没有显示出对问题段落的修改。

这些细节必须加上这个事实：韦弗对卡尔维诺的文本的翻译非常自信，以俚语词汇和语法略显自由，但总体上保持词汇对等的方式脱颖而出。常见的意大利表达方式，比如“Vedrà che ci si trovava bene”（你会看到你会和谐共处的）、“Mica storie”（不是谎言）、“Se ci stai stella”（如果你留在我们这里，就太好了），被多彩的英语口语表达方式所取代：“You’ll be nice and snug”（你会很舒适的）、“I’m not fooling”（我可不是在开玩笑）、“If you’re game, sweetie”（如果你敢的话，宝贝）（Calvino 1965: 74, 77, 81; 1968: 74, 77, 79）。韦弗的整个翻译表现出对各种英语语域和风格的出色掌握。因此，像“mi precipitai a riconquistarla”这样的短语，本可以简单地翻译为“I hurried to win her back”（我急于将她争取过来），韦弗采用了更具文学修辞的方式：“I hastened to woo her back”（我匆忙地追求她，以便她能回来）（Calvino 1965: 81; 1968: 80）。与意大利文本相比，这个翻译更加明确，符合英语对精确性和连贯性的喜好。例如，

短语“all’asciutto”（在干燥的地方，在干燥之地）被翻译为“on dry land”（在干燥的土地上），短语“i nostri vecchi”（我们的老人）被翻译为“our ancestors”（我们的祖先），动词“viene?”（在这个上下文的意思是“你会来吗？”）被译为“Won’t you come home with us?”（你要跟我们一起回家吗？）（Calvino 1965: 71, 72, 74; 1968: 71, 72, 74）。韦弗的翻译表现出如此巨大的控制力，如此流畅且富有表现力，以至于上述遗漏变得更加显眼，更难以解释为纯粹的疏忽。

我想要论述的是，这个遗漏，是翻译者无意识欲望的症状，其目的是为了与原作者竞争。围绕着翻译的情况，特别是《宇宙奇趣》，是韦弗第一次翻译卡尔维诺备受赞誉的作品，意大利作者在拒绝另一位译者后选择了韦弗，韦弗以如此自信的方式完成了这个项目，这一切都表明他正在寻求卡尔维诺对他工作的认可。然而，在这样做的过程中，他也在模仿卡尔维诺的创作，并且在英译本的语言和风格特点上甚至超越了意大利语的原作。说的更具体些，这个遗漏是微妙而具启发意味的：通过删除一个意大利语原作者嘲讽幽默风格中如此典型的典故性短语，韦弗潜意识地挑战了卡尔维诺作为作家的身份，以及他在当时的意大利和其他地方已经获得的文化威望。就长颈鹿的延长颈部构成阳具 54
形象而言，这一遗漏可以被视为对父亲般的作者的象征性阉割，而这通过译母语更高的流利度得以实现。为了提高英文的连贯性和可读性，韦弗插入了短语“I might encounter”（我可能会遇到），这个短语在意大利文中没有出现，并且与先前的短语“I encountered”（我遇到了）重复。

一些结论

翻译中的“相似性”概念可以理解为两种不同类型的关系：首先，作为原语文本和翻译文本之间的相似，其次，作为翻译与接受语境中的其他价值观和实践之间的相似。这两种关系并不仅简单地对立，且常常相互削弱。然而，它们共同指导着每一种翻译实践。它们都不是在翻译过程之前存在的，而都是构建出来的。当今最常建立的原语文本和翻译之间的相似性是词汇对等；它总是建立在不可简化的差异基础上，即语言之间的结构和话语差异、文化间的价值观念和意识形态差异。翻译和接受语境之间的相似性，总是建立在同样不可简化的差异的基础上，即原语文本的形式和主题与原始创作语言和文化中最初编写的文本不同，但也与构成原语文本的原文化中的连接网络不同。在翻译中，差异总出现在相似性之前，正是差异激发了对相似性的简化追求，甚至带着传达原始差异的矛盾希望。

翻译中不可消除差异的一个原因是译者无意识。首先，它必须与前意识区分开来，与翻译过程中译者学到但没有在翻译过程中有意识地阐述的东西不同。前意识（preconscious）包括译者对源语言和译入语的知识，但也包括吉迪恩·图里所称的塑造翻译过程的文化和社会规范，特别是目前在接受语境中盛行的翻译传统、惯例和实践。尽管这些知识的主体在翻译中会自动应用，但是，如果译者从过程或产物中退后一步，以批判的客观态度进行审视，它们也可以变得明晰并被表达出来。然而，无意识在定义上始终超出译者的认知范围，只有其他研究者，或者是译者，在以后的某个时刻、在另一种分析情境下才能够理解。

译者无意识在翻译中不可避免地引入了差异，因为它在译入语和文化中出现，并与原作者和文本的关系可能具有对抗性。无意识，尤其是在像翻译这样的写作实践中，本质上是语言和文本的。正如德里达所说："已经是'纯粹痕迹的编织，意义和力量结合的差异，一个不在场的文本，由总是已经成为记录的
55 档案构成"（Derrida 1978: 211）。译者的无意识是"不在场的"，因为它在翻译过程中形成，并通过翻译中的剩余，即翻译中译者为了表达原语文本而创造的文本效果和互文联系来显现。

有些效果和联系可能是故意的；其他的则超出了经验丰富的译者的主观意

图，呈现为误解或误读的形式，这些是无意识动机、被压抑的焦虑、未满足的欲望的症状。这些错误可能由原文本引起，由其形式和主题特征引起，也可能由错误发生的特定段落引起。然而，它们也可能由错误的直接语境之外的某些事物触发，但仍与之有关，即翻译产生的更大的文化和社会情境。在这种情况下，症状性错误可能揭示了译者的政治无意识，一种在翻译的想象层面上解决社会冲突的被压抑的欲望。这些所讨论的错误是症状性的，而不是认知性的，不仅仅是错误或疏忽，因为它们是由经验丰富的译者所犯，当给予详细的情境化时，它们揭示了跨个体因素的无意识操作（参见 Timpanaro 1976，我对此持不同意见）。这些因素确保无意识总是对抗译者试图建立的相似性，并阻止翻译成为一种单纯的沟通行为。

然而，鉴于案例不足，我对翻译人员的无意识的审查仍需暂时保留。仍然需要考虑一些重要问题，尽管它们只能在此以一般性的方式表述。例如，我提供的所有案例都涉及男性译员，这一局限引发了问题，即原作者或翻译人员的性别身份是否会影响可能出现的症状文本特征的性质和意义。一个权威的女性作家的原语文本，是否会导致男性译员的文本中出现某种特定类型的错误？考虑到作者身份的历史性代表是男性（参见 Mitchell 1975；Mitchell and Rose 1982），女性翻译人员在翻译男性作家时是否会无意识地挑战作者身份？将潜意识投资于母亲形象与个体与母语的关系之间建立联系的临床证据，会引发关于翻译人员使用母语的问题。潜意识投资的深度是否会影响翻译人员在母语中进行实验的倾向？这种投资是否会影响从译员的母语翻译到第二语言？这些问题需要进一步探讨，我在这里简要提出，以表明采用精神分析方法来审视翻译可能会产生什么成果和启发。

最后，关于翻译研究方法，我还有几句话要说。为了研究译者无意识，翻译学者显然必须在翻译过程或产品中引入一组来自精神分析传统的理论假设。倘若没有这些假设，译者无意识就无法显现，也不会成为可分析的对象，即使

56 在由最有经验的译者创造的译本中，错误也不会超出其错误的地位而具有任何意义。此外，如果不接受精神分析的假设作为工作假设，那么，没有多少经验证据可能会使翻译学者倾向于接受基于这些假设的论证。当然，精神分析提供的解释拒绝接受关键假设，如无意识的存在和作用的理由：抗拒分析是一种压抑形式。我们可能会想知道，在学术论述中，这种抑制究竟隐藏了什么，个体或机构的利益正在得到什么服务。也许最值得翻译研究推崇精神分析传统的是，它可以帮助译者和翻译研究与实践避免被这些隐含目的所束缚。

［2002］

3　翻译德里达论翻译：关联与学科抵抗

独特与典型

这是我作为一名英语译者和翻译学习者质疑翻译在美国持续边缘化的故事。也可以视为你的奋斗故事，你对翻译感兴趣，希望学习翻译并做翻译实践，因此可能会受到文化和制度边缘化的不利影响，边缘化限制了在这个国家以及其他地方学习翻译和做翻译实践的机会。因为美国的经济和政治优势维系着英语的全球霸权，确保英语是全球译出最多的语言，但相对而言，译入英语的却是最少的。所以在美国翻译的边缘化必然会在美国以外产生不利影响，特别是通过维持不平等的文化交流模式（有关翻译数据，请参见 Venuti 2008: 11-12）。因此，在翻译这一特别的例子中，我所声明代表的“你”，和我所说的“我”，是普遍一致的。

然而，我的从“我”到“你”的转变不应如此迅速，不应看起来如此流畅，因为我的故事相当独特，是由一个翻译项目引发的。我想讨论我翻译雅克·德里达关于翻译主题的演讲背后的多种情况。当然，翻译这位当代法国哲学家的作品，要求译者在某种意义上是专家，不仅需精通法语，还要了解大陆哲学的诸种传统；不仅要了解法语和英语之间的翻译实践，还要了解几十年来用于翻译德里达写作的话语策略。然而，这些不同类型的专业知识并不足以完成任务：最关键的还在于渴望翻译德里达。事实上，欣赏、教授、研究和编辑他作品的学者们，可能都会拒绝翻译他的作品，不单因为他那种富有趣味的、充满典故的写作给翻译带来诸多困难，还因为在学术激励的等级中，翻译仍然58 处于较低位置。当然，如果愿意的话，翻译的双手可能仍然会被始终制约翻译的法律因素所束缚（参见 Venuti 1998：第 3 章）。德里达的法语著作，已经积累了非常巨大的诸如象征、文化和经济的资本，很多学术出版社都倾向于从他的法国出版商和作者那里购买独家世界版权。这意味着译者不仅必须获得翻译德里达著作的许可，还必须与出版社协商以避免侵权。许多复杂因素影响着翻译德里达的过程，似乎使这样一个项目显得极为特殊，因此难以将其视为典范。那么，我该怎么做呢？

德里达可以帮助回答这个问题。他引起了人们对“两种逻辑的交织和积累”（Derrida 1996: 40）的关注，这发生在试图成为代表性的任何见证中，同时存在于经验的个体性（在这种情况下，此个体性是边缘化的个体性）与普遍的典型性当中。德里达追问道：

> 当有人试图描述一个据称不寻常的“情境”，比如我的情境，通过用超越它的语言来作证，所用的语言的一般性具有某种结构的、普遍的、超验的或本体论的价值时，会发生什么情况？恰好有人推断出以下的内容：“适用于我的、不可替代的东西，同时也适用于所有人。替代还在进行；它已经开始生效了。每个人都可以和自己说同样的事情。我得到了充分的倾听；我是普遍的人质。”
>
> （Derrida 1998: 19-20）

德里达对典型性问题的回答取决于他的“差异”（différance）概念，其中包含对语言符号的批判。如果意义是在潜在无限的能指链上的关系和差异的效应，多义的、互文的、受无限联系制约的效应，那么，意义总是差异性的和被延迟的，永远不作为原始统一体存在，总是且已经是一个充满多样化的可能性的场所，可以由话语的接收者以不同的方式激活，因此超出了个体用户的控制（Derrida 1982a）。尽管“本土语言”（native language）和“母语”（mother tongue）等表达中嵌入了生物学隐喻，但语言的使用并非源自自然，而是源自文化；因为它不仅是通过沉浸在文化中和受教育习得的，而且这种习得渗透到个体使用中，使其基本上，通常是不自知的，具有集体性。在语言中，个体与集体之间的关系从来都不是平等的，而总是偏向于学习语言的“他者”。正如德里达所言：

> 我们只说一种语言，而且，由于它回归到他者，它总是存在于他者之中，始终是为了他者而存在，来自他者，由他者保留。源自他者，与他者共存，并最终回归他者。
>
> （Derrida 1998: 40）

我们只说一种语言，但它从未真正属于我们，也从来不单纯的只是一种语言。59
这一点可以更具体地用社会学术语来表达：语言由社会情境的紧迫性所强加，而通常这一情境是层次分明的，无论是在文化层面还是政治层面，无论是在从机构的边缘面向特定受众的情况下，还是在受制于殖民项目的限制和排斥时。

需要注意的是，将语言文化和政治情境进行过于相似的比较，可能会掩盖残酷项目如殖民主义的本质。然而，从某种程度上说，这种相似性值得深入探讨，因为它可以帮助我们理解文化实践（例如翻译）的边缘性，以及我自己翻译德里达作品的典型状况。以德里达的评论为起点，我们可以认识到，“他者”即文化机构或政治权威，可能会强制实施一种单一语言主义（monoligualism），一种学术性或殖民性话语，旨在同质化和限制语言的使用。与此同时，他者强加的单一语言，可能会使个体使用的特殊性具备集体力量，因此具有跨个体和可能通用的典型性。个人的见证可以具有“典型性寄主作为人质”的双重结构，因为它反映了强加给个体所属群体的限制性单一语言（Derrida 1998: 20, 26）。

这一思路首先可以通过德里达关于翻译的演讲来说明。该演讲题为“Qu’estce qu’une traduction ‘relevante’ ?”（我将之译为“What Is a ‘Relevant’ Translation?”，汉译为“什么是‘关联’的翻译？”），于1998年在阿尔勒文学翻译研讨会（ATLAS）的年度会议上发表。ATLAS是一个拥有大约800名成员的法国组织，致力于促进文学翻译并保护文学翻译家的地位。德里达发表演讲，他希望听众都是专业的翻译家，这些翻译家主要关注翻译实践而不是理论概念，这对德里达的演讲施加了一种特定的语言和表达方式。讲座开始，德里达开诚布公，对自己有关翻译的言论向经验丰富的翻译家致以歉意，而且还避免了用纯哲学的表达方式表达他的思想。他没有像在别处一样，采取对某一关键文本的猜测性评论，而是讨论了翻译理论史上最实际的主题之一，即词对词和意对意翻译间的对立，西塞罗和圣哲罗姆等作家就曾关注过该对立。他以莎士比亚《威尼斯商人》译本中的角色为依据，提出自己的看法，他的评论大都切中要害。他想要呈现出他观点中的独到之处，由此引发读者的联想，大多数时候，他都试图探索一些特殊的翻译问题，由此我们能领略到他作为译者的风范。对于鲍西亚（莎士比亚《威尼斯商人》中的女主人公）关于“仁慈”的一番言论，德里达给出了法语翻译，他的译文围绕黑格尔辩证法的核心概念展开。

这些个案在他的阐述中逐渐具有了典范地位，成为“相关”翻译的普遍概念以及任何翻译可能产生的文化和制度影响的典范。德里达写道，相关的翻译是令人困惑的，它“呈现自己，就好像通过任何能指的无关紧要的工具传递了
60 一个完整的所指”（Derrida 2001: 195）。尽管他对这种困惑提出了质疑，但他认为这是不可避免的，因为每种翻译都参与了一种“间性节俭”（economy of in-betweenness），位于“绝对相关性、最合适、最贴切、最单一的透明度与最离奇和最不透明的无关性之间”（同上：179）。然后，他将这个概念应用到他用法

语单词 relève 来翻译黑格尔术语 Aufhebung[①] 的情况，这种翻译最初是“个人经验的”，服务于他自己的解释兴趣，但最终在“机构认证和公共领域的经典化”中经历了广泛使用作为被接受的译文，才成为“已知的最相关的可能的翻译”（同上：183）。

值得注意的是，德里达的演讲还**抵制**了由法国翻译家受众强加的单一语言主义。尽管以法语写成，尽管通过讨论具体案例培养了翻译的实践性，但实际上这篇发言稿是多语的，还包括英语和德语，而且在某些地方论点转向了哲学。因此，德里达为选择了一个“不可翻译”（untranslatable）的标题而表达歉意，因为 relevant（相关的）一词的词源尚不确定：它可能是法语，因此可以翻译成英语；或者是英语，但还未能融入法语，因此该词对翻译产生了抵抗效应（resistance）。结果，德里达认为，这个词揭示了当今翻译的性质（nature of translation）：由于“相关的”统一性是可疑的，因为这一能指可能包含多个词，因为它产生了同音效应或同音异义效应，它使翻译过程偏离正轨，并清楚地表明所谓的相关的翻译是基于特定的语言概念的，这个概念假定“不可分割的声学形式，包括或表示了不可分割的意义或概念”的统一性（同上：181）。尽管德里达告诉他的听众，他将放弃在“一般层面上，在理论上或更明显地在哲学或推理反思上的讨论，我在其他地方对翻译的各种普遍问题进行过探讨”，但他的具体案例引发了哲学反思，并指出了普遍问题（同上：178）。事实上，他的演讲回应了第二个更深层次的哲学背景：对莎士比亚戏剧的评论源自他早在 1998 年就曾教授的关于宽恕与伪证的研讨会。

① Aufhebung，音译为“奥伏赫变”，意义为“扬弃”，哲学名词，包含抛弃、保留、发扬和提高的意思。指新事物代替旧事物不是简单地抛弃，而是克服、抛弃旧事物中消极的东西，又保留和继承以往发展中对新事物有积极意义的东西，并把它发展到新的阶段。在德国古典哲学中，奥伏赫变一词首见于康德的体系，在费希特的体系里使用得最多，但多是该词的否定意义。黑格尔明确把其作为同时具有否定与肯定双重含义的概念加以使用。

我的翻译项目始于2000年，同样处于两个不同甚至相互冲突的背景中，横跨两个学科领域，面向两个学术受众，每个受众对我的工作都强加了特定的概念性论述，每个受众都要求一个在他们术语中具有相关性的翻译。一方面是被称为“文化研究”的领域，这是一种松散的方法综合体，尽管如此，它主要由理论取向主导，综合了后结构主义与各种马克思主义、女性主义和精神分析的流派（Easthope 1991）。这种综合使得学者能够跨越不同的历史时期和文化形式，涵盖精英文化和大众文化，并限定了研究领域，如殖民主义、性别认同和全球化（参 During 1999）。另一方面是被称为“翻译研究”的领域，这同样是一种松散的方法综合体，但却主要由经验取向主导，它综合了诸如文本语言
61 学、话语分析和语用学等语言学分支与“多元系统”理论，其中，文化被看作是不同形式和实践之间复杂互动的网络（Even-Zohar 1990）。这种综合使得学者们能够研究翻译文本的语言以及制约翻译的规范，特别是文化多元系统，从而导致了最具生产力的研究，将语言和系统性方法相结合（Hatim and Mason 1997; Toury 1995）。

文化研究和翻译研究并不必然对立。我个人的翻译研究与实践一直都借鉴了这两个领域的成果。然而，正如这两个领域在新千年之初的时候所呈现的那样，它们揭示了深刻的概念分歧，这使得任何旨在面向两个领域学者的项目都更为复杂。文化研究的理论取向把对特定翻译和翻译实践的研究边缘化了，而翻译研究的经验取向则使哲学和文化政治问题研究边缘化了。由于当时这两个领域都得到了坚实的机构支持，即便它们在不同国家的不同机构中占据了不同的地位，而且因为它们都涉及国际学术社群，因此它们都赋予了我的翻译项目一种超越个别案例的普遍意义。如果要我将自己的工作视为典范，如果我敢为与我共享翻译兴趣的您代言，那是因为我们也共享一组基本的制度条件。在2000年，这些条件建立了一种双重的学术边缘性：一方面，文化研究忽视了翻译的物质特质；另一方面，翻译研究忽视了伴随每一种翻译实践的哲学含义和社会影响。

文化研究中的翻译

为了理解翻译的边缘性特质，我想引用布尔迪厄关于学术机构的研究，他在其中找到了一种“特殊的反智主义”（Bourdieu 1988: 94-95）。对于布尔迪厄来说，尽管学术的反智主义一词看似自相矛盾，但实际上包含了“对创新和知识创造的秘密抵制，对思想和自由批判精神的厌恶”，他将这种抵制与“仅对那些默认接受了机构赋予的限制的人产生影响的机构化思想的承认所产生的影响”联系起来（同上：95）。在一个领域工作意味着通过对限定该领域的材料和实践保持投入，即使社会主体打算以一种激进的方式改变它。正如布尔迪厄所观察到的那样，“想要在一个领域进行革命，就是要给予该领域潜在需要的基本要素，即它很重要，游戏已经足够重要，以至于人们想要在其中进行革命”（Bourdieu 1998: 78）。因此，如果尝试引入不同的材料和实践，如果它们代表了对机构化思想价值的根本挑战，如果它们试图将人们对它的重视转移到其他类型的思维方式上，那么，这些尝试可能会遭遇阻力。这种
抵制可以采取纯粹的排斥形式，比如学术期刊和出版社拒绝出版，拒绝学术职 62
位申请，以及拒绝授予终身职位和职位晋升。抵制也可以采取不那么激烈的形式，比如负面的书评，或更具修正意义，比如改变边缘材料和实践，以便将它们归化到当前的领域状态中去。翻译研究在美国机构的命运经历许多上述这些形式的学科抵制。

事实上，翻译在美国学界尚未站稳脚跟。在过去的二十多年里，欧洲国家见证了翻译培训机构以及翻译研究生学位的大幅增长，一些项目甚至可以追溯到 20 世纪 40 年代。而美国则远远落后，翻译课程，甚至零星的翻译研究课程或博士论文，仍属例外情况（Anthony Pym 定期更新的课程列表，参见 http://isg.urv.es/tti/tti.htm）。

翻译遭遇了布尔迪厄所描述的学科抵制，首先是因为它与外语教学中的机构化实践背道而驰。自 20 世纪 60 年代末以来，最普遍的外语教育方法是“直接交流”（direct communication）或“完全沉浸”（total immersion），其目标是达到母语水平，这抑制了任何可能需要学生依赖英语作为中介的教学方法。因此，翻译被诬蔑并遭到排挤，因为它只是外语教学的一种方法，即使几个世纪以来，翻译正是以此为目的而存在的。翻译往往通过建立相对独立于大学的机构或跨学科的项目进入美国学界，例如蒙特雷国际研究院①，或者通过现代外语与应用语言学之间的合作来建立，这是肯特州大学翻译项目的基础。21 世纪头十年，由于需要用英语在本科层面上讲授外国文学以及“世界”文学，如同达姆罗什②（Damrosch 2003）所描述的，比较文学系和研究项目开始更多地关注翻译。然而，“比较文学研究者通常都在抱怨，不愿承认翻译的学科地位”，他们继续赋予原创作品更大的价值（Saussy 2006: x; cf. Ungar 2006: 127-128）。直到 2012 年，美国俄勒冈大学的比较文学系才首次给一位专注于翻译研究的授课、指导和监督工作的助理教授授予了终身职位。

翻译有纯粹的实用性，即创新研究能够塑造实践，而创新实践又能够激发研究，这一事实在一定程度上阻止了它在文化研究领域得到广泛接受。

---

① 蒙特雷国际研究学院（Monterey Institute of International Studies）成立于 1955 年，现在加州的蒙特雷市中心，前身为“蒙特雷外语学院”，主要着眼于通过语言及文化的研究增进国际间的了解及合作。2005 年，该校加盟了位于美国佛蒙特州的明德学院（Middlebury College），2015 年更名为（Middlebury Institute of International Studies at Monterey）。该学院为联合国、欧盟及各个国家的政府机构培养了大批专业翻译，被称为翻译界的哈佛。

② 大卫·达姆罗什（David Damrosch，生于 1953 年），哈佛大学厄内斯特·伯恩鲍姆讲席教授，撰写多部比较文学与世界文学学术专著，主编多部世界文学教材、原典选读，任多家比较文学与世界文学杂志主编或编委。代表作有：《叙事公约：圣经文学发展中的文体转换》《我们学者：改变大学文化》《何为世界文学》《尘封的书籍：伟大史诗吉尔伽美什的遗失与再发现》《如何阅读世界文学》等。

这里的学科抵抗，似乎是由自 20 世纪 80 年代以来主导该领域的理论取向所导致的。由于许多文化评论已经进行了具有高度推测性的转向，一些最有声望的学术期刊倾向于拒绝那些在编辑眼中缺乏理论深度或者侧重于特定作品和历史时期而未提出当前争议的理论问题的投稿。翻译研究可以涉及这些问题，但由于它的对象是一种语言实践，因此不可避免地会在具体的文本和社会层面提出这些问题，从而限制理论推测，并最终暴露出其在解释翻译文本方面的局限性。如果翻译研究要影响翻译实践以及翻译理论、历史和评论， 63
它需要有一个经验性的基础（an empirical ground）。然而，这一实用维度并不总是受到期刊的欢迎。例如，《批评探索》（*Critical Inquiry*）在近四十年的历史中，只发表了一篇关于翻译实践的文章，即诗人和翻译家雷金纳德·吉本斯（Reginald Gibbons）关于他的译作的论文，题为“Artists on Art”（《艺术家论艺术》，Gibbons 1985）。尽管该期刊在作为基于理论的文化评论场所方面已经获得了极大的权威，但直到我翻译的德里达演讲刊于第二十七卷之前，它从没有刊发过翻译理论的论文。然而，截至目前，该期刊上引述的许多理论都是第一次在外语文本中出现，只有把这些理论译成英文才能使其产生影响。

曾有多篇翻译研究的投稿提交给《批评探索》，但都遭到了拒稿。当然，这些投稿并非由德里达这样的学者提交的，因为像德里达这样的学者，在美国学术机构中才拥有象征的、文化的资本。例如，在 1989 年，我提交了一篇名为“Simpatico”（《和谐》）的论文，该文就是我 1995 年的著作《译者的隐身》中一章的早期草稿。论文涉及诸多理论问题，都与我翻译的一位当代意大利诗人有关：通过考察特定的措辞选择，论文研究对诗人从尼采和海德格尔那里借鉴的哲学主题的影响，并且借助德勒兹和瓜塔里等理论家的帮助；论文还考虑了翻译应该如何以及为什么应该在译文中表明原语文本的语言与文化差异这一更大的问题。主编的拒稿信说道：“我对文章确实有很大的兴趣。然而，编辑部同仁都认为，它更适合发表在另一本杂志上”（来自詹姆斯·威廉姆斯 1990 年 3 月 5 日的信函）。我的论文被推荐给了信中提及的“另一本杂志”，是由莱纳·舒尔特（Rainer Schulte）编辑的美国文学翻译协会期刊 *Translation Review*（《翻译评论》）。在主编舒尔特的视野下，这本通常避免发表学术文章的杂志，不刊发涉及理论评论的文章，而更偏爱涉及翻译实践问题的文艺文章。因此，很明显，《批评探索》的编辑拒绝了我的手稿，因为他们认为我的论文不够理论化，或者没达到他们所希望的理论程度。

这些问题受到了严格的审查。有人认为，自从上世纪 70 年代以来，《批评探索》杂志并没有对所有引入美国学界的文学和文化理论给予平等的开放态度（参见 Spanos 1993: 182-184; Cohen 2001）。相反，根据桑德·科恩（Sande Cohen）的观点，该杂志“只有在关注严谨的人文主义时才注重法国理论”，实际上它更强调“自由主义的经典主体”，在这一观点中，“尼采的思路几乎完全遭拒”，包括尼采本人以及受他影响的思想家，如海德格尔和德勒兹与瓜塔里（Cohen 2001: 201, 204, 202）。这一思路在 20 世纪末的意大利诗歌中占据了重要地位，尤其是在意大利诗人倾向于使自由主体去中心化的趋势中，但是，这些诗也激发我去质疑翻译的交际维度，尤其是它们能再现域外诗人的声音。1991
64 年，我的文章最终刊登在《实质》上，该期刊标榜“一本集理论与批评于一身体的期刊”，不仅长期接受翻译研究的论文，而且还对欧洲理论中的尼采路线保持开放态度。

随着诸如殖民主义之类的研究领域的出现，翻译在文化研究中越来越成为讨论话题，且理所当然：美洲、亚洲和非洲的殖民化，不可能在没有口译员的情况下发生，无论是本土的还是殖民的，也不可能在没有有效文本的翻译下发生，无论是宗教、法律还是教育。然而，我该如何定义某些研究里的理论主义倾向，强调理论概念的构建而排除文本分析和实证研究，从而限制对翻译的关注。

例如，殖民话语理论家中最有影响力之一的霍米·巴巴[①]，在《被视为奇迹的符号》(*Signs Taken for Wonders*)一文中，讨论了英国书籍在印度等英国殖民地获得的领袖般的魅力。正如巴巴指出的，"这是一种位移的过程，矛盾的是，它使英语书籍对于重复、翻译、误读、位移的程度感到奇妙"；为了证明他这一观点，他引用了一段长文，文中，一位印度传教士描述了德里外的一大群人正在阅读"我主的福音，被翻译成了印地语[②]"(Bhabha 1994: 102-104)。巴巴承认，"在我使用'英语'时，有一种透明性的参照，它记录了某种明显的存在：翻译成印地语的《圣经》，由荷兰或本地的传教士向被殖民者布道时，使用的仍然是英译本《圣经》"(同上：108)。这一承认引发了对殖民权威的探讨，巴巴依赖于把德里达和福柯等后结构主义思想家富有成效的思想相结合。然而，他们的表述具有很高的概括性，因此大家毫不费力就能猜到巴巴殖民话语理论中的暗示。

对《圣经》印地语翻译的分析，可能会揭示支持并深化巴巴所阐述的殖

① 霍米·巴巴(Homi K. Bhabha，生于1949年)，出生在印度孟买，2008年秋出任哈佛大学英美文学与语言讲座教授，当代著名的后殖民理论家，与萨义德、斯皮瓦克被誉为后殖民理论的"三驾马车"。其主要批评著作有《文化的定位》以及他主编的《民族与叙事》等。他提出的杂合性(hybridity)概念，影响深远。

② 霍米·巴巴在《被视为奇迹的符号》一文中提及的印地语，不是印度现在通用的官方语言印地语(Hindi Languge)，是在殖民地时期印度当时使用的一种较旧、有些过时的 Hindoostanee Tongue。不过这个词是印地语的旧称，故此处也译为"印地语"。现代的印地语主要在印度使用，是该国的官方语言之一，也是世界上使用人数最多的语言之一。Hindoostanee 这个词现在使用得较少，在历史文献中或在讨论印度语在早期时期，特别是在英国殖民时期的印度的语境中更常见。印地语属于印欧语系的印度-雅利安语族，经过了几个世纪的发展，受到了梵文、波斯语、阿拉伯语和突厥语等多种语言的影响。

民话语内在的模棱两可的语言与文化差异。例如，维森特·拉斐尔[1]关于西班牙在菲律宾殖民主义的研究就证明了这一可能性：拉斐尔展示了他加禄语翻译宗教文本如何既推动又破坏了西班牙的存在（Rafael 1988）。然而，在巴巴的例子中，不管是文学文本还是翻译，理论主义的评论预先制止了任何接近的文本分析。在殖民研究中，因为他只强调语篇而忽视了殖民主义的重要问题，所以他的作品饱受批评（参见，例如 Loomba 1998: 96, 179-180）。然而，在翻译中只强调语篇，不考虑任何话语策略，也是行不通的。

即使是当文化理论家们自己生产文学和理论翻译作品时，他们敏锐地意识到，没有任何翻译能够无困扰地传达原文，这并不导致他们对特定翻译进行深入检查，无论是他人翻译的还是自己翻译的。斯皮瓦克[2]在1992年发表的重要论文《翻译的政治》中，提供了对翻译的深刻理解，这种理解既是后殖民的，又是女性主义的，受到后结构主义语言和文本性理论的影响。但她的
65 阐述很快从跨语言翻译转向了“文化”翻译，从讨论在语言之间翻译特定的语言与文化差异（尤其是那些处于层级关系中的语言）的讨论，转变为对几个文学和理论文本的推测性评论。在这里，她将翻译理解为改编（adaptation）或模仿（parody）（在《敌人》一书中，“作为白人克里奥尔的库切，通过将‘星期五’描述为隐藏的代理人，对《鲁滨逊漂流记》进行翻译”），作为口头传播（在托妮·莫里森的《宠儿》中，“母亲教女儿说话，母语发生了改

---

① 维森特·拉斐尔（Vicente Rafael），美国西雅图华盛顿大学历史系教授，后殖民理论重要的代表人物。其研究兴趣包括语言和权力、翻译和文学的政治、比较殖民主义和民族主义、媒体和媒介的社会史、批判理论和人类学、帝国、种族和性别。大部分作品与殖民时期和后殖民时期的菲律宾和美国相关。

② 加亚特里·斯皮瓦克（Gayatri C. Spivak，生于 1942 年），出生于印度，文学理论家和文化批评家，西方后殖民理论思潮的主要代表。早年师承保罗·德·曼，获得康奈尔大学博士学位。在 20 世纪 70 年代曾以将解构大师德里达的《论文字学》（*De la Grammatologie*）引入英语世界而蜚声北美理论界，后又以演讲的雄辩和批评文风的犀利而驰骋于 80、90 年代的英语文化理论界。斯皮瓦克现为美国哥伦比亚大学阿维龙基金会人文学科讲座教授。

变”)，以及作为意识形态批评和政治挪用（在彼得·德·博拉的《崇高的话语》“勾勒出某种隐秘的后殖民阅读的政治”)（Spivak 1992: 195, 200)。斯皮瓦克希望这种评论能“给译者上一课”，即对狭义上的跨语言译者，但她对所审查文本的讨论，尤其比德·博拉做出的讨论，要更详细、更专注于摘录，而不是对实际翻译选择的简短评论（同上：197)。

同样，翻译孟加拉小说家马哈斯维塔·德维（Mahasweta Devi）的作品时，斯皮瓦克没有解释她的翻译策略，而是通过论文引用各种理论概念来阐明德维作品的政治维度。当斯皮瓦克讲到她的作品受到暗示性批评时，这种遗漏变得更加明显。在声称翻译作品“将在印度和美国出版”之后，她提到印度出版商和翻译学者苏吉特·穆克吉（Sujit Mukherjee）对其英文不够简便进行了批评，“这个国家［印度］的读者不便于接受”(Spivak 1995 xxiii, xxviii)。斯皮瓦克承认，她的英文“更多属于无根的美国学术散文，而不是她青年时惯用的次大陆方言”；她甚至承认，印度文本是否应该翻译成印度英语“是一个有趣的问题”（同上：xxviii；参见 Devi 1997: 16，斯皮瓦克声明“我使用了‘标准英语’，不论它是什么”)。但是，尽管论文前有一篇笼统的“译者说明”，她并未像对待德维的主题那样持续关注这个问题。

使斯皮瓦克翻译的语言更加引人入胜的是，它富含异质性，它绝非学术散文，和次大陆方言保持距离，也几乎算不上是“标准英语”。以下是两段她的德维故事《哺乳者》译文的摘录：

> The boy got worried at the improper supply of fish and fries in his dish. He considered that he'd be fucked if the cook gave him away. Therefore on another occasion, driven by the Bagdad djinn, he stole his mother's ring, slipped it into the cook's pillowcase, raised a hue and cry, and got the cook kicked out.
>
> （Devi 1997: 40）

> 那男孩对他盘子里不恰当的鱼和薯条供应感到担忧。他考虑到，如果厨师告发他，他就会有麻烦。因此，在另一个场合，受到巴格达神灯的驱使，他偷了母亲的戒指，塞进厨师的枕头套，大声疾呼，让厨师被赶了出去。

> Then Kangali said, "Sir! How shall I work at the sweetshop any longer. I can't stir the vat with my kerutches. You are god. You are feeding so many people in so many ways. I am not begging. Find me a job."
>
> （同上：44）

> 然后康加利说，"先生！我怎么能再在甜品店工作呢。我无法用我的拐杖搅动大锅。你是上帝。你以各种方式养活了这么多人。我不是在乞讨。给我找个工作吧。"

66 这种将当前标准用法与俚语和粗俗语、英式表达与美式表达、正统与非正统拼写（以表示发音的差异）的混合，不可避免地引发了如下的问题：斯皮瓦克的翻译，是否以及在多大程度上重新创造或改变了德维文本的效果。要回答这个问题，就需要不仅仅针对孟加拉文本，而且针对译者对这些文本的解释，来检查方言、语域和风格的突变。也许有人会好奇，这些语言选择，如何于斯皮瓦克在其翻译所附的评论中，把热切倡导的文化价值和政治目的联系在一起？

翻译研究中的翻译

大约在同一时期，即1990年代，翻译研究中的话语策略受到了很多关注，但是，译文往往以一种显示出学术反智主义的不同形式遭到处理，即只关注通过近距离分析产生的数据，而忽略翻译所引发的各种哲学、文化和政治的问题。这种学科抵抗似乎源自1960年代以来主导该领域的实证主义倾向，主要由提供分析工具的各种语言学类型推动。因此，那些较少含有实证性且包含更多推测性的研究，或者使用更贴近文化研究的不同分析类别的研究，很可能不仅被误解，还因为没有提供足够或有代表性的细节而受到质疑。在对翻译的语言学观点进行的调查中，莫娜·贝克尔就对我的工作持这种立场：

> 除了分析诗歌手法，如韵律、押韵、头韵等，韦努蒂还利用语言学研究者会认为过于宽泛和过于限于传统词汇和句法水平的类别：古语、方言、地区选择、句法倒置。一位以语言学为导向的学者通常希望提供分析，以分析在词汇和句法层面更细微的区分，并且还包括其他描述层面，如信息流、衔接、表达礼貌的语言机制、对话中的轮换规范等。
>
> （Baker 2000: 23）

显然，贝克尔评论有缺失：我在分析文学翻译的文学效果，选择语言特征由特定的解释场合指导，旨在将特定翻译策略的效果与接受模式和文化价值联系起来（她引用了我2008年的著作《译者的隐身》，最初发表于1995年，以及我于1998年出版的《翻译之耻》的第1章）。由于我的分析使用了相对较少的语言学家通常用于翻译研究的工具，这隐含地提出了这样一个问题：这些工具产生的“更细微的区别”对探索文学和文化问题，甚至对翻译实践的发展都是必要的。贝克尔所引用的范畴清楚地表明，我们依赖于不同形式的语言学：她的 67
评论假设翻译研究应该使用系统功能语言学（如“衔接”）和各种语用学（如“礼貌”理论、话轮），而我的分析则植根于法国话语分析和后结构主义的文本性概念（concepts of textuality），尤其是构建主体性和复杂交流的语言结构

（Williams 1999；Lecercle 1990）。最终，贝克尔的评论指向翻译研究中当前两种方法间的不可通约性（incommensurability），一种受到英语文化中流行的语言学类型的影响，另一种受到从欧洲大陆，尤其是由法国引进的文学和文化理论的影响。

的确，从这一理论角度看，以语言学为导向的方法的结果可能显得微不足道，不仅对于翻译研究，而且对于翻译员培训也无关紧要。例如，一位美国语言学家进行了一项研究，调查了“不恰当的转码”（unwarranted transcoding，即再现原语文本结构的翻译）与译者所达到的翻译水平之间的联系（Colina 1999）。翻译的文本是一个食谱的西班牙语标题，“Pastel de queso con grosellas negras y jengibre”，其中一些无效的翻译采取了含糊不清的形式，“Cheesecake with black currants and ginger”，相比之下，“Black currant and ginger cheesecake”这样翻译会更清晰。这项研究旨在测试翻译理论家图里提出的假设，即“语言学专业学生给出的不恰当转码实例最多，而专业人士出现得最少”，因为后者已经吸收了反对这种翻译的专业规范（同上：382；见 Toury 1986/1995: 275-277）。“不适当转码的案例随着翻译经验和 / 或教育的增加而减少”，结果平淡无奇且完全可预测，甚至令人怀疑有无必要进行涉及多个美国大学师生的详细调查（Colina 1999: 383）。

这里值得质疑的不是应用实证研究，实证研究在用于记录和探索影响翻译的生产、流通和接收的诸因素方面仍有价值。问题在于过于狭义地专注于微观语言材料和实践的实证主义，因而忽视了诸如译者所接受的委托和翻译的预期受众等决定性、社会性的思考。正如阿尔都塞[①]所论述的，实证主义认

① 路易·阿尔都塞（Louis Althusser，1918—1990），马克思主义哲学家，是法国最具原初思想也是最受争议的知识分子之一。作为哲学家，他的整个职业生涯是在巴黎高等师范学院度过的。著有：《孟德斯鸠：政治与历史》《读〈资本论〉》《保卫马克思》《政治与历史：从马基雅维利到马克思》《论再生产》。

识论声称，直接或不经介入地接触现实或真理，但这种说法掩盖了一个“抽象”的过程，即在这一过程中，根据特定理论模型区分必要和非必要数据，将一个真实对象简化为特定知识的对象（Althusser and Balibar 1970: 34-43）。长期在翻译研究中占据主导地位的实证主义，倾向于优先考虑来自语言学的分析概念（analytical concepts），无论这些概念在解释力上有多么狭窄或有限。从这些概念的角度来看，翻译的本质是一种抽象的语言观念。

许多大学的翻译研究和翻译培训的课程，最为明显的就是都采取以语言学
为导向的方法。这些课程广泛使用的一本教材，就是哈蒂姆和梅森于 1997 年 68
合著的《作为沟通者的译者》[①]。该作汇集了一系列语言学概念，对不同类型和媒介的翻译进行了深入分析。例如，两位著者借助礼貌理论（politeness theory）分析了一部外语电影中的字幕。礼貌理论是一种对话行为的形式化，通过该行为，说话者维持或威胁对方的“面子”（face），它被定义为“行动自由和免于强加的基本要求”，以及“积极的自我形象及希望这种自我形象得到欣赏和认可”的愿望（Brown and Levinson 1987: 61）。他们对字幕的分析表明外语对话中的语言指示（linguistic indicators）表明角色满足彼此的“面子需求”发生了“系统性损失”（systematic loss）（Hatim and Mason 1997: 84）。

然而，作者止步于得出结论，并没有继续深入探讨，他们说道：“要测试这些有限的发现对其他电影和其他语言是否具有普遍性，还需要更多的实证研究”（同上：96）。然而，人们不禁会对他们对这部特定电影分析的影响产生疑问。他们没有考虑翻译模式对电影中的角色塑造、叙事和主题，或对观众对这些形式特征的潜在反应的影响。要进行这样的思考，需要相当不同的理论概

① 巴兹尔·哈蒂姆（Basil Hatim）和伊恩·梅森（Ian Mason），翻译研究领域的名人，在翻译理论和实践的发展中做出了重要贡献，特别是在话语分析、语用学以及翻译的社会文化方面。他们合著的《作为沟通者的译者》，1997 年由卢德里奇出版社出版，对翻译研究的焦点从纯粹的语言练习转移到包括文化和沟通方面在内的更全面的视角产生了影响。

念，这些概念考虑到并超越了语言分析（linguist analysis），是研究电影叙事中的角色如何形成理论以及观众接受或文化品味的理论。在哈蒂姆和梅森的分析当中，礼貌语言指示符的功能，是作为从外语电影和字幕版本中抽象出来的经验主义本质（empiricist essence）。

从译者角度来看，区别于语言学方法的翻译的实证主义，至少有两个严重的局限。首先，由于这种方法设计并运用了如此复杂的分析概念，它总是产生远远超出解决翻译问题所需的更多细节，这一局限有将翻译研究并入应用语言学的风险。在这里，我们可以看到布尔迪厄所说的“人文科学中最严重的认识论错误”的一个实例，即“将科学家必须构建以解释实践的模型置于执行这些实践的代理人的意识中”的倾向（Bourdieu 1998: 133）。在翻译培训中，这种错误将译者转变为语言学家，要求在翻译中学习并使用语言学所制定的一整套分析概念。此外，在翻译研究中，这些概念往往成为评判翻译的标准，因为尽管哈蒂姆和梅森否认他们的“目标是批评字幕译者或字幕翻译”，但他们的分析为判断制作他们示例的字幕译者未能与外语对话建立等效关系奠定了基础：“在所分析的这些序列中”，他们断言，“目标语听众很难完全恢复人际意义（interpersonal meaning）。在某些情况下，他们甚至可能对角色的直接或间接性产生误导性的印象。”（Hatim and Mason 1997: 96）

因此，对翻译的语言学分析可能充满了不加批判的规定主义（uncritical prescriptivism），这揭示了第二个局限：译者被误导了，不仅认为这种分析是
69 客观描述性的，而且认为它对于发展、解释和评估翻译决策而言是足够的。由于这些决策通常是基于翻译在接受语境下所具有的文本效果、文化价值和社会功能来做出的，主要关注对等的语言分析将无法涵盖对翻译如此重要的因素。也许我们会问，为什么哈蒂姆和梅森例子中的字幕必然给观众以“误导性印象”？我们能否将这些印象视为部分是由字幕技术的限制（例如，键盘字符数的限制）塑造的，部分是由译者的话语策略根据不同文化的观众发展而成的？

从长远来看，翻译研究中的实证主义，抵制那种鼓励译者反思其工作所引发的文化、伦理和政治问题的推测性思维。

干预性翻译

布尔迪厄指出，“大学领域的结构在任何时刻都是各主体间权力关系的状态”，因此，“在这一结构中所占据的位置激发了旨在改变它或通过调整或维护不同权力的相对力量来保持它的策略”（Bourdieu 1988: 128）。在布尔迪厄的描述中，大学中的权力是通过学术工作领域中分配给不同形式的资本来介导的：不仅这些领域是分层的，其中一些（如法律、医学、科学）分配了比其他领域（如艺术）更多的经济和文化资本，而且在特定领域内的材料和实践所分配的资本也是不均的。在美国的大学中，翻译无疑都处在从属地位，不仅与社会上有权势的领域如法律和医学相比如此，与翻译相关的领域如语言学、文学批评和文化理论相比也是如此。在我当前的论述中，我试图更加精确地指出：翻译经历了一种双重边缘化（double marginalization），其理解和发展受到文化研究中有影响力的理论主义以及翻译研究中流行的经验主义方法的限制。

正是这种边缘性激发了我翻译德里达讲座的决定，我将这个翻译项目视为挑战美国学术界中翻译的从属地位和狭隘理解的一种手段。然而，为了有效地干预，我对德里达讲座的呈现，不仅是我的翻译策略，还有我选择文本的本身，都不得不回应那两种限制翻译的截然不同的概念话语，因为我正试图要改变它们。

翻译一直是一种向学术机构引入创新材料（innovative materials）和实践的方法，但它的成功与否，不可避免地受到制度化价值的限制。外国学术成果可以进入并影响本国学术，尽管最初只能以它能够被认可的方式出现。这些方式包括最小化（minimize）外国著作异质性的翻译策略，通过将其同化到学术机

70 构更能接受的语言和话语结构中。例如，菲利普·刘易斯[1]表明，由于法语和英语的结构差异以及译者宣称其“目的是将其英语化”，德里达的论文“*La mythologie blanche*”（《白色神话》）的第一个英译本，抑制了［他的］话语的“特殊质地和语调”，使用了“回避异常、结构怪异的”的英语（Lewis 1985: 56）。以这种归化的形式，该论文显著影响了德里达思想在英语中的接受，从一开始就被同化到美国的学术兴趣中了（Comay 1991）。让外国成果进入学术的可识别条件，也可能包括已经获得经典地位的作者和文本，以及当前正在进行的学术辩论中的问题。因此，我选择翻译德里达的讲座是策略性的：它引发认同，但同时旨在引发一种能激发对翻译制度地位的重新思考的陌生化。

在文化研究中，德里达长期以来一直是经典人物，是该领域内基础文本的作者。他未被翻译的作品不仅会吸引大量学术读者，也会立即引起顶尖期刊编辑的兴趣。受德里达的推荐，我向《批评探索》杂志的编辑投了我的译稿，编辑在看了我写的简短摘要后迅速接受了稿件。此外，该讲座涉及翻译诸如种族主义和政治压迫等问题，这些是当时文化研究所辩论的中心问题。德里达根据翻译的编码解释了莎士比亚《威尼斯商人》中的角色，展示了鲍西亚如何试图将夏洛克的“正义”的犹太话语翻译成支持“基督教国家”的“仁慈”的话语（Derrida 2001: 183-194）。

这在该剧批评史上是前所未有的解读，现在可能会引起对理论方法感兴

① 菲利普·刘易斯（Philip Lewis），1985 年发表 *The Measure of Translation Effects*（《翻译效果的衡量》）一文，因引入“妄用式忠实”（abusive fidelity）的概念而闻名。该文收入约瑟夫·格雷厄姆编辑的《翻译中的差异》（*Difference in Translation*）一书中，由康奈尔大学出版社出版。后来该文又收入韦努蒂编辑的《翻译研究读本》（*The Translation Studies Reader*）。刘易斯主张一种翻译方法，强调原文本的独特文体和修辞特征，即使这意味着偏离了传统的忠诚翻译方法。在这种方法中，翻译者深入研究原文本的语言和文化细微差别，通常会产生一种在目标语言中可能不够流利或不够“自然”的翻译，但更忠实于原文的形式和内容。这个概念在翻译理论中产生了影响，尤其是在关于如何平衡保持原文本的完整性和使其对目标语言读者可访问之间的讨论中。

趣的莎士比亚学者以不同方式来阅读。然而，对于德里达的美国读者来说，最陌生的举措可能是他自己也得凭借翻译。他不仅提供了对他解释的阐述，而且还提供了鲍西亚台词 when mercy seasons justice 的不寻常的法语翻译，其中，seasons 被翻译为 relève，这是他运用黑格尔的 Aufhebung 以突出思维辩证运动中矛盾的术语。在德里达的哲学词汇中，relève 意味着“提升和替代的双重动机，它否定或摧毁的同时又保留了它”（同上：196）。通过运用一个获得如此概念稠密（conceptual density）的词汇来翻译鲍西亚的台词，德里达表明她将夏洛克对正义的要求，翻译成了基督教仁慈话语的同化力量（assimilative force）。与此同时，他提供了一个显著的例证，说明翻译也可以执行与文化研究学者所关联的、有关他作品的相同类型的质疑性解释（interrogative interpretation）。

在翻译研究领域内，德里达的影响力远不如语言学家韩礼德、语言哲学家格莱斯重要。其实，这也并不奇怪：韩礼德和格莱斯提供了概念和分析工具，这些影响了许多翻译研究的实证取向（empirical orientation），培育了文本稳定性和合作交流的想法，而这些事实上已经被后结构主义所质疑（Baker 1992; 71
Arrojo 1998）。然而，即使在翻译研究领域内，翻译德里达的讲座也可以是一种有效的干预，因为他讨论了在 20 世纪主导翻译理论和实践相关性的概念。例如，尤金·奈达，一个对译员培训产生了几十年国际影响的理论家，提倡“动态对等”的概念，其中译者“旨在完全自然地表达，并试图将接受者与其自己文化背景下的行为模式联系起来”（Nida 1964: 159）。随后，恩斯特–奥古斯特·格特（Ernst-August Gutt）基于被称为“关联理论”的语用学分支，发展出了一种认知翻译方法（Gutt 1991；关于语言学理论，参见 Sperber and Wilson 1986）。格特认为，翻译中的“忠实”，取决于通过“足够的”“语境效果”传达对原语文本的解释，因为它们考虑到接受者的“认知环境”，因此需要最小的“处理努力”（Gutt 1991: 101-102）。因此，相关的翻译很可能是“表达清晰自然，意味着它应该易于理解”（同上：102）。

德里达的讲座在这个背景下尤其具有挑战性，尽管他承认相关性是大多数翻译的指导原则，但他对此仍然提出了质疑。他呼吁不仅要关注翻译的我族中心主义的暴力（ethnocentric violence），也要关注翻译通过看似透明的语言对这种暴力同时进行的神秘化，因为这种语言是单一的、地道的。翻译中的透明效果具有欺骗性（illusionistic）：可读性或易懂性，格特将之称为“最佳相关性”（optimal relevance），使读者相信所指已经被转移，而不带任何实质性的差异。然而，事实是任何翻译都会用一个能指链条替换构成原语文本的意指链，试图固定一个所指，而这个所指只是根据翻译语言和文化的可理解性和兴趣的一种解释。德里达不仅仅是揭露相关翻译的神秘化，他还通过对莎士比亚剧作的解读，揭示了其文化和社会含义。鲍西亚将夏洛克对正义的要求翻译为对基督教教义的最佳相关性，这最终导致了他被彻底剥夺以及被迫皈依基督教。德里达以此表明，当相关翻译发生在像国家这样的机构内时，它可以成为法律禁令、经济制裁和政治压迫的工具，这些都是由种族主义驱动的。

妄用式忠实的翻译

我选择翻译德里达讲座的文稿，是为了建立与制度化思维的相关性，同时也质疑翻译在学术机构内的从属地位和有限的理解。然而，我的翻译策略冒着不相关（irrelevance）的风险：这些策略在努力将德里达的文本译成英语，以展示翻译在塑造概念中的力量方面毫不妥协。更具体地说，我试图实施菲利普·刘易斯所称的“妄用式忠实”（abusive fidelity），这是一种翻译实践，“重视实践，
72 干预使用，力求通过产生自己的多重价值和多重声音或表达压力来匹配原作”（Lewis 1985: 41）。妄用式忠实被要求原语文本涉及大量概念稠密或复杂的文学效果，即诗歌和哲学，包括德里达自己的写作。这种翻译在两个意义上是妄用式的：它抵抗接受语言和文化的结构和话语，特别是单一性、习惯性、透明性的压

力；但同时它也质疑原语文本的结构和话语，揭示其通常未被承认的条件。

在实践中，妄用式忠实意味着通过创造可比的文本效果，尽可能紧密地贴近德里达的法语，努力模仿他的句法和词汇，即使它们有把英语扭曲成奇怪形式的威胁。这种可能性总是受限于语言之间的结构和话语差异，还要保持可理解性和可读性，即对我的英语读者相关性的需求。我知道我的译文因为《批评探索》编辑部的反应而超出了学术英语的限制。因此，我想在英语中模仿德里达许多电报式的、有时省略的句法结构，但编辑倾向建议插入把这些结构扩展为语法完整单位的内容。以下是一个例子，括号中是编辑插入的：

> [It is] As if the subject of the play were, in short, the task of the translator, his impossible task, his duty, his debt, as inflexible as it is unpayable. [This is so] At least for three or four reasons:
>
> （Derrida 2001: 183）
>
> 似乎剧中的主题，简言之，是译者的任务，他不可能完成的任务，他的职责，他的债务，既坚定又无法偿还。[情况如此，] 至少有三四个原因：

有时，编辑建议插入连接词以增加英语句法的连贯性：

> Mercy resembles justice, but it comes from somewhere else, it belongs to a different order, [for] at the same time it modifies justice,
>
> （同上：195）
>
> 怜悯类似于正义，但它来自别处，属于不同的秩序，[因为] 同时它也改变了正义，

德里达的词汇甚至更加妄用了学术话语，他并没有使用清晰的、明确的术语，他更喜欢复杂的文字游戏（wordplay），由于不可化约（irreducible）的语言差异，这些游戏并不能总是在翻译中复制。德里达的英语读者已经习惯了一页带有外语单词的页面，所以我利用了这种期待，在英语无法轻易实现某种效果的地方将德里达的法语放在括号内。这些场合包括他对 grâce 在“感激”（gratitude）、“赦免”（pardon）和“恩典”（grace）等意义上的游戏，以及他对 le merci（感谢）和 la merci（原谅）的游戏（同上：175, 191）。然而，在其他情况下，我能够在英语中模仿文字游戏。因此，法语 marche/marché（步 / 购买）变成了英语 tread/trade，而在一个需要以辅音群“tr”开头的英语选择的连字系列中，法语 trouvaille（意外
73 发现、幸运的发现、幸运的机会）变成了 reasure trove（宝藏）：

> surenchère infinie, autre marche ou autre marché dans l’escalade infinite
>
> （Derrida 1999: 35）

> an infinite extravagance, another tread or trade in an infinite ascent
>
> （Derrida 2001: 188）

> 无尽的奢华，无限攀升中的另一步伐或交易

> une de ces autres choses en *tr.*, une transaction, une transformation, un *travail*, un *travel* — et une trouvaille
>
> （Derrida 1999: 46）

> one of those other things in *tr.*, a transaction, transformation, travail, *travel*—and a treasure trove.
>
> （Derrida 2001: 198）

那些以 tr. 开头的其他事物之一，交易、转变、辛劳、旅行，以及一处宝藏

我努力在英语中再造德里达的文字游戏，这种做法干预了英语的使用，在编辑的询问中也变得显而易见。德里达本人在一个例子中，通过一个括号内的评论直接将读者的注意力引向一个双关语：

> Ceux et celles à qui l'anglais est ici familier l'entendent peut-être déjà comme la domestication, la francisation implicite ou, oserai-je dire, l'affranchissement plus ou moins tacite et clandestin de l'adjectif anglais relevant.
>
> （Derrida 1999: 24）

> Those of you who are familiar with English perhaps already understand the word as a domestication, an implicit Frenchification or — dare I say? — a more or less tacit and clandstine enfranchisement of English adjective *relevant*.
>
> （Derrida 2001: 177）

> 那些熟悉英语的人或许已经理解这个单词作为一种驯化，一种隐含的法国化或者——要我说啊——英语形容词 relevant 的一种或多或少默许和秘密的解放。

为了在英语中复制 francization/l'affranchissement 的双关语，我选择了 Frenchification/enfranchisement，并避免了预期的翻译 Gallicization。然而，编辑回应说，双关语在法语中比英语中更明显："只有在你提醒我之后，我重新阅读法语原文时才发现，办公室里的其他人也有同样的体验"（Kristin Casady，2000 年 9 月 6 日的电子邮件）。她建议在英语单词后面的方括号中加入两个法语单词，

我接受了她的建议，以保留一个不仅听起来不寻常，而且还能重现双关语的翻译。

我的另一种翻译足够奇特，引起了编辑部工作人员的类似评论。这里，德里达在解释鲍西亚关于“仁慈的品质”的著名演讲：

> Elle sied au monarque sur le trône, dit donc Portia, mais mieux encore que sa
> 74 couronne. Elle est plus haute que la couronne sur la tête, elle *va* au monarque, elle lui sied, mais elle *va* plus haut que la tête et le chef, que l'attribut ou que le signe de pouvoir qu'est la couronne royale.
>
> （Derrida 1999: 41）

> Merry becomes the throned monarch, Portia says, but even better than his crown. It is higher than the crown on a head ; it *suits* the monarch ; it becomes him, but it *suits* him higher than his head and the head [la tête et le chef], than the attribute or sign of power that is the royal crown.
>
> （Derrida 2001: 193）

> 仁慈适合坐在王座上的君王，鲍西亚说，但比他的王冠还要更合适。它高于头上的王冠；它*适合*君王，它成为他的一部分，但它*适合*他高于他的头和头领 [la tête et le chef]，高于皇冠这一权力的象征或标志。

编辑回应说，编辑部的人员在理解这段文字的意思时遇到了一些困难。“我们不清楚 suits higher（更高地适合）的意思，”她写道，同时推荐了更符合习惯用法的选择：It sits higher that his head? It suits more than his head?（它高于他的头？它比他的头更适合？）（Kristin Casady，2000 年 10 月 6 日的电子邮件）。我解释说，这种不寻常的结构，是由德里达努力揭示鲍西亚关于仁慈的超验逻辑产生的，在这里通过她的比较级“更好地适合”来表示。因此，“更高地适合”意味着君主的仁慈适合他的神性，据说君主从中获得权威。与德里达的解释一致，我对这段文字的翻译实际上在法语中不存在的文字游戏中创造了一个实例：短语 la tête et le chef 是一个可以简单翻译为“头”的习语，但我认为它是一个区分政治差异的机会，德里达在讲座的其他地方提到这点，在国王的两个身体之间，国王作为私人（他自己的头）和作为政治人物（国家的领袖，皇冠）。

《批评探索》的编辑，特别是编辑克里斯汀·卡萨蒂（Kristin Casady），非常支持我的翻译实验主义：他们欣赏并允许我对英语以及《芝加哥手册》[①]的妄用，后者通常用于校对期刊、杂志的文章。其中最重要的编辑决定之一是保留德里达文本的多语性，通常不加括号翻译，甚至在仅有微小拼写差异表明语言差异的地方也是如此。德里达在讲座中不仅使用了多种语言，而且还改变了 relevant/relevante 的拼写，以表达他对其作为英语或法语单词地位的不确定性，从而突出他对相关翻译所提出的问题。保留讲座的多语言性，对于我所计划的策略性干预至关重要：它以最有效的方式，通过将读者变成译者，突出了翻译问题。

刘易斯谨慎地指出，妄用式忠实的翻译不仅强迫“它所依赖的语言和概念体系”，而且还对“它所翻译的文本以及与之相关的文本施加批判性打击，导致一种令人不安的后果”（Lewis 1985: 43）。如果我的翻译妄用了英语和英语格式手册，它也对德里达的文本产生了质询效果（interrogative impact）。例如，这在我处理关键术语 relèv 时显现出来，德里达将之描述为“不可翻译的”

① 《芝加哥手册》（*The Chicago Manual of Style*）第一版由芝加哥大学出版社资深编辑们于 1906 年撰写，而后不仅成为了出版业常用标准，也是英文写作的经典标准和风格。

（untranslatable），而阿兰·巴斯在他的德里达其他文本的英文版本中保留了这
75 个术语未译（参见巴斯在 Derrida 1982 年的讨论：19-20，注 23）。大部分情况
下，我遵循他们的做法，保留了法语词汇，从而迫使读者进行反复的翻译行
为。然而，在某些情况下，我扩展性地翻译了 relève，使德里达讨论中积累的
含义范围明确化：

> Je tradurai donc seasons par “relève” : “when mercy seasons justice” , “quand le pardon relève la justice (ou le droit)” .
>
> （Derrida 1999: 42）

> 因此，我将 seasons 翻译为 relève ：“when mercy seasons justice”，“quand le pardon relève la justice（ou le droit）”［当仁慈提升并内化，从而保留和否定正义（或法律）］。
>
> （Derrida 2001: 195）

> le pardon *ressemble* à un pouvoir divin au moment où il relève la justice
>
> （Derrida 1999: 45）

> mercy *resembles* a divine power at the moment when it elevates, preserves, and negates [*relève*] justice
>
> ［仁慈在提升（relève）正义的时刻，似乎是一种神圣的力量。］
>
> （Derrida 2001: 197）

这样扩展性翻译（expanded translation），通过揭示德里达解释的条件，对法

文文本进行了质疑。因为，正如他所观察到的，他用 relève 来翻译黑格尔的 Aufhebung，该词在学术机构中已经成为经典，因此，我在翻译中保留法语术语将无声地参与这一经典化，并努力维持与莎士比亚剧作相关的东西，实际上是不相关的时代错置，也是对黑格尔的解构。然而，扩展性翻译通过揭示德里达法文中同时体现和隐藏的解释行为，产生了一种揭示性的效果。

我翻译中的另一个妄用是反复选择英语单词 travail 来翻译法语名词 travail 和动词 travailler。在某处，德里达自己使用了英语形式 travailing 来玩弄英语单词 traveling 的双关语：

> Ce mot [“relevant”] n’est pas seulement *en* traduction, comme on dirait en travail ou en voyage, *traveling*, *travailing*, dans un labeur, un *labour* d’accouchement.
>
> （Derrida 1999: 24）

> The word [“relevant”] is not only *in* translation, as one would say in the works or in transmit, *traveling, travailing*, on the job, in the *travail* of childbirth.
>
> （Derrida 2001: 177）

> 该词不仅仅在翻译中，就像人们会说在工作或在路上，旅行，劳作，在一项劳动、一次分娩的辛劳中。

遵循德里达的做法，我决定使用英语单词 travail，但我的使用远远超过了德里达使用的次数：我总共使用了十三次，出现在译文的开始和结束，因此，对读者来说非常醒目。有些是由德里达特有的文字游戏决定的，比如辅音群 tr 的头韵： 76

> le motif du *labour*, du *tr*avail d’accouchement mais aussi du travail transférentiel

et transformationnel

（Derrida 1999: 23）

the motif of *labour*, the *tr*avail of childbirth, but also the *transferential* and transformational *tr*avail

（Derrida 2001: 176）

劳动的母题，分娩的阵痛，但也是转移和转化的阵痛

其他的使用则完全是我个人的决定，比如将 un travail du negatif 和 un travail du deuil 翻译为 a travail of the negative 和 a travail of mourning（Derrida 1999: 47），尽管在后一种情况下，德里达的译者佩吉·卡穆夫（Peggy Kamuf）可能会选择她在德里达关于马克思的著作中使用更熟悉的词 work（Derrida 1993; 1994）。我使用 travails，是在多方面的妄用。它不仅偏离了之前译者的做法，而且，更普遍的是，偏离了当前的标准英语，因为这个词已成为诗化古词。它还构成了对法文文本的偏离，因为法文中的 travail 和 travailler，既不是诗化的，也不是古词，而是非常普遍的、当前法语用法的一部分。

我的妄用式翻译，可以被视为与德里达写作的一个显著特征相一致，就是他倾向于偏爱文学效果，模糊哲学和诗歌之间的界限。然而，travail 的重复使用也是对法语文本的质疑，特别是因为它出现在德里达用来描述相关翻译的短语中。由于 travail 在英语中已获得古词的地位，这个词为他对相关翻译的批评增加了时间维度，将其定位在过去，暗示这不是他的创造，实际上它在翻译理论中有着悠久的历史。例如，1813 年，施莱尔马赫在质疑译者“尽可能让读者安心，将作者向他靠近”时，实际上是在考虑相关翻译（Schleiermacher 1813: 49）。对于施莱尔马赫来说，相关性也是可疑的，因为它意味着同化（assimilation）或归

化（domestication），通过用翻译语言和文化的术语重写原语文本来抹去构成源语文本的语言与文化差异。在20世纪，亨利·梅肖尼克（Henri Meschonnic）攻击了相关翻译的盛行，因为它掩盖了一个“合并”过程（process of annexation），即翻译文本在“透明性的幻觉”下（Meschonnic 1973: 308），“置换了所谓的主导意识形态”。当然，我翻译中反复使用古词，只能模糊地暗示德里达批评的理论谱系。只有当这种妄用式选择与我在编辑导言中提到的施莱尔马赫和其他理论家并列时，德里达所受到的待遇的历史条件才会变得更加清晰。

翻译与解释的政治 77

正如这最后一点所指出的，即使不把翻译简单地视为毫无障碍的意义传递，而是作为一种本身具有解释力的行为，这种行为处理原语文本的语言与文化差异，从而改变其意义，一种翻译仍然需要另一种解释来明确其自身的解释力。因此，在翻译德里达讲座之时，我一方面想要表明更具物质性的翻译方法可以为文化研究中的理论推测做出贡献，另一方面，更具哲学性和社会意识的方法可以为翻译研究中的经验性研究做出贡献。但是，尽管德里达的文本在任何语言中通常都以保留给文学的仔细程度来阅读，我的翻译本身不能实现这些目标。我仍然必须依赖于对翻译问题敏感的评论，无论是编辑引言还是这篇文章本身，都冒着被指责为自我推销的、愤世嫉俗的风险，这是译者在试图描述其工作选择和效果时总要面临的风险。而且，如果这种愤世嫉俗在这里被德里达式的论证所预先阻止，即一个独特的翻译项目仍然可以体现出当今翻译的学术边缘性，那么我批评我的工作环境、机构考验和障碍的努力，将面临另一个同样愤世嫉俗的指责：酸葡萄心理。翻译的特殊边缘性在于，不仅通过普遍偏好流畅的话语策略，产生透明度的幻觉，翻译文本的二级地位被抹去，而且译者还被期望要对翻译条件保持沉默。

因此，只有在其他人接过评论任务时，只有我翻译的德里达文章被提交给在学术机构中执行的解释实践时，我的干预才能产生影响。首先，它需要被认为值得纳入他的英文著作经典，因此值得承受经典所强加的密切关注。然后，它需要在文化研究教学和研究中发挥作用，并需要被包含在文学和文化理论以及哲学课程的阅读列表和大纲中。它还需要在翻译研究中被认为是值得阅读的，被包括在主导翻译研究的经验主义理论文本中，并在翻译培训学院和翻译研究项目的理论课程中找到位置。在这些机构环境中，我的翻译很可能会带来变化，因为在那里它的妄用策略可以引发解释，促进进一步的讨论，最终涵盖其流通的各个机构。

那么，对德里达演讲所作的翻译，究竟能给我所设定的读者群带来何种制度层面的变革呢？首先且最为关键的，或许是提升译者及翻译行为本身的可见性（visibility）。我追求对法文原文的忠实，妄用了现行英语用法和权威格式手册，在偏离德里达文本的先前译者对其关键术语的选择时，我创造出一种强调自身话
78 语策略的翻译，因而它要求被作为译作来阅读，作为一种相对独立于它所依赖的文本来阅读。在文化研究领域，这种增强的可见性可能会改变解释实践，引导学者们将焦点转向翻译，采用现今常用于文学与哲学文本等文化产品的质询式阅读。在翻译研究领域，一种更加显著的话语策略，可能会改变翻译研究和教师训练，促使他们更加开放于创新的翻译实践，并质疑对一种相对狭窄的流畅性（主要是对当前标准用法的坚持）和未经批判的对等概念所赋予的巨大价值。

但是，这些变化的前提是，对翻译中的理论文本采取一种截然不同的解读方法。目前流行的方法是，通过将其简化为论证要点的阐述或对其概念困境的描述，或两者相继进行，来寻求翻译理论的意义。这种交际方法，虽然在处理任何文本时都是必要的，却建基于将翻译视为无障碍的语义转移这一简单的观念之上。流畅的翻译确实鼓励了这种方法，使源语文本似乎未经译者重写，直接跨越到不同的语言和文化中。追求所谓的妄用式忠实的翻译则抵抗了这一幻觉，通过引导读者的注意力转向超出译者建立的语义对应之外的内容。确实，

每一种翻译中都存在着超额：必须通过部署方言、语域、风格和话语来建立语义对应（semantic correspondence），这些都会增添并改变原语文本，因为它们只在翻译的语言和文化中起作用，它们通过将原语文本与接收方的语言使用和文化传统联系起来，使原语文本变得通晓，从而限制并排除原语的使用和传统。然而，只有妄用式忠实的翻译仅仅通过挑战其语言和文化条件（包括学术机构中的教学和研究语言）来突出这些条件。显然，阅读翻译理论这种形式，需要一定的外语和文化知识。但光有这些知识还不够：读者必须使用它来质疑译者在改写原语文本时所依赖的语言和文化材料。

在美国，更可见的翻译实践可以指向在教学和研究中占据全球主导地位的语言：英语。一种使读者意识到其妄用的英语翻译，即其在对特定原语文本的质疑工作中转变为当前标准方言，将暴露翻译语言的局限性和排他性，显示“英语”是一种隐藏了英语全貌的理想化的概念，这些英语在价值和权力上， 79
在彼此之间以及在全世界其他语言之上排列成层级秩序。因此，翻译实践可以将翻译文本的解读转变为地缘政治意识的行为。在促进教学技巧和研究方法的变革中，更可见的翻译构成了一种具体手段，迫使文化研究和翻译研究进行批判性的自我反思，使它们开放于其所处的全球不平衡之中，并在它们使用英语时与之共谋。翻译实践不仅可能推进文化和翻译的理论，而且还可以将它们与政治导向的理解结合起来，这可能会将它们的影响扩展到这些理论所在的学术机构之外。这并不是说翻译，特别是专业理论文本的翻译，可以以任何直接的方式改变世界。相反，重点在于，翻译可以通过各种类型的文体和文本类型进行实践，以使其使用者意识到语言和文化所处的社会层级。有了这种意识，使用和支持翻译的不同机构，特别是出版社、大学和政府机构，便可以更好地决定如何应对英语全球主导地位所带来的文化和社会影响。

［2003］

4 翻译雅克波内·达·托迪[①]：古诗与现代受众

问题的概念化

在此，我以一名文学翻译工作者的身份来给我的译作撰写前言，不过，我的目的并不是提供又一个有关翻译的文学性评论，而是挑战当代译者中普遍存在的趋势，即对其实践、文学和文化价值以及译者们认为已经在译文和原语文本之间建立了对等的印象主义评论。这种方法实际上是回避了翻译所提出的概念性问题，因此无意中引发了一个问题：是否有任何翻译实践可以在没有深刻理论反思的情况下解释这些问题。我坚信，这样的反思可以以尚未完全探索的方式丰富实践。

我的出发点是质疑文学翻译中是否可能实现跨文化理解，特别是当原语文本是在遥远的历史时期产生的情况下。通过严格遵循词典定义而建立的语义对等，无法消除原语文本产生背景不可弥补的缺失。翻译通过将文本从产生它的文学传统和实践中剥离出来，从根本上去除了其所在的上下文语境。这些文学传统和实践不仅产生了文本，而且使其对那些在源语言和文学领域广泛阅读的

---

① 雅克波内·达·托迪（Jacopone da Todi，1230—1306），13 世纪意大利诗人，宗教修士，同时也是重要的文学人物，以宗教诗歌而闻名。他的作品形式是 *Laude*，意为"颂歌""赞美诗"，是系列宗教赞美诗，通常用来表达对上帝的赞美和崇敬。他的作品对意大利文学和宗教文化产生了重要影响，尤其是在文艺复兴时期。

读者有意义。这种生产和接受的语境永远无法被恢复，以为译文读者提供等同于经过深入了解的源语言读者对原语文本的反应（我对广泛接受的等效观念持异议态度，尤其是奈达所推崇的等效观念，见 Nida 1964: 168）。对于源语言的传统和实践，它们的文化含义和历史分量几乎无法（如果有的话）在翻译本身的任何文本层面（无论是语言还是风格、话语还是主题、韵律还是文体）中明确表示出来。

当然，在弥补语境丧失方面，学术装置（scholarly apparatus）可能会提供巨大帮助。但是，无论这种补偿包含多少学识，都永远不能使翻译引发等同的反应："学术的"（scholarly）这个词意味着，不仅译文的受众已经狭窄到寻求历 81
史学研究形式的专业知识的读者，还意味着原语言、原文本最初写作的受众已经被替换了。这些受众从未仅限于学者或其他专业读者。尽管历史研究对于理解过去具有巨大价值，但总是提出自己没有提出的问题，这些问题源自历史研究时刻和历史学家的特定方法。这种历史研究中的基本时代错置，在古代文学的翻译中加剧。因为翻译是去语境化的，所以它不可避免地通过译者为克服这种差异而做出的语言选择，为原语文本打开了与之不同的历史差异。原因是这些选择暴露了译者向后来的文化受众传达信息的方式。

古诗带来了更多的困难，包括文体和韵律特征，即使现代诗人对其进行了复兴，对现代读者来说它们仍然意味着遥远的历史。在 20 世纪，英语诗歌翻译的主导做法是避免发展相似的韵律特征，特别是押韵体系和诗歌结构，并更多地将原语文本同化为主导英语诗歌的形式：各种无韵诗和自由诗。事实上，这些形式的主导地位是如此显著，以至于许多现代读者将它们视为"现代"与"古代"诗的区别特征。在翻译中，这种主导地位已经创造了一套读者期望，无疑限制了译者的选择，但可以策略性地遭受挫败，而在翻译语言和文化中产生一系列效果。这些效果可能旨在唤起外国古诗的形式。但是，因为它们违反了现代诗歌的规范，所以也可能使现行的翻译实践变得陌生。

古老的诗歌形式在英语中不易模仿，尤其是韵律，它是文学传统和实践的储藏库，因此译者努力模仿外国古代诗歌的韵律或节奏，不能简单地为那些没有足够了解外国语境的读者恢复过去的声音和听觉体验。相反，这种努力可能会导致后来的声音和听觉体验的渗透——也就是说，翻译中不可避免的时代错置问题。

然而，译者可能会承认这种不可避免性，并将其利用起来。庞德的翻译及其评论在这里可以视作典范。他展示了如何通过模仿翻译语言中类似的诗歌来呈现外国古诗，或者换句话说，通过精心策划的再语境化（recontextualization）来呈现。尽管如此，他清楚地意识到，这种类比从来不是完美风格或时间上的契合，也更加不可能控制每个读者的反应。例如，在 1929 年的《吉多的关系》（*Guido*'s *Relations*）中，庞德描述了他努力通过利用“伊丽莎白时代以前”的英语来翻译卡瓦尔坎蒂的诗歌。他预见到两个

> 对这种方法的反对意见：一、对于是否有权将一首严肃的诗歌转化为一
> 82 种古雅的习作的怀疑（quintness）；二、不是对诗歌古老性质的错误显现，而是对其古老性质比例感的错误显现，我的意思是说，对于现代意大利人来说，吉多所使用的十三世纪的语言，并没有比十四、十五或者十六世纪的英语更古老。
>
> （Anderson 1983: 250）

在第一个反对意见中，庞德使用“怀疑”一词，似乎指的是历史差异的表面外显（superficial appearance of historical difference），如模仿作品，换句话说，翻译没有为读者提供历史上的外国诗歌可能引人深思的深度。避免这种外显在很大程度上取决于译者的技能，不仅是作为翻译语言的作者，还是作为具有广泛文

体知识的文学模仿者。这里涉及两种模仿。除了保持语义一致性以外，译者还通过模仿从翻译语言中的诗歌传统中汲取的类似风格，来模仿外国诗歌的独特风格。这种文体上的类比并不能弥补外国文本语境的损失，也不能实现等效；相反，它为接受文化提供了另一种语境，一个生产和接受的语境。在这一语境中，译者将国外诗歌解释为既具启发性的且又令人信服的内容，而不仅仅是一种文学恶作剧。

对庞德方法的第二个反对意见可能更为重要：从译入语中的文学传统和实践中创建一个类比可以扭曲国外古诗在其本国语言中所表示的历史差异。在这里，无论庞德依赖当前用法，还是模仿古老诗歌，他都遇到了翻译中不可避免的时代错置。反对庞德的诗意类比在历史上是否具有足够的关联性与原语文本建立关联关系并不重要，尽管事实上语言和文学以不同的速度独立地发展着，并与其他语言和文学建立了不同的关系。因此，这一反对意见并没有认识到每个文学译本中所起作用的激烈的去语境化过程。

庞德对于翻译古诗所面临挑战的回应仍然存在争议。他并未坚持保留在翻译中不可避免的时代错置，反而认为，原语文本和译文之间存在某种可能的历史适当性（historical adequacy）。因此，他提出他的译本可能会向无法阅读意大利文的现代读者“展示宝藏的位置”（Anderson 1983: 251）。然而，他用“清晰和明确”等词语来描述这个“宝藏”，而不是“壮丽和雷鸣般的词句”，以此表明他更喜欢反映他偏好能反映现代主义语言精确性的诗歌，从而排除了马洛和弥尔顿等其他诗人的作品（Venuti 2008: 165-178）。庞德认为，他对国外古诗的阅读是忠实于这些文本本身的，是忠实于它们的基本价值观，而不是他自己的现代主义诗学和英语现代主义文学的经典作品支持下的一种可能的解释（Venuti 2008: 165-178）。他也不承认他是为志同道合的读者，即 83
现代主义者，或者至少是为他的译本可能会说服接受现代主义美学的读者而进行翻译的。

尽管存在这些问题，庞德的翻译方法仍然是一种进步，超越了广泛采用的方法（即在当前标准用法中保持语义对等），因此现代译者不应该拒绝翻译国外的古诗。然而，这确实需要译者更强的自我意识。一方面，需要更多关注译文与原文本之间的关系，另一方面，需要关注译文与在译入语中塑造类似的文学传统和实践之间的关系。这两种关系都是在翻译过程中实施的解释，因此，它们是临时性的，面向特定的受众，致力于在特定的文化情境和特定的历史时刻再现形式和意义。由于这两种解释关系在文化和历史上都是可变的，因此，它们都不会使其对象，即原文本和译入语中的文学保持不变或完整。在某种程度上，这两个对象都会发生形变，既被模仿又被铭刻上解释性差异（interpretive difference），既被信任为有意义，又屈从于修订性调控（revisionary manipulation）。因此，译者以一种不连贯和间接的方式创造风格类似的过程，通过那些转变原文本的形式和主题以及接收文学的解释性差异，表明原文本的语言和文学特征。

然而，现代受众的问题仍然悬而未决。那么，源语文本和接受文化，会为哪些读者产生形变呢？一部外国古诗的翻译，是否可以被那些不一定与译者通过风格类似物在文本中所赋予的解释分享的读者所欣赏呢？翻译是否必然面向那些具有译入语文学专业知识的读者，或者它能够跨越读者之间的界限，吸引那些对这种知识了解有限或没有了解的读者？

这些思考越来越影响了我的诗歌翻译方法，包括最近的一个项目，在其中，我尝试翻译了中世纪意大利诗人雅克波内·达·托迪的作品。以下是关于这位诗人及其作品、一些先前的翻译以及我自己翻译的一些介绍性评论，其中有两个译本附在下面。这些评论不构成这些材料应有的背景介绍。我提出它们有两个目的：一、激发对翻译古诗所提出问题进一步思考；二、鼓励翻译它们所使用的实验方法。

一位中世纪翁布里亚①方言诗人

与其他欧洲诗歌相比，意大利语诗歌发展较晚，直到12世纪才开始出现。最初，它受到了北部法国的骑士浪漫诗和普罗旺斯吟游诗人爱情抒情的影响，但是，《圣经》的影响力也很强大。《劳伦齐亚诺诗》②（在佛罗伦萨的劳伦齐亚图书馆被发现，并以此命名），是意大利语中幸存最古老的诗作。它在1150 84
年至1170年之间用托斯卡纳方言写成，由一位吟游诗人创作，他请求主教赠送他一匹马。在1224年至1226年之间，阿西西的圣方济各③模仿《诗篇》和《但以理书》，用翁布里亚方言写下了赞美诗《万物之歌》（*Laudes creaturarum, Canticle of the Creature*）。

---

① 翁布里亚（Umbria），位于意大利中部，面积8457平方公里，人口约82万，首府佩鲁吉亚（Perugia）。很长时间以来，翁布里亚有着田园诗般的乡村和山野，风景如画，被誉为“意大利的绿色心脏”。同时，这里美丽神秘的中世纪山村小镇，也是翁布里亚出名的原因之一。

② 《劳伦齐亚诺诗》（Ritmo Laurenziano）汉译如下：

保护主教他是有史以来最优秀的人物，/ 自从他被祝圣那一刻起，他就照亮了整个教区。/ 无论是菲索拉科还是卡托，都没有受到如此感激，/ 教皇将他置于自己右侧，作为他最亲密的挚友。/ 他那高贵的主教职位日渐增长和改善。/ 罗马的使徒在拉特兰祝圣了他。/ 圣本笃和圣日耳曼预定他成为基督教王国的君主：/ 因此他来自洛尔纳诺，那个被爱的天堂。看啊，他不是一个平凡人！ / 自从这个世界变成异教徒以来，就没有像他这样的马尔奇西亚诺。/ 如果他给我一匹活跃的马，我会把它展示给善良的托斯卡纳人，/ 给沃尔泰拉的主教，我虔诚地吻他的手。/ 格里马尔德主教，一次性在桌上摆上一百名骑士 / 而这并没有给他带来任何负担，反而使他感到愉悦和美化。/ 无论是拉丁人、德国人、伦巴第人还是法国人，/ 都没有比他更好的国王，他的善良如此新鲜。/ 我不想向他献上显得卑微的瘦弱马匹。/ 弓箭手们急忙前来；我因恐惧而颤抖。/ 他用拉丁语回答说：“站立！”而我则感到羞愧，只要我还活在这个世界上，我就不会停止对他的祝福。

③ 阿西西的圣方济各（St. Francis of Assisi，1181—1126），是意大利阿西西地区的圣人，是基督教历史上最受喜爱和知名的人物之一。他是动物、环境的守护圣人。圣方济各也因创立了方济各会（Franciscan Order），这是天主教教会内的一个宗教团体。

在13世纪，意大利诗是多种方言、南北方世俗和宗教体裁的混合体。早期诗人中最引人注目的是雅克波内，他用翁布里亚方言写作。雅克波内创作了一百多首诗歌，这种体裁被称为“劳达”（Laude），是一种宗教歌曲或赞美诗，专供独唱者与合唱团演唱，并采用不同的韵律和韵脚结构。尽管雅克波内的主题基本上是宗教性的，但他的诗歌在赋予这些主题以独特的个性色彩方面是独特的。他不仅使用劳达来探讨神学概念，还用它来表达在神秘体验中的心理状态。他还用这种形式向教皇请求宽恕，甚至讽刺他和他的支持者。因此，欣赏雅克波内的诗歌需要了解他生活中相关事件的一些知识，尽管他的作品的力量和流行很快激发了传记传说，覆盖了不完整的历史记录，使任何想将事实与虚构分开的尝试变得复杂化。

雅克波内出生时名叫贾科波·德·贝内德蒂（Jacopo dei Benedetti），于1230年前后在托迪出生，是一个贵族家庭的一员。他接受了公证员的培训，这个职位结合了公证人和律师的职能，他在博洛尼亚辩护案件，积累了巨额财富。在1267年，他娶了一位虔诚的贵族妇女，名叫瓦娜·迪·贝尔纳尔迪诺·迪·吉多内（Vanna di Bernardino di Guidone），她认为他过于关注世俗事务。次年，在一次舞会上，她所站立的平台突然坍塌，不幸丧生。雅克波内因内疚和悲伤而感到痛苦，同时他发现了她所穿的一件苦行衣（hairshirt），因此他痛苦地意识到，她曾经替他过着苦行的生活。这一系列事件激发了他突然皈依严苛的苦修主义（asceticism）。他放弃了法律职业，将他的财富和财产分配给穷人，并在贫困中追求自我否定的苦行之路。他成为了一名谦卑的方济各会第三修道士。他的虔诚有时采取了神秘主义的形式，即一时的疯狂病态，使人质疑他的精神稳定。他的诗歌表明，他熟悉诸如圣维克多的修格[①]和

① 圣维克多的修格（Hugh of Saint Victor），中世纪的神学家和哲学家，1096年生于德国的萨克森地区，于1141年在法国的巴黎去世。修格是12世纪基督教知识传统的重要代表人物。他以在神学、哲学和教育领域的贡献而闻名，其写作和教导对中世纪思想和教育产生了重大影响，他的思想至今仍然受到各个领域的学者的研究和赞赏。

圣波拿文都[1]等作者的神秘作品。

1278 年，雅克波内尝试成为方济各会修士，但因为之前有关于他精神状态的谣言而被拒绝。然而同年，他凭借一首诗被接纳为小兄弟会[2]成员：这首诗谴责了世俗价值的虚荣。他倾向于一个被称为 Spirituali（属灵派）的派别，这个派别希望将该教派恢复至圣方济各所奉行的极端贫困。到了 13 世纪末，雅克波内在属灵派中占据了领导地位，这使他陷入了围绕新选出的教皇庞尼菲斯八世（Boniface Ⅷ，1294—1303 在位）的政治斗争中。属灵派要求获得神职的自治权被庞尼菲斯否决，雅克波内于 1297 年签署了一份宣言，宣布教皇的选举无效，与邦尼法西斯八世对抗。1298 年，庞尼菲斯八世驱逐雅克波内，并判处他终身监禁作为报复。1303 年，教皇去世，雅克波内才得以获释。随后， 85
他退居于翁布里亚小镇科拉佐内的修道院，三年后去世。

雅克波内的诗歌在 1490 年首次印刷出版，但在那之前它已经广为流传。许多手抄本制作出来，一直延续到 17 世纪。这些诗歌被不同的团体或行会热情演唱，他们在游行和戏剧朗诵中演唱这些赞美诗。雅克波内诗歌的强烈表现力也吸引了异端教派，如游荡的鞭笞派（wandering flagellants），他们将这些诗歌作为虔诚的赞美诗演唱。这些多样化的演出表明，尽管受到宗教和世俗文学的影响，他的作品对翁布里亚城的大众虔诚信仰做出了重要贡献。

我选择翻译的诗歌代表了雅克波内的形式和主题。《噢，庞尼菲斯教皇》

---

① 圣波拿文都（St. Bonaventure），杰出的中世纪神学家和哲学家，于 1221 年出生在意大利的巴尼奥雷焦，1274 年于法国里昂去世。他被认为是中世纪最重要的神学家之一，也是方济各会智慧传统中的重要人物。他加入方济各会，成为圣方济各的追随者。他的神学和哲学著作深刻影响了斯科拉学派的发展。斯科拉学派是种中世纪的哲学与神学体系，旨在调和信仰与理性。

② 小兄弟会（Friars Minor）。方济各会的创始人圣方济各（St. Francis，1182—1226）建立了三个民间社团：一个是小兄弟会，由修士组成；一个是济贫修女会（Poor Clares），由修女组成；一个是第三社团（Tertiaries），由凡夫俗女组成。

（*O papa Bonifazio*）是一首明显写于监禁期间的书信诗（epistolary poem），他质疑了教皇对属灵派的报复，同时恳请教皇的宽恕。翁布里亚文本以七到八个音节的联句（couplet）写成，虽然存在变化，但韵律相对平稳。正如学者们所指出的（Bettarini 1997: 284-290），这种语言极度异质：尽管大部分很简单，但它使用了以盾牌比喻神学概念并混合了教义和礼仪术语（scommunicazione [绝罚]，assoluzione [赦免]）以及拉丁短语和白话拉丁语形态（per secula infinita [直到永远]，Absolveto [他们被赦免]）。

在《噢，心之喜悦》一诗中，雅克波内探讨了神秘文学中一个经常出现的主题，即狂喜体验的难以言表。这首诗韵律也是不规则的，有些诗行有七个音节，有的则有八个音节，但诗歌结构要复杂得多：开篇的对仗句（xx）后跟着五个六行诗节，采用交替押韵（ababbx）和对关键词 iubelo 的递增重复。诗的语言也充满异质性：简单的用词，包含方言形式（-*nd*-to-*nn*-in 的重复同化 quanno 代替 quando，granne 代替 grande，pensanno 代替 pensando）和拉丁单词和短语的白话形式（iubelo 源于 iubilo，'n deriso 源自 in derisum）。一些现在在意大利语中已经过时的词汇，都是受了法国甚至普罗旺斯的影响（dolzore 代替 dolcezza，convenente 代替 conveniente）。

二十世纪的译本

翁布里亚文本的形式特征（formal features），特别是其韵律和语言，显然给现代英语译者带来了困难，这些译者不仅希望建立语义对等，还希望在某种程度上弥补中世纪语境的丧失。由于丧失了这种语境，原有形式就无法复制，这反倒引发出与雅各波内同时代的人相当的反应。因此，现代译者被迫发展出多个翻译策略，以此主要针对翻译的服务功能。20 世纪特别值得研究的两个译本，代表了截然不同的译法。

第一个是埃夫琳·安德希尔（Evelyn Underhill）于1919年传记中收录的雅各波内的诗选。译者在标题页上只被标识为西奥多·贝克夫人（Mrs. Theodore Beck）。安德希尔在序言中指出，翻译的功能是“阐释他（指雅各波内）神秘成长和外在生涯最重要的节点”。（Underhill 1919: ⅵ）她认为雅各波内的“职业”的文学维度结合了两种当代影响：由清新体甜美新风（*dolcestil novisti*）的哲学爱情抒情诗所呈现的“世俗诗歌”和“十三世纪忏悔运动，特别是方济各会的复兴，所创造和发展的通俗道德和虔诚歌曲的大众需求”。 86

有趣的是，我们在此可以看到安德希尔对雅各波内诗歌的解读，尽管只是非常间接地通过译者的决定所发展出一种共鸣的风格类比（a resonant stylistic analogue）。以下是她对《噢，心之喜悦》开头几行的翻译：

Thou, Jubilus, the heart dost move;
And makst us sing for very love.
The Jubilus in fire awakes,
And straight the man must sing and pray,
His tongue in childish stammering shakes,
Nor knows he what his lips may say;
He cannot quench nor hide away
That Sweetness pure and infinite.

（Underhill 1919: 279）

你，心之喜悦，激动着我们；
使我们因纯粹的爱而歌唱。
欢乐之火在心中点燃，
人必须唱歌并祈祷，

他的舌头儿童般地颤抖，
不知道嘴唇会说些什么；
他无法扑灭或隐藏
那无限的纯净甜美。

贝克显然试图唤起雅各波内六行一节的韵律和韵式。然而，她流畅的四音步线条的规律性，连同她对标准用法和诗化古语的依赖，表明她的模型是 18 世纪的赞美诗。约翰 · 卫斯理（John Wesley）的卫理会赞美诗集中经常出现类似的六行诗节（这个类比是由一位匿名读者提出的，他为《翻译与文学》杂志评估了我的论文，但他不对我的阐述负责）。以下是一个典型的例子：

Come, Holy Ghost, all-quick'ning fire,
My consecrated heart inspire,
Sprinkled with the atoning blood;
Still to my soul thyself reveal,
Thy mighty working may I feel,
And know that I am one with God!

（Wesley 1983: 503）

来吧，圣灵，万物生灵之火，
激励我奉献的心灵，
用赎罪之血洒净；
不断向我灵魂显露自己，
让我感受到你的强大力量，
知道我与上帝合而为一！

在翻译雅各波内的诗歌《噢，教皇庞尼菲斯》时，贝克也模仿了他的联句。在这里也可以感受到赞美诗的相似之处，以及她使用的诗化古词。她的版本将翁布里亚文本分成四行一节的格式，这是卫斯理诗集中另一种出现的形式。以下 87
是贝克的一节诗，然后是另一首赞美诗的一节：

Though fierce and sharp be thine attack,
By Love I'll beat thine onslaught back;
I'll speak to thee with right good will,
And gladly shalt thou listen still.

（Underhill 1919: 441）

尽管你的攻击猛烈而尖锐，
但我将以爱击退你的冲击；
我将怀着善意与你对话，
你也会乐意倾听。

When rising floods my soul o'erflow,
When sinks my heart in waves of woe,
Jesu, thy timely air impart,
And raise my head, and cheer my heart.

（Wesley 1983: 487）

当汹涌的洪水淹没我的灵魂，
当我的心沉浸在痛苦的波涛中，
耶稣，请及时赐予我帮助，
提起我的头，振奋我的心。

如果仅将贝克的译本与翁布里亚文本进行比较，她的译作很容易招致批评。不仅可以指出她的翻译过于扩展，增加了词汇来填充她的诗行，而且还可以说她的韵律过于规则，措辞过于流畅和诗意，无法模仿出雅各波内不规则的节奏和混杂的语言。事实上，当代的一位评论家抱怨贝克的翻译是“生硬的、人为的、不愉快的拟人化，以及令人震惊的平淡”（Willcox 1920: BR166）。然而，这些批评忽略了中世纪语境在诗行层面上不可挽回的丧失，以及译者与英语诗歌创造的解释关系以此来弥补那种损失。晚年时，贝克确实创造了一个令人信服的风格类似物，可以让人一窥翁布里亚文本的形式特征，而各种古语确实表明了诗歌的遥远历史。这种历史化效果，是通过她在英语中使用古词、古句法项（其他例子包括 fray、foeman 和 If thou canst pink me openly）以及使用中世纪拉丁语单词 Jubilus（欢呼声）所产生的。

一旦读者察觉到与 18 世纪赞美诗的类比，就会得出一种具有更深历史层次而非仅是古雅拼贴的翻译。实际上，贝克的风格类似物使雅各波内的诗歌在英语中具有相当的文化价值：将他置于一个长期支持宗教崇拜的流行诗歌传统中。然而，同时，雅各波内的劳德（laude [赞美诗]）和赞美诗之间的形式和主题差异在翻译中仍然足够清晰，引领读者更深入、更寻求性地思考这两种诗歌。因为卫斯理的赞美诗中包含了许多从米尔顿、德莱顿和蒲柏等权威诗人那里借用的短语，因为他在声称自己的赞美诗展现了“真正的诗歌精神”（Wesley 1983: 74）时，表达了自己的文学抱负，这种风格类似物可以指向雅各波内诗歌上的世俗影响，即甜美新风，引导知情的读者去询问对于他当代的未受教育读者群而言，这些诗歌是否看起来比今天的诗歌更具文学性。对风格类
88 比敏感的读者，也许会想知道，雅各波内诗歌中描绘的极端状态，无论是他苦行主义的粗俗，还是他神秘主义的心理失衡，是否掩盖卫斯理赞美诗中朴实直接语言所提供的虔诚进步，同时也指出他们的神学内容并没有偏离英国圣公会教义。贝克译文所实现的解释可以是双重质疑的，对雅各波内的诗歌和她用来

构建类比的英语诗歌提出了诸多问题。

她的工作与1982年出版的雅各波内赞美诗的首个完整版本截然不同，此译本由塞尔日·休斯（Serge Hughes）和伊丽莎白·休斯（Elizabeth Hughes）翻译。两位译者从一个世纪的历史学术研究中获益良多，更加意识到了诗歌的杂合性：在引言中，塞尔日·休斯称为“一个粗糙的多彩外套，其中根本没有无缝美感（seamless beauty）的理想”（Hughes and Hughes 1982: 3）。然而，休斯的解释以宗教主题为前景，他将之描述为“雅各波内的斑驳词语、他的多面意义、他深入自我的曲折转变以及他与上帝的搏斗”，并认为“赞美诗整体中音乐的地位就像一个谦卑的女仆”（同上：4, 3）。根据这种以主题为导向的解释，译文并未试图重现诗歌的形式特征。事实上，休斯认为雅各波内的韵律并不总是有效的：

> 把韵脚和节奏作为主要的考虑因素，并不利于赞美诗。事实上，在原文中，这些考虑因素往往成为摇摆狗尾巴的情况。相比之下，专注于雅各波内的力量，即斑驳的词语，可以带出那种表达的肌肉质感。
>
> （Hughes and Hughes 1982: 64）

这种方法的结果，通常是以当前标准的用法进行散文式的转换。以下是我们已经审视过的两首诗歌休斯对开头几行的翻译：

> O heart's jubilation, love and song
> Joy and joy unceasing,
> The stuttering of the unutterable —
> How can the heart but sing?
> O Pope Boniface, I bear the marks of your preface —

Anathema, and excommunication.

（同上：227, 177）

心灵的欢欣，爱与歌声
欢欣与无尽的喜悦，
难以言表之事的结巴——
心怎能不歌唱？
噢，庞尼菲斯教皇，我承受着你序言的烙印——
被诅咒，被逐出教会。

这些摘录显示，强调主题并不会完全排除声音效果，但确实会导致译者偏离翁布里亚文本的分行排列（lineation）。很显然，两位译者避免了创造风格类比或任何类似的英语诗歌，并选择了一种没有以任何独特方式标记的英语。

也许有人会认为这种翻译没有模仿出雅各波内的翁布里亚文本的“肌肉质感”，英语译文缺乏他作品所特有的语言多样性。在第二段摘录中，译文的缺
89 陷在于将 prefazio 误译为 preface（序言），这实际上是将意大利语中的 Praefatio（弥撒中司铎为引入圣餐祷文而做的庄严祈祷）的仿译词误解了。雅各波内使用这个礼仪术语开启了他诗中的讽刺：它反讽地指代庞尼菲斯的严厉判决。英文翻译模糊不清，实际上暴露而并非弥补了中世纪背景的丧失。

然而，两位译者成功实现了其主要意图：向 20 世纪末的读者传达每首可以确定归属于雅各波内诗歌的主题。他们设想的读者，不仅不具备任何关于意大利中世纪文学和文化的专业知识，也不希望了解雅各波内生活和作品过多信息。正如塞尔日·休斯所说，“由于这一译文主要是对雅各波内赞美诗的介绍，所以它没有被详细的评论所羁绊”（Hughes and Hughes 1982: 65）。这一译文呈现了雅各波内的诗歌，不是作为一个反映特定历史时刻意大利文学传统和实践

的文学作品体，而是作为基督教历史上的一份文件，揭示了作者的个人经历。这种呈现也受到翻译出版条件的影响：它是由美国天主教出版社保禄出版社（Paulist Press）出版的，这是由一个传教士团体运营的美国天主教出版社，并将此翻译收入其“西方灵性经典”系列（The Classics of Western Spirituality）中。该系列涵盖了源自各种宗教传统的130多部作品。在这种背景下，宗教主题被赋予了比文学形式更大的价值。

实验性翻译

今天，贝克和休斯的译本，即使按他们自己的条件仍已显得局限，而两个译本的存在促使我尝试为不同的观众在更晚的时刻重新翻译雅各波内的诗歌。像贝克一样，我试图培养一个风格类似物，但我的目的是精确地指出他的语言的异质性，同时再现他松散的、慢跑般的韵律和韵式。这种类似物，既适应形式特征，又避免了18世纪赞美诗的平淡和韵律规则，旨在将我对翁布里亚文本的解读刻画为文学性和大众性的结合。

英语诗歌传统包含了可用来重塑雅各波内作品的模型。我将其部分地想象成早期都铎时代的诗人约翰·斯凯尔顿（John Skelton），他遵循中世纪文学样式，用混合学术和口头形式的语言写作讽刺诗和民谣。我尤其被斯凯尔顿非凡的韵律所吸引，其中短小、不规则的音步与从节奏结构到无规律重复的声音模式的韵律模式相结合。斯凯尔顿的诗歌如同雅各波内的一样，有时采用典型的中世纪轻蔑世界（*contemptus mundi*）的态度，指出人类生活的短暂性。以下是从一首大约1498年的诗歌“uppon a deedmans head”（c. 1498）中的摘录：

It is generall 90
To be mortall:

I have well espyde
No man may hym hyde
From deth holow-eyed
With synnews wyderyd [withered]
With bonys shyderyd [shattered]
With hys worme-eatyn maw
And hys gastly jaw
Gapyng asyde
Nakyd of hyde,
Neyther flesh nor fell [skin].

（Skelton 1983: 39）

宿命凡尘，无人能逃，
深观此理，明白无遗。
死神虚眼，人皆难匿，
筋枯骨碎，躯体已弃。
蠕虫蚀腹，颌骨森严，
张口待噬，皮肉俱脱，
肌肤不存，尽显骸骨。

斯凯尔顿对都铎朝的宫廷朝臣和政治家的讽刺，很自然地让人想到雅各波内对庞尼菲斯八世的讽刺信。以下是斯凯尔顿攻击沃尔西主教（Cardinal Wolsey）的《科林·克洛特》（*Collyn Clout*, 1519）的节录：

And yf ye stande in doute

Who brought this ryme aboute,
My name is Collyn Cloute.
I purpose to shake oute
All my connynge bagge,
Lyke a clerkely hagge.
For though my ryme be ragged,
Tattered and jagged,
Rudely rayn-beaten,
Rusty and mothe-eaten,
Yf ye take well therwith,
It hath in it some pyth.

（Ibid.: 248）

若汝疑此诗何人造，
吾名科林·克劳特。
志在挥洒尽己智，
犹书生之乞丐也。
纵诗句粗糙不整，
破碎参差，雨打风吹，
锈迹斑斑，虫蛀蚀心，
若心领神会，
其中蕴藏深意。

斯凯尔顿写作的风格很鲜明，如果模仿有限，对于广泛阅读英语诗歌传统的现代读者来说，很容易会被察觉。对于知识欠缺的读者，他的早期现代英语和“粗糙”的韵律，尽管在为雅各波内的诗歌创造风格类比时有用，但如果过于紧密地模仿可能会难以理解。而且，我想要的效果不仅仅是标志翁布里亚译本历史差异的古风，而是一种多样性，通过它可以感知到它们的不同影响和受众。因此，我不仅使用了古语（如 thy、fare thee well、penetrate 作为过去分词）和宗教及礼仪方面的术语（如 excommunication、absolution、Ego te absolvo），还融入了当前的用法，包括标准和口语形式，以及习语和老套用词（如 head out、stick out、forked tongue、vale of tears）。

91 然而，翻译古诗总是比创造文体类比更为复杂，因为不可避免地会涉及面向后来观众的时代错置。译者的任务或许在于如何控制这种不可避免性，如何将其转化为支持和发展类比的效果。因为当我在 21 世纪初翻译雅各波内的诗歌时，流行音乐的渗透似乎既相关又不可避免。实际上，当我阅读翁布里亚语的译文时，我不仅经常听到斯凯尔顿的影子，还听到像埃米纳姆（Eminem）这样的说唱艺术家，以及他那无休止播放的创作于 2000 年的热门歌曲《真正的瘦身影子》（*The Real Slim Shady*），一直在耳畔回响。以下是其中的一段：

> We ain't nothing but mammals; well, some of us cannibals
> who cut other people open like cantaloupes.
> But if we can hump dead animals and antelopes
> then there's no reason that a man and another man can't elope.
> But if you feel like I feel I got the antidote.
> Women wave your panty hose, sing the chorus and it goes...
> I'm Slim Shady
> Yes I'm the real Shady

> 我们只不过是哺乳动物；好吧，我们中的一些人是食人者

像切开哈密瓜一样切开其他人。
但如果我们可以和死去的动物和羚羊交配
那么一个男人和另一个男人也没有理由不能私奔。
但如果你感觉像我一样，我有解药。
女士们挥舞长袜，唱起合唱，唱到……
我是瘦身影子
是的，我是真正的影子

通过结合口语与不同的节奏和韵律，说唱音乐提供了另一种诗歌形式，这在表现雅各波内诗歌的大众维度方面也许是有帮助的。

然而，在创造风格类比时，没有什么是不变的。我寻找的混合体也反作用于构成它的各种形式，暴露并质疑它们之间的差异以及它们出现的文化情境。许多说唱音乐的极端个人主义，典型男性歌手拍打胸膛式的男子气概，只能被雅各波内神秘主义的苦行所质疑，后者颂扬了忏悔和自我否定的美德。同样，雅各波内对世界的拒绝，对教皇的无畏批评，严酷的监禁揭示了斯凯尔顿特权地位在多大程度上允许他对政府官员进行讽刺攻击。尽管斯凯尔顿曾因沃尔西的命令短暂入狱，但这位诗人享有许多杰出的职位和任命：在担任诺福克一个教区教堂的牧师后，他成为了亨利八世的家庭教师、桂冠诗人以及国王的演说家。然而，斯凯尔顿也可以通过指出他的贵族身份，特别是让这位意大利诗人能够写作的教育和财富，回过头来担忧雅各波内，这种教育和财富使他能够了解世俗和宗教文学传统。而且，当与雅各波内的诗歌并置时，由许多出身工人阶级的艺术家表演的说唱，可能会提出这样的问题：中世纪有多少诗人因贫穷和缺乏赞助而被埋没了呢？

当然，仅仅是信息灵通的读者（informed reader）才会追求这些含义，因为他解我在这里概述的翻译方法，他并不是我最初翻译雅各波内诗歌的受众：

92 在坦普尔大学罗马校区（Rome Campus of Temple University）度过大三一年的美国学生。这个校区吸引了来自多达五十所美国学校的学生群体，包括精英私立机构、小型文理学院和大型公立大学。每个学期都以前往翁布里亚的远足开始，包括在托迪的一站，学生们可以参观圣·福图纳托（San Fortunato）教堂，那里是雅各波内的墓地。在一次远足中，我朗读了我的翻译和雅各波内生平以及我的翻译方法的简要介绍。这个受众中的大多数人都不是学习意大利或英国文学的学生；根据我的记忆，没有人听说过雅各波内或其诗歌。然而，他们都能够理解翻译试图与说唱音乐建立的联系。

我的翻译是否适用于文学历史学家、翻译学者和译者这样的听众，他们是否不仅对我使用的传统材料有所了解，而且能够理解（如果不接受）我方法的理论基础？这正是我想向你们，信息灵通的读者所提出的问题，因为只有你们才能回答。

［2003］

附：雅各波内的两首赞歌 93

劳伦斯·韦努蒂译自翁布里亚语

lvi

O papa Bonifazio,
eo porto el tuo prefazio
e la maledezzone
e scommmunicazione.
Co le lengua forcuta
M'hai fatta esta feruta;
che co la lengua ligne
e la plaga ne stigne;
ca questa mia ferita
non pò esser guarita
per altra condezione
senza assoluzïone.
Per grazia te peto
che mi dichi: "Absolveto,"
l'altre pene me lassi
finch'io del mondo passi.
Puoi, se te vol' provare
e meco essercetare,
non de questa materia,
ma d'altro modo prelia.
Si tu sai sì schirmire

che me sacci ferire,
tengote ben esparto,
sì me fieri a scoperto:
c'aio dui scudi a collo,
e s'io no i me ne tollo,
per secula infinita
mai non temo ferita.
El primo scudo, sinistro,
l'altro sede al deritto.
Lo sinistro scudato,
un diamante aprovato:
nullo ferro ci aponta,
tanto c'è dura pronta:
e quest'è l'odïo mio,
ionto a l'onor de Dio.
Lo deritto scudone,
d'una preta en carbone,
94 ignita como foco
d'un amoroso ioco:
lo prossimo en amore
d'uno enfocato ardore.
Si te vòi fare ennante,
puo'lo provar 'n estante;
e quanto vol' t'abrenca,
ch'e' co l'amar non venca.

Volentier te parlara:
credo che te iovara.
Vale, vale, vale,
Deo te tolla onne male
e dielome per grazia,
ch'io el porto en leta fazia.
Finisco la trattato
En questo loco lassato.

（Contini 1960: 69-70）

O papa Bonifazio
My dear Pope Boniface,
I suffer your disgrace,
the dreaded malediction
of excommunication.
You spoke with forkéd tongue
and deeply I was stung:
it has to lick my sore
to show the plague the door;
because I'm sure my grief
can't find the least relief
without the execution
of your absolution.
Out of grace I beg you,
say, "Ego te absolvo,"

leaving my other fears
till past this vale of tears.
You can test your might
and meet me for a fight —
without the self-same arm
that did me all this harm.
Should you draw the blade
that drove me to this shade,
able I can deem you
but then you must strike true:
the two shields that I bear
will banish every care
if I make them mine
until the end of time.
The shield that's on the left
never will be cleft:
a diamond truly tested,
it never will be bested:
thus is my self-hate,
to God's glory conjugate.
The shield that's on the right,
made of carbuncle bright,
is burning like a flame
of an amorous game:
the same is love thy neighbor

filled with a kindled ardor.
If you wish t'advance,
you're free to take a chance;
but try howe'er you might,
love won't lose the fight.
I'd talk when you have leisure:
I think you'll get some pleasure.
So, fare thee well, fare well,
may God take all your evil
and grant it me for grace,
in pain with a smiling face.
This rhyme I've shaken out
and now I'm heading out.

噢，敬爱的教皇庞尼菲斯
我敬爱的教皇庞尼菲斯，
我承受着你的耻辱，
那可怕的诅咒
逐出我于教会。
你说话两面派，
我深感刺痛：
现在必须舔舔我的伤口
让瘟疫远离；
因为我确信我的痛苦
无法得到任何宽慰

除非获得你的赦免。
在上帝的恩典中，我恳求你，
说：Ego te absolvo（我赦免你），
将我的其他担忧
留到我度过这泪水之谷后。
你可以测试你的力量，
准备与我对决——
但不要使用那个伤害我的
相同武器。
如果你拔出那把刀，
将我推向阴影，
我相信你有可能做到
但你必须攻击得准确：
我怀着两个盾牌，
它们将驱散一切烦恼，
如果我拥有它们
直到永恒的尽头。
左边的盾牌
永远不会破
它是一颗真正经过考验的钻石，
它永远不会被克服：
这就是我对自己的憎恨，
与上帝的荣耀紧密相连。
右边的盾牌，
由明亮的红宝石制成，

像爱情一样燃烧着，
如同一场充满激情的游戏：
这就是爱你的邻人，
充满着被点燃的热情。
如果你想前进，
你可以尝试一下；
但无论你怎么努力，
爱情不会输掉这场战斗。
当你有空闲时，
我愿意与你交谈：
我相信你会感到愉快。
因此，吉祥如意，再见，
愿上帝将你的邪恶全都带给我
以交换我的恩典，
在痛苦中带着微笑的面孔。
这首韵文我已吟咏完毕，
现在我要离去。

lxxvi

O iubelo de core,
che fai cantar d'amore!

Quanno iubel se scalda,
sì fa l'omo cantare,
e la lengua barbaglia

non sa que se parlare:
dentro non pò celare,
tant'è granne 'l dolzore.
Quanno iubel è acceso,
sì fa l'omo clamare;
lo cor d'amor è appreso,
che nol pò comportare:
stridenno el fa gridare,
e non virgogna allore.
Quanno iubelo ha preso
lo core ennamorato,
la gente l'ha 'n deriso,
pensanno el suo parlato,
parlanno esmesurato
de che sente calore.
O iubel, dolce gaudio
che dentri ne la mente,
lo cor deventa savior
celar suo convenente:
non pò esser soffrente
che non faccia clamore.
Chi non ha costumanza
te repute 'mpazzito,
vedenno esvalïanza
com'om ch'è desvanito;

dentr'ha lo cor ferito,
non se sente de fore.

（Contini 1960: 105-107）

O iubelo del core
Heartstruck jubilation,
erotic incantation!

Whenever joy enkindles,
the soul begins to sing,
the tongue is tied in mumbles,
speech doesn't know a thing:
you can't keep on hiding
such immense delectation.
Whenever joy is burning,
the soul begins to shout;
with love your heart is yearning
much more it can't stick out:
you scream, you shriek without
the slightest humiliation.
Whenever joy takes hold
of the heart enamored,
people turn so bold,
mocking how it stammered,
they utter things unmeasured

when it feels the calefaction.
Joy, sweet blissfulness,
the mind is penetrate,
the heart would be sagacious
to conceal its estate:
you can't hardly obviate
such clamorous exclamation.
Lacking this experience,
people judge you insane,
seeing your divergence
like a man grown vain;
but within your heart is pain,
undetected by observation.

噢，欢愉之心
心神陶醉，
爱欲之颂咏！

每当欢愉涌动，
灵魂奏歌声，
舌吐莫名之辞，
言辞无法诉，
难以藏匿
此般无比欢悦。
每当欢喜燃烧，

灵魂欢呼不已；
以爱之心渴望，
言语已不能懲，
呼喊高声，
毫无顾忌。
每当欢愉萦绕
被情所激荡的心，
人皆愈显豁达，
嘲笑其口吃，
言之不尽，
火热之感无法遮掩。
欢乐，甘美之福，
心灵沐其悟性，
心应存智慧，
掩藏心境神秘，
莫能阻挡
此欢呼之声。
未曾体验者，
人将为你狂言疯狂，
视你异于常人，
如同妄自尊大；
然内心之苦楚，
外人无法窥视。

5 复译：价值的创造

铭刻与机构

翻译，像每一种文化实践一样，涉及价值观的创造，无论是语言和文学的、宗教和政治的、商业和教育的，都取决于具体情况。翻译之所以独特，是因为价值创造过程采取了一种在原文本中表达的解释形式，而原文本的价值本身不可避免地会减少和修订，以便适应在接受语情境中吸引文化群体的价值观。翻译是对原文本的一种铭刻，具有特定于译入语和译入文化的可理解性和兴趣，即使译者保持严格的语义对等并纳入原文本产生的文化背景方面的特征。复译，则构成了一个特殊情况，因为复译创造的价值与接受情境紧密相关，不仅由译者在原文本中铭刻的接受者价值决定，还由在以前译本中铭刻的价值决定。当然，复译可能主要受到原文本启发，并且在没有意识到已存在译本的情况下而生产出来。然而，在这里要考虑的情况具有至关重要的意识，并通过建立之前一个或多个译本的差异来证明其自身的正当性。

这些差异可能首先是通过选择复译的原文本而引入的，但随后会随着复译的话语策略的发展而不断增加。此外，选择和策略均受复译者对复译使用者的吸引的影响。一个典型的例子是选择在译入文化中已获得经典地位的原语文本。这一文本纯粹的文化权威性，例如《圣经》、《荷马史诗》、但丁的《神曲》、莎士比亚戏剧或塞万提斯的《堂·吉诃德》，很可能引发

重译行为，因为接受语境中的不同读者群将根据他们自己的价值观来解释 97
它，因而开发出铭刻竞争性解释（competing interpretations）的不同复译策略。

这里选择用于复译的文本，是基于与之前译本中铭刻的解释不同的解释，这一解释不再被接受，因为在某种意义上它被认为是不足的，可能是错误的，缺乏语言正确性。复译，可能声称相较于原语文本来说，在整体或部分上更加充分或更能准确地表示文本或其某个特定特征。然而，对于更充分、完整或准确的声明，应该批判地看待，因为它们总是依赖于另一个范畴，通常暗自将原语文本与译本做比较，建立不足，并作为判断标准（a standard of judgment）。这个标准就是竞争性的解释，不仅由译者或编辑铭刻，而且当出版商选择投资重译以利用原语文本的纯粹市场可行性时，这个标准也在发挥作用。换句话说，复译创造的价值，主要是经济的而不是文学或学术的。这种情况下，铭刻的决定性因素可能不是更可靠的源语版本、更深入的学术研究或更优雅的文体，而是能让译本在书籍市场上有强势竞争的印刷编码（bibliographic code），这个编码由“墨水、字体、纸张和其他现象”构成，如封面艺术和插图、原作者的肖像和背书（McGann 1991: 13）。

读者群的问题对于在社会机构中存在的复译尤其重要。通常，流通于此类环境的译本有助于在其中运作的代理人身份的形成，有助于构成资质的价值观的获取，因此翻译可以影响机构的运作和再生产（Venuti 1998: 75-81, 103-104）。复译被有意设计为形成特定身份并产生特定机构效果。在宗教机构中，复译有助于通过用与当时流行的神学教义相容的解释，铭刻经典文本来定义和灌输正统信仰。与其类似，在学术机构中，复译有助于通过用目前在学术学科中流行的解释，铭刻经典文本来定义和灌输有效的学术。

因此，复译可以通过重申对经典文本的制度化解释来维护和加强社会制度的权威。或者，复译可以挑战那种解释，以期改变制度或创立新制度。例如，十七世纪初的《钦定本圣经》[①]，通过借鉴以前英语译者如威廉·廷代尔[②]和理查德·塔弗纳（Richard Taverner）的新教版本，巩固了英国圣公会的权威（Daniell 2003: 157-158；Westbrook 1997）。然而，在英格兰宗教改革之前，廷代尔的译本被天主教会认为是异端的和颠覆性的，因为它们与武加大译本[③]不同，引入了基于新教神学的解释。

---

① 《钦定本圣经》（Authorized Version，缩写为 AV），又称《詹姆士王译本》（King James Version，缩写为 KJV）或《詹姆士王圣经》（King James Bible，缩写为 KJB），由苏格兰及英格兰国王詹姆士六世及一世的命令下翻译的英文版本《圣经》，于 1611 年出版。自诞生至今一直都是英语世界极受推崇的《圣经》译本。有 47 位学者参与了《钦定版圣经》的翻译，除了 39 卷旧约圣经、27 卷新约圣经外，亦包括 14 卷次经。《钦定版圣经》不仅影响了随后的英文版《圣经》，对英语文学的影响也是很大的。为了让更多未受良好教育的普通人也能知晓神的旨意，该部圣经词汇量一共只有 8000 个常用的英文单词，因此十分容易理解。虽然《钦定版圣经》已经年代久远了，现在绝大部分仍然可以被普通读者理解。它也被认为是现代英语的基石，并从它诞生以来一直是被最广泛阅读的文献之一。

② 威廉·廷代尔（William Tyndale，1494—1536），英国 16 世纪著名的《圣经》译者和英格兰宗教改革先驱，被认为是第一位清教徒。在廷代尔的时代，罗马天主教教廷只允许拉丁文《圣经》，不容许私自翻译，并且只有神职人员可以拥有和解释《圣经》。廷代尔却主张应该让普通老百姓都可透过读《圣经》来认识神，决心把《圣经》译成英文，于是被诬陷为异端，后来在比利时被杀害。廷代尔是第一个把《圣经》译为现代英语的翻译家。后来著名的《钦定版圣经》有百分之九十采用了他的译本。2002 年，廷代尔被英国广播公司选为最伟大的 100 名英国人之一。

③ 武加大译本（Vulgate），亦称《通俗拉丁文圣经》，是天主教拉丁文《圣经》的通行版本。因其采用罗马平民的通俗拉丁语（Vulgus）而得名。译者圣哲罗姆是第一个名传后世的《圣经》翻译家。他于公元 382 年受罗马主教达马苏一世之命，以希伯来文原著为依据，参照早期希腊文、拉丁文译本翻译《旧约》，以《七十子希腊文本圣经》为依据翻译“次经”，参照古拉丁文译本改译《新约》，历时 25 年完成。该译本成功地体现了三四世纪教会对《圣经》的理解，且语言精美，故取代各种译本一度成为西方教会的官方《圣经》。1546 年特兰托会议确定其为天主教唯一权威的拉丁文《圣经》译本。

自 20 世纪 70 年代以来，以德国文学专家大卫·卢克①对托马斯·曼②小说的复译为例，这些复译通过发现并纠正海伦·洛威-波特（Helen Lowe-Porter）早期版本中的语言错误，强调了学术专家的权威（Luke 1970: XXXV–XXXVⅲ; Buck 1995）。尽管洛威-波特存在错误，但她已经在卢克复译之前的数十年，使托马斯·曼成为英国和美国读者眼中 20 世纪重要的小说家。德语原文与她的译本之间的变化，并不总是语义对应的错误偏离（erroneous deviations），而是受她所处文化情境影响的解释：她是为 20 世纪初美国普通读者群写作的。学者们如卢克希望纠正她的工作，使托马斯·曼的翻译与将其小说置于德国文学传统中的当前学术解释保持一致。然而，到了 1990 年代，约翰·伍兹（John Woods）通过反映当代英语用法的复译，成功地将托马斯·曼带给了新一代的普通读者，这让卢克及其同事们感到沮丧。托马斯·曼的英文复译已成为两种机构，即学术界和商业出版商，在德语原文解释上的竞争场所。 98

在译语中，被置于文学经典边缘的原语文本，可能通过铭刻不同的解释

① 大卫·卢克（David Luke，1921—2005），牛津大学德国文学专家，以翻译歌德、托马斯·曼、克莱斯特、默里克和格林兄弟的作品而闻名。他因翻译歌德的《浮士德》第一部于 1989 年获得欧洲诗歌翻译奖（后来更名为波佩斯库奖）。2000 年，德国–英国论坛授予他荣誉勋章，以表彰他在英国和德国之间的文化关系方面的贡献。根据 2017 年的一项评价，卢克翻译的《浮士德》，被认为"让歌德复杂而多样的含义得以展现，包括他的哲学和宗教怀疑"，并被描述为"比许多英语翻译更加敞开于冲突和矛盾，无论是神学还是世俗，美德还是恶习，理想主义还是愤世嫉俗"。卢克将翻译描述为"最不可容忍的、牺牲的艺术……在竞争性的不完美之间的本能选择"。

② 托马斯·曼（Thomas Mann，1875—1955），德国小说家和散文家。1924 年发表长篇小说《魔山》，1929 年获诺贝尔文学奖。一战时曾一度为帝国主义参战辩护，30 年代又大力反对法西斯主义威胁。中篇小说《马里奥与魔术师》（1930），对法西斯在意大利制造的恐怖气氛做了生动的描述。他是德国 20 世纪最著名的现实主义作家和人道主义者，受叔本华、尼采哲学思想影响。其代表作是被誉为德国资产阶级的"一部灵魂史"的长篇小说《布登勃洛克一家》（1901），被看作德国 19 世纪后半期社会发展的艺术缩影。

而被复译，并以此来获得经典地位。尽管意大利的多产小说家格拉齐亚·德莱达（Garzia Deledda）在1926年获得了诺贝尔文学奖，她的作品一贯被视为一种区域主义的多样性，因为它再现了家乡撒丁岛的家庭生活。因此，她的很多作品只有少数在20世纪初被译成英文，与加布里埃莱·丹努齐奥（Gabriele D'Annunzio）这样的颓废派小说家和讲述资产阶级颓废的作家阿尔贝托·莫拉维亚（Alberto Moravia）等人面相较，她仍显边缘化。然而，在1980年代和1990年代，德莱达强大的女性角色吸引了以女权主义为导向的英语译者，她们提供了几部作品，其中一部是复译。（Deledda 1905/1984）同样，对被忽视的女性作家的重新发现的这一女权主义兴趣，在复译西比拉·阿莱拉莫（Sibilla Aleramo）的自传文本《一位女士》① 时也起了作用，该译本由罗莎琳德·德尔马尔（Rosalind Delmar）为英国女权主义出版社维拉戈（Virago）翻译。（Aleramo 1908/1979）这些例子表明，边缘文本的复译，很可能是出于一种文化政治目的的驱动，其中特定的意识形态指导着作者或文本的选择和复译策略的发展。

复译有助于推进翻译研究，通过阐明直接关系到实践和研究的几个关键问题，但是，这些问题只有在语言操作或文本分析与投入其意义和价值的文化和政治因素相结合时才能最有效地探讨。其中最重要的问题之一是译者的主体性，即决定性地影响翻译工作的动机、条件和后果的集合，并使其产生深远的社会效应。译者的行动还涉及为翻译文本创造的一个互文性维度，即与原语文本以及用翻译语言写成的其他文本的关系网络。主体性和互文性的问题最终指
99 向翻译中的历史角色，不仅是译者工作时历史时刻的影响，还有译者借鉴以将原语文本带入译入语的文学和文化史。

① 《一位女士》（*Una donna*）是西比拉·阿莱拉莫于1906年创作的小说，也是意大利最早明确表达女性主义观点的小说之一。小说于1906年11月出版，该小说是自传体的，但没有具体的角色姓名。

译者主体性

显然，任何翻译都是有意图的行为：译者旨在用另一种语言重写原语文本，尽可能模仿其特性，同时考虑语言与文化差异以及受众需求。如安东尼·吉登斯[①]所论述，有意图的行动涉及“反思性的自我监控”（reflexive self-monitoring），在此过程中，行为主体根据已存在于社会情境中的“规则和资源”对自己的行为进行持续评估。（Giddens 1979: 第二章）因此，译者的意图始终是集体性的，最大程度地受语言使用、文学典范、翻译传统以及翻译产生的机构的决定。在这些机构中，各种其他代理人（主体）参与诸如谈判翻译权、委托译者、编辑和印刷译文、推广和营销印刷书籍等程序。

吉迪恩·图里已经发展出具体的、针对翻译的类似思考。他认为，译者根据翻译文化中的“规范”（norms）或价值观评估自己的决策。（Toury 1995: 53-69）语言和文化规范不仅决定了翻译文本的选择，还决定了翻译策略和原语文本与译文之间建立的对等关系。规范可能由委托翻译的客户或机构以确切的术语制定，以便为特定受众产生特定效果。汉斯·弗米尔于1989年指出，这通常是技术或实用文档的情况，因为翻译的功能可以在合同中定义，而标准化的语言可能已经存在，旨在服务于该功能。然而，更常见的情况是，翻译规范通过译者的教育和与客户合作的经验而被同化。

吉登斯使我们能够通过指出有意图的行动发生在“未被认知的条件”（unacknowledged conditions）中，并可能导致“未预料到的后果”（unanticipated consequences），从而扩展对译者主体性的思考。这些后果无论是通过维持现状

① 安东尼·吉登斯（Anthony Giddens，生于1938年），英国社会学家，是当今世界最重要的思想家之一，他对当代社会学领域做出了卓越的贡献。他与布莱尔提倡的“第三条路”（Third Way）政策也影响了英国甚至其他国家的政策。

还是导致变革，都可以影响社会再生产。事实上，译者确实会自动地做出许多决策，没有对限制他们工作的规范进行任何批判性的反思。即使有经验的译者能够完全或部分地表达这些规范，翻译过程也会在依然处于前意识或潜意识，甚至完全无意识的条件中进行。（参见第二章）这些条件可能包括与源文化、作者和文本相关的重要信息、翻译文学的典范、接受语境中的翻译实践、译者在原语文本中铭刻的解释，以及出版商计划印刷、营销和推广翻译的方式。这些未被认知的条件微妙地、过度地决定了翻译，因此可能导致译者未预料到的
100 后果，特别是接受方面的后果。译本可能会被拥有译者缺乏信息的读者群、看重译者无意中挑战的文学典范或话语策略的读者群、对原语文本的解释不同与译者的读者群或被出版商的做法疏远的读者群认为不可接受。如果译者成功吸引了预期受众，翻译仍可能被另一群认为它不可接受的不同受众所阅读。委托机构可能从事对译者来说未知的事业，而这些事业会使翻译产生无法预见的社会效果，这些效果在伦理和政治上可能会受到质疑。因此，对说明手册的翻译可能会无意中促进跨国公司在对待海外劳动力方面建立剥削模式。

在复译的情况下，译者的主体性特别表现在自我意识的显著提高，这种自我意识旨在考虑翻译的多种条件和后果。复译通常突显译者的意图性（intentionality），因为复译旨在产生明显的差异（an appreciable difference）。复译者的意图是根据一套不同的价值观来解释原语文本，以便在翻译文化中为该文本带来新的、不同的接受。因此，复译者可能不仅意识到由前一版本和复译在原语文本中铭刻的竞争性解释，还会意识到产生这些解释的语言和文化规范，如文学典范和主导的话语策略。复译者可能旨在维持、修订或替换规范及其所产生的机构。

复译还可以引起对委托机构（commissioning institution）过度决定性作用的关注，该机构可能要求译者使用特定的原语文本和话语策略来强化特定意识形态。以商业为导向的出版商，可能决定发行已经进入公共领域的经典文本的

复译，仅仅因为它们的经典地位确保了市场需求，且出版它们比需要购买版权的受版权保护的文本更便宜。因此，商业主义的意识形态将主导复译原语文本的选择，并指导一种增强翻译可读性以确保销售的话语策略。否则，出于盈利动机的出版商可能希望节省委托复译的费用，而选择重印已经在市场上得到证明的旧译本，即便是修订版。在美国，兰登书屋这样的出版商就一直重印斯科特·蒙克里夫（C. K. Scott Moncrieff）翻译的普鲁斯特作品《追忆逝水年华》的版本，直到1981年才出版了特伦斯·基尔马丁（Terence Kilmartin）的修订版，该版于1992年由恩赖特（D. J. Enright）再次修订。然而，即使是小型的文学出版商，也可能被迫以这种方式节约开支，以继续出版可能只对有限受众感兴趣的经典文本。1999年，佛蒙特州的斯蒂福思出版社（Steerforth Press）重新出版了安格斯·戴维森（Angus Davidson）1951年对莫拉维亚[①]小说《同流者》（*Il conformista*）的翻译，尽管是修订版；同年，伦敦的普瑞恩书籍出版社（Prion Books）重印了戴维森的译本，未经修订。

当然，复译也可能仅仅是出于复译者对原语文本的个人欣赏和理解，而没有超个体因素（transindividual factors）。像维吉尔和卡图卢斯、波德莱尔和蒙塔 101
莱这些经典诗人的复译者，常常仅基于他们在原语文本中感知到的美学价值来为他们的项目辩护。然而，由于每一次翻译都是用原语文化和译入文化的解释来铭刻原语文本，由于原作者在翻译文化中享有经典地位，作品的翻译继续吸引出版商的兴趣，超个体因素不可避免地会介入似乎仅仅是表达译者文学品味

① 阿尔贝托·莫拉维亚（Alberto Moravia，1907—1990），意大利当代最著名的小说家，曾任新闻记者、杂志主编、国际笔会主席。他在长达六十年的创作生涯，发表了数十部长篇小说和中短篇小说集。他以写实的笔法，通过发生在人们身边的平常故事，触到了人的心灵深处。他的作品在意大利文学界乃至世界文学界都产生了重大的影响。主要作品有《冷漠的人》《期待成空》《瘟疫集》《罗马故事》《天堂》《另一种生活》《假面舞会》《乔恰里亚女人》《愁闷》《注意》和《内心生活》等。作品注重心理分析，对人物的两重性格和病态心理倾注较多的笔墨。

和感性的翻译项目中。此外，即使复译者对翻译这一复杂行动所伴随的条件和后果获得了深入的认识，这种认识也永远无法是全知的，也无法让复译者完全控制超个体因素。

魁北克翻译的一个典型例子发生在1968年之后，当时民族主义运动兴起，要求魁北克获得政治自主权。安妮·布里塞（Annie Brisset）在其研究（1996: 162-194）中指出，展开了大量的戏剧翻译工作，就为了形成国家文化认同。民族主义作家、诗人以及词典编纂者努力将魁北克法语打造成母语或本土语言，即社区的语言。同时，译者致力于通过翻译莎士比亚、斯特林堡、契诃夫和布莱希特等已跻身世界戏剧经典的作家的作品，使之成为支撑国家文学的基石。其目的在于赋予魁北克法语以文化权威，从而挑战其在北美英语（North American English）和巴黎法语（Parisian French）两大主导语言面前的从属地位。实现此目标的关键策略是对此前仅用法国法语提供的经典戏剧作品进行复译。这一民族主义项目鲜为人知的条件，包括原语文本的语言与文化差异以及大量非法语方言为母语的移民群体。因此，这些复译在尝试基于魁北克法语构建同质的国家身份时，不可避免地涉及对其他语言和文化的民族中心主义的简化，进而建立起排他性等级制度（exclusionary hierarchies），这与过去使魁北克处于从属地位的体系异曲同工。

互文性

译者主体性的核心在于构建各种互文关系（intertextual relations），首先是生成一个与原语文本相关的文本（Venuti 2009）。译者构建的互文性形式可能总是比喻性的，他们的工作从不只是原文准确的或字面上的再现，而是通过一种解释性的铭刻来建立损失与收获的比率，这种铭刻受不同语言结构和文化话语的影响。在构建与原文本的关系时，翻译同时也与用翻译语言写成的其他文本相联系。

翻译中最普遍的互文关系或许是类比的（analogical）或隐喻性的（metaphoric）：对于构成原文本的能指链，译者在翻译语言中将其替换为另一能指链，这一替换基于对原语言词汇项当前定义的语义相似性（semantic similarity）。这 102
种关系被恰切地称为词典学意义上的对等（lexicographical equivalence），互文就由与词典的关系构成。然而，这种隐喻关系可能具有误导性，因为它暗示原文本和译文之间存在一对一的对应关系，而实际上这种对等，仅限于简化的语义核心（semantic core），并没有考虑到其他对意义产生重大影响的语言特征，如语域和方言，或那些建立更复杂互文关系的特征，如涉及风格和体裁的特征。

举例说明。在我对 20 世纪意大利诗人安东尼娅·波齐（Antonia Pozzi）的英文译本中，我保持了与意大利文本相当接近的语义对应，以重现她的隐晦主义（ermetismo），这是一种结合了精确语言、密集意象和自由诗歌的现代主义诗学。在这个过程中，我还借鉴了一些与隐晦主义相似的英语诗歌传统。以下是波齐的诗作《新年》（[意] *Capodanno*，[英] *New Year*），以及我的英译：

Se le parole sapessero di neve
stasera, che canti —
e le stelle
che non potrò mai dire...
Volti immoti s'intrecciano fra i rami
nel mio turchino nero:
osano ancora,
morti ai lumi di case lontane,
l'indistrutto sorriso dei miei anni.

（Pozzi 1998: 304）

If words might

know

snow

tonight,

what songs —

& stars

I couldn't ever

utter...

Motionless

faces mesh

amongst the branches

in my blue black:

dead

in the lights of distant houses

they still dare

the undying

smile

of my years.

（Pozzi 2002: 159）

如果话语可以

知道

今夜的

雪，

那么哪些歌曲——

和星星
我永远
无法吐露……
静止不动
的面孔在
我的深蓝之夜中交织，
在远处房屋的灯光中
它们仍然敢于
展现
我年华中
不灭的
微笑。

意大利文本开头的从句，包含一个不完全虚拟语气的动词，可以清晰、准确 103
地翻译为："如果话语今晚可以给人雪的印象。"第四行同样可以翻译为："我将永远无法表达。"英文版本也可以遵循波齐自由诗的特色，即通过将它们分解为语法单位来分析诗句。然而，我的选择创造了一种注意句法的词典学对等，同时产生了某些韵律效果：我采用了"might/know/snow/tonight"和"I couldn't ever/utter"这些短语，培养了押韵和元音和谐，在自由诗的形式中通过强调特定单词来注解句法［关于 parsing（句法分析）与 annotating（注解）自由诗的区别，参见 Longenbach 2008: 50-81］。因此，构建了一种互文关系：翻译将波齐的诗歌与美国现代主义诗歌联系起来，不仅是威廉·卡洛斯·威廉姆斯（William Carlos Williams）的注解自由诗，尤其是洛琳·尼德克尔（Lorine Niedecker）的作品，其作品以棱角分明的节奏和悦耳的声音效果而著称。以下是尼德克尔诗集《生物遗迹》（*Traces of Living Things*）中的一段摘录：

Smile
to see the lake
lay
the still sky
And
out for an easy
make
the dragonfly

（Niedecker 2002: 242）

微笑
看到湖面
平静地铺展
天空
和
轻松地
制造
蜻蜓

另一种互文关系是换喻的（metonymic）：一种翻译可能会专注于再造原文本的特定部分，这些部分在翻译文化的文学趋势和传统中获得意义和价值。在翻译清新体诗歌时，埃兹拉·庞德有时“保留了早期意大利作品的一个价值，即坎特比利[①]”，这是一种类似歌曲的格律效果，能够唤起“伊丽莎白时代的抒情诗”（Anderson 1983: 246）。庞德知道，在翻译中建立换喻关系永远不会呈现整个原文本：他强调“坎特比利”时，他观察到，“我放弃了热情和强度”，牺牲了意大利文本的词汇或风格特征（同上）。然而，对于不懂意大利语的读者来说，这种牺牲是看不见的，因此部分很容易被视为整体。这就是罗兰·巴特所说的“换喻性虚假”（metonymic falsehood），即“通过将整体代替部分，它导致错误或至少掩盖真相，在丰满下隐藏空洞”（Barthes 1974: 162）。因此，玛丽亚·婷默芷珂的概括性断言，即翻译“是一种再现形式，在其中，原文本的部分或方面渐渐代表整体”，不仅将翻译构建的每一个互文关系简化为一个形象，即换喻，而且在未能承认换喻性虚假方面毫无批判性可言（Tymoczko
1999: 55）。此外，换喻性翻译不仅仅再现的是不完整；和所有翻译一样，它 104
也是一种带有倾向性的解释，既是片段的，也是有偏见的。庞德使用“保留”（preserving）一词以及婷默芷珂的重复使用，都具有误导性：翻译永远无法以不变的形式保留原文本的任何特征；如果构建了换喻关系，如庞德的“坎特比利”的价值，那么，部分不仅被强调，而且实际上在翻译中已被转化，同化到翻译文化中去了（Tymoczko 1999: 50, 52, 55, 56）。

互文关系可能会逃脱译者的意识控制（conscious control），因为它们可能属于这项翻译的不被认可的条件，或者，当不同的读者阅读时，成为其未预料的后果。而在努力重现原文本中的文体创新（stylistic innovation）时，译者可能会生产一种“忠实”，正如菲利普·刘易斯于 1985 年所论述的，这种忠实可能是双重“妄用的”（abusive）：创新性翻译不仅可能挑战译入语言与文化的结

① 坎特比利（cantabile），意大利语，意为“可唱的”或“像歌曲一样的”。在器乐音乐中，它是一种旨在模仿人声的演奏风格。对于 18 世纪的作曲家来说，它常与 cantando（歌唱）同义，表示有节奏的速度和灵活的、连贯的演奏方式。对于后来的作曲家，尤其是在钢琴音乐中，坎特比利是指在伴奏下拉出一条特定的音乐线（与对位进行比较）。

构和话语，而且还能通过指向作者未预料的解释和效果来批评原文本（参见第三章）。我对波齐的诗歌翻译将其与 H. D.、艾米·洛威尔（Amy Lowell）、米娜·洛伊（Mina Loy）和洛林·内德克尔（Lorine Niedecker）的作品相联系，这种联系将意大利文本置于一个用英语写作的女性传统中，取代了对她产生影响的意大利男性，尤其是朱塞佩·翁加雷蒂、尤金尼奥·蒙塔莱（Eugenio Montale）和萨尔瓦托雷·夸西莫多（Salvatore Quasimodo），同时使英语现代主义诗歌为不同的、外来的目的服务。英文版暴露并同时提供了波齐在意大利文中所缺乏的东西，即一种女性诗歌传统。

由于复译旨在挑战原语文本的早期译本，它们可能构建更加密集和复杂的互文关系，以此表明并强调其竞争性解释。魁北克对经典世界戏剧（the canonical world drama）的复译从巴黎法语版本中脱颖而出，这是通过借用魁北克词典编纂者描述的方言、魁北克剧作家和诗人使用的语言，以及捍卫魁北克法语的辩论性捍卫者（polemical defenders）的语言来实现的。在其他情况下，复译中的互文可能不采用方言，而是采用一种文体或话语。庞德对圭多·卡瓦尔坎蒂诗歌的翻译在某些情况下就是复译，采用了如托马斯·怀亚特爵士这样的“前伊丽莎白时代”英语诗人，以重现庞德发现被但丁·加布里埃尔·罗塞蒂的译本中的前拉斐尔派中世纪主义“遮蔽”的价值（Anderson 1983: 243, 250）。这种互文关系越密集和复杂，复译就越有可能抹去原语文本的语言与文化差异，以服务于接受语境中的文化政治目的。然而，庞德通过其现代主义诗学能够记录这些差异，因为他的话语策略发展出一种明显偏离当前标准英语和主流诗歌风格的古风。

通过与译入语的文化话语的联系，复译可能选择并限制其受众为那些具有识别互文性并因此理解新解释的专业知识的读者。然而，由于普通读者可能实际上了解先前的译本，他们可能在未能识别特定的互文关系时，也会察觉到复译所标志的差异。理查德·佩韦尔（Richard Pevear）和拉丽莎·沃洛霍斯基

（Larissa Volokhonsky）重新翻译了陀思妥耶夫斯基的小说《卡拉马佐夫兄弟》，他们紧密遵循俄文原文，再现了其特有的文体创新，并挑战了之前为增加可读 105
性而采用自由翻译手法，尤其是康斯坦斯·加内特（Constance Garnett）的爱德华时代的译本（Dostoevsky 1912; 1990; May 1994: 53-55）。熟悉加内特版本的普通读者，会立即被更贴近原文复译的特殊之处所吸引。佩韦尔和沃洛霍斯基是作家型译者，而不是学者，然而，熟悉 20 世纪文学理论和批评的学术读者，可能会注意到他们的复译与俄罗斯理论家巴赫金的解释之间有惊人的相似之处。巴赫金将陀思妥耶夫斯基的小说视为“对话式”（dialogic）或“复调的”（polyphonic），特点是异质的、多元声音的风格（Bakhtin 1984）。复译建立的互文关系因此可能也包括本土读者共享的对原语文本的理解。或者，在努力超越先前译本的过程中，复译中的互文可能超越甚至批评源文化。加里·威尔斯（Gary Wills）建议，罗伯特·法格尔斯（Robert Fagles）1996 年《奥德赛》的译本，反映了美国女性运动提出的对传统性别角色的质疑，这种质疑显然与古希腊的性别不平等背道而驰（Wills 1997）。

复译通常伴随着一种更直接的互文性形式，即副文本（paratexts），标志着其作为复译的身份（status as a retranslation）。副文本明确表达了复译者试图在原语文本中铭刻的竞争性解释。副文本是补充材料，包括引言和后记、注释和评论、学术专家的认可以及出版商的广告文案。庞德对卡瓦尔坎蒂作品的翻译所附的前言和注释，以及他的单篇论文，理性地阐述了他对原语文本的选择、解释以及他的话语策略。纳博科夫[1]对普希金的《奥涅金》（*Onegin*）的重译维持了词典式的对等，并添加了大量注释，质疑了先前译本的准确性，这些译本依赖于他所说的“诗化”策略、自由翻译和韵律模式（Nabokov 1955:

---

① 弗拉基米尔·纳博科夫（Vladimir Nabokov，1899—1977），出生于俄罗斯圣彼得堡，俄裔美籍作家。纳博科夫在 1955 年所写的《洛丽塔》，受到关注并且获得极大荣誉。1962 年，他发表英文小说《微暗的火》。这些作品展现了他对于细节描写的钟爱。

512）。纳博科夫在注释中的评论以及在单篇论文中试图重建诗歌的文学背景，即俄语文本所嵌入的互文网络，学术专家对此则很熟悉。副文本在一定程度上能恢复翻译从原语文本中去除的语言与文化差异，因为翻译必然涉及将文本改写为另一种语言，带有不同的文化传统。我对波齐诗歌的翻译就是一种复译，在一篇介绍性论文中，我将其描述为复译。我不仅能够将我的现代主义解释与波齐的首位译者诺拉·维登布鲁克（Nora Wydenbruck）的感伤化译本区分开来，而且还能够指出，维登布鲁克作为波奇家族的朋友，是如何协助其父，通过编辑她的文本来塑造其女儿的体面形象的（Pozzi 2002: xii-xiii, xxi）。这一编辑史，在特定诗歌的尾注中得到了进一步的记录。

历史

译作总是与其历史时刻密切相关，因为它们总是反映出其生产时的文化
106 形成（cultural formation）。这些文化形态在价值观层次分明且随时间发展的机构中流通（参见 Venuti 2005）。从选择原语文本到发明话语策略，再到翻译文本被特定受众接收，文化形态在翻译过程的每一个阶段都扮演着中介角色。因此，文学译者经常会受到当时流行的文学趋势的影响，倾向于选择特定的原语文本和体裁。例如，在 18 世纪的英国，新古典主义美学（neoclassical aesthetic）的主导地位促成了古典史诗的反复翻译；而在 19 世纪，浪漫主义的兴起鼓励译者翻译以往被忽视的古典抒情诗。原语文学的经典地位在翻译文化中保持不变，但随着审美价值观的转变，这些文学作品的后来评价也发生了变化。

话语策略在其语言纹理中揭示了翻译的历史性。译者为翻译原语文本，在译入语中发明词汇和句法，可能会借鉴翻译生产时期所盛行的方言或风格。怀亚特所译的彼特拉克、弗洛里欧的蒙田、蒲柏的荷马、罗斯的《狂怒的奥兰多》、菲茨杰拉德的《鲁拜集》和庞德的《华夏集》，均展示了与英语语言和

英国文学历史上特定时刻相联系的语言结构和风格特征。翻译可能表现出特定历史时刻译者所偏爱的语言变体。例如，罗塞蒂的清新体中的前拉斐尔派的中世纪特征，或者本杰明·乔伊特的柏拉图的雅各宾时期的英语，就是维多利亚时代翻译中古诗的典型，而保罗·布莱克本对普罗旺斯骑士译本中古词与现代口语的混合，则是翻译中现代主义实验主义的体现。译者通过话语策略铭刻的解释也带有历史意义，因为它很可能反映或修正翻译文化中特定时刻流行的价值观。例如，19 世纪末，中国翻译家林纾，通过将狄更斯等西方小说家的作品翻译成文言文而非白话，并赋予它们儒家道德观念，从而增强了帝国文化。最终，话语策略指向了特定历史时期的准确性标准（standards of accuracy）表明，即使是翻译的定义也会随时间而变化。例如，1714 年，安托万·霍达尔·德·拉·莫特将他翻译《伊利亚特》的工作描述为“没有丢失任何重要情节”，尽管他将希腊文本的二十四卷减少到了法语的十二卷（Lefevere 1992: 29）。今天，我们可能认为拉·莫特不仅仅是译者或改编者，而且还是编辑。

复译有意地通过与先前版本在话语策略和解释上的差异来标志时间的流逝。由于复译依赖于更加密集和复杂的互文性来产生这些差异，它们可能使原语文本以及译入文化中的形式和传统变得陌生。例如，在 20 世纪 20 年代，马丁·布伯（Martin Buber）和弗朗茨·罗森茨威格[①]将希伯来语圣经翻译成德语，以唤起希伯来语的口头特质，同时铭刻他们的犹太解释，并将其与路德的基督教译本区分开来（Reichert 1996）。他们采用了各种远离标准用法的手段，包括希伯来化的句法、古词和布伯的“指导语”（Leitworte）或“主题” 107

① 弗朗茨·罗森茨威格（Franz Rosenzweig，1886—1929），20 世纪著名犹太思想家、哲学家。1912 年，罗森茨威格获得哲学博士学位，其代表作《救赎之星》写作于一战期间，1921 年出版后引起犹太学术文化圈的广泛关注，是罗森茨威格最具影响的作品。自 1922 年起，罗森茨威格罹患疾病瘫痪在床，在病榻上开始与马丁·布伯合作翻译《圣经》（从希伯来语译为德语），同时翻译、评注中世纪犹太诗人犹大·哈列维的诗集。

（leitmotifs），这是一种在艺术作品中纳入反复出现的细节或图像的现代主义技术。结果，他们的翻译不仅以不同的方式呈现了希伯来圣经，而且还在德语中引入了一种异国情调。此外，由于瓦格纳在他的歌剧中大力发展了主题技术，尤其是在那些日益被民族主义和种族主义意识形态所渗透的时刻，使用这种技术翻译经典的希伯来文本也在德国文化传统中引起了不安。

复译不仅在历史上与特定时刻相关联，而且在历史叙述上也努力标志并合理化与先前版本的差异，这通常通过采用各种叙事体裁，往往是它们的混合来实现。根据海登·怀特[①]的分类（参见 White 1973），这里最常见的体裁可能是爱情故事（romance），其中历史叙述是进化的或进步的，最终达到某种超越。在这里，不是超越翻译原语文本的困难，而是超越被认为玷污早期翻译的缺陷。因此，复译通常被呈现为显著的改进，因为它们依赖于以前不可用的原语文本的权威版，或因为它们采用了一种维持更紧密的语义对应或者风格类比的话语策略。某些复译不仅更新了译入语言。《纽约时报》的一位编辑对约翰·伍兹 1995 年对托马斯·曼的小说《魔山》的复译表示赞赏，仅仅因为海伦·洛威-波特的语言已显得过时，而伍兹使用了当代标准的英语方言（Bruckner 1995）。

另一方面，复译可能是保守的，以讽刺历史叙事为前提。在这里，复译者批评先前的译本，但对翻译进步的概念表示怀疑，并回归到过去发展的话语策略或解释，同时承认其不足。纳博科夫因此为他的贴近原文的、无韵的《叶甫

① 海登·怀特（Hayden White，1928—2018），美国当代著名思想史家、历史哲学家、文学批评家。退休前任教于美国加利福尼亚州立大学圣克鲁兹分校。他广泛吸收哲学、文学、语言学等学科的研究成果，构建了一套比喻理论来分析历史文本、作者、读者，揭示意识形态要素介入历史学的种种途径。怀特主导了 20 世纪 70 年代以后历史哲学领域中的语言学转向，并将历史主义思想带入文学批评领域，成为跨学科研究的典范。《元史学》（*Metahistory*）是其成名作，被誉为 20 世纪下半叶最重要的历史哲学著作，也是当代西方历史哲学研究中语言学转向的标志。

盖尼·奥涅金》复译进行辩护，认为先前的英译本是“对其模型的怪诞滑稽之作，用糟糕的诗句表达，充满了误译”（Nabokov 1955: 504）。然而，他只能希望依靠注释实现“合理的准确性”（同上：512）。复译也可能基于喜剧性的和解叙事（comedic narrative of reconciliation），在这种叙事中，一种话语策略被用来将原语文本带给以前被排除的读者群，或跨越不同读者群之间的文化界限。企鹅经典书系实际上就是在这样的项目中起源的，即使经典文学作品不再仅限于学者和大学教育的读者，而是面向大众读者。

复译反映了翻译文化中的价值观和体制的变化，但同时它们也能通过激发原语文本的创新阅读和欣赏方式来产生这些变化。研究复译，就是意识到翻译不能仅被视为一种简单的沟通行为，因为它在特定的历史时刻在社会形态中创造价值，这些价值随时间而重新定义原语文本和文化。复译就是要面对新鲜事物，更加紧迫地面对译者的伦理责任（translator's ethical responsibility），防止翻译语言和文化抹去原语文本的语言与文化差异，即其异域性（foreigness）。复 108
译的教训是，这一责任可以通过允许复译者的情境，尤其是先前版本的存在，开辟创新路径以铭刻竞争性解释来最有效地实现。只有通过这种铭刻，译者才能希冀在本土文化中标志出语言与文化差异。

［2004］

6 如何阅读译作

在塑造我们对文学翻译理解的众多论断中，也许没有哪一个比约翰·德莱顿[①]为他1697年《埃涅阿斯纪》的译本所作的序言更经常被引用的了。他断言："就好像他如果出生在英格兰，并生活在那个时代，他自己就会那样说话"（Dryden 1958: 1055）。毫无疑问，德莱顿的成就，就在于他使许多同时代人相信他已经成功模仿了这位拉丁语诗人，但这只不过是一种诗意的手法。德莱顿的维吉尔放弃了拉丁诗歌中的无韵诗形式，转而采用英语联句，同时还从以前一位译者即诗人约翰·德南姆爵士[②]那里抄袭了几行（参见 Venuti 2008: 52）。持怀疑态度的人可能会好奇，为什么维吉尔会以德莱顿而不是与他同时期的史诗诗人约翰·弥尔顿[③]的形式回归，后者在其史诗中并未使用韵脚：我们难道不应该期待一个英语的维吉尔更有《失乐园》的宏伟风格吗？

答案与所谓的化身重生（fancied reincarnation）关系不大，而与文学品味

---

① 约翰·德莱顿（John Dryden，1631—1700），英国著名诗人、文学家、文学评论家、翻译家，是1668年的英国桂冠诗人。他被当作王政复辟时期的主要诗人，以至于这一段文学史被称为德莱顿时代。沃尔特·司各特称他为"光荣约翰"。

② 约翰·德南姆爵士（Sir John Denham，1615—1669），英国、爱尔兰诗人兼宫廷朝臣。他曾任国王工程监察官，并葬于威斯敏斯特教堂。

③ 约翰·弥尔顿（John Milton，1608—1674），英国诗人、政论家。代表作品有长诗《失乐园》《复乐园》《力士参孙》。1638年，弥尔顿游历欧洲。1640年英国革命爆发，他投身于革命运动，发表了5本有关宗教自由的小册子。1644年，弥尔顿又为争取言论自由而创作《论出版自由》。1649年，弥尔顿发表了《论国王与官吏的职权》等文，以巩固革命政权。1660年，英国封建王朝复辟，弥尔顿被捕入狱，不久即被释放。此后他专心写诗。1674年11月8日逝世。弥尔顿是英国历史上伟大的艺术家，被称为英国文学史上伟大的六位诗人之一。

的变化关系较密。当文学品味的确发生变化时，相应的翻译文体就会被弃用，或被抢先一步占用，从此不再被主要译者（特别是像德莱顿这样的桂冠诗人）所采用。17世纪末，莎士比亚和弥尔顿的无韵诗（blank verse，一译素体诗）已经失去了象征性和文化资本，转而让像德莱顿这样才华横溢且备受赞誉的诗人能够使联句看似成为拉丁语诗歌完全不同诗体中的最自然表达方式（关于联句的看似自然性，参见 Easthope 1983: 110-112）。译者并不是原语文本作者的替身或腹语表演者，而是一个机智的模仿者，将其改写以吸引另一群受众，这一受众群使用不同的语言和文化，往往处于不同的时期。最终，这一受众群的优先考虑，确保了译者为原语文本裁剪的语言外衣（verbal clothing）永远不会完全合身。

德莱顿的论断最值得质疑的效果，在我看来，是它最终将译者的劳动与源语文本作者的劳动混为一谈，这使得我们无法理解（更不用说判断）译 110
者在文化中间人这一关键角色中的表现。要将一部译作读作译作（to read a translation as a translation），一部有自己权利的作品，我们需要更实际地理解译者的工作。我将其描述为一种努力，试图通过控制过度的收获来弥补无法修复的损失。

源语言是首先失去的，即词语的声音和顺序及其对沉浸在源文化中、精通源语言的读者所带来的所有共鸣（resonance）和暗示（allusiveness）。同时，仅仅通过选择译入语中的词语，译者就添加了一整套旨在模仿原语文本的全新的共鸣和暗示，同时要让这些共鸣和暗示被精通翻译语言且沉浸在翻译文化中的读者所理解。这些额外的意义有时可能源于为了清晰而实际加入或删除的内容。但事实上，这些意义存在于译者做出的每一个选择中，即使翻译紧密地贴近原语文本中的词语并符合它们当前的词典定义。译者必须以某种方式控制不可避免地释放意义，因为这些意义只在翻译语言中起作用。除了威胁到模仿项目（project of imitation），这些意义总是有把语言和文化上不同的东西转化为过于熟悉或简单无关的风险。翻译中的损失对于没有仔细与原语文本比较的任何读者来说都是不可见的，我们中的大多数人都是这样的。但只要读者用心去寻找，就能看到获得随处可见。

但通常我们不会去寻找。出版商、文字编辑者、评论家实际上已经训练我们，使我们更喜欢那些易于阅读的译本，使其看起来就跟没经过翻译一样。在实践中，这种偏好往往是通过坚持当前的标准方言来实现的狭隘流畅性（defined fluency），它是译入语中最熟悉的形式，因此最有力地给人一种错觉，让我们以为我们阅读的正是原语文本（Venuti 2008: 1-5）。通常只有当我们在其表面遇到障碍时，才会意识到所读是译文，比如遇到非标准项目、不熟悉的词汇、用法错误、混乱的意义，这些可能看似无意的滑稽。想想你在国外遇到那些糟糕的英语译文，比如干洗店鼓励潜在客户“Drop your trousers here for best results”（在这里丢下你的裤子以获得最佳效果），餐馆宣称“Our wines leave you nothing to hope for”（我们的葡萄酒让你无所希望），酒店告诉客人“Please leave your values at the front desk”（请将您的价值留在前台）。

我们对它们的效果不佳的嘲笑透露出一种自信，也许是对我们英语熟练程度的自满，但更有启发性的是：我们之所以笑，是因为我们已经梳理出了混乱，这非常清楚地表明，译文的读者可以同时执行多项心理任务。在阅读理解之时，我们关注形式和意义，因此，当意义变得模糊或模棱两可时，我们会通过纠正形式上的错误，即词汇选择或语法上的错误，立即澄清或解开它。因此，阅读译文的第一条规则：**不要只为了意义而阅读，而要为了语言；还要欣赏译文的形式特征**。

译者的措辞和用语、风格的独特性以及投射出的语气和勾勒出角色心理轮廓的言语微妙之处，都值得我们品味。读者可能会问，这些品质不是原语文本
111 所特有的吗？其实并非如此，至少不是译者将它们原封不动地、不带任何意义变化的转移而来的。这些当然是译者对原语文本模仿的结果。但事实仍然是，

译者选择了译文中的每一个词，无论其背后是否有源语言的词汇。而在我们的例子中，译者的词汇只在英语中起作用，释放出的文学效果可能远超过原语文本作者所选择的语言。

思考一下玛格丽特·朱尔·科斯塔（Margaret Jull Costa）对西班牙小说家哈维尔·马里亚斯[①]的《感觉之人》（*The Man of Feeling*）中一个段落的译文。叙述者，即一位歌剧演员，讲述他与一位女士偶遇的故事：

> I knew nothing at all about her history or past or life, apart from the scant information vouchsafed to me in Dato's self-absorbed and fragmentary complaint during the first and only opportunity I had had to talk to him alone (too soon for my curiosity to have learned how to direct its questions) and from the enthusiastic remarks which, rarely and only in passing, she made about her brother, Roberto Monte, that recent émigré to South America.
>
> （Marías 2003: 75）

> 我对她的历史、过去或生活一无所知，除了在与达托独处时唯一有机会谈话（对于我的好奇心来说，这太早了，还没有学会如何引导我的问题）他自顾自的、支离破碎的抱怨中透露给我的少量信息，以及她对她的兄弟，罗伯托·蒙特，那位最近移民到南美洲的人偶尔而又随意的热情赞扬。

这句话最引人注目的特点是其长度：与当前英语小说的背景相比，它显得异常

① 哈维尔·马里亚斯（Javier Marías，1951—2022），西班牙作家和翻译家。1983 年至 1985 年，在牛津大学教授西班牙文学和翻译理论。1992 年发表小说《如此苍白的心》，为他带来了巨大的声誉，该小说英译本获得 1997 年都柏林文学奖。2021 年 11 月，获得英国皇家文学学会国际作家终身荣誉奖。

长。它与马里亚斯的西班牙语相符，但我们不需要知道这一点，就可以欣赏科斯塔如何有效地构建英语句子，让它以一种有节奏的方式展开，在关键点嵌入自觉的限定语。她还选择了一种稍微有些正式，甚至有些讲究的语言，包括各种非标准项目（nonstandard items），如古诗用语（scant, vouchsafed）和外来借词（émigré），以及显示对语法细致关怀的短语（had had, to have learned）。凭借所有这些特点，译者巧妙地避免了更口语化的英语，从而塑造了一个有些矫揉造作的角色。这种矫揉造作在英语版本中实际上更为明显，因为西班牙语相当常见，例如，使用"me había permitido entender"（had allowed me to understand）而不是像"vouchsafed to me"这样的古语。

科斯塔的这个句子指向了阅读译文的第二条规则：**不要期待只用当前的标准方言翻译；对语言变体要持开放态度**。译者的手法在偏离译入语最常用形式时变得可见（visible）。社会和地区方言、俚语和粗俗语、古语和新造词、行话和外来借词，往往是特定于语言的，不太可能顺利传播，它们独特的力量难以转化为其他语言。因此，它们展示译者要发挥作用，就得实施某种策略将原文本带入不同的文化。马修·沃德于 1988 年对阿尔贝·加缪小说《局外人》的翻译，以令人惊讶的一行开头："Maman died today"（母亲今天去世了）（Camus 1988: 3）。上下文清楚地表明，法语"maman"意味着"母亲"（mother）。沃德保留了加缪使用的这个词，但在英语中它的意思更广泛：不仅标志着叙述者与母亲的孩子般亲密的关系，而且告诉我们正在阅读一部译作，一个混合体（hybrid），不应与法文原文混淆。

112 译者的语言还能深深扎根于接受文化之中，建立起对已在那里积累了意义的风格、体裁和文本的暗示性联系（suggestive connections）。这是翻译过程中不可避免的结果，构成了阅读译作的第三条规则：**不要忽视隐含意义和文化参照；将其视为另一个相关的意义层面**。例如，1924年，多萝茜·巴茜（Dorothy

Bussy）出版了安德烈·纪德[①]小说 *La Porte étroite*（《窄门》）的英文版本，采用了灵感十足的标题 *Strait is the Gate*（《窄门》）。这两个标题都暗指《路加福音》，但英文标题巧妙地引用了《钦定本圣经》中的 Strive to enter in at the strait gate。巴茜的短语赋予纪德的作品一种文化威望，这种威望如果引用权威或影响力较小的《圣经》版本是无法实现的。

翻译中铭刻的联系往往是文体上的，唤起文学体裁或者增强甚至评论原语文本的传统。在我 2006 年翻译的马西莫·卡洛托（Massimo Carlotto）的意大利小说《吻别》（*The Goodbye Kiss*）中，我发展了一种文体，挖掘了丰富的口语、俚语和粗话，包括黑社会黑话，如 slammer（代表"监狱"）、bulls（代表"警察"）、rousted by a stoolie（被告密者激怒）、a bad egg（坏蛋）、beat the rap（摆脱指控）和 tipped me on the heist（给我抢劫的情报）（Carlotto 2006: 18, 21, 24, 41, 61, 80）。一方面，这种语言适合叙述者，一个在出狱后成为犯罪分子的左翼恐怖分子，涉及毒品走私、卖淫、抢劫、敲诈和谋杀；另一方面，这种语言适合黑色小说这种类样式（genre），其中，叙述者与警探和转行成为政治家的律师相勾结，这批评了威尼托地区的腐败。

我的英译旨在匹配卡洛托意大利语中标准和非标准项目的混合，但译作并不保持完美的对应。例如，罪犯之间的一次对话，包含以下内容：

> "Pensi che voglia fottermi? Perché sai, ci metto un secondo a piantargli una lama in pancia," sibilò in tono bellicoso.
>
> （Carlotto 2000: 95）

---

① 安德烈·纪德（André Gide，1869—1951），法国作家，著有小说、剧本、论文、散文、日记、书信多种，主要作品有小说《背德者》《窄门》《田园交响曲》《伪币制造者》等，戏剧《康多尔王》《扫罗》《俄狄浦斯》，散文诗集《人间食粮》，自传《如果种子不死》，游记《刚果之行》《乍得归来》等。

> "You think he wants to fuck me? Because you know, I'd stick him in a second, right in the belly," he whispered in a punchy tone.

> "你认为他想上我吗？因为你知道，我会立刻刺他一刀，直接刺在肚子上。"他用有力的语气低语道。

在卡洛托使用标准方言的地方，我偶尔使用了口语词。例如，Pensi 变成了简洁的形式 You think，piantargli una lama in pancia（把刀子插入他的肚子）则被压缩为 stick him [...] right in the belly（正好刺在肚子上），bellicoso（好战的，挑衅的）变成了 punchy（有力的）。

在将文体与样式联系起来时，即便有这些偏离意大利语的地方，我的翻译也远非任意。我决定通过现代美国小说中的硬汉派传统将卡洛托的作品翻译成英文，这一传统从达希尔·哈梅特（Dashiell Hammett）和詹姆斯·M. 凯恩（James M. Cain）延伸到雷蒙德·钱德勒（Raymond Chandler）和吉姆·汤普森（Jim Tompson），再到安德鲁·瓦奇斯（Andrew Wachss）和詹姆斯·艾尔罗伊（James Ellroy）。熟悉这一传统的读者，或至少是熟悉其中一些作家的读者，可以在我的翻译中发现这一传统的存在，作为通过独特词汇、句法和节奏构建的
113 互文。以下是一个典型的段落：

> I went to a club in Jesolo where I heard a forty-something English entraîneuse was working. She was a letdown. Thin as a rail, flat chest. She had her clientele, but she wasn't my type. I bought her drink. Forced myself to listen to some bullshit stories, then went home.
>
> （Carlotto 2006: 40）

我去了杰索洛的一家俱乐部，听说有个四十多岁的英国女人在那工作。她让人失望。瘦得跟竹竿似的，胸部平平。她有自己的客户群，但她不是我的类型。我给她买了酒。强迫自己听她讲一些无聊的故事，然后就回家了。

俚语和粗话，简短、短促的句子，片段以及省略主语，这些特点我模仿的是像汤普森 1954 年《地狱般的女人》这种英语犯罪小说的风格：

She was out of this world, that little girl. Not one of those goddamned tramps like I was always latching onto. You could really go places with a kid like that.

Hell, hadn't he done the same thing a hundred times before? Picked at me; tried to rattle me; nosed around like a skunk in a garbage dump.

（Thompson 1954: 38, 122）

那个小女孩简直是超凡脱俗。不像我总是碰到的那些该死的荡妇。有了那样的孩子，你真的可以走得很远。

该死，他之前不是干过无数次这种事吗？挑我的刺；试图搅乱我；像臭鼬一样在垃圾堆里乱闻。

翻译中的硬汉派最终增强了意大利文化的标记，将意大利的某些社会发展类比为黑暗的黑社会，同时指向卡洛托小说的起源，即美国犯罪小说（他阅读了这些小说的意大利语译本：汤普森的作品从 1960 年代开始被译为意大利语）。与此同时，这种文体效果在英语中根深蒂固，并已达到了极高的约定俗成程度（conventionality），以至于它们可以提醒读者我译文的翻译状态，它与意大利原文的相对独立性，甚至暗示卡洛托的小说需要通过一个可识别的文学传统进入英语，以便吸引可行的读者群。因此，硬汉派作为一个提醒，告诉大多数读者一个显而易见的事实：译文永远不可能与原文完全相同，或以某种直接、毫无困扰的方式传达，即使译者追求严格的语义对应。但我们可能不太愿意接受这个推论：翻译根本无法为其读者提供与精通源语言的读者通过原文获得的体验相当或接近的体验。要提供这种体验，译者需要赋予我们长期沉浸在原语言、文学和文化中的能力。只有这样，我们才能以与源语言读者阅读原语文本时的有见地的感性相似的方式阅读翻译。尽管译者无疑是有创造性的，但他们无法改变读者所属的语言社区或读者使用特定语言培养的文化身份。

译者所能做的就是写作。我们应该将译者视为一种特殊类型的作家，拥有的不是与原文作者竞争的原创性，而是一种借助于能够挖掘翻译语言文学资源文体词汇库的模仿艺术（an art of mimicry）。翻译不是传达原文本身，而是传
114 达译者对其的解读，译者必须具备足够的专业知识和创新能力来解读构成该文本的语言与文化差异。当一部经典作品被复译时，我们期望译者做出一些新的尝试，以证明复译的价值。在提高标准的同时，我们也可能期望译者能够描述这种新颖性。

理查德·佩韦尔和拉丽莎·沃洛霍斯基 1990 年翻译的《卡拉马佐夫兄弟》完全改变了许多英语读者长期以来对陀思妥耶夫斯基小说的理解。正如佩韦尔在前言中所做的解释，先前的译者“修改、‘纠正’或抹平了俄国作家特有的散文风格，去除了小说中许多幽默和独特的声音”（Dostoevsky 1990：xi）。佩韦尔和沃洛霍斯基寻求“更真实的呈现”，恢复了“短语、特点、口头禅”（同上：xi，xv）。他们的模范翻译提出了第四条规则：**不要跳过译者所写的引言；要首先阅读它，把它当作指导翻译并贡献于其独特性的解释声明**。

然而，译者的解释仍然是部分的，既不完整，因为它遗漏了原文中无法

恢复的方面，又倾向于在接受语境中所理解和感兴趣的内容。它还反映了出版商的文化和财务利益，这些出版商是决定性地行使将外国作品纳入或排除的权力的门户守卫。因为外国文学的整体从未被翻译过，大多数已被翻译的作品很少能长期印刷，而且在世界各地，小说翻译远多于诗歌等其他体裁的翻译（因此，我在例子中强调这一点）。我们不仅不能用原文所依赖的源文化传统的感觉来阅读最近翻译的小说，而且不均衡的翻译模式也可能很容易变成误导性的文化刻板印象（misleading cultural stereotypes）。由于译入英语的比例如此之低，在美国和英国，每年译入英语的图书只占 2% ～ 4%，与意大利和西班牙等国家 20% ～ 25% 的译入图书相比，读者可能无法找到同一外国作者或同一语言多个翻译作品的选本。这种情况赋予了第五条，也是最后一条规则特殊的紧迫性：**不要将一部翻译作品视为整个外国文学的代表；要将其与同一语言的其他作品的译本进行比较。**

某些语言和文学如今被译出得特别少，以阿拉伯语为例，相对于希伯来文作品，可用的阿拉伯语作品在英语中相对较少，这种状况削弱了衡量中东社会和政治发展文化影响的努力。埃及小说家纳吉布 · 马哈福兹[①]理应被列为最迷人的阿拉伯作家之一，但将他视为阿拉伯世界的文学代言人（literary spokesman）无疑是错误的。马哈福兹应该与他的同胞阿卜杜勒 · 哈基姆 · 卡西姆（Abudel Hakim Qasim）一起阅读，后者的作品《同意的仪式》（*Rites of Assent*，由彼得 · 塞鲁斯于 1995 年翻译）结合了现代主义技巧和《古兰经》的暗示，审视伊斯兰原教旨主义。卡西姆的作品接着可以与赛义德 · 卡舒亚（Sayed Kashua）对比，后者的希伯来文小说《跳舞的阿拉伯人》（*Dancing Arabs*，由米里亚姆 · 谢辛格于 2002 年翻译）敏锐地描绘了一

① 纳吉布 · 马哈福兹（Naguib Mahfouz，1911—2006），最重要的埃及作家和阿拉伯世界最重要的知识分子之一。1988 年他获得诺贝尔文学奖，是第一名获诺贝尔文学奖的阿拉伯语作家。除过写作小说外，他还写电影剧本。

115 位阿拉伯以色列人的身份危机，尽管他在一个激进反犹太复国主义的家庭中长大，却试图在犹太人中伪装。有时，为了获得对译文遗留下的文化情境更广阔的视角，读者必须冒险进入邻近的语言和领域。

正如这些例子所示，对翻译文学的审美欣赏，可以有力地阐明导致政治分裂和军事冲突的文化差异。然而，事实却是，当前英语翻译的困境并不倾向于在文学与政治、审美与社会学之间做出明显的区分。特别是考虑到美国和英国出版业的规模和盈利能力时，英语是全球译出最多的语言，但却是译入相对较少的语言。外国出版商争相发行英语小说的译本，但美国和英国的出版商倾向于不将其庞大的出售翻译版权的利润再投资于外国小说的翻译。即使我们抛开像斯蒂芬·金[①]、丹尼尔·斯蒂尔[②]和汤姆·克兰西[③]这样的畅销书作家在全球范围内立刻就能出版译本的事实不谈，仅看有文学声誉的作者，数字也是惊人的。例如，在法国和德国，乔伊斯·卡萝尔·奥茨[④]和菲利普·罗斯[⑤]每人都有

① 斯蒂芬·金（Stephen King，生于1947年），美国畅销书作家、编剧、专栏评论、电影导演、制片人以及演员，以恐怖小说著称。他的作品还包括科幻小说、奇幻小说、短篇小说、非小说、影视剧本及舞台剧剧本。大多数的作品都曾被改编为电影、电视系列剧或漫画。他于2003年获得美国国家图书奖终身成就奖。

② 丹尼尔·斯蒂尔（Danielle Steel，生于1947年），美国小说家，美国通俗文坛最具代表性的畅销书作家之一。她的书已被翻译成28种语言，22本改编为电视剧，曾获金球奖提名。

③ 汤姆·克兰西（Tom Clancy，1947—2013），美国小说作家，擅长写作以冷战时期为背景的政治、军事科技以及间谍故事等等，其名字已经成为了军事小说的代表。

④ 乔伊丝·卡萝尔·奥茨（Joyce Carol Oates，生于1938年），美国作家。1963年发表首部作品，自此之后发表了5部长篇小说。小说《他们》获得美国国家图书奖。奥茨以多产而闻名，被认为是1960年代以来最重要的美国小说家之一。

⑤ 菲利普·罗斯（Philip Roth，1933—2018），美国小说家，代表作《再见，哥伦布》获得美国国家图书奖。其小说常以新泽西州纽瓦克为背景，具有强烈的自传性质，剧情包含哲学思想，模糊现实与虚构之间，具有柔软及精巧风格，探索犹太人与美国人的身份认同与生活。

超过二十部作品的译本目前在印刷中；在意大利和德国，查尔斯·布考斯基[1]有超过三十部作品译本（法国 18 部，西班牙 15 部）。很少有当代外国小说家的作品在英语中享有如此广泛的呈现且易于获得。在这种情况下，即使仅仅为了文学品质而阅读一部翻译作品，也可以被视为一种政治姿态，这是一种对长期以来严重限制我们接触外国文学的出版实践的抵抗行为。

译作与原创作品的阅读应该是不同的，正是因为译作不是原创，因为它不仅涉及外国作品，还涉及外国文化。我的目标是描述阅读译作的方式，这些方式不是减少而是增加只有阅读才能提供的乐趣。这些乐趣主要涉及译作的语言、文学和文化维度。但它们还可能包括来自抵抗的恶魔般的快感，来自挑战出版商等文化经纪人的制度化权力，来自上演一场个人抗议，反对我们无意中卷入的极不平等的文化交换模式。阅读译作，要留意译者的工作，要意识到翻译能带给你的最多是对外国文本深刻而有力的解释，它既受限于也受益于接受文化的需求。出版商迟早会意识到这一点，毕竟，这符合他们的利益。

［2004］

---

① 查理·布考斯基（Charles Bukowski，1920—1994），德裔美国诗人、小说家。布考斯基的写作风格受家乡洛杉矶地理和气氛的影响，侧重描写生活处于社会边缘地位的贫困美国人、写作行为、酒、与女人的交往、苦工的工作和赛马。他多产高产，共有 60 多部作品出版。1986 年，《时代》周刊称他为“美国下层阶级的桂冠诗人”（laureate of American lowlife）。

7 本土应变：翻译与民族认同

初步区分

当你向一个民族提供一部翻译作品时，那个民族几乎总会将这个翻译行为视为对自身的一种暴力行为。资产阶级的品味往往抵制普遍精神。

翻译一个外国作家就是为你自己的民族诗歌增添内容；这样的视野扩展并不会取悦那些从中受益的人，至少在开始时是这样。最初的反应通常是反抗。

（Lefevere 1992: 18）

上述评论录自维克多·雨果在1865年为其子弗朗索瓦–维克多（François-Victor）翻译的莎士比亚作品所撰写的序言，这些评论值得细思，不仅因为雨果用翻译作为批评民族主义的基础，而且因为他的批评揭露矛盾同时自身充满矛盾。这些矛盾一直以翻译与民族身份之间的关系为特征，无论翻译是在哪种语言和文化中进行的。因此，阐述雨果评论的矛盾含义，将是介绍我对民族主义目的在翻译中的反思的一种有效方式。

翻译之所以能被描述为对一个民族的暴力行为，仅仅是因为民族主义思维往往基于身份的形而上学概念将其视为一种同质本质（a homogeneous essence），通常在种族或民族中找到生物学基础，并在特定的语言和文化中表现出来。由于翻译处理的是原作的语言与文化差异，它可以传达这些差异，从而威胁到民族语言和文化的假设完整性，即民族身份的本质同质性（essentialist homogeneity）。雨果就是很好的例子，他引用伏尔泰对莎士比亚译者皮埃尔·勒图尔内[1]的攻击，据说勒图尔内“将每一位法国作家无一例外地献祭给他的偶像（莎士比亚）”，“甚至不屑于提及科奈伊和拉辛”，这种遗漏被视为 117
“他带给法国的冒犯”（Hugo 1985: 456）。雨果认为，民族主义与文学排外主义（literary xenophobia）相伴而生，担心外国文学可能会污染本土传统，他用生物学术语形象地描述这种本土传统态度：“谁胆敢想象将另一个民族的实质（substance）注入自己的生命之血？”（Lefevere 1992: 18）

然而，这种态度与诸多民族确实从翻译中“获益”的事实相矛盾。民族主义运动经常在发展民族语言和文化（尤其是民族文学）时会利用翻译。雨果指出，语言“将来会因翻译而得到加强”，即使“等待时它是愤怒的”（Hugo 1985: 455）。此类翻译目的的形式随着它们所处的社会情境而变化，对原语文本和文化的不同处理方式可能截然相反，要么试图保留语言与文化差异，要么试图抹去这些差异。然而，在这两种情况下，原语文本的差异都被利用来构建一种民族身份，这种身份假定在翻译过程之前就存在了。正如雅克·德里达所解释的，民族主义思维依赖于循环逻辑（circular logic）：民族被想象为同质本质，必须被构建，但构建被理解为“一种回归、一种资源、对源头的循环回归”（Derrida 1992: 12）。民族主义翻译目的依赖于同样的循环：语言和文化的民族地位，同时被预设并通过翻译创造。就像这些目的隐含地揭示了民族的不完整性一样，翻译对民族主义思维来说是一种丑闻，提供了愤怒和冒犯的另一个动机，因为它将翻译文本视为跨民族的暴力行为

[1] 皮埃尔·勒图尔内（Pierre Letourneur，1736—1788），法国翻译家兼作家。他在18世纪法国启蒙运动中扮演了重要角色，特别是对莎士比亚作品的翻译，在把莎士比亚介绍给法国文学界中起了重要作用。

(international act of violence)。

雨果的评论虽然批评民族主义，但在处理民族主义翻译目的时，采取的立场是否明确？在这里也出现了多种矛盾。一方面，他承认翻译在语言与文化差异方面的交流威胁到了民族主义，但同时也丰富了民族文学。另一方面，他通过提出一种“普遍精神”(universal spirit) 的存在，这是一个超越阶级和民族界限的本质主义人类观念，抑制了这些差异的建设性杂合效应 (the constructive hybridizing effects)。在一篇死后发表的关于翻译的评论中，雨果类似地断言译者“将人类精神从一个民族转移到另一个民族”，但当他谈到弥合这一转移的
118 语言时，其思想再次陷入矛盾：“人类精神比每一种语言都伟大，语言并不都能传递与精神相同的数量。”(Hugo 1985: 631) 尽管翻译被视为克服民族语言和文化之间的界限来传达普遍精神的实践，我们仍然必须追问，是哪些语言与文化差异塑造了译者对另一种文学的工作，并使交流过程复杂化。雨果必须不断面对这样的问题：哪个民族催生特定翻译实践的同时又受到这种翻译实践的影响。

雨果的普便主义实际上揭示了他的思想与民族主义之间的紧密关系。德里达指出，“民族主义并不呈现为一种退缩到经验性特殊性上，而是将一个民族指派给一种普遍性、本质主义的表征”(Derrida 1992: 19)。从个体社会行动者的角度来看，民族主义不是国籍的经验事实，而是在特定民族话语中的认同或自我认识。因此，尽管勒图尔内是法国公民，他对莎士比亚的翻译仍可能引起伏尔泰对法国文学的民族主义投资的冒犯，仍可能被视为对法国的侮辱。在伏尔泰看来，英国剧作家似乎是一个“怪物”兼“野蛮的演员”，因为他认同法国文化的本质主义形象，假设法国是两个普遍原则的所在地：人性和文明 (Hugo 1985: 456)。事实上，雨果把伏尔泰归于法国的东西归于了人类。普遍主义在批评民族主义的排他性效应方面是有用的，但通过压制语言与文化差异，它预先阻止了理解民族身份如何形成以及翻译在其形成中可能扮演什么角

色的理论概念的表达。

为了朝着这种理解努力，我将从安东尼·伊斯特霍普①将后结构主义和精神分析学卓有成效的综合出发。在这种后结构主义与精神分析学中，人的主体性被认为是在语言中、在主体与他人使用语言所反映的自我形象的认同中建构的（Easthope 1999a: 3-57）。这种基于语言的认同过程，既激发了欲望，并且由于这种欲望起源于外部对象，推迟了其满足，从而在主体中产生出无法弥补的缺失。当外部对象既是特定的民族话语，又是社会群体时，就构建了民族身份，从而在旨在复制国家文化和民族国家的社会机构中实施并承载了双重认同过程。然而，无论文化还是国家，都不能保证民族的统一：它们不仅是分离的，以不相称的机构和可能存在冲突的实践为特征（例如，当一个民族的文化机构加剧政治分裂时），而且它们也各自是异质的，因为公民身份可以授予外国人，外国价值观可以被同化到本土文化中。这些不可通约性和异质性，在诸如传统紧密社区被非个人化社会关系所取代和殖民或霸权力量的统治等其他条件的存在下，在个体内部唤起了对民族集体的渴望，并维持了民族身份形成的过程。正如伊斯特霍普所观察到的，“民族中的国家与文化（以及各自的异 119
质性）之间的分离，是通过幻想认同一个统一身份、国家和文化共同体来否认的”（同上：46）。

翻译可以通过选择原语文本和发展翻译策略来支持民族身份的形成。原语文本可能被选择，因为其产生的社会情境被视为与翻译文化相似，从而照亮了一个民族在其兴起中必须面对的问题。原语文本也可能被选择，因为其形式和主题有助于在翻译文化中创造特定的民族话语。同样，原语文本可能被翻

① 安东尼·伊斯特霍普（Antony Easthope，1939—1999），生于英国朴次茅斯，毕业于剑桥大学基督学院，曾在华威大学任教，是曼彻斯特都会大学英语及文化研究教授。他在阿德莱德大学和弗吉尼亚大学担任过访问职位。他的最后一本书是《无意识》，于1999年出版。

译，采用一种已被视为民族特色的话语策略，因为这种策略长期主导了翻译文化中的翻译传统和实践。翻译策略也可能与民族话语有关，因为它采用了作为标准方言或民族语言而获得认可的方言。这种翻译实践通过一种镜像过程（a specular process）形成民族身份，在这个过程中，主体认同被定义为民族的文化材料，从而在民族集体中实现自我认同。问题材料可能包括形式和主题、文本和文化，这些都是不可消减的外来性，在一种幻想的认同中被压抑，似乎是同质的民族身份。这些材料的不可消减的外来性实际上可能导致民族渴望的加剧：在这种情况下，翻译传达的任何语言和文化差异都会激发对统一民族的渴望，而翻译本身无法通过这些差异来实现这一愿望。

意向性与译者无意识

通常情况下，尽管翻译民族主义（translation nationalisms）是有意为之，由特定的文化和政治目标驱动，但是译者与其受众不一定意识到翻译文本产生的社会效应。民族身份的形成可以保持在无意识状态，因为它发生在源自他处的语言中，在主体与他人的关系中，但主体将其视为自我表达。用伊斯特霍普的话说，民族是“即使我们可能认为我们是在为自己说话，也能表达我们的身份”（Easthope 1999a: 5）。因此，翻译可能在译者无意识的情况下服务于民族主义目的。雨果指出，“勒图尔内没有翻译莎士比亚；他只是天真地模仿了他，他并不期望这样做，无意识地服从于他的时代所敌对的品味”（Hugo 1985: 457）。勒图尔内决定翻译莎士比亚与当时的法国文学经典不符，但他的话语策略无意识地遵循了它们。这种一致性只能突出莎士比亚的偏离，同时加剧并冒犯伏尔泰在法国文学上的民族主义投资。

如果我们能更仔细地考察一个具体案例，就可以进一步发展译者在无意识形成民族身份的过程。思考一下美国译者威廉·韦弗在1968年对卡尔维诺的

科学幻想作品《宇宙奇趣》的翻译。在一些情况中，卡尔维诺使用 ricotta 作为 120
类比，描述月球和星际物质的想象特征。这个词指的是一种用牛奶或羊奶乳清制成的柔软、温和的意大利奶酪。韦弗多次用与意大利语不具有语义对等的英语词汇替换它：

> Il latte lunare era molto denso, come una specie di ricotta.
> Moon-milk was very thick, like a kind of cream cheese.
> 月亮奶非常浓稠，就像一种奶油芝士。
>
> La ricotta volava.
> The cheese flew.
> 奶酪飞了起来。
>
> adesso s'erano trovati prigionieri d'una specie di ricotta spugnosa
> now they were imprisoned in a kind of spongy cream
> 现在他们被困在一种海绵状的奶油中
>
> （Calvino 1965: 6, 7, 27; 1968: 5, 6, 24）

在每个例子中，韦弗通过使用英语读者更为熟悉的词汇来抑制 ricotta 的文化特定性。他的选择包括 cheese（奶酪），这是对这个意大利词的一般化解释；cream（奶油），这与奶酪的概念背道而驰；以及 cream cheese（奶油奶酪），对许多读者来说可能指的是一种与“费城奶油奶酪”品牌有关的美国奶酪，但无论如何与意大利的 ricotta 奶酪截然不同。这些翻译构成了将意大利文本同化为英语语境文化术语的词汇转换，这一趋势在翻译中反复出现：

La Galassia si voltata come una frittata nella sua padella infuocata, essa stessa padella friggente e dorato pesceduovo.
The Galaxy turned like an omelet in its heated pan, itself both frying pan and golden egg.
银河像煎锅里的煎蛋一样旋转，它本身既是煎锅又是金色的鸡。

cosa volete che ce ne facessimo, del tempo, stando lì pigiati come acciughe?
what use did we have for time, packed in there like sardines?
我们被挤在那里像沙丁鱼一样，时间对我们又有什么用呢？

Attraversai una metropoli nuragica tutta torri di pietra.
I crossed a piled-up metropolis of stones.
我穿过了一座堆积如山的石头都市。

— Ragazzi, avessi un po’ di spazio, come mi piacerebbe farvi le tagliatelle! —
“Oh, if I only had some room, how I’d like to make some noodles for you boys!”
“哦，如果我有空间，我多想为你们这些男孩子做些面条啊！”

（Calvino 1965: 41, 45, 49, 57; 1968: 38, 43, 46, 56）

在以上每个例子中，翻译都与意大利原文紧密一致，直到出现一个文化特定的术语，此时，一个词汇的选择揭示了一个可以称为“以英语为中心”的话语策略（Anglocentric discursive strategy）。词语 pesceduovo，或者“鸡蛋（制成的）
121 鱼”，指的是将卷饼折叠成细长的鱼形奥姆蛋（煎蛋）。韦弗不仅为英语读者简化了这个词，而且实际上剥夺了它独特的意大利意义。对于意大利短语 pigiati come acciughe，或者“像凤尾鱼一样被挤压”，他去掉了“凤尾鱼”，这是意大利而不是英国或美国美食的主要成分，并且他重新采用了英语中的陈词滥调：packed like sardines（像沙丁鱼一样挤在一起）。类似地，意大利词 nuragica，是一个指代萨丁岛上发现的史前锥形纪念碑的术语，被一个更简单但略显模糊的翻译 piled-up（堆积的）替代。而意大利词 tagliatelle，指的是长长的带状意大利面，被普通的 noodles（面条）所取代。

这些以英语为中心的翻译属于一种总体策略，译者的选择显然是为了提高广大英语读者的可理解性。该翻译主要采用了当前的标准英语方言，没有任何典型的英美特征。它还借用了相当常见的口语表达。因此，"Ignoranti... Ignorantoni"被翻译为"Bunch of ignorant louts... Know-nothings"（无知者……大无知）；"la forte miscela"变成了"the heady blend"（强烈的混合物）；"la partita è nulla"变成了"the game's null and void"（比赛无效）；"poteva avere torto marcio"变成了"he could be dead wrong"（他完全可能错了）；"l'avreste capita"变成了"to catch on"（你会明白的）；"non mi sarei cambiato"变成了"I wouldn't have traded places"（我不会改变）；"sbranarla"变成了"tear her from limb to limb"（撕裂她）（Calvino 1965: 30, 58, 67, 74, 83, 99; 1968: 27, 57, 66, 73, 82, 98）。这些例子表明，韦弗始终偏好口语化的词语或短语、陈词滥调的习语、非正式的缩写，甚至在卡尔维诺使用标准意大利语的情况下也是如此。因此，译文非常流畅，对英语读者来说可以立即识别，因此易于阅读。

这种话语策略使得翻译能够产生若干潜在的民族主义效应。易读性培育出了一种透明的错觉，通过这种错觉，翻译的二阶地位被抹去，读者感觉自己阅读的不是译文，而是原文，即卡尔维诺的意大利文。通过这种错觉，翻译似乎验证了英语最常用的形式，以显示它们表达卡尔维诺写作真理的能力。在这里，阅读韦弗翻译的经历与民族身份的形成重合在一起。无论这个国籍是英国还是美国（或是其他英语国家），在很大程度上取决于读者，因为韦弗的英语没有地域性，没有地理标志。然而，这种身份应该被视为民族性的，因为它基于对民族语言的验证，也即标准方言和最熟悉的俚语，并通过以英语为中心的文化术语而得到加强。而透明的错觉，本身也是英美文化传统的特征：它不仅至少自 17 世纪以来主导了英语翻译，而且暗示语言使用可以无中介地接触真理或现实，它也与长期以来区分了英美哲学的实证主义认识论紧密相关
122 （Venuti 2008; Easthope 1999a）。韦弗翻译的透明性邀请英美读者与一种特定的民族话语即英美的民族文化产生共鸣，该文化被定义为实证主义、常识和实用主义，因为译者的工作受到以英语为中心的可接受性规范的支配。事实上，韦弗版的《宇宙奇趣》可能有效地形成了一个民族身份，这在出版后的 1969 年得到了证实。当年它获得了国家图书奖的翻译奖，这是由美国出版商协会颁发的奖项，评审标准不是准确性或对意大利文本的充分性，而是根据也适用于当代美国写作的文学标准。

然而，译者完全没有意识到他自己的翻译所带来的文化与政治影响。在 1980 年的一次采访中，韦弗对“翻译是否应该听起来像外语？”的回答与他在卡尔维诺的《宇宙奇趣》中采用的以英语为中心的策略相矛盾：

> 是的，我认为有时候应该这样。我不认为它们应该听起来像美国英语。我不认为意大利人应该互相说 gee whiz 或 gosh，或者吃披萨时应该翻译成花生酱三明治之类的东西。有时我认为你可以留下一个意大利词［……］，因为它无法以其他方式翻译。或者有时我会留下意大利语，并添加一个小小的同位语，解释它是什么。
>
> （Venuti 1982: 19）

当然，卡尔维诺翻译的文本是奇幻类的，角色并没有特指意大利人，而是作为科学概念和现象的拟人化。然而，毫无疑问，卡尔维诺是用意大利语为意大利读者来写作的，保留 ricotta 和 tagliatelle 等词汇将有助于向英语读者传达文本

的意大利起源。然而，它们被诸如 cream cheese 和 noodles 等词所取代，这确实“听起来像美国英语”。在后来的一次采访中被问及为什么避免使用 ricotta 一词时，韦弗解释说，这个词适合奶酪覆盖月球的语境：“我用 cheese 是因为我们过去常说，‘月亮是由绿色奶酪制成的。’但也有三十年了，美国没有人知道什么是 ricotta”（电话交谈：2001 年 11 月 10 日）。这一评论揭示了译者以英语为中心的策略，他努力将英语语言文化传统引入他的翻译中（关于月球与绿色奶酪的比较，实际上可以追溯到 16 世纪），并避免通过保留意大利词并添加一个同位语解释短语来传达任何与意大利相关的意义给英语读者。事实上，当被问及为什么将 tagliatelle 翻译成 noodles 时，韦弗回答说，“嗯，它们就是面条”，这表明他对透明翻译深度的投入仍然深刻到足以抑制原语文本的语言与文化差异。译者也可以在无意识中与民族文化话语产生共鸣，这与长期以来主导英美关于语言思考的透明性特权产生联系。

一种旨在服务民族主义目的的翻译，可能会产生与译者意图不符的、意想 123
不到的效果，无论是为了服务一个社会群体的利益而不是民族集体利益，还是为了破坏这些群体的利益。考虑一下托马斯·霍比爵士[①]于 1561 年翻译的巴尔达萨雷·卡斯蒂廖内[②]的《廷臣论》（*The Courtyer*）。像其他伊丽莎白时代的译者一样，霍比将其工作视为对英国国家文化的贡献（Ebel 1969）。他在致赠序言中写道：“英国人在不愿翻译外国文学、哲学和科学文本方面，远远不及其他大多数国家”，因此他们未能为“使别人和自己受益的共同利益”做出贡献（Hoby 1900: 8）。霍比希望扭转这种趋势，不仅因为卡斯蒂廖内的作品具有如

① 托马斯·霍比爵士（Sir Thomas Hoby，1530—1566），英国外交家、翻译家。

② 巴尔达萨雷·卡斯蒂廖内（Baldassare Castiglione，1478—1529），文艺复兴时期欧洲诗人。其代表作《廷臣论》体现了文艺复兴时期人文主义思想文化的内涵和特征，不仅享誉当时的文坛，还对以后欧洲思想文化的进程产生独特的影响。《廷臣论》以美妙的文笔虚构了发生在 1507 年间乌尔比诺公爵与其廷臣之间的谈话。谈话的主题是如何成为一名“完美的廷臣”和“完美的宫廷贵妇”。《廷臣论》还向世人描绘出当时的宫廷生活、历史、文化场景。

此高的道德价值，理应“受到所有英国人的尊重”，而且因为翻译实践可以促进英语的发展：

> 因此，我在我的小技巧上为这个作品付出了一些努力，因此我真诚地希望，精通希腊语和拉丁语的深思熟虑的学者们能够进行类似的尝试，并且每个人都可以根据自己的知识和兴趣来丰富这门语言，以便在某些学科上超越其他人，以便我们不会像往常一样被世界上的人们认为在我们的语言上仍然是野蛮的，就像我们的举止已经存在了很长时间一样。
>
> （同上：9）

然而，尽管霍比一再强调他的工作旨在造福国家，但他选择翻译一本宫廷文本的决定清楚地表明，他的主要关注点是贵族阶层。因此，在将译文献给亨利·黑斯廷斯勋爵[①]时，霍比声称，“只有一位高贵的年轻绅士，一生都在宫廷里受过培训，具备高洁的品质，才配得上接待和款待像卡斯蒂廖内在他的书中所描述的那样值得尊敬的绅士”；当霍比列举他所设想的读者群体的阶层时，他只涉及了“王子和大人物”“年轻绅士”以及“女士和淑女”（同上：6-7）。这些言论假定了一种绝对君主制的意识形态表达。在这种意识形态中，皇家宫廷不仅通过其政治权威，而且通过其卓越的道德来统治国家。在绝对主义意识形态内部，霍比对贵族的讲话与他的民族主义目的一致，因此，他的民族主义采取了阶级主导的形式。他的译作广泛传播，表明其在形成宫廷身份方面发挥了作用，而不管其读者所占据的社会地位如何。仅在伊丽莎白时代，该译作就

---

① 亨利·黑斯廷斯（Henry Hastings，1535—1595），英国清教徒贵族。他与未来的爱德华六世一同接受教育，曾被玛丽一世短暂监禁。后来被一些人视为伊丽莎白一世潜在的继承人。他强烈反对玛丽（苏格兰女王）与诺福克公爵的婚姻，并于 1569 年叛乱威胁期间，被伊丽莎白委托确保苏格兰女王不会逃跑。他从 1572 年起一直担任北方议会的主席，直到 1595 年去世。

被重印了三次，分别在 1577 年、1588 年和 1603 年。

然而，霍比的话语策略，尽管在 16 世纪的条件下可以被视为以英语为中心，但让他的民族主义目的更为复杂了。他遵循了人文主义者约翰·切克爵士[①]的榜样，切克在译序信中敦促英国作家避免借用外国词汇，主要使用盎格鲁–撒克逊词汇：

> 我们自己的语言应该写得干净而纯粹、不混合、不掺杂其他语言，如果我
> 们不及时注意，不断借用而不偿还，那么她就不得不像破产一样守着自己 124
> 的家。因为当她不从其他语言借来虚伪的东西来装饰自己，而是用自己的方式表达自己的意思时，我们的语言才能自然而可贵地表达自己，这是自然、技艺、经验和模仿其他卓越之人的结果……
>
> （Hoby 1900: 12）

切克的纯粹主义建议构成了一种方言民族主义（vernacular nationalism），认为源自盎格鲁–撒克逊语的词汇可以表达出英语的本质特征，这种英语自我本质的真相将被外来词汇的“虚伪”（counterfeitness）所掩盖。在霍比的翻译中，这种盎格鲁–撒克逊主义导致了对关键的意大利术语 sprezzatura（从容不迫）的非凡诠释：

> vendo io già più volte pensato meco onde nasca questa grazia, lasciando quelli che dalle stelle l'hanno, trovo una regula universalissima, la qual mi par valer circa questo in tutte le cose umane che si facciano o dicano più che alcuna altra, e ciò è

① 约翰·切克爵士（Sir John Cheke，1514—1557），英国古典学者、政治家。作为当时最杰出的教师之一和剑桥大学首位希腊语雷吉乌斯教授，他在英格兰向希腊学习复兴中扮演了重要角色。

fuggir quanto più si po, e come un asperissimo e pericoloso scoglio, la affettazione; e, per dir forse una nova parola, usar in ogni cosa una certa sprezzatura, che nasconda l'arte e dimostri ciò che si fa e dice venir fatto senza fatica e quasi senza pensarvi.

（Castiglione 1972: 61-62）

I, imagynyng with my self oftentymes how this grace commeth, leaving a part such as have it from above, fynd one rule that is most general whych in thys part (me thynk) taketh place in al thynges belongyng to man in worde and deede above all other. And that is to eschew as much as a man may, and as a sharp and daungerous rock, Affectation or curiosity and (to speak a new word) to use in every thyng a certain Recklesness, to cover art withall, and seeme whatsoever he doth and sayeth to do it wythout pain, and (as it were) not myndyng it.

（Hoby 1900: 59）

我，经常自问这种风度是如何产生的，撇开那些从天而降的人，找到了一条最普遍的法则，我认为这个法则在所有关于人的事物中，无论是行动还是言语，都比其他法则更适用。那就是要尽量避免，就像一块锋利和危险的岩石一样，做作或过于用心，而且（说一个新词）在一切事情中都要使用某种无所顾忌，以掩盖艺术，似乎不费吹灰之力地做出和说出来的，仿佛不在意一样。

意大利语的 sprezzatura 是卡斯蒂廖内自己创造的新词，用来表示理想宫廷侍臣行为中的轻松优雅。霍比通晓法语，本可以使用法语借词，即 nonchalance，但他遵循切克的方言民族主义，选择了 Recklesness，此词源自盎格鲁-撒克逊语的 recceléas。霍比显然打算用这个词传达一种自然、自发的行动感，看似无须思考或深思熟虑，不带任何 reck（在意）或关心。然而，在 16 世纪，如同今天，Recklesness 表示忽视、疏忽、不负责任，这些意义使霍比的词源解释变成了对宫廷行为的道德批评，颠覆了他想象中翻译的民族主义目的。类似的效果出现在他对卡斯蒂廖内主张宫廷侍臣可以从 ottimi maestri 或 bon maestri（杰出的老师、好老师）学习技能的翻译中：在这两种情况下，霍比都使用了 cunning men，另一个带有伊丽莎白时代英语负面含义的盎格鲁-撒克逊语，因为 cunning 可能不仅意味着熟练、专家、学者，还可能意味着狡猾、诡计多端、狡诈（Castiglione 1972: 60-61; Hoby 1900: 57-58）。在这些点上，霍比翻译中的 125
不同民族话语，无论是绝对主义的还是人文主义的，都产生了他显然未曾意识到的矛盾。

尽管民族中心话语策略可能赋予翻译一种民族主义效果，但它们永远不能完全消除原文所携带的异质性（foreigness）。其他文本层面，包括形式和主题层面，仍然会传达文化差异，只要它们明显偏离了翻译语言中的文本和传统。任何这种差异，结合了译者对原文语言的强烈同化，都可以在接受过程中获得民族主义价值。更准确地说，它们可以加强读者对归属于一个民族集体的感觉，甚至可能引发对一个与原文化不同的、通常是外国民族代表的、统一的民族的无意识渴望。D. J. 恩赖特在《纽约书评》中对韦弗译本的卡尔维诺《宇宙奇趣》的崇拜反应暗示了这些可能性：

> 开篇的故事，让电影《2001 太空漫游》的想象力看起来就像是一桶洒出的白粉一样，讲述了那个时候月亮非常接近地球，库富库（Qfwfq）和他的伙伴们可以划船出海，爬上月球去收集月亮奶。这种奶“非常浓稠，就像某种奶油芝士”。
>
> （Enright 1968: 23）

这里，卡尔维诺的故事不仅被认为极富“富有想象力”，而且还提醒这位英国评论家，他曾对由美国导演斯坦利·库布里克[①]最近上映的电影《2001 太空漫游》感到失望。美学价值上的对比默默地建立在一个民族区分之上，涉及恩赖特自己的文化，即意大利作家与居住在英国的美国导演之间的对比。卡尔维诺故事的文化差异是由他的叙事前提，即月球上覆盖着“奶酪”所引用的，用以说明决定他的故事的文化差异的想象力。然而，韦弗以英语为中心的译文，cream cheese（奶油奶酪），显然对恩赖特来说与英国英语的民族表达一样透明，他认为这将立即为主要是美国读者的《纽约书评》的读者所理解。当面对一部意大利小说时，恩赖特似乎越发强烈地感到自己对英语语言和文化形式的投入，尽管有语言的混合性以及他认为电影中的想象力的弱点。

翻译与民族主义文化政治

民族主义翻译目的旨在干预特定的社会情境，但它们的确具有一些共同特
126 征。在考虑到重要历史差异的同时，我现在就这些特征将提出一个批判性的分类，以此来考虑翻译理论和实践如何被用来塑造民族这一概念以及由此产生的文化和社会效应。我将重点关注两个特别具有启发性的个案：拿破仑战争期间的普鲁士和晚清的中国。

在这两个个案中，翻译被用于防御性的民族主义运动（defensive nationalist movement），旨在建立一个国家文化来对抗外国侵略。在 18 世纪，普鲁士贵族已经受到法国文化的影响，因此施莱尔马赫抱怨说，甚至弗里德里希二世国王

① 斯坦利·库布里克（Stanley Kubrick，1928—1999），美国电影导演、编剧和制片人，被公认为电影史上最杰出和最有影响力的电影人之一。他的电影大部分都改编自小说，涵盖多种流派，并以其真实感、黑色幽默、独特的摄影手法、广泛的场景设计和令人回味的音乐使用而著称。著名作品《奇爱博士》《2001 太空漫游》《发条橙》《闪灵》等都是电影史上的经典之作。

“不可能用德语写下他在法语中表达的哲学和诗歌”（Schleiermacher 1813: 57）。1806年拿破仑击败普鲁士后，施莱尔马赫布道，不仅呼吁教友们抵制法国占领，而且表达了德意志民族的概念（the concept of the German nation）。他告诉教友，获胜后，“我们才能够保留自己独有的特征、我们的法律、我们的宪法和我们的文化”（Schleiermacher 1890: 73）。这一民族主义议程的关键因素是德语，施莱尔马赫认为，德语通过翻译才能得到极佳的改良。他在1813年的一次讲座中说道，“我们的语言，只有通过与外语进行广泛接触，才能最有力地茁壮成长并发展出自身的力量”（Schleiermacher 1813: 62）。

在19世纪后期，中国面临着一种与德国不同的对抗局面，其特征是外国的商业和军事侵略。在第一次鸦片战争中，中国被英国打败后，被迫向几个西方国家提供经济和政治让步，这些国家在多个港口建立了殖民地，并且在中国输掉了第一次中日战争（1894—1895）后，西方将中国划分为利益的势力范围。就像义和团运动作为反对外国势力的存在被国际力量镇压一样，翻译家如林纾和严复开始引入西方思想，以改革中华民族并使其能够对抗侵略者。林纾为其所译哈葛得的小说《古鬼遗金记》（*The Spirit of Bambatse*[1]）所写的序言表明，这样的西方文学文本之所以有价值，是因为“它们鼓励了白人的探索精神”，并且可以给中国读者中灌输类似的“精神”：

> 蓝图已经由哥伦布和鲁宾逊·克鲁索绘制完成。为了在野蛮地区寻找几乎无法获得的物质利益，白人愿意冒百死之危。但与此相反，我们的民族却

① *The Spirit of Bambatse*，为英国小说家哈葛得（Rider Haggard，1856—1925）的小说，原名为*Benita*，1906年出版。哈葛得曾在1875年至1879年任职于南非英国殖民政府，以写非洲的冒险故事闻名。1912年至1913年，林纾与陈家麟合译《古鬼遗金记》，刊于天津《庸言》第一号至第十一号，后于广益书局出版。

忽视了自己的利益，把它们让给了外国人。

（Lee 1973: 54）

同样，严复曾在 19 世纪 70 年代留英，归国后他翻译了斯宾塞的进化论著作，正是因为他认为这些著作对于“自强保种”是有用的（Schwartz 1964: 100）。

正如多个翻译家的评论所表明的那样，他们打算通过促使读者与特定的民
127 族话语产生共鸣来形成民族认同，这种民族话语是在与霸权的外国国家的关系中被阐释出来的。这种关系性认同总是基本上具有差异性的，通过与其基础相反的“他者”来塑造，可能是排他的或包容的。德国的翻译家将德国民族定义为包含对外国的尊重，因此，他们拒绝了没有显示尊重法国文化的实践。他们重视一种“异化”的翻译方法，这一方法由施莱尔马赫描述为“译者尽量不干涉作者，而是引导读者走向作者”，这是一种带有原文异质性的直译翻译。然而，法国人则被认为倡导一种归化方法，在这种方法中，译者“尽量不干涉读者，而是引导作者走向读者”，根据接受文化的可理解性和兴趣对原文进行更自由的改写（Schleiermacher 1813: 49）。从德国的观点来看，法国的翻译甚至走向了释义（paraphrase）和改编（adaptation）的极端，这两者都有遗憾。施莱格尔[①]翻译的莎士比亚戏剧就是外国化方法的典范，在 1798 年的一篇讽刺性对话中，他明示这两种不同的翻译实践，也许被视为德法这两个对立民族身份的代表：

法国人：德国人把每部文学作品都翻译成他们自己的语言。我们要么根本不去翻译，要么按照我们的口味翻译。

① 奥古斯特·威廉·施莱格尔（August Wilhelm von Schlegel，1767—1845），德国浪漫主义理论家、翻译家，耶拿派的核心人物。曾在耶拿大学任教，学识渊博，曾钻研过印度哲学，主要著作有讲演录《关于文学和艺术讲稿》《论戏剧艺术》。他所译的莎士比亚剧本相当成功，至今仍被认为是莎氏戏剧的最好的德文译本。

德国人：也就是说，你们释义和伪装。

法国人：我们把外国作者看作是我们团体中的陌生人，如果他想讨好我们，他就必须按照我们的习惯打扮和行为。

德国人：你们只喜欢本国的东西，这真是狭隘。

法国人：这是我们的天性和教育。希腊人不是将一切也都希腊化了吗？

德国人：在你们的情况下，这追溯到狭隘的天性和常规的教育。在我们这里，教育是我们的天性。

（Lefevere 1977: 50）

相反，中国的翻译家试图通过接受西方价值观来形成民族认同。他们特别重视个人主义和进取精神，因为这些对于激发西方在中国的帝国主义至关重要。对于林纾来说，模仿这些价值观需要将它们吸收到中国的文化传统中，因此这些价值观在某些情况下需要修订甚或放弃。因此，他批评了儒家的“忍让”（或顺从）美德：

西方人的耻辱意识和对力量的倡导并不完全源自他们自己的本性，而也是一种积习。……在中国，情况并非如此。忍受耻辱被视为忍让，拯救自己的生命被称为智慧。因此，在数千年的外族侵犯之后，我们仍然不感到羞耻。这也可以称为我们的民族性吗？

（Lee 1973: 54）

中国关于顺从和自保的观念，与认识自己属于受围困的民族“耻辱意识”相矛 128
盾。林纾提及中国的“国民性”，本身就是来自西方文化的引入。

在利用翻译来形成民族认同时，翻译家暴露了他们民族主义目的的矛盾条件。诸如“本性”和“种族”之类的术语，指向了一个将民族看作是一成不变的、生物本质的概念，这种本质在翻译过程之前就已经存在，因此揭示了民族主义的循环逻辑（the circular logic of nationalism）：翻译只能回归到它所说要创建的身份。然而，诸如“教育”和“习惯”等术语，以及使用像翻译这样的文化实践，都意味着认同是在话语形成中构建的，因此可以改变和发展，正是为了干预德国和中国翻译家所工作的陷入困境的社会情境。此外，他们思维中的本质主义倾向与普遍主义相一致。在每种情况下，翻译被召唤来形成的国家认同都具有普遍主义特征。对于施莱尔马赫来说，区分德国民族的是它调解所有其他民族文化的能力，使其成为“整体翻译”（translation as a whole）的历史高潮：

> 我们的民族，因为对异域的尊重以及自身的调解本质，可能注定要将异域科学和艺术的所有珍宝以及我们自己的珍宝都与我们自己的语言结合起来，在欧洲的中心和核心得以保存，因此现在借助我们的语言，每个人都能像对待外国人一样纯粹和完美地享受到各个不同年代赋予我们的所有美丽事物。实际上，这似乎是整体翻译的真正历史目标，因为它现在是我们本族的。
>
> （Schleiermacher 1813: 62）

这里，通过翻译创造的德国文化实现了全球支配，而“对异域的尊重”，这是德国“本性”的特征，最终通过迫使其他国家欣赏世界文学的德国经典压制了其他国家的文化差异。同样，施莱格尔认为，翻译实践等同于德国文化，他断言，“诗化翻译是一门困难的艺术，他的发明是为德国的忠诚和毅力所保留的”（Lefevere 1992: 78-79）。在林纾的思想中，这种普遍主义采取了假定中国文化传统的全球有效性形式，特别是儒家传统。因此，他将各种不同的英国小说解读为儒家对孝道尊重的典范，这一解读在他习惯性地重新命名英文文本中得到了明确体现。狄更斯的 *The Old Curiosity Shop*[①]（《老古玩店》）的译名也被他改名为《孝女耐儿传》（Lee 1973: 47）。

民族主义议程在翻译中牵涉到概念暴力（conceptual violence），每当民族国家宣布统一时，无论是在其创立时还是在其文化和政治制度中，都会发生这种暴力。对民族统一的主张在声称它的同时，通过压制构成任何社会集体的异质团体和利益之间的差异虚构了这种统一。正如德里达所指出的，“真正的**表** 129
述行为必须创造（宣称）它以**陈述**行为的形式仅仅声称、宣布、保证其描述的内容”（Derrida 1987: 18）。翻译民族主义就是基于这种表述行为的，因为它们声称一种同质的语言、文化或身份，在其中并没有被多元化人口所共享。这种翻译目的必然涉及各种排除，不仅是在区分国家和其外国他者之间，还在特权文化形式、实践和所谓的统一民族中的某些群体。选择源文本是因为它们属于特定样式且涉及特定主题，同时排除了被视为对形成民族身份不重要的其他样式和主题；翻译策略依赖于特定的方言、语域和风格，同时排除了其他也在使用的方言、语域和风格；翻译者以其译作针对特定的受众，排除了其他群体。

因此，19 世纪末的德国翻译家旨在建立一种国家语言和文化，但实际上，他们属于精英的资产阶级少数派（elite bourgeois minority），他们的品味决定了原语文本的选择和话语策略的发展。翻译家专注于欧洲文学和哲学的经典作品的翻译。约翰·福斯[②]翻译了荷马，施莱尔马赫翻译了柏拉图，施莱格尔翻译了莎士比亚，这只是一些代表性的例子，而绝大多数德语读者更愿意阅读由肖德洛·德·拉克洛（Choderlos de Laclos）和塞缪尔·理查森（Samuel

① *The Old Curiosity Shop*，狄更斯出版于 1841 年的小说，直译为《老古玩店》。1907 年，林纾与魏易合译的《孝女耐儿传》由商务印书馆出版，原作者狄更斯被译为“却而司·迭更司”。

② 约翰·海因里希·福斯（Johann Heinrich Voss，1751—1826）德国古典学者和诗人，以把《奥德赛》和《伊利亚特》翻译成德语而闻名。他还把柏拉图的作品翻译为德语。

Richardson）等作者所创作法国和英国小说的译文（Ward 1974）。异化翻译方法（foreignizing method of translation），虽然依赖于标准方言（高地德语），避免了熟悉的、会话式的形式。施莱尔马赫说到“这种方法的一个必不可少的要求，是对语言的处理方式，不仅要偏离日常，而且还要让人感到它并非自由发展，是通过变形来适应对异域的相似”（Schleiermacher 1831: 53）。尽管德国的译者希望他们的翻译能被德国民族的每一个成员阅读，但异化方法被对民族受众中的精英阶层的呼吁所引导，施莱尔马赫说，“受过良好教育的人，我们习惯于以最好的语言称他们为业余爱好者和鉴赏家”（同上：51）。翻译所形成的身份，与其说是民族的，倒还不如说是学术化的和中产阶级化的。

在翻译西方文学、哲学和科学文本时，中国译者不可避免地置换了本土文化传统，但他们也倾向于忽视那些在他们看来不利于创建抵抗性民族身份的外国文本。因为他们的政治目标是改革性质的，旨在加强在外国侵略中失去权威的帝国文化，因而他们采用了一种归化翻译方法（domesticating method of translation），结果导致了多种形式的文化与社会排外。这样，林纾和严复不仅用文言文翻译以便迎合学术及官方精英，而且在某些情况下，他们还修改了西方文本，使其同化为中国价值观，这使得使他们的民族主义目的更容易为读者所接受。1899年，林纾翻译小仲马[①]的《茶花女》时，将文中的法语词ange（天
130 使）译为中文的“仙”（“仙女”），这一翻译将犹太-基督教传统替换为中国的古代神话（Wong 1998: 213）。同样，小说中的一名男子亲吻一名女子的手表示问候，林纾的处理方式是插入了一条解释性注释，以此预测中国读者对这种

① 小仲马（Alexandre Dumas fils，1824—1895），法国剧作家、小说家，世界文学名著《茶花女》的作者。其父大仲马是《基督山伯爵》的作者。“仲马”的译名，是清末翻译家林纾依福州话的语音所译。小仲马的剧作是法国戏剧由浪漫主义向现实主义过渡时期的产物，《茶花女》被视为法国现实主义戏剧开端的标志。其剧作不以情节曲折离奇取胜，而以真切自然的情理感人，结构谨严，语言流畅。1897年，林纾出版译作，当时译名为《巴黎茶花女遗事》。

西方做法的惊讶。这样翻译所形成的身份只能是杂合的（hybrid），不仅是民族的，而且是帝国的，不仅是古汉语的，而且在某种程度上也是现代的和西方的。

然而，为了产生重大的文化和政治影响，民族主义运动必须赢得广泛人群的自发支持，即使这种广泛性同时质疑统一民族的概念。翻译民族主义同样不能局限于最有可能设计和执行它们的文化精英；翻译要形成民族身份，必须在构成民族的不同群体中广泛流通，以产生可能导致社会变革的民族主义效应。从这个角度来看，德国译者的影响是有限的，尽管他们开创了一种延续到20世纪的翻译传统。这一传统激发了尼采和本雅明等理论家的灵感，但在其历史时刻，他们对经典文本的异化翻译，在形成民族身份方面最有力量的是那些不仅在兴趣上学术化，而且熟悉之前德语翻译以及德语文学发展的读者。因此，1814年，歌德主张在“教育的初级阶段”要使用荷马的散文翻译，因为他注意到：“如果你想影响大众，简单的翻译总是最好的。与原文竞争的批判性翻译实际上只对学者间的对话有用。”（Lefevere 1992: 75）

1816年，洪堡[①]翻译了埃斯库罗斯的《阿伽门农》，在序言中则提出了相反的观点，尽管他言论中的民族主义基调表明他正在参与的恰恰是歌德所想象的那种学术对话：

> 德语自始模仿希腊诗歌的韵律以来，其进步之大，举不胜举。而自希腊真正以其真实无掺之姿成为国民读物以来，不仅学界，乃至于民众，妇孺皆

① 威廉·冯·洪堡（Wilhelm von Humboldt，1767—1835），德国哲学家、语言学家、政府官员和外交家，也是柏林洪堡大学的建立者。洪堡是德国文化史上影响最深和最伟大的人物之一，他与弟弟亚历山大·洪堡对当时产生了巨大影响。亚历山大主要研究的是自然科学，而威廉的研究对象是教育学、国家理论、对语言、文学和文化的分析。他是普鲁士教育改革的推动者，也是外交官。

> 知，国家之发展亦难以言喻。对于克洛普施托克[①]首次成功运用古典韵律，德国民族所欠之深重，言辞难以尽述；对于沃斯，更可谓之将古典古代之风貌引入德语之中，其贡献更为巨大。在如此精致复杂的时代，难以想象还有什么能对国家文化产生更强大、更有益的影响，而此影响，唯独属于他一人。
>
> （同上：137）

沃斯接连不断地将荷马的作品译为德语，且德语很贴近于希腊语，考虑到这一实情增加了阅读译文的难度，人们必须对洪堡就其大众读者群的热情评估表示怀疑。实际上，施莱尔马赫似乎觉得沃斯的异化翻译过于极端，因而无法愉快
131 地阅读（Bernofsky 1997）。在洪堡的这一例子中，希腊诗歌的语言差异加强了其自身的民族身份，甚至同时加深了他对沃斯译文的欣赏，还加深了戏剧家克洛普施托克对古典韵律（classical prosody）模仿的欣赏。

中国翻译家译作的社会影响更为深远，因为译作极其普遍，不仅超越了学术和官方精英的直接受众，甚至还包括了独立知识分子、中学生和大学生。在这个广泛的读者群中，林纾对小仲马感伤小说的翻译，并未始终引发与他在将茶花女马克格尼尔与以对皇帝忠诚而闻名的两位中国朝臣作类比时所表达的相同的爱国反应。在这里，《茶花女》的文化差异加强了他对帝国文化的民族主义认同：

> 这世上的女性何其强大，甚至超过了我们的士大夫，其中也只有像龙逄、比干这样极度忠诚的人，才能与马克格尼尔相媲美，他们宁愿百死，也不

① 弗里德里希·戈特利布·克洛普施托克（Friedrich Gottlieb Klopstock，1724—1803），德国诗人。他最著名的作品是史诗《救世主》。

愿背离忠诚。马克格尼尔效忠亚猛的方式，就如同龙逢、比干效忠夏桀与商纣一样。

（Hu Ying 2000: 83）

尽管如此，晚清翻译家的民族主义议程为后来更激进的一代树立了典范。现代主义中文小说的创新者鲁迅，阅读了严、林对赫胥黎、哈葛得的翻译，决定翻译科幻小说，因为鲁迅认为西方科学的大众化作品可能会“推动中国大众前进”（Semanov 1967: 14）。然而到了1909年，鲁迅拒绝了前辈们激烈汉化的方法，他转而保留构建民族身份，以期改变中国在地缘政治关系中的从属地位。他把引自俄罗斯和东欧国家的小说进行了异化翻译，这些国家也是弱小民族，但其文学随后获得了国际认可（详情见 Venuti 1998: 183-186）。严复的翻译，尤其是赫胥黎的《天演论》对中华民族的身份产生了更为直接的影响。史华慈指出，“在中国屡次军事失败之后，特别是在义和团期间的耻辱以后，‘适者生存’（字面意思是‘优胜劣汰、适者生存’）成为一种号召”（Schwartz 1964: 259, n. 14）。

适时的翻译民族主义：加泰罗尼亚

尽管翻译民族主义转向本质主义概念以清晰表达一种民族话语，但是，这类议程基本上受到它们所干预的本土应变的决定。任何翻译的沟通效果实际上取决于其与定义翻译者工作社会情境的可理解性和兴趣的契合能力。寻求不仅 132
传达原语文本的意义，而且利用这些文本构建民族身份的民族主义目的，必须策略性地考虑语言形式、文化价值观和社会群体，这些总是在它们的历史时刻层次分明地排列。而这种考虑不可避免地塑造了翻译以及译者旨在建立的民族身份的类型，以此挑战任何本质主义。我想通过考虑同一文化中不同时刻的翻译民族主义来进一步发展这些观点。我的研究地点是 20 世纪的加泰罗尼亚；我的案例是两位有影响力的加泰罗尼亚译者，一是约瑟普·卡内尔（Josep Carner，1884—1970）；二是乔安·萨莱斯（Joan Sales，1912—1983）。

19 世纪加泰罗尼亚民族主义的兴起伴随着加泰罗尼亚文学语言的复兴，与西班牙霸权国家的语言卡斯蒂利亚语相对立。到了 19 世纪之交，基于语言的加泰罗尼亚身份的形成激发了对马德里政治自治的追求，导致 1914 年成立了区域性联邦（Balcells 1996: 25-27, 67-72）。当选总统德·拉·里巴（Enric Prat de la Riba）曾在一部论著中讨论了加泰罗尼亚的“国籍”问题，这部著作大量依赖于赫尔德[①]的民族精神（Volksgeist）概念，揭示了民族主义思维的典型矛盾：

> 给予人类所有这些文化要素的社会，将他们联系在一起，并从他们中构成一个更高的统一体，一个由相同精神所塑造的集体存在，这个自然社会就是*国籍*。因此，国籍是一种文化或文明的统一体；所有这类元素，艺术、科学、习俗、法律……都植根于国籍。
>
> （Prat de la Riba 1906: 66）

一方面，国籍是一种社会决定的体现在不同文化实践中的“集体存在”（collective being）形式；另一方面，它是超越社会决定的“自然”形式的同质“精神”。（Llobera 1983: 345-346）这段话在这些矛盾的概念之间无缝转换，第一个是唯物主义的，第二个是唯心主义的，最终将民族身份视为一种生物本

---

① 赫尔德（Johann Gottfried von Herder，1744—1803），德国文艺理论家，狂飙运动的理论指导者，曾在哥尼斯堡大学学习医学与神学。他和狄德罗、歌德和莱辛都有交往。他的学术研究范围很广，包括哲学、文艺、宗教、历史和语言学等。提倡民族文化，重视民间文学，试图从历史观点说明文学的性质和宗教的起源，并运用比较语言学方法解释语言和思想的关系。著有《关于近代德国文学的断片》《批评之林》《论语言的起源》和《关于人类历史哲学的思想》（未完成）等，还编纂民歌集《诗歌中各族人民的声音》。

质，这种本质与民族文化扎根的土壤无异。

德·拉·里巴思想中的存疑逻辑并未使其作为捍卫民族主义中的知识力量而受到质疑，这种民族主义推动了加泰罗尼亚争取自治的努力。相反，正是这些矛盾更可能激发了对统一民族的渴望，通过质疑其可能性来实现。实际上，133
他的译作在使加泰罗尼亚联邦期间启动的文化和社会项目合理化方面极为有效，包括加泰罗尼亚语的标准化。他写道：

> 语言是民族精神最完美的体现，也是民族化最有力的工具，因此是民族性保存和生命的关键。
>
> （同上：84）

尽管 1923 年西班牙国家干预设立了反加泰罗尼亚的独裁政权，但是 1931 年的选举导致了加泰罗尼亚共和国或政府的建立，扩大了文化和社会倡议的范围。在政府的领导下，加泰罗尼亚语加入卡斯蒂利亚语，一起成为政治机构的官方语言，教育系统进行了重组，以便为引入加泰罗尼亚语做准备，加泰罗尼亚的期刊出版社和图书行业也经历了显著扩张（Balcells 1996: 96-100）。

这些历史发展激发了约瑟普·卡内尔作为翻译家的工作，同时他也为这些发展做出了应有的贡献。作为一名多产的散文作家和诗人，他属于被称为新中心主义[1]的现代主义文学运动，该运动与加泰罗尼亚联邦密切合作，共同推广标准语言。卡内尔在 1913 年撰写的文章《文学的尊严》中呼应了里巴的观点，

---

① 新中心主义（Noucentisme），20 世纪初加泰罗尼亚文化运动，主要作为对现代主义在艺术和意识形态上的反应而产生。它对艺术的看法几乎与前卫派截然相反。1906 年，尤金尼奥·德奥尔斯创造了这个术语来表示这是一场更新运动。同年，两部新中心主义作品出版：约瑟普·卡内尔的《美味的果实》和保守派政治家德·拉·里巴的《加泰罗尼亚民族性》。

声称“词汇就是祖国，它的尊严就是民族的尊严”（Carner 1986: 132）。卡内尔和其他新中心主义作家一样，认为翻译经典文学作品是发展加泰罗尼亚语言和文学的一种手段，可以借此构建民族身份。1907 年，即他作为翻译家生涯的起始时间，他在一篇文章中勾勒出这一项目，赞扬了将莎士比亚的戏剧翻译成加泰罗尼亚语：

134 为了使加泰罗尼亚语变得丰富、复杂、灵活、优雅，必须用我们的语言来尊敬所有时期和国家的大师，并感激地赋予其表达和差异化的所有品质。为了使加泰罗尼亚文学完整、本质、杰出，我们的精神必须通过文学翻译来丰富所有基本的创作。如果没有宾客［主人］，宫殿如何华丽！

（Carner 1986: 56）

在这里，卡内尔也采用了德·拉·里巴关于加泰罗尼亚“精神”的本质主义词汇。然而，与加泰罗尼亚主义意识形态家不同的是，卡内尔采取了更加唯物主义的方法。语言和文学本身在表达能力（expressive power）上都不能够自给自足，不能只在加泰罗尼亚“精神”的基础上发展，因为这个“精神”本身“必须通过文学翻译来丰富”。对于里巴来说，加泰罗尼亚身份，即“伊比利亚民族”（Iberian ethnos），超越了其语言和文化条件，在罗马征服半岛之前就已存在并将持续存在：

这一事实，这一拉丁文明向加泰罗尼亚文明的转变，不需要其他证据，本身就证明了加泰罗尼亚国家精神的存在。即使在加泰罗尼亚语言产生之后没有产生更多的东西，我们的民族魂已经向我们揭示了其面貌的基本轮廓，这些轮廓镌刻在其语言的面貌上。

（Prat de la Riba 1906: 89）

在里巴的思想中，加泰罗尼亚的身份先于构成其透明表达的语言存在，而在卡内尔这里，这种身份在很大程度上是语言构建的，需要翻译才能成为可能，需要从异域输入文化材料，这些异域资料会使得任何透明性概念复杂化。实际上，由于加泰罗尼亚语的 hostes 是复义的，既可以表示“客人”，也可以表示“主人”。卡内尔关于宫殿的隐喻，暗示出加泰罗尼亚文学不仅缺少异域写作的生产性影响，还缺少更成熟的加泰罗尼亚作家。只有当宫殿通过翻译由想象力丰富的主人居住时，加泰罗尼亚文学的宫殿才能华丽。

卡内尔的文化政治不仅仅是民族主义的，而且也暗含了对加泰罗尼亚传统和实践的批判，这些传统和实践似乎与他的议程并不一致。因此，他的民族主义涉及一种基于对加泰罗尼亚不足的评估的乌托邦式投射。在他 1908 年的文章 *De l'acció dels poetes a Catalunya*（《论加泰罗尼亚诗人的行动》）中，acció 一词不仅仅意味着行动，更多的是军事或政治行动，他再次使用了一个真实的建筑隐喻来描述加泰罗尼亚诗人必须对其语言和文学进行的工作：

> 我们诗人是民族的建设者，现在我们在为加泰罗尼亚文明规划的家中还有 135
> 如此多的工作要做，我们在审视所有我们仍然缺乏的东西，看到那些阳光进入的洞穴时，并没有感到气馁和悲观，而是一种幸运的创造渴望，因为它必须是富饶的。
>
> （Carner 1986: 95）

卡内尔似乎已经意识到对国家文学的“渴望”或欲望是基于一种永远无法根除的缺失，然而，这种缺失是通过翻译外国文学、引入语言与文化差异而得以补充的，因为这些差异维持了创造力。

卡内尔翻译的目的，在于形成一种基于双重排除的民族身份：霸权西班牙文化或者用他的话说，“卡斯蒂利亚对西班牙命运的垄断”（Carner 1986: 77）

以及有限的加泰罗尼亚文学传统。这种关系性身份（relational identity）首先体现在他对异域文本的选译。尽管作为20世纪加泰罗尼亚作家，通常会精通西班牙语和加泰罗尼亚语，但是他放弃选译西班牙文学，而将重点放在法国和英国传统上。此外，他选译的文本以幻想和讽刺幽默为特点，因此与19世纪加泰罗尼亚小说主导的现实主义相悖，马塞尔·奥廷[①]将其描述为“自然主义者对可记录现实的局限”（Ortín 1996: 112）。在1908年到1934年间，卡内尔出版了33部译作，包括莎士比亚、莫里哀、拉·封丹、安徒生、狄更斯、刘易斯·卡罗尔、马克·吐温和罗伯特·路易斯·史蒂文森、埃尔克曼-查特里安和维利埃尔·德·莱勒·亚当等作家的一部或多部作品（同上：105-107）。卡内尔特别对儿童文学的身份形成力量（identity-forming power）感兴趣，因为正如他在1918年安徒生童话译本的序言中所说，“加泰罗尼亚想象力的逐渐复兴是确保艺术、政治、文化和金钱的事业繁荣和不可战胜的第一基础”（同上：43）。

为了推进他的民族主义目的，卡内尔创作了令人愉快且易读的译作，但这些翻译有着明显偏离当前的用法。尽管在他翻译生涯的开始，加泰罗尼亚语语言的标准化过程尚未开始，加泰罗尼亚语的用法在每个层面上都有变化，但仍然可以看出，他设计了创新策略，从而产生了丰富多样的加泰罗尼亚语。他
136 的词汇故意混合了古语、学术用语、方言和新词，有时偏离了原语文本的语域和风格，有时则采用了外语单词和短语的直译或仿译（Busquets 1977；Sellent Arús 1998: 25；Pericay and Toutain 1996: 266-267；Ortín 2001）。因此，在1908年莎士比亚《仲夏夜之梦》的译序中，他提到了自己的决定将“新词和古语

① 马塞尔·奥廷（Marcel Ortín，生于1959年），西班牙巴塞罗那庞培法布拉大学的翻译与语言科学系教授，研究兴趣集中在加泰罗尼亚文学的研究与翻译史和文学接受史领域，特别关注1890—1939年间以及与卡内尔的文学活动。关于卡内尔，他出版了三本著作：《卡内尔的〈静心〉》《卡内尔的文学散文》及《卡内尔与翻译》。

分配给那些在时间和空间上如此远离我们的角色”（Carner 1986: 102）。卡内尔的目的也可能导致更激进的翻译举措，例如插入对加泰罗尼亚文化和政治形势的典故。在他 1927 年出版《爱丽丝梦游仙境》的译本中，柴郡猫（Cheshire cat）变成了 el gat castellà（卡斯蒂利亚猫），红心国王和王后变成了 el Rei i la Reina d’Espases（剑牌国王和王后），不仅指的是西班牙的纸牌游戏，也指的是作为君主制国家的西班牙所实施的军事镇压（Carroll 1927: 93, 88）。

这些由翻译所形成的身份本质上是杂合的，它们虽然使用了加泰罗尼亚语，但是由不同的语言和文化差异组成，这与德·拉·里巴所设想的统一本质不同。尽管如此，卡内尔的翻译无疑帮助读者能将他自己视为加泰罗尼亚人。这一点在 1921 年的一篇评论中得到了清晰的体现，巴塞罗那的诗人和翻译家卡莱斯·里巴赞扬卡内尔在处理拉·封丹的寓言时，面对截然不同的文化情境所采取的方法。里巴认为，这位法国作家的反讽融合了

> 典型的香槟恶习和世俗的克制，往往采取相同的形式。加泰罗尼亚的社会条件，因此也包括加泰罗尼亚语，不可避免地必须削弱世俗性并增强乡村的可塑性。然而，卡内尔翻译的奇迹在于，它将两者结合在一种完全是巴塞罗那式的市民和蔼中，包含了其特有的措辞。
>
> （Riba 1979: 170-171）

对于里巴来说，卡内尔的翻译以引人入胜的方式传达了法语文本的独特性，同时重新塑造了熟悉的加泰罗尼亚身份，尽管显然这种身份受到了资产阶级价值观的强烈影响。

西班牙内战突然中断了像卡内尔等新核心主义翻译家翻译产生的民族主义效应。战争期间，由于内部政治分歧和受困的西班牙国家，加泰罗尼亚政府

的权威日益削弱。1939 年后，许多加泰罗尼亚政治家和知识分子流亡海外。佛朗哥政权对加泰罗尼亚身份实施了持续了二十多年的严厉镇压（Balcells 1996:
137 127, 143-144）。期间，加泰罗尼亚语在公共场合的使用遭禁，加泰罗尼亚书籍和期刊的出版也遭禁，怀疑是加泰罗尼亚同情者的教师被解职或调往西班牙其他地区，加泰罗尼亚文化和历史被排除在课程之外。然而，在 1950 年代末期，佛朗哥政权的镇压开始放松。在加泰罗尼亚以外继续进行的出版业见证了增长，尽管审查的威胁持续存在，特别是针对加泰罗尼亚语翻译的禁令被取消（同上：147-148）。1960 年，加泰罗尼亚出版商出版了 193 本书，其中 10 本是翻译作品。到了 1966 年，出版了 655 本书，其中 207 本是翻译作品，这些数字代表已经回归到了 1920 年代和 1930 年代书籍产量的水平（Vallverdú 1968: 102-103）。

乔安·萨莱斯作为出版商、小说家和翻译家的工作，构成了对这一文化和政治形势的重要干预。20 世纪 40 年代，他加入了墨西哥的加泰罗尼亚作家团体，发行了《流亡者手册》[1] 的期刊。他们的民族主义基于里巴关于“伊比利亚民族”的本质主义观念，他们将其与天主教和 19 世纪加泰罗尼亚运动中的爱国浪漫主义结合起来，该运动被称为文艺复兴（Renaixença），产生了一套意识形态概念，这些概念在反对佛朗哥的压制性独裁、在推广“国家即是人民”（La Nació és el Poble）的平等观念上是激进的，并且在拒绝新核心主义上是反智的（Casacuberta 1989）。1943 年的首刊发表了一份政策声明，明确了编辑们对文化的态度：

---

① 《流亡者手册》（*Quaderns de l'Exili, Notebooks from Exile*），在墨西哥首都墨西哥城从 1943 年到 1947 年出版的加泰罗尼亚语月刊，由赞助人德尔霍姆资助，最初的发行量为一千份，但后来达到了四千份。在内容上致力于文学文本、书评、历史和军事论文以及全美洲的加泰罗尼亚新闻（流亡者公报），也报道了加泰罗尼亚的反佛朗哥活动。随着大多数创始人被遣返回国，该刊物停止出版。

> 我们捍卫基于民族特性并为人服务的文化。我们拒绝主智论、非人性化和所有自称为文化的表达形式的傲慢，但这些形式试图超越或贬低人类。我们拒绝没有内容的文化，这种文化无休止地以自身残留物为食。我们认为，人比他的面孔更有价值，内容比容器更重要，思想比形式更重要。我们渴望一种直接、自然而得体的风格，服从于作品。
>
> （Riba 1979: 99-100）

在他们坦率的人文主义中，在他们的理想主义假设即“人”存在于语言之外并在语言中透明地表达，这些价值观与像卡内尔这样作家的唯物主义立场相对立，后者认为风格创新对于构建人类身份是必要的。实际上，正是这些价值观指导了萨莱斯 1947 年返回加泰罗尼亚后的编辑活动：尽管佛朗哥政权的禁令仍然未解，萨莱斯试图通过改编为年轻读者量身定制并采用当前用法的加泰罗 138
尼亚文学经典作品来普及这些作品（Bacardí 1998: 27-28）。

萨莱斯作为出版商兼翻译家最具影响力的工作始于 1959 年，当时他接任了加泰罗尼亚出版社“小说家俱乐部”[①]（El Club dels Novel · listes）的主管。他的编辑策略，很明确是民族主义的，但也是平民主义的。他只专注于小说这一种文学体裁，正如他后来所说，“因为佛朗哥主义者确实想要阻止小说，而且它是创作当代民族文学的唯一方式”（Ibarz 1984: 15）。由于他的目标是扩大加泰罗尼亚语的读者群，他只出版易读的现实主义叙事作品，因而拒绝那些因

① 小说家俱乐部，加泰罗尼亚语小说出版机构，于 1955 年在巴塞罗那的阿亚玛（Aymà）出版社内成立。出于保持加泰罗尼亚文学的活跃，该俱乐部在出版商和作家感到困惑、压制、审查和混乱时期诞生，这是出于对本土文化的深刻信念和承诺的结果。1959 年，俱乐部更名为“编辑俱乐部”，由本格雷尔（Benguerel）和萨莱斯负责，后者一直负责直到 1983 年去世。作为负责人，萨莱斯的工作对于维持一定的文化常态至关重要。他去世后，其妻努里亚·福尔奇（Núria Folch）接管了领导职务直至 2010 年。目前，编辑俱乐部由萨莱斯的孙女玛利亚·萨莱斯（Maria Sales）负责。

缺乏连贯情节或需要文学专业知识而难以阅读的作品。因此，他出版了如朱塞佩·托马西的《豹》(1962)、艾伦·帕顿的《哭泣的大地》[1](1964)和塞林格的《麦田里的守望者》(1965)等小说的加泰罗尼亚语译本。萨莱斯自己为出版社翻译了三部小说，包括卡赞扎基斯[2]的《基督的最后诱惑》(1959)和陀思妥耶夫斯基的《卡拉马佐夫兄弟》(1961)。为了确保翻译作品有效地产生出现实主义幻觉，萨莱斯坚持译语要紧跟当前用法，强调口语形式，他在自己的小说《不确定的荣耀》(1956)的序言中称为"活生生的语言"(llenguatge vivent)。这种话语策略增强了逼真性，但也抹去了文本的翻译状态。正如萨莱斯在介绍他的陀思妥耶夫斯基小说译本时解释的：

> 小说家俱乐部认为，最重要的是译者要与作品的精神和风格产生共鸣，要把它变成自己的，要知道如何让他的角色用一种与原作中的俄语一样生动的加泰罗尼亚语来表达，以至于读者在阅读时可能会忘记他正在阅读一部翻译作品。
>
> (Sales 1961: 8-9)

在萨莱斯翻译的完全隐形中，加泰罗尼亚读者可能也忽略了他民族主义目的中

---

① 《哭泣的大地》(*Cry, the Beloved Country*)，直译为《哭泣吧，亲爱的国度》，是南非作家艾伦·帕顿(Alan Paton)于1948年出版的小说。故事背景设定在南非种族隔离制度开始前夕，讲述了一位黑人村庄牧师和一位白人农场主在面对一起谋杀案消息时必须采取行动的故事。它是南非文学中最知名的作品，至今两次改编成电影，分别上映于1951年与1995年。

② 尼可斯·卡赞扎基斯(Nikos Kazantzákis，1883—1957)，希腊小说家、诗人，散文和游记作家，记者。他游历各国，受到古希腊文化、天主教、佛学和共产主义等多种思想的影响。其长诗《奥德赛：现代续篇》气势磅礴，内容庞杂。《希腊人卓尔巴》与《自由或死亡》两篇小说写克里特岛的风土人情，颂扬当地居民积极向上的生活态度。小说《基督的最后诱惑》描绘与传统观点不同的耶稣，引起极大的争议。

的深层矛盾。他希望基于双重排除来创造民族身份：一方面，反抗佛朗哥主义的压力，即要求加泰罗尼亚人放弃自己的语言，说卡斯蒂利亚语；另一方面，拒绝新核心主义知识分子支持的标准化加泰罗尼亚语，即他所谓的“语法练习”，他认为这与“活生生的语言”相对立（Sales 1956: 10）。然而，他不仅将福楼拜的《包法利夫人》和《萨朗波》[①] 翻译成卡斯蒂利亚语，而且他在加泰 139
罗尼亚语翻译和他的小说中依赖当前用法，导致其风格充满了卡斯蒂利亚风情（Bacardí 1998: 30-31; Vallverdú 1968: 142-146）。萨莱斯质疑新核心主义对法国文学文本的强调，而选择与相对较小的文化相关的外国文学作品，这些文化的从属地位与加泰罗尼亚类似：兰佩杜萨的西西里岛、帕顿的南非或者路易·德吕克[②] 的普罗旺斯，其普罗旺斯小说《埃尔·加雷尔》（*El garrell*）于1963年被他翻译成加泰罗尼亚语（Bacardí 1998: 32-33, 36-37）。然而，通过倡导一种产生透明幻觉的话语策略，萨莱斯在激发读者对他自己在原语文本中感知到的宗教价值的认同，甚至包括《卡拉马佐夫兄弟》，他将其描述为“基督教小说的最伟大作品”（Sales 1961: 7-8）。最后，还有一个问题是他和他的读者在他对卡赞扎基斯和陀思妥耶夫斯基的翻译中认同的“精神和风格”：由于他不懂希腊语

---

① 《萨朗波》（*Salammbô*），福楼拜 1862 年出版的历史小说，讲述公元前 3 世纪的佣兵战争。突尼斯迦太基在第一次布匿战争中雇佣的蛮族佣兵因未能得到约定的酬金而爆发起义，迦太基政府与雇佣兵遂发生战争。福楼拜力求尊重历史，同时利用有限的史料描述了一个声色犬马、暴力横行且充满异国情调的东方世界。1858 年 4 月，福楼拜前往迦太基，这使他对故事的发生地有了精准的看法。

② 路易·德吕克（Louis Delluc，1890—1924），法国印象派导演、电影批评家。法国电影理论先驱之一，对法国电影艺术的发展产生了深远的影响。其电影作品以诗意和创新的视觉风格而闻名，他经常探索复杂的情感主题和个人经历。他在电影评论方面的著作，特别是对于电影美学和叙述技术的探讨，为法国电影批评的发展奠定了基础。德吕克逝世后，法国电影评论界为了纪念他对电影艺术的贡献，设立了路易·德吕克奖（Prix Louis-Delluc）。该奖项每年颁发给法国最佳电影，至今仍是法国电影界的重要奖项之一。

或俄语，他咨询了专家，并以其他几个译本为基础，包括卡斯蒂利亚语和法语（Sales 1961: 9）。构成萨莱斯翻译的语言和文化差异，可能只是创造了一种混合的加泰罗尼亚身份，这激发了读者对统一民族的渴望，同时又拒绝了这种渴望。

卡内尔和萨莱斯代表了由不同理论和实践驱动并反映不同历史时刻的两种民族主义翻译议程。在两种情况下，他们的防御性民族主义都试图寻求基于加泰罗尼亚语来构建集体身份，因而他们的翻译可以被看作是一种语言生态学（linguistic ecology）。这是保护和发展一种语言的手段，这种语言不仅与占主导地位的西班牙文化相比是边缘化的，而且面临着被镇压的威胁。然而，他们的作品之间有重要的区别。卡内尔培养了一种实验性，在标准化之前，利用加泰罗尼亚语的变体，挑战了流行的加泰罗尼亚叙述形式。他的翻译记录了原语文本的语言与文化差异，因为它们形成了一个可辨认的加泰罗尼亚身份。因此，它们可以被描述为异化翻译，正如施莱尔马赫所观察到的，采用了一种策略，"并不是在所有语言中都能同样繁荣发展，而只有在那些没有被限制在古典风格狭窄界限之内的语言中才可能，超出这一界限的一切都被视为应受谴责的"（Schleiermacher 1813: 54）。相比之下，萨莱斯的翻译则保守得多，一方面巩固了当前用法，另一方面在佛朗哥政权时期加泰罗尼亚语的生存能力受到削弱之际，验证了其表达的可能性，当时"双语现象甚至在受过教育的阶层中已经站稳了脚跟，口语的质量正在稳步恶化"（Balcells 1996: 144）。因此，萨莱斯的翻译是归化的，用加泰罗尼亚语最熟悉的形式翻译，带着佛朗哥的西班牙占主导地位的宗教价值观的印记，创造了一个读者可以体验到作为加泰罗尼亚人的自我认同的形象，尽管由于语言的多样性和原语文本的多样性而呈现出更为杂合化的特点。

卡内尔和萨莱斯也有翻译作品，这些作品以他们各自的方式掩盖了民族主义议程中的矛盾。两人都宣布他们打算为民族集体翻译，但二者都属于精英文学团体，这些团体组成了他们的主要读者群。卡莱斯·里巴[①]的评论提醒我 140
们，卡内尔的世界主义与巴塞罗那资产阶级的品味密切相关。尽管萨莱斯坚持迎合大众口味，但他对小说家俱乐部的领导使其真正成为一个文学“俱乐部”或圈子，正如蒙塞拉特·巴卡迪[②]所指出的那样，“鉴于缺乏针对加泰罗尼亚文学的传播媒介，通过发起一个真正的论坛，允许加泰罗尼亚作家评论和讨论他们的作品”（Bacardí 1998: 31）。

这两位翻译家最具启发性的区别可能是本质主义在他们民族主义思想中的地位。尽管两人都受到了德·拉·里巴关于超越性的加泰罗尼亚身份观念的影响，但卡内尔对语言与文化差异的开放态度，部分是因为他对风格创新的现代主义倾向，部分是因为加泰罗尼亚语使用的变体，使他采用了一种唯物主义的翻译方法，这种方法认为人类身份是在话语形式中构建的。然而，萨莱斯后期的极端压迫性促使他采用了各种本质主义的概念防御手段（conceptual defenses），无论是《流亡笔记》的普遍人文主义，还是“活生生的语言”的平民主义。

这些案例表明，如果不考虑翻译民族主义出现的历史时刻，尝试对其进行任何道德或政治评价将会过于简化。翻译可能受到一种本质主义的驱动，这种本质主义掩盖了它被用来塑造的文化身份的构成差异。但正如斯

① 卡莱斯·里巴（Carles Riba，1893—1959），加泰罗尼亚作家、诗人和翻译家。作品有《居所》《比埃尔维尔的挽歌》《野性之心》《游戏与火》《三部祈祷文草稿》，还翻译了荷马的《奥德赛》、普鲁塔克的作品、索福克勒斯的戏剧和欧里庇得斯的戏剧。作为诗人，他用加利西亚语创作了加利西亚文学中最早的一些新骑士诗歌。

② 蒙塞拉特·巴卡迪（Montserrat Bacardí，生于 1962 年），巴塞罗那自治大学翻译与口译学院教授。

皮瓦克所指出的，这种本质主义可能是策略性的，被用于“一个谨慎可见的政治利益”中（Spivak 1985: 214），具有自我批评的意识，知道在不同的历史环境中，它可能会变得像其意图对抗的政治力量一样强硬，成为一种概念上的压抑。无论是卡内尔还是萨莱斯，在他们的防御性文化情境中都无法发展这种意识。但在研究他们的例子时，后来的加泰罗尼亚译者可能会这样做，承认当前用法中的变体，这些变体偏离了标准形式，以此来标示原文的异质性，并在加泰罗尼亚身份中制造出富有成效的差异。

［2005］

8　翻译，拟像[①]，抵抗

我的出发点是这样一个问题：翻译在多大程度上可以被视为对当下地缘政治经济所培育的后现代文化的一种干预？似乎很明显，如果没有各种形式的翻译，包括合同和专利、使用手册和软件包、广告和品牌名称、电影和视频配音、畅销书和儿童文学，这种经济无法存活。如果翻译在经济交换中贡献如此卓著，无论是通过商业实践还是通过印刷和电子媒体，如果它在商品生产和消费中扮演如此重要的角色，因此也在社会再生产中扮演角色，那么它是否也提出了这样的问题：翻译是否构成一种文化抵抗的手段，继而挑战跨国资本主义和全球经济所联合的政治机构？这抵抗是如何构成的？翻译在多大程度上可能通过其对当代文化形式和实践的影响改变这种政治经济？

后现代文化和多国资本

我的问题假设了一种特定的后现代性理论概念（theoretical concept of

---

①　拟像，源自拉丁语 simulacrum，意为“相似、表象”，是对人或事物的再现或模仿。该词在英语中最早在 16 世纪后期出现，是指一种表现形式，例如雕像或绘画，尤其是表现神的形象。19 世纪后期，它代表一种没有原件实质或品质的形象。文学评论家詹明信将照相写实主义视为艺术拟像。在这种拟像中，一幅画是通过复制一张本身就是真实事物的副本的照片来创作的。其他使用拟像的艺术形式包括错视画、波普艺术、意大利新现实主义和法国新浪潮。拟像论则是让·鲍德里亚于 1981 年在《拟像与仿真》一书中提出的理论。他认为，在后现代社会中，拟像的出现使得索绪尔符号学理论中的“所指”已经消失，世界已经由“没有所指的能指”构成，这些符号或者拟像没有根基，只是自我指涉。它不但将不在场的显示为在场，将想象塑造成真实，更破坏一切与“真实”之间的联系，将“真实”吸纳到自身当中，使“真实”与“非真实”之间的区别已经没有意义，这就是鲍德里亚所说的“超真实”。

postmodernity），而这一概念本身就是一种政治批评。资本的全球覆盖范围，加上大卫·哈维①所指出的后现代情况的一个特征，即时间空间的压缩，导致了海外劳动力和市场的开发和利用，因此，经济实践在很大程度上被分散。以鞋的生产商耐克为例。尽管是一家总部位于美国的公司，耐克依靠拉丁美洲和亚洲的工厂以及全球销售网点，因此从廉价的外国劳动力和美元的国际实力（尽管波动）中获利，从而体现了长期存在于美国等霸权国家与墨西哥、印度尼西亚和中国等发展中国家之间的不对称经济关系。1998 年，当美国劳工组织确定
142 中国装配线工人的最低生存工资为每小时 0.87 美元时，耐克支付的工资只有 0.16 至 0.19 美元，并强迫员工每周工作七天，每天工作十二小时，不支付加班费（Klein 2000: 212, 474）。

随着生产的分散，通信网络变得更为重要，因为公司努力将商品的分销和消费扩展到新的领域。全球资本主义经济被让·鲍德里亚②称为“拟像的先行”（precession of simulacra），这是大众印刷和电子媒体的效应，二者并不反映现实，而是通过由各种意识形态决定的编码形式和图像来构建现实，用鲍德里亚的话说，就是“对媒介的迷恋”（a fascination of the medium），而不是“对信息

① 大卫·哈维（David Harvey，生于 1935 年），当代西方人文地理学家。1969 年出版《地理学中的解释》一书，奠定了哈维的理论地位，使其成为地理学中实证主义的代言人。1973 年出版的《社会正义与城市》（*Social Justice and the City*），标志着他充满“社会关怀”的激进立场。该书的出版，与美国社会中的批判思潮、激进思潮相呼应，产生超越人文地理学界的广泛影响。随后，1982 年，哈维又出版了《资本的限度》（*The Limits to Capital*），1985 年出版了《资本的城市化》（*The Urbanization of Capital*）与《意识与城市经验》（*Consciousness and the Urban Experience*），均着力于揭露资本主义社会中政治经济与城市地理、城市社会弊病的关联性。

② 让·鲍德里亚（Jean Baudrillard，1929—2007），法国哲学家、思想家、后现代理论家，“知识的恐怖主义者”。鲍德里亚在巴黎获得社会学博士学位，曾任教于巴黎第九、第十大学。鲍德里亚从 1968 年出版《物体系》开始，撰写了一系列分析当代社会文化现象、批判当代资本主义的著作，如《消费社会》《生产之镜》《完美的罪行》《物体系》《幻觉的终结》《拟像与仿真》等，是享誉世界的法国知识分子。

的批判要求”（Baudrillard 1983: 35; cf. Harvey 1989: 288-292）。在这里，广告作为对商品流通的直接支持，很容易让人联想到：它们通过充满魅力的消费者招徕的形象，起到品牌塑造的作用，建立商标。

翻译在确保品牌名称进入外国市场方面起着至关重要的作用。加州大学洛杉矶分校市场营销教师张实①和哥伦比亚大学商学院全球品牌领导中心执行董事、商业教授伯德·施密特②最近制定了有效翻译的多种策略，以便公司“保护自己免受国外市场失败”的影响（Zhang and Schmitt 2001: 313）。他们提供了一个中文例子，指出：“Coca-Cola 的中文名字‘可口可乐’，听起来像 Coca-Cola，意味着‘好喝让你快乐’”（同上：315）。这个翻译例子体现了“音语义”策略（phonosemantic strategy），但显然在简单的语义对应之外还有其他意义。每个翻译所产生的超额收益，即仅在翻译语言中起作用的效果，确保中文翻译实现品牌化过程，这通常需要复杂而昂贵的广告战役。

在全球化的当前阶段，经济关系的不对称性通过对特定国家和文化的品牌化进一步得到加强。国家及其文化的制造形象是相互支持的，携带的经济含义远远超过政府努力促进当地旅游业的力气。彼得·范·哈姆③指出，“大多数国家认为品牌化是一项长期积累的努力，将影响外国投资决策和国家的市场资本化”（Van Ham 2001: 4）。在欧洲，这样的国家也可能使用品牌化作为加强其加入北约和欧盟申请的手段。最终，它们正在与美国几十年的经济和政治霸权竞

① 张实，美国加州大学洛杉矶分校管理学院市场营销学副教授，见 https://www.anderson.ucla.edu/faculty-and-research/marketing/faculty/zhang。

② 伯德·施密特（Bernd Schmitt），哥伦比亚商学院国际品牌管理中心创立者兼主任，哥伦比亚市场营销管理高级管理培训项目副主任，上海中欧商学院（CEIBS）市场营销学系主任。

③ 彼得·范·哈姆（Peter van Ham）博士是克林根代尔研究所的高级研究员，2020 年以来，他担任《克林根代尔观察家》的主编，研究重点是欧洲安全与防御问题、国际组织以及全球治理的未来。

争，这与美国文化形式和主题在国际市场上的主导地位相一致。

翻译在维持这种主导地位中起到了工具性的（instrumental）作用。根据联合国教科文组织的统计，好莱坞制作的电影占全球放映电影的 85%，无论是配音版还是字幕版，以至于在许多国家，好莱坞制作的电影在票房上占据的份额比本地制作的电影还要大。由美国作者撰写并由总部位于欧洲的大型企业集
143 团出版的小说也在全球范围内销售，在许多语言和文化中取得了商业成功。例如，汤姆·克兰西的一些政治惊悚小说由企鹅集团旗下的伯克利出版社出版，该集团隶属于总部位于英国的媒体公司培生集团，这些小说通常在翻译版中达到畅销书地位，销量轻松超过大多数原本用译入语言写成的作品。就美国而言，经济、政治和文化实践之间的联系非常紧密，甚至能够抵御对美国外交政策的负面评论。

正如范·哈姆所观察的，“品牌和国家经常在全球消费者的心中融合”，以至于“微软和麦当劳是美国最显眼的外交官”（Van Ham 2001: 2），那么，语言也必须纳入品牌化的过程。最强大的西方语言不仅控制着课程和出版，而且还控制着翻译。毫不奇怪，英语仍然是全球最常被译出的语言。根据联合国教科文组织的《世界翻译索引》[①]，从 1979 年到 2011 年，约有 1,216,600 本著作从英语翻译成其他语言，平均每年约翻译 36,800 本。法语以约 214,500 本著作排名第二，约每年 6,500 本。翻译成英文的前十位作者中有五位是美国作者，包括畅销书作者如丹尼尔·斯蒂尔、斯蒂芬·金和诺拉·罗伯茨[②]以及经典作家如马克·吐温和杰克·伦敦，这显示出美国文学世界经典的基础是典型的神话和意识形态，比如边疆和个人主义。

迪士尼公司多年来一直名列索引榜单的第一，而且在联合国教科文组

① 世界翻译索引（Index Translationum）是联合国教科文组织关于书籍翻译的数据库。

② 诺拉·罗伯茨（Nora Roberts，生于 1950 年），美国畅销书作家，出版过超过 209 部言情小说。

织数据库中仍然以惊人数量的记录作为作者被列出（11,507），排名堪比最高的个人作者阿加莎·克里斯蒂[①]（7,279）。这一事实见证了一种由电子媒体支持的公司作者的身份形式，只有在后现代文化的“拟像”中才有可能，“这是一种近乎完美复制的状态”，正如哈维所描述的，“原件和复制品之间的区别几乎无法察觉”（Harvey 1989: 289）。在迪士尼公司的案例中，作者不再是原创形式的制作者，而是几乎与原创形式无法区分的复制品的许可者。同样，后现代文化的拟像特性，可以说不仅鼓励了一种将翻译视为产生与原语文本相同效果的替代物的特定观念，这种观念在专业和普通读者中都很普遍，而且还鼓励了一种特定的翻译实践，即创造一种透明效果的幻觉，使得翻译被视为原语文本，而不考虑翻译语言（参见 Venuti 2008: 第 1 章）。

我遵循的是詹明信[②]的后现代批判概念（Jameson 1991 ：第 1 章），采用了恩斯特·曼德尔[③]（Ernest Mandel）于 1975 年提出的资本主义在不同发展阶段的马克思主义阶段划分：从早期现代时期的重商主义到现代的垄断资本，再到第二次世界大战后跨国主义的崛起。詹明信认为这些阶段呈现出同质的文化形态，其特点是一种主导逻辑或一组特征，即现实主义、现代主义和后

---

① 阿加莎·玛丽·克莱丽莎·克里斯蒂女爵（Dame Agatha Mary Clarissa Christie，1890—1976），英国侦探小说作家。据吉尼斯世界纪录统计，她是人类史上最畅销的作家。至今其著作曾被翻译为 100 多种语言，总销突破 20 亿本。她是公认的“侦探小说女王”，对侦探小说的发展有很重要的影响和启发。

② 詹明信（Fredric Jameson，1934—2024 年），杜克大学比较文学与批判理论中心教授，擅长以马克思理论作文化评论，及研究资本主义下的后现代主义文化发展。其著作有《马克思主义与形式》《语言的牢笼》《政治无意识：作为社会象征行为的叙事》《后现代主义或晚期资本主义的文化逻辑》《布莱希特与方法》《全球化的文化》《后现代主义与文化理论》等。

③ 恩斯特·曼德尔（Ernest Mandel，1923—1995），犹太裔比利时人，第四国际和比利时社会主义工人党的领导人，托洛茨基主义理论家和经济学家。他主要以对晚期资本主义理论闻名，是西方活跃的马克思主义宣传者。

144 现代主义的序列。但在考虑后现代情境中可用的抵抗可能性（possibilities of resistance）时，我偏离了詹明信的观点，放弃了经济社会和文化实践之间同质性的概念，而是想象它们之间的分离或矛盾关系，一种混乱的层面，其中资本可以通过它产生的文化产品以各种方式再生或受挫。在斯科特·拉什（Scott Last）和约翰·厄里（John Urry）的描述中，当代资本主义的混乱意味着"主体和客体的流动在国家边界内越来越不同步"（Lash and Urry 1994: 10）。因此，跨国大企业无法对其产品的生产和消费施加完全控制。媒体公司CBS拥有各种广播、电视和有线网络以及出版商西蒙和舒斯特（Simon and Schuster），后者出版了威廉·格雷德耐尔（William Greidner）1997年关于全球经济的批判性著作《一个世界，准备好了吗》[1]（*One World, Ready or Not*）（Klein 2000: 187）。

要把这种分离或矛盾概念化，有必要依赖于后现代情境所激发的那种思维方式，即后结构主义，特别是理论家鲍德里亚和利奥塔尔[2]于1984年的工作。放弃利奥塔尔所谓的经济"元叙事"（meta-narrative）来解释社会关系和发展，与认识到不仅阶级地位无法决定文化消费的最终性，而且文化产品可以支持许多不同的意义和用途，这些意义和用途可能相互冲突，并且与其生产的动机（无论是文化、经济还是政治）不一致。在经济交换和社会再生产中非常重要的大众传媒产业，实际上通过它们传播的信息和文化产品的日益多样化，加

---

① 威廉·格雷德尔的畅销书，该作揭露了全球经济在人类斗争方面的神话和现实。通过对全球范围内的工厂工人、企业CEO、经济学家和政府官员进行深入调查和采访，他认为全球经济无处不在地播下了"创造性破坏"的种子：虽然使得巨额财富的积累成为可能，但它也在复兴一百年前工业化时期所特有的人类剥削形式。格雷德尔警告，如果这一体系不进行改革，它将不仅威胁到中产阶级的生活方式，同样会威胁到富裕国家的社会和平。

② 让-弗朗索瓦·利奥塔尔（Jean-François Lyotard，1924—1998），法国哲学家，后现代思潮理论家，巴黎第八大学教授。他对意识形态的深刻批评扩展到美学、政治、经济、社会学等领域，对思辨叙事的怀疑是他思想的中心主题，也成为他所说的后现代主义的特征。主要著作为《后现代状态》。该作已由北京大学中文系车槿山教授译为中文。

速了文化接受的分离、矛盾的性质。

在鲍德里亚看来，拟像的流通导致了一个反乌托邦（dystopia），其中，人的主体性和现实被对象和图像的连续重复所取代，以至于通过消除创造意义的差异，社会批判和政治行动的可能性被抢先夺走。然而，拉什和厄里主张的是一种基于美学差异的增殖和强化，而不是差异的损失：在他们更微妙、更具政治生产力的思维中，大众传播产业使社会主体能够发展出一种“美学或解释性的反思”，即一种在更具歧视性的解释行为中表现出来的自我意识，这种行为可能会加强或质疑现行的社会条件（Lash and Urry 1994: 6）。在形成主体性时，拟像的全球化流动可以促进“个体化，即规范化的、‘利基营销’消费者的原子化”，或“美学表现性的个体化”，这种个体化考虑到了一系列的文化、历史和地理信息，也即使这些信息充满了刻板印象和意识形态（同上：113）。后现代主体可能是一个痴迷于品牌意识的消费者，也可能是一个愤世嫉俗的社会批评家，或者在品味和教育等其他因素的影响下，也可能是这两种角色的可变组合。这一主体甚至可能为拟像的短暂性所迫，因而提出更稳定的价值观、信仰和表达，尽管这些都是基于不断变化的社会情境而做出变化，并且任何这样的意识形态稳定性都将构成社会批判的基础（Harvey 1989: 292）。

然后，翻译可能通过干扰推动全球经济的拟像来干预后现代情境。译者 145
可能会利用资本依赖的图像使其流通短路或阻碍其流通，通过质疑这些图像及其所促使的消费实践来进行翻译。这种干预是鲜明的后现代主义行为，因为它与多国资本主义的全球化拟像流动（globalized flow of simulacra）相抗衡，这种流动是多国资本主义的标志，渗透到多种文化和社会机构中。它也体现了琳达·赫特琴[1]在后现代主义中观察到的悖论，即“共谋与批评、自反性与历

① 琳达·赫特琴（Linda Hutcheon, 生于 1947 年），多伦多大学英语系和比较文学中心的名誉大学教授。2000 年，她被选为现代语言协会（Modern Language Association）的第 117 任主席，她因其对后现代主义的有影响力的理论而闻名。

史性的不安组合，这既铭记又颠覆了主导文化和社会力量的惯例与意识形态”（Hutcheon 1989: 11）。因此，就翻译建立了与原文本类似的意义或功能的关系而言，这种等价关系虽然常常在委托中规定，即便构建得如此宽泛以至于构成了今天所认识的改编，结果产生的翻译与它试图在那个文本中质疑的图像是共谋的。然而，就这种类比关系是解释性的而言，要求译者利用接收情境的语言和文化资源，翻译既不保持那个情境也不保持原文本的完整，而是以潜在的询问方式扰乱它们两者（Venuti 2009）。

这种翻译的批判力量必然取决于接受，取决于受众能否感知并理解译者试图做出的文化政治姿态。而在后现代情境中，构建对社会力量的全面解释的元叙事已失去了它们的认识论能力，在某些领域也失去了它们的文化权威，译者不能假设观众会根据特定的哲学或政治话语来解读翻译文本，例如启蒙主义的人文主义或马克思主义的历史主义。相反，翻译的接受，就像任何文化产品的接受一样，无法完全控制，即使是因为受众很可能被分割成具有不同甚至相互冲突价值观的多元文化群体。

因此，在我们当前的困境中，“为了政治参与有效性，文本和使用该文本的群体必须具有广泛和普遍的吸引力”（Tymoczko 2000: 41）这一观念在概念上是天真的。坚持“广泛和普遍的吸引力”，不仅忽略了后现代文化情境中的受众分裂，而且假设了一种既全面又过时的社会力量解释，这种解释是以建立大众运动对抗单一主导政治和军事力量的崛起为前提的。事实上，这种政治参与观念源自 20 世纪初爱尔兰民族主义运动的文学精英，他们在与英国殖民主义的斗争中翻译了早期的爱尔兰文本（Tymoczko 1999）。将这种历史特定的运动作为一个有效的模型，适用于任何社会形态的任何历史时刻，可能会导致反智主义，在研究文化实践时过于简化，并在鼓励其他政治行动形式时导致失望。

后现代文化中由翻译所履行的政治干预，可能更实用地被想象为一种针对主导话语和机构的局部、小规模的抵抗活动（activity of resistance）。塞尔托[①]描述了这些活动为“消费策略，弱者利用强者的巧妙方式”，这些策略通常采取 146
类比或隐喻的形式，它们是“超越象征秩序并设定限制”（de Certeau 1984: xvii, 54）。那些想要扰乱全球文化经济的译者，可以基于原文本上演一次越轨行为，这可能违反了涉及商品生产的商业伦理，转而支持一种以政治为导向的文化和社会变革伦理。在与大众传播产业流通的拟像互动时，这些不仅构建主体而且还能培养审美自反性的图像，译者构建了一种潜在的抵抗立场，这种立场始终对解释持开放态度，总是依赖于对特定读者的文化鉴别能力的广度和对所审视拟像的投入深度。

翻译的政治策略

为了探讨这些观点对翻译实践的一些影响，我将精研过去大约十年的几个案例。2001 年，麻省理工学院（MIT）的研究生乔纳·佩雷蒂（Jonah Peretti）通过耐克公司个性化运动鞋的提议向其发起挑战，该提议允许购买者选择一个单词或短语，以缝制在制造商的商标即耐克勾[②]的下方。这一提议显然是一个营销策略，一个精明的创新策略，通过单纯的并置，一个合适的名字或昵称可

---

① 米歇尔·德·塞尔托（Michel de Certeau，1925—1986），法国耶稣会神父和学者，其工作结合了历史、精神分析、哲学和社会科学以及诠释学、符号学、民族学和宗教。他被誉为日常生活的哲学家、历史学家，研究领域从 16 和 17 世纪的旅行记到当代城市生活。他的作品已被翻译成十几种语言。

② 耐克勾，swoosh，又称 Nike tick，是耐克公司的商标，是世界上知名度最高的商标之一。这个设计类似于翅膀，象征着古希腊胜利女神 Nike。耐克勾的设计者是波特兰州立大学的学生卡罗琳·戴维森于 1971 年设计出来的，当时耐克公司只花了 35 美元就买下了这个商标的版权。

以分享到商标所积累的文化魅力。然而，佩雷蒂提交了 sweatshop[①]（血汗工厂）这个词，当他的请求如预期被拒绝时，他向耐克解释说，他选择这个“ID，是因为我想记住为我制作鞋子的儿童的辛勤劳动”（http://www.shey.net/niked.html）。

我将这个请求视为尝试进行罗曼·雅柯布森[②]所称的符际翻译，即不同符号系统之间的翻译，在这里是视觉符号和语言符号之间的翻译。雅柯布森设想符际翻译仅以相反的方向工作，作为“通过非语言符号系统的符号来解释语言符号”（Jakobson 1959: 233）。但他没有预见到电子媒体的普遍性和速度如何赋予视觉以优先性，并将视觉符号与语言符号串联起来。通过广告活动，耐克自己将其商标翻译成了口号 Just Do It，将速度的视觉形象与纯粹是身体行动、未经思考和未言明的表现概念联系起来；佩雷蒂反过来将耐克的商标翻译成“血汗工厂”一词，从而引起人们对耐克剥削性劳动实践的关注，并显示出勾这个标志实际上是如何掩盖它们的。尽管耐克拒绝了佩雷蒂的请求，但他试图进行的政治干预在美国的印刷和电子媒体上得到了广泛的宣传，包括《华尔街日报》和《村声》等报纸的报道，以及他在全国电视节目《今日秀》上的个人亮相。他在耐克自己正在部署的营销条款中确实取得了成功（Peretti 2001）。

147 更准确地说，佩雷蒂的干预带有后现代翻译实践的所有特点，它利用推动资本的模拟文化来揭露它们的社会经济条件。然而，他选择 sweatshop 这个词本身就应该使我们警惕，不要将客观、公正的真理归因于他的翻译。就像耐克

① 血汗工厂（Sweatshop, Sweat factory），指条件恶劣乃至于难以接受的工作场所。工人在危险和艰困的环境工作，包括与有害物质、高热、低温、辐射为伍，工时长，低工资等。

② 罗曼·雅柯布森（Roman Jokobson，1896—1982），俄裔美籍语言学家和文学理论家。雅柯布森是 20 世纪最有影响力的语言学家之一。二战时，他定居美国，先后任教于哥伦比亚大学和哈佛大学，1982 年雅柯布森在波士顿逝世。他拓展了分析语言语音系统，开创西方音系学的研究。1959 年，雅柯布森发表了文章《论翻译的语言学问题》（*On Linguistic Aspects of Translation*），将翻译分为三类：语内翻译、语际翻译与符际翻译。

勾标志一样，sweatshop 也是一种拟像，它既去语境化了，从耐克公司在不同经济和政治环境下的工作场所中剥离出来，也被左翼意识形态编码，这种意识形态与劳工运动的历史紧密相连。在采用这种意识形态立场时，佩雷蒂预想了一个会被单纯的词语与视觉图像并置所激发、按照他的方式阅读翻译的受众。

然而，一旦翻译行为进入拟像循环过程中，其后果就难以控制。翻译质疑的机构可能非常强大，足以压制该翻译及其经济和政治效应。在《今日秀》上与佩雷蒂一起出现的耐克发言人承认其做出了负面宣传，甚至耐克网页上也收到了负面投诉。但无论是尝试的翻译还是其后果，都没有对耐克的劳动实践或销售产生任何显著影响。即使消费者可能有足够的信息将勾形标志翻译成“血汗工厂”，他们仍然购买耐克的产品。此外，佩雷蒂的干预在他收到的电子邮件洪流中也受到质疑：一些通信者认为，仅仅通过购买一双耐克运动鞋，他就是在与公司的劳动实践同流合污，最好的做法应该是全面抵制。正如佩雷蒂在网上发表的一篇文章中解释的那样，他的翻译是一种“文化干扰”（cultural jamming）行为，是一种颠覆性的努力，旨在利用公司的做法反对自身。然而，“干扰”的含糊不清指向了这种做法的政治风险：它不仅可以意味着“阻碍”或“停止”，还可以意味着“一群音乐家的即兴演奏”，一种富有成效的合作。

如果译者的干预是一种语际翻译，聚焦于一个符号系统：语言，会不会降低或更易于管理同谋的风险呢？考虑一下维克托·波赞科（Victor Pozanco）于1999年翻译的汤姆·克兰西和史蒂夫·皮森尼克（Steve Pieczenik）的小说《汤姆·克兰西的操作中心：权力的平衡》（1998）的西班牙语版本。情节的关键在于另一次西班牙内战的可能性，其中加泰罗尼亚和巴斯克的叛乱分子联合起来推翻了马德里的中央政府，但却被一个卡斯蒂利亚民族主义者搅乱了局面，他的目标是将西班牙重新引向右翼独裁。为了消除对自由民主的威胁，美国的秘密特工进行了干预。听起来耳熟吧？在过去的四十多年里，拟像的前进步伐如此有效，以至于无法区分美国的外交政策和政治惊悚小说的情节，在总统任期和畅销书中出现了一个可识别的模式，对选民和读者都产生了吸引力。

尽管如此，畅销书作者跟情报机构和内阁官员一样，也可能犯下严重错误。克兰西和皮森尼克的小说充满了对西班牙历史与文化的误解，不仅仅是事实错误，还有夸张和贬低，这构建了负面刻板印象。例如，巴塞罗那大学微生物学
148 教授阿尔贝托·博施·纳瓦罗（Alberto Bosch Navarro）在 Barnes & Noble.com 网站上发布了一篇评论，在评论中他抱怨说："书中描绘的加泰罗尼亚人很贪婪，都是种族主义者兼刺客。"西班牙译本采取了另一种路径，将翻译与改编相结合以改变这些误解：波赞科纠正了错误，并修正了西班牙、西班牙族群和其他西班牙文化的形象。由于他的翻译呈现了一个充满了拟像的文本，他不可避免地替换或创建了其他的意识形态编码的代表性形象，这些形象不能单纯地被视为西班牙或任何社会情境的真实性，恰恰相反，西班牙的形象和克兰西的西班牙声誉都得到了改善。

例如，当英文文本中的美国特工断言："马德里不是墨西哥城的下腹部"时，西班牙版本中则写着："马德里不是第三世界"（Clancy and Pieczenik 1998: 8; 1999: 14）。在这里，波赞科不仅删除了英文中的耸人听闻的俚语（underbelly），还删除了对另一个西班牙语文化的贬损引用，尽管该说法常用来泛指发展中国家。他还努力提高了英文文本的历史准确性，就像这段描述美国特工艾丁的内容一样：

> Spain's strife had been mostly internal in this century, and the nation had remained neutral during World War Ⅱ. As a result, the world had paid relatively little attention to its problems and politics. But when Aideen was studying languages in college her Spanish professor, Señor Armesto, had told her that Spain was a nation

on the verge of disaster.

（Clancy and Pieczenik 1998: 14）

A lo largo del siglo XX, casi todos los conflictos en los que se había visto envuelta España eran de orden interno. España fue neutral en las dos guerras mundiales y, como consecuencia de ello, el mundo había prestado escasa atención a sus problemas políticos, salvo durante la guerra civil. Pero cuando Aideen estudiaba lenguas en la facultad, su professor de español, el doctor Armesto, le había dicho que España era un país dado a los conflictos internos.

（Clancy and Pieczenik 1999: 18）

在本世纪，西班牙的斗争主要是内部的，这个国家在二战期间保持中立。因此，世界对它的问题和政治相对关注较少。但当艾丁在大学学习语言时，她的西班牙语教授，阿梅斯托先生，告诉她，西班牙是一个濒临灾难的国家。

在英文原文中那句“the world had paid relatively little attention to its problems and politics”（世界对［西班牙］问题及政治的关注相对较少）的泛泛之辞旁，波赞科添加了“salvo durante la guerra civil”（除了在内战期间）这一限定。在段落的末尾，他用更为克制的“un país dado a los conflictos internos”（一个倾向于内部冲突的国家）取代了英文源文中的“a nation on the verge of disaster”（濒临灾难的国家）这一夸张的说法。然而，这一选择可以被视为使用了委婉语，这把诸如巴斯克分离主义组织埃塔（ETA）的恐怖主义等严重问题最小化了。在其他地方，波赞科的翻译试图为社会类别带来更大的准确性：提到“南部赤贫的安达卢西亚人”这一说法，这个概括不仅粗略，而且这一赘述还假设英语读

149 者不了解地理（安达卢西亚位于西班牙南部），从而被译为“los campesinos de las zonas más pobres de Andalucía”（安达卢西亚最贫穷地区的农民），在这里，贫困的效果不恰当地从工人身上转移到了一个地区（Clancy and Pieczenik 1998: 7; 1999: 13）。波赞科还删除了克兰西和皮切尼克对内战中共和派的误导性概述，“叛乱的共产主义者和其他无政府主义势力”（同上），这种反共产主义立场反映了冷战时期的思维，不仅消除了共和派政治理念的异质性（其中包括民族主义和自由主义以及各种左翼意识形态），而且还排除了他们共同为民主而奋斗的想法。然而，译文并没有提供这些历史事实。

在西班牙译本的前言中，位于巴塞罗那的出版商普拉内塔（Planeta）介绍了译者的工作，指出波赞科纠正了错误，不仅避免了对西班牙读者的冒犯，而且避免了可能对跨文化关系造成潜在损害的文化和政治刻板印象，因为克兰西的小说广泛流传，影响了读者对美国以及像西班牙这样的外国文化的态度。在2002年4月对波赞科的采访中，我得知做出这些更改的决定是源于译者本人，出版商对此表示了支持。在我们的交流中，波赞科主要从文化政治的角度描述了他的翻译工作，揭示了他选择的意识形态基础。作为克兰西七部小说的译者以及狄更斯、哈葛德、乔伊斯、纳丁·戈迪默、玛格丽特·阿特伍德等约一百部英文文学作品的译者，波赞科表示：

> 我在处理英文原文时的目标是保留冒险性，将其他任何的考虑都放在第二位。我个人认为，如果以其他方式对待这本书，将破坏我认为通过《荣誉债务》和其他我译的书籍所帮助创造的克兰西先生的良好形象。我从未对克兰西先生有过不良印象，主要是因为他一直在打击恐怖主义，各种恐怖主义，我认为这是好事。我只是把他看作一个非常保守的人，他以美国的方式捍卫民主，尤其是打击恐怖主义。

波赞科的评论证明了文学文本在翻译过程中可能经历的意义和意识形态的变化。尽管在美国，根据大众口味，克兰西的小说被读作具有爱国主义色彩的悬念技术惊悚片，或根据精英口味被读作充满反动政治主题的简单叙事形式。但在美国以外，它们可能支持多种甚至相互矛盾的反应，这取决于对美国文化和外交政策的态度。对于波赞科来说，克兰西的小说反映了民主价值观，当然是保守的，但在反恐方面值得赞赏。波赞科将这一观点与其他西班牙读者的看法区分开来，用他自己的话来说，就是这些读者认为这位美国作家是一位“右翼分子，过于偏向军事手段”。

在西班牙，尽管像《埃尔帕依斯报》和《先锋报》这样的报纸对波赞科的 150
更改和克兰西的小说进行了批评，但西班牙译本似乎加强了克兰西在西班牙市场的可行性。《荣誉债务》和《权力平衡》在西班牙出版时并未出现在任何畅销书排行榜上，但波赞科翻译的其他五部克兰西小说却做到了。为了保持之前翻译传达的“良好形象”，波赞科的最新翻译仍然与克兰西作为美国作家在西班牙的文化和经济资本相符，尽管他在文中明确质疑了这点。这个案例还清楚地表明，具有政治目的的后现代翻译实践，可能需要重新定义翻译，以超越今天通常被认为是跨语言翻译的相对紧密地遵循原文的范畴，用以囊括更多修订形式的改写，如改编。

更广泛的改写是否能使译者对翻译的接受有足够的控制，以确保其政治力量不受损害？以马丁·邓福德（Martin Dunford）和杰克·霍兰德（Jack Holland）的《纽约市简明指南》意大利语译本为例，两者都于2000年出版。这个版本由一群作家翻译，因而夸大了邓福德和霍兰德对纽约的神话般的描绘，并同时质疑市政府为游客消费打造出干净整洁的形象而引人注目。这些复杂的效果是通过多次修订实现的。尽管英文原文提到“the 4am half-life Downtown, or just wasting the morning on the Staten Island ferry”（凌晨4点的城中心，或者只是在斯塔腾岛渡轮上徜徉一个上午）用以说明曼哈顿是“浪漫之都”，但是意大利语版却采用了既戏剧又抒情的词汇：“il Greenwich Village, dove la vita *ferve ancora* alle 4 del mattino, il traghetto di Staten Island in un mattino *luminoso*”（凌晨四时的格林威治村，夜生活正酣，斯塔腾岛渡轮上一个灯火通明的清晨）（Dunford and Holland 2000a: ix; 2000b: 7，斜体为我所加）。与此同时，尽管英文原文报告称犯罪率显著下降，“especially in the Mayor Giuliani years”（尤其是在朱利安尼市长任期内），意大利版本则删除了对市长的任何具体提及，却添加了一些诸如讽刺的批判性评论，指出在犯罪率下降之后，“le autorità di Manhattan recentemente si sono lasciate andare a avventate manifestazioni di autocongratulazioni e pacche sulle spalle”（曼哈顿当局最近放任自流，陷入了鲁莽的自我庆祝和相互表扬）（同上）。译者们抵制了鲁道夫·朱利安尼①任期（1994—2001）产生的宣传效果，并为意大利游客提供了一种更具洞察力的城市表征，尽管这种表征仍然由好莱坞电影和电视节目的虚拟形象编码。

根据我的了解，《简明指南》允许这种形式的改写。2001年5月，我把意大利译本中关于朱利安尼的评论拿给《指南》营销、宣传和权利部门主管理查德·特里洛（Richard Trillo）看时，他回答道：“我们的合作伙伴被许可有自由在《指南》文本中添加新材料。”因此，尽管意大利语适应性翻译与市政府用来向全世界游客销售纽约的浪漫虚拟形象相符，它仍然执行了德·塞尔托所赞
151 赏的抵抗形式：一种鼓励对官方陈述持怀疑态度的地方性抵抗。

① 鲁道夫·朱利安尼（Rudolph William Louis Giuliani，生于1944年），意大利裔美国律师、检察官、商人，共和党政治人物。最初担任联邦检察官，起诉了许多高知名度的犯罪集团首脑。他于1994年至2001年间担任纽约市市长，致力于降低犯罪率并改善城市生活的品质。911事件期间，朱利安尼以突出的领导力闻名全球，被《时代》杂志列为2001年的年度风云人物。在911事件中的指挥表现，还使他获得了“美国市长”的绰号。卸任纽约市长之职后，他创建了合伙证券顾问公司。2016年1月12日，朱利安尼被特朗普提名为网络安全顾问。2021年4月28日，朱利安尼在纽约的住所和办公室当天遭联邦执法人员搜查。报道称，此次调查可能与之前的“通乌门”调查有部分关联。2023年12月21日，朱利安尼在纽约申请破产，列出高达5亿美元的债务。

然而，译出一本旅行指南后，对该译本的质疑效应并不止于游客心目中可能难以区分的外国场所的拟像。指南本身也可能会受到质疑，因为它同样传播着充满意识形态的形象。意大利语版的《纽约市简明指南》实质上修订了邓福德和霍兰的社会诊断（social diagnosis），暗示其表面化、不准确，且过于宽容。例如，在评论曼哈顿社区之间巨大的社会经济差异时，英国作者断言："这个城市一直如此，耀眼、直白的财富，同时还有诸多城市的通病，包括贫穷、毒品交易、无家可归，极为突出。"但意大利译者给出了更深入、更严厉的陈述：

> Tutta la città è così: in nessun altro luogo del mundo occidentale ci sono tanti derelitti vicino a un lusso così sfacciato, e tanti problemi (razzismo, droga, senzatetto) ancora irrisolti.
>
> （Dunford and Holland 2000b: 7）

> 整个城市就是这样：在西方世界的其他地方，几乎没有哪里像这里一样，破败的建筑与如此无耻的奢侈并存，以及如此多尚未解决的问题（种族主义、毒品、无家可归）。

不仅译者为纽约城的描述和评价创建了国际语境（即"西方世界"），他们还删除了邓福德和霍兰德关于"问题［……］吸引了预期较高的公众注意"的缓和性言论，而是直接断言缺乏解决方案。此外，通过提及"种族主义"，译者指出可能潜在于英文文本中更为常见因此更容易被忽视的城市问题清单下意识形态的决定因素。意大利语译本正在创造一种不同的旅游者，他们无疑会被访问纽约时不可避免的幻象所吸引，但同时敏锐地意识到至少有些图像可能会掩盖任何此类遭遇的社会条件。当然，意识到这些条件的存在，并不等同于它们的透明呈现，读者必须对意大利语译本持怀疑态度，才能将其插入内容视为揭露真相。因为事实上，即使提到“种族主义、毒品、无家可归之人”也具有拟像性，这在纽约的媒体形象中几十年来一直占据着重要地位。

并非每本旅行指南的译本都鼓励塞尔托所想象的作为抵抗行为的消费策略。译文确实可能会改写对外国地方的描绘，以至于加强幻象的先进性，并瓦解对它们的批评。邓福德和霍兰德的《纽约市简明指南》荷兰语译本跟意大利语版一样由团队制作，试图减轻其用语的夸张，但译本重新创造了他们的神
152 话化形象。英文本指出，在“公认的疯狂”城市中度过一周后，“震惊便让位于神话”，而荷兰语版本省略了对“震惊”和“神话”的任何提及，而是表现出非常不同的反应：“voorbij is het aanvankelijke wantrouwen”（最初的怀疑已经过去）（Dunford and Holland 2000a: ix; 1998: 9）。怀疑的概念耐人寻味，让人联想到由犯罪报道以及很多以纽约为背景的警察连续剧，无论是小说、电影还是电视节目——影响的图像。这一联想在译者处理名为“警察和麻烦”的章节时得到证实。邓福德和霍兰德在英文文本中以认真的态度（尽管仍然带有滑稽的夸张）表示，“有时可以嗅到潜在的暴力氛围”，但译者赋予“氛围”以威胁的力量，用犯罪小说中的陈词滥调恰当地给出如下的表达：“De dreiging van geweld die in de lucht hangt, is soms haast voelbaar”（空中萦绕的暴力威胁有时是可以感觉到的）（Dunford and Holland 2000a: 41; 1998: 46）。荷兰语版本就像英文文本一样，似乎是在预见游客可能对纽约抱有媒体塑造的成见，但它只是确认而非挑战它们。该译本甚至刻画了一个典型的荷兰游客，对价格敏感，倾向于尽可能少花钱。英国作者以其典型的夸张风格声称，“For the *avid consumer*, the choice of shops is vast, almost numbingly exhaustive”（对于**狂热的消费者**来说，商店的选择繁多，几乎令人麻木的不可穷尽），而荷兰译者则译道，“Wat de koopjesjager betreft, de keus aan winkels is enorm”（就讨价还价者而言，有很多商店可供选择）（Dunford and Holland 2000a: ix; 1998: 9, 粗体为我所加）。荷兰语

译本的《纽约市简明指南》正在创造一个对纽约市浪漫拟像着迷的游客（虽然不如英国和意大利同行那么热情），但可能会因为它们隐藏的文化差异而感到隔阂，因而深受困扰。

本地应变

然而，即使将这些保守的、与主导文化和社会机构（包括旅游指南行业）有关的模拟翻译放在一边，我们仍可能质疑任何旨在颠覆的翻译项目所产生的社会影响程度。德·塞尔托的本地干预是译者能够实现的唯一形式的抵抗吗？如果是这样，支撑我论文的叙述可能被认为是讽刺性的，而不是浪漫的，因为文化政治被掌权者控制，因为政治抵抗导致社会超越并有可能改变地缘政治关系。我不确定翻译能否在国际或全球范围内做到这样的事情，除非译者集体组织罢工，将翻译从市场和商业实践中移除。所有那些合同、专利、说明书和软件包的翻译都忙于扩展经济网络，没有空间进行像克兰西小说和《简明指南》那样的改写。那么，那些在合同上有义务精确翻译的、在学术研究领域中的政治参与型译者，又该如何平衡他们的商业伦理和伦理政治呢？他们如何在履行 153
合同的要求与反对他们所反对的意识形态之间取得平衡呢？

思考一下海明妮亚·贝维亚（Herminia Bevia）和安东尼奥·雷西内斯（Antonio Resines）2002 年的理查德·福尔克（Richard Falk）《掠夺性全球化批评》（*Predatory Globalization: A Critique*, 1999）的西班牙语译本。在评估译者干预的影响时，必须首先翻译这本书的决定，因为福尔克的标题清楚地表明，他的目标是提出一种坦率的政治分析：他认为，国家在顺应全球经济的过程中，违背了保护公民权利和福利的义务，加剧了社会和环境问题。然而，贝维亚和雷西内斯并非出于意识形态原因而接受这个项目。作为有着一百多部英译作品的译者，涵盖了从小说、诗歌和电影配乐到自然和社会科学领域的学术作品，他们依靠翻译为生。在 2005 年 7 月我们讨论福尔克书籍工作之时，他们评论说："我们不能拒绝这份工作。我们需要钱。"尽管如此，这部译作仍然为西班牙语世界关于全球化的辩论做出了贡献，不仅在媒体上得到引用，还在学术研究中被引用。因此，一部带有政治主题文本的翻译可以产生意识形态效应，可以影响接受文化中的政治话语，即使译者决定承担该项目并非出于明确的政治行为。

尽管贝维亚和雷西内斯的主要动机是维持生计而并非政治，他们的翻译确实涉及了一个带有地缘政治含义的有趣选择，并且正是出于这个原因而做出的。对于自 1980 年代以来就出现在美国外交政策声明中，并在 2003 年用来证明老布什政府对伊拉克军事侵略的有争议的术语 rogue states（流氓国家），译者用 Estados díscolos（不服从的国家）来替代。例如，这里是他们对福尔克引用迈克尔·克莱尔（Michael Klare）1995 年的著作《流氓国家与核不法分子》（*Rogue States and Nuclear Outlaws*）的句子的翻译版本：

> Michael Klare has persuasively argued that US non-proliferation efforts in recent years have been mainly directed against the so-called rogue states, a shifting classification currently consisting of Iraq, Iran, Libya, Syria, and North Korea.
>
> （Falk 1999: 84）

> Michael Klare ha argumentado de manera persuasiva que los esfuerzos en favor de la no proliferación de Estados Unidos durante los últimos años han estado principalmente dirigidos contra los considerados Estados díscolos, una mutable clasificación que hoy engloba a Irak, Irán, Libia, Siria y Corea del Norte.
>
> （Falk 2002: 120）

> 迈克尔·克莱尔有说服力地认为，近年来美国的核不扩散努力主要是针对所谓的流氓国家，这一不断变化的分类，目前包括伊拉克、伊朗、利比亚、叙利亚和朝鲜。

贝维亚和雷西内斯的译本严格遵循福尔克的词汇和句法，保持了紧密的语义对应，除了他们对“流氓国家”的选择之外。因为西班牙语没有与英语 rogue（流氓）确切的对应词，译者考虑了包括 gamberro（意为 trouble-maker [捣蛋鬼]，154
或者 hooligan [流氓]）在内的各种替代词汇。他们在我们的采访中解释说，排除了这种可能性，因为

> gamberro 带有一定的卑鄙品质，而此意是 díscolo 缺失的。这种差别其实并不是非常重要，但我们认为，使用 díscolo 确实从这个表达中去除了宣传上的铁腕，尤其是在评判者、陪审团和执行者是同一个人的情况下。

尽管贝维亚和雷西内斯认为“在词汇选择上的差别并不很重要”，但他们确实给出了其译本的政治理由。在选择 díscolo 时，他们试图找到一个近似的译本，以去除美国外交政策中将某些国家定性为“流氓国家”时附加的犯罪污名。另一种译法 Estados delincuentes（违法国家），则为胡安·盖克斯（Juan Gabriel Lopez Guix）为《先锋报》翻译的一些文章中所采用（Polk 2004）。在 2005 年 6 月的一次采访中，盖克斯解释道，他使用 delincuente 是为了强调法律概念：

> Delincuente 具有我想要传达的违反法律的含义（在西班牙语中，delincuente 指违反法律的人，并不像英语中那样特别与“青少年”相关）。在风格上，它似乎更适合，因为这个悖论更加明显（国家，立法者，作为违法者）。

盖克斯对 delincuente 的使用，运用了特定的等值概念，即与 rogue 相符，正如吉迪恩·图里（Toury 1995: 56-57）可能会指出的那样，这样符合“原文规范”，在这里并不强调简单的语言选择或建立密切的语义对应关系，特别是在没有英语单词的现成等价物的情况下，而是涉及精确的政治意义：delincuente 传达了布什政府对“流氓国家”的定义，即“非法政权”（outlaw regimes），这个词是布什自己在 2003 年 3 月宣布伊拉克战争开始之时所使用的。这种政治适当性，加上在西班牙语中的可理解性，确保了 delincuentes 在图里的意义上也是可以接受的，即符合接受文化的规范（Toury 1995: 57），这些规范再次是政治性的，因为当时的西班牙总统何塞·阿斯纳尔[1]从 2001 年开始就坚决支持美国的外交政策。相比之下，贝维亚和雷西内斯对 díscolo 的使用则涉及与布什政府对“流氓国家”的定义不一致，因为它消除了对法律的明确参考。尽管 díscolo 可资理解，可以根据西班牙语的语言规范接受为 rogue 一词的翻译，但它与主流政治价值相抵触，“主流”是指当前政府所持有的价值观。

然而，díscolo 这个词仍然释放出其他意义，有效地质疑了美国的外交政策。因为西班牙语中这个词通常用来描述不听话的孩子，它用对更高权威或主
155 权力量的普遍不服从的概念替换了罪犯的宣传性污名，暗示所谓的流氓国家无视联合国等国际机构的政策，或拒绝像美国这样的霸权国家的要求。因此，díscolo 可以被理解为反过来对布什政府进行指责：它暗示了联合国宪章赋予美国作为安理会常任理事国的至高无上地位，暗示美国提出的服从要求是其自身未能履行的，通过侵犯其他国家的自治，美国行使了一种主权力量，否认了民主中的参与或共享要素，从而符合了“流氓国家”自己的定义。实际上，布什在伊拉克战争开始时的讲话中声称，“我们在伊拉克没有野心，除了消除威胁

① 何塞·马里亚·阿尔弗雷多·阿斯纳尔·洛佩斯（José María Alfredo Aznar López，生于 1953 年），西班牙首相（1996—2004）。1996 年 3 月，阿斯纳尔在西班牙大选中获胜后出任西班牙首相。他是西班牙民主转型以来首位右翼首相，在任期间西班牙经济得到了显著的发展。

并将该国的控制权还给其人民”。德里达解释了民主对主权的矛盾依赖性：

> 为了使民主有效，为了产生一套可以成立的法律制度，也就是说，为了产生一种有效的权力，人民（dēmos）的权力（cracy），在这种情况下是世界人民（the world dēmos）的权力。因此，所需的是主权，一种比世界上所有其他力量都强大的力量。但是，如果这种力量的构成原则上应该代表和保护这种世界民主，实际上它从一开始就以自动免疫的方式背叛和威胁了它……只要有主权，就有权力滥用和流氓国家。
>
> （Derrida 2005: 100, 102）

通过引入服从（obedience）的概念，estados díscolos 可以揭露美国主权可疑的政治条件，而这种主权是任何诉诸联合国等机构的基础。

当然，阐述贝维亚和雷西内斯翻译中的意识形态批判，他们对布什和阿兹纳尔政府的政治拟像的创新挑战，并不等于评估这种批判对他们读者的可及性或其政治影响。他们的西班牙语译本，像福尔克的英译本一样，主要面向包括学术或专业人士在内的知识精英，即使它在一定程度上超出了这个读者群。对于这样的作品被广泛流通的期刊注意到，几乎不可能扩大其受众范围至普通读者。然而，被贝维亚和雷西内斯译本吸引的精英读者群体，将有能力注意并分析像“流氓国家”这样的意识形态负载短语的细微差别，即使这个短语在学术文本中只使用了几次。

更重要的是，他们的翻译与西班牙政治舆论中的一个重大发展相联系。自2002年该译本出版以来，布什在国情咨文中将“流氓国家”这一修辞与同样具有宣传性的“邪恶轴心”（axis of evil）这一短语结合起来，因此选择 díscolo 来翻译像福尔克这样尖锐批判性的文本，可以看作是反映了西班牙对美国外交政 156
策反对情绪的上升，尤其是在阿斯纳尔总统坚定支持入侵伊拉克的情况下。此外，在 2004 年 3 月，阿斯纳尔的政党人民党在大选中落败，执政的另一个政党西班牙社会劳工党不仅对美国持批评态度，而且还策划了西班牙军队从伊拉克撤军。这一系列事件当然不能直接归因于贝维亚和雷西内斯的翻译，尤其是考虑到选举发生在马德里火车爆炸恐怖事件和阿斯纳尔政府混乱的反应之后，导致其政府失去了政治资本。然而，我们可以推断，贝维亚和雷西内斯对关键词的翻译有助于政治辩论，不仅因为他们的选择具有质疑性，而且因为它增加了可能的翻译范围，因此增加了对美国外交政策不同的西班牙语解读的可能性。意识形态编码翻译的政治有效性，如对 rogue 的不同翻译，不必依赖于译者可能的意图，或有政治倾向的读者可能赋予的解读。不同拟像间的差异本身就可以转变为使批评成为可能的文化条件，可以激发特定社会情境中读者群体的批判性反思，尤其在那些以分裂的意见和争议为特征的情境中。

因为翻译总是受接受语境中的文化和社会因素的限制，尤其是按权力和声望的层级排列的价值观、信仰和表现形式，因此选译原语文本和开发翻译策略不可避免地在一定程度上涉及选边站队，与某些群体和机构比其他群体和机构更加一致。虽然翻译文本的接受不可能被译者的选择严格控制，但它并不是不可预测的，而是受到构成任何接受语境的文化和社会分歧的影响。因此，一部翻译作品可以获得政治力量，即使译者选择的意识形态价值以及其社会影响可能呈现出不同甚至有时是相互冲突的形式，总是受到特定受众接收翻译的当地情境的影响。在后现代文化的拟像中，由于最多样化的图像迅速流通，并且生产网络可以增加文化形式和实践的断裂和矛盾，受众被分割成重叠的精英和大众群体，政治干预的可能性变得局限，受到媒体和受众的限制，但仍然具有与更广泛的发展相关联的潜力，这些发展可能会带来文化与社会变革。

以上结论，尽管在考虑到我所研究案例数量有限的情况下仍然是暂定的，但它们为翻译研究提供了一些方向。为了深入思考基于翻译的抵抗形式，我们必须研究翻译所做的事情，研究每种样式或文本类型，无论是人文的、实用的还是技术性的，然后探索它可能做什么，无论是在地方、国家还是国际层面上，以改变人们的生活。这类研究涉及研究读者如何处理和使用翻译文本。但 157
是，如果目标是将翻译作为一种文化实践，以某种方式干预当前的地缘政治经济，我们还必须考虑如何教读者将翻译**读作翻译**，相对独立于它们翻译的异域文本，如何区分不同的话语策略，无论是翻译的还是改编的，无论是语内的、语际的还是符际系统的，以及如何根据任何文化中的价值、信仰和表达层级评估翻译的潜在影响。翻译研究不仅需要发展其智识项目的真正全球意识，而且为了将翻译作为一种政治干预，它还必须从这样一个假设出发：文化实践既是现实社会问题的意识形态解决方案，也是对社会生活的乌托邦愿景的表达（Jameson 1981: 291）。只有这样，翻译研究才能形成自己的社会责任概念，不是默许现状，而是对其进行深入的批判。

［2008］

9 图书市场上的翻译

在法兰克福书展上，每年来自全球的数以千家出版社都会挤进巨大的展览馆内，购买和出售外国版权。典型的展位通常设有几张小桌子，代理商和编辑们在这里达成交易。当你驻足浏览展出的书籍时，不难听到关于某种语言的潜在翻译的讨论。我最近参加了这个活动，无意间听到了一段令人吃惊且有些担忧的对话。

在某一家意大利贸易出版商的展位前，一位英国代表拿到一本新的出版物，笑着说："封面看起来很聪明"（The cover looks smart）。意大利版权经理问道："你是指'聪明'（clever）吗？"她的潜在客户停顿了一下，脸上露出疑惑的表情，然后回答："当然"，仿佛是为了消除他们是否互相理解的任何疑虑？我自己都不确定他们是否在说同一种语言，尽管这种语言是英语。smart 当然可以意味着 clever（聪明），但在这种情境下，英国人很可能是在指外观，而非智力。我不禁想，当这两人开始讨论这本书的实际内容时，会发生什么？用他们的话来说，它还是同一本书吗？在他们的思维中？考虑到法兰克福通常会交换大量资金，你可能期望任何金融交易都伴随着更多的相互理解。这次对话几乎没有增强我对当前文学翻译状况的信心。

作为一名从事了大约三十年英语翻译的工作者，同时还兼顾理论方法，我已经成为了一个批判性的观察者，关注异域文本如何被选译。自 20 世纪初以来的出版实践，已经决定性地塑造了我们的跨文化交流，并且，我相信，这些实践导致了自二战以来英语译入出版量处于极低的水平，现在根据行业统计数据，仅占年度图书总产量的2%左右（Venuti 2008: 11）。这些实践之所以令人质疑，不仅因为只引入了来自狭窄外国文化范围的相对较少的外国文本，而且 159
还因为形成了英国和美国强烈的单语读者群，他们通常对译作不感兴趣。讽刺的是，出版商似乎没有按照他们自己的最佳利益行事，无论这些利益是文化的、商业的，还是两者兼而有之。

主要问题在于，长期实践揭示了概念上的天真（conceptual naïveté），对翻译的理解极为有限，对任何翻译项目必须面对并以某种方式解决的文化问题的理解有限，如果它要在批判和商业上都成功。因此，我建议，就翻译而言，这些做法需要重新思考，如果不是简单地放弃，就需要被更精明的方法所取代，一种真正关注文化和商业因素的方法。否则，英语出版商，无疑也包括其他语言的出版商，将继续陷入我们目前的困境：缺乏我所说的翻译文化，一种可以维持翻译研究与实践的文化，可以培养对翻译多方面进行精细欣赏的讨论，并且可以创造一个有知识的读者群来支持和鼓励翻译文本的出版（有关这一点的更多考虑，请参见第14章）。

20世纪初，英语出版商之间普遍形成了一种未成文的政策：他们购买外国作家一本书的翻译权，如果这本译作在出版后很快出现了重大亏损，或者无法收回其生产成本，或者未能实现适度利润，则会停止出版该作者其他的译作。然而，如果第一本翻译作品能够收支平衡或接近收支平衡点，则会继续出版该作者的译作，希望通过增加更多作品来创建读者群，并为后备书单增加有利可图的品种，这本身可能就会开始获利。

我所描述的普遍政策规定了一定的印刷数量，到了20世纪40年代，这一印量变成了行业标准。1949年，翻译家里昂（F. H. Lyon）建议斯坦利·厄文（Stanley Unwin）出版芬兰作家雅尔·海默（Jarl Hemmer）小说《信仰的傻瓜》（*A Fool of Faith*）的英文版，但基于销售预测，厄文拒绝了。他回信道："我们需要确保至少能卖出5000本，如果我们不想在今天的小说上亏钱，我们对用海默的作品能达到这个结果没有信心”（艾伦与厄文档案，雷丁大学：1949 年 11 月 17 日）。5000 本的销量成为一部成功翻译小说的标杆。然而，这个数字也反映了出版英语翻译作品悲哀的现实。在 1978 年到 1999 年间，克里斯托弗·麦克洛霍斯[①]一直指导哈维尔出版社（Harvill Press）的发展方向，在创建了一个大量翻译作品的列表之后，他观察到，“现在即便是最优秀的译作，大部分也只能达到 1500 到 6000 册的销量”（MacLehose 2004-05: 113）。

自 20 世纪初以来，很少有英语译作能够达到这个上限。因此，大多数外国作家的作品译成英语后，要么未被初次出版商再版，要么因第一次翻译在市
160 场表现不佳而被其他出版商所忌惮。典型的例子是意大利作家宝拉·卡普里奥洛[②]，自 1988 年以来，她已出版了二十多本作品，包括小说、短篇小说集和儿童文学。尽管她的创新叙事被翻译成大约十二种语言，但英美出版商却因为首批译本未能卖出好成绩而回避她的作品。蛇尾出版社[③]出版了她的三部小说的英译版：《弗洛里亚·托斯卡》（1997）、《女性守望者》（1998）和《有品格的人》（2000）。但销量的减少导致出版人皮特·艾尔顿（Pete Ayrton）放弃了她

① 克里斯托弗·麦克洛霍斯（Christopher MacLehose，生于 1940 年），又译麦理浩，英国出版商。麦克洛霍斯出版了超过 34 种语言的作品，被称为“翻译小说的冠军”和“英国出版翻译文学的元老”。麦克洛霍斯是一个将一生奉献给文学的人。2008 年至 2020 年，他担任麦克洛霍斯出版社（MacLehose Press）的出版人。我们熟知的金庸的武侠小说的英译本，就是由这家出版社向世界发行的。

② 宝拉·卡普里奥洛（Paola Capriolo，生于 1962 年），意大利小说家和翻译家，曾在米兰大学接受教育，1996 年获得哲学学位。1988 年，她出版了短篇故事集《伟大的尤拉利亚》（*La Grande Eulalia*），赢得了朱塞佩·贝尔托奖。她的作品探索了日常生活之外的现实。神话在她的写作中扮演了重要角色。她的创作经常受到音乐的启发，包括对音乐的引用和使用音乐隐喻。宝拉还是《晚邮报》的评论员和德国小说的翻译家。

③ 蛇尾出版社（Serpent's Tail），是一家位于伦敦的独立出版公司，1986 年由皮特·艾尔顿（Pete Ayrton）创立，专门出版翻译作品，特别是欧洲的犯罪小说。2007 年 1 月，它被英国出版商普罗菲尔图书（Profile Books）所收购。

的作品。她至今未能在英语贸易出版社中找到其他出版商。

值得称赞的是，艾尔顿愿意通过三次翻译来支持卡普里奥洛的作品。尽管他当时经营的是一家中型出版社，当然与跨国大公司相比规模仍然很小，但跟这些大公司一样，他也在实施一种有着超过百年历史的做法。专注于一个外国作者的一本著作或者一门外语的单一作者，迫使出版商决定是否继续翻译该作者的作品以建立读者群，而这一读者群只是该作者的读者群，并不一定对其他从那种外语或其他外语翻译的书有所影响。鉴于这种做法，出版商不论大小，都很可能放弃在书市上表现不佳的作者。

这些特殊案例之所以引人关注，是因为它们涉及了现代文学中的伟大作品。根据当时和现在的标准，这些作品在翻译后最初在商业上是失败的，之所以能够在英美获得经典地位，只是因为一些出版商愿意将这些品种加入他们的书目或出售重印权。以下所报告的销售数字来自雷丁大学英国印刷和出版档案馆[①]。1922 年，查掩与温得斯（Chatto and Windus）出版了蒙克列夫（C. K. Scott Moncrieff）翻译的普鲁斯特《斯万的一生》[②] 的两卷本，一年内印刷了 3000 册。然而，五年后，第一卷只卖出了 1773 本，第二卷只卖出了 1663 本。1928 年，马丁·赛科尔（Martin Secker）出版了他的第一本托马斯·曼小说的译本，海伦·洛威-波特的《魔山》译本，但七年后才售出 4641 册，无疑是得益于赛科尔在此期间出版了托马斯·曼的其他七本书的译本。1929 年，霍加思出版社（Hogarth Press）出版了贝丽尔·德·佐特（Beryl de Zoete）翻译的

① 雷丁大学英国印刷和出版档案馆（Archive of British Printing and Publishing at the University of Reading），是英国图书行业相关的收藏，构成了研究图书制作和印刷所有方面的宝贵资源。档案馆持有 20 家大型或一般出版公司的档案。这些包括现在属于企鹅兰登书屋的多个品牌以及最悠久的出版社之一朗文的档案。见 https://collections.reading.ac.uk/special-collections/collection-overview/archive-of-british-printing-and-publishing/。

② 《斯万的一生》（*Swann's Way*），普鲁斯特《追忆似水年华》的第一卷，首次发表于 1913 年，开启了《追忆似水年华》七卷的序幕。

伊塔洛·斯韦沃的中篇小说《骗局》（*The Hoax*），第一年仅售出500册后，这本书显示出亏损，出版商伦纳德·伍尔夫（Leonard Woolf）很快就在寻找剩余的300本。1930年，伍尔夫还出版了斯韦沃的故事集《和蔼老人和漂亮女孩》（*The Nice Old Man and the Pretty Girl*），遭遇了同样的命运。他试图将这些故事的译本卖给已经在1930年出版了斯韦沃《齐诺的自白》（*Confessions of Zeno*）的阿尔弗雷德·克诺夫（Alfred Knopf）出版社。克诺夫的编辑波斯盖特（R. W. Postgate）拒绝道，“毫无疑问，尽管我们做出了巨大努力，但恐怕他还是失败了”（Hogarth Press Archive, University of Reading: Postgate to Woolf, 12 January 1931）。

我将这些“巨大努力”（immense efforts）理解为推广和营销策略，比如投放广告、向报纸和杂志发送书评样书，以及联系编辑和评论家以产生一些有利
161 的宣传。但是，这样的努力无法解决翻译过程中的一个关键事实：它极大地将原语文本的语境去除，以至于即便是同一作者的作品集，读者也可能难以单独欣赏翻译作品。

翻译使原语文本脱离了使其在源语文化中独特有意义的一切：语言使用模式、文学传统、习俗和实践、文化价值观的范畴以及在印刷和电子媒体以及社会机构中的接受形式。因此，翻译使读者的阅读体验与有机会接触原语文本读者的体验大相径庭，尤其是原语读者可能对源文化有广泛而深入的了解。这种分离还因为翻译作品的有限可用性而加剧。整个文学传统，甚至整个文学典范，从未被翻译成特定语言，当然也不包括英语。而且，无论有多少出版社（商）投资翻译英语等全球主导语言的作品，当代作品的大量且多样的选择也很少能在任何时候出现在印刷品上。因此，面对翻译作品时，读者自然会依靠他们所知道和偏好的东西：他们主要根据接受语境（通常是他们自己的文化）中的语言模式、文学传统和文化价值来阅读和评价翻译作品。

然而，这种接受方式是有风险的。它可能导致对外国文学作品的忽视或误

解，因为这些作品在译入语的文本和传统中可能无法被识别或理解。仅仅因为外国文本无法按照其自身的条件被理解，可能导致对读者文化价值的自满和对外国文化的种族中心主义排斥。

即使是在能够处理具有挑战性文本的精英读者群体中，这种情况也可能发生。虽然普鲁斯特和斯韦沃最初未能吸引英语读者，但弗吉尼亚·伍尔夫[①]却大受欢迎，而且非常成功：她的大多数作品一经出版都即刻取得成功。1925年，霍加思出版社出版了《达洛维夫人》，仅首年就售出2136本，盈利150英镑，这对于吸引了相当专业观众的现代主义实验来说印象是相当深刻的。这个利润今天看来可能很小，但需要放在其时代背景下考虑：1932年，卡夫卡的译者维拉和埃德温·缪尔以每年120英镑的价格租了伦敦时髦的汉普斯特德区的一所房子。（Muir 1968: 158）《达洛维夫人》之所以如此成功，我认为是因为有足够多的读者能够理解并欣赏其实验性叙事（experimental narrative）。到1923年，多萝西·理查森[②]已经出版了七部以意识流技巧为特色的小说。1919年，乔伊斯《尤利西斯》的节选在《自我主义者》（*The Egoist*）杂志上发表，三年后全文在巴黎出版。对现代主义小说感兴趣的英语读者拥有文化背景来阅读弗吉尼亚·伍尔夫、理查森和乔伊斯的小说。但这些读者并没有转向外国的现代主义作品。

何种语境才能使得斯韦沃作品的首次英译找到其受众？显然，乔伊斯赞

① 弗吉尼亚·伍尔芙（Virginia Woolf，1882—1941），英国作家、文学批评家和文学理论家，意识流文学代表人物，被誉为二十世纪现代主义与女性主义的先锋。两次世界大战期间，她是伦敦文学界的核心人物。其知名的小说包括《达洛维夫人》（*Mrs. Dalloway*）《到灯塔去》（*To the Lighthouse*）等。

② 多萝西·理查森（Dorothy Richardson，1873—1957），英国小说家，在意识流小说的发展中发挥了重要作用。她的作品《朝圣》是一部序列小说，有多卷，每一卷都可以作为独立作品。这部小说的创新叙事技巧和心理洞察的深度使其成为20世纪文学的关键作品，特别是在探索女性意识方面。

赏作品对提高销量的作用微乎其微。当时英文可以获得的意大利小说，主要由
162 自然主义的各种形式主导，这与斯韦沃那些讽刺意味浓厚、带有精神分析色彩的反英雄故事截然不同。最受欢迎的意大利作家是玛蒂尔德·塞拉奥（Matilde Serao），她探讨了贵族和中产阶级女性间的非法恋情、南北文化和经济发展的不均衡，以及她的故乡那不勒斯的地方性和贫困等主题。1901 年，亨利·詹姆斯[1]对她早期小说的“非凡自发性”（remarkable spontaneity）表示赞赏，尤其是《罗马征服》（*La conquista di Roma*, 1885），作品中一位那不勒斯代表进入议会后无可救药地爱上了一位成熟的罗马女性，最终失去了他的职位（James 1901: 372）。在詹姆斯的文章之后，一系列的译本相继而出，到了 1928 年，塞拉奥有十本作品已被译成英文，尽管她的写作越来越戏剧化。霍加思出版社翻译斯韦沃短篇故事集的文学评论家兼历史学家拉西·科里森–莫雷利（Lacy Collison-Morley）评论了塞拉奥 1914 年小说《她没有回应》（*Ella non rispose*）的英文版，将其描述为“感情的积极狂欢”（Collison-Morely 1919: 689）。

尽管如此，塞拉奥还是捕获了英语读者的想象力。如果英美出版商更加关注她的同时代人，那些修订或放弃自然主义的作家，比如路易吉·皮兰德洛（Luigi Pirandello）和费德里戈·托齐（Federigo Tozzi），他们会挑战对塞拉奥小说的喜好吗？这两位作家都创作了现实主义叙事小说，但设计了创新策略来探索人物心理，皮兰德洛诉诸顿悟和讽刺的时刻，托齐则构造了充满不祥紧张感的不连贯情节。沉浸在这些作家作品中的读者，也可能会被斯韦沃的实验所吸引。至少他们会有机会体验不同类型的意大利小说，一瞥意大利读者手中的东西。然而，皮兰德洛和托齐的短篇小说尚未被翻译，尽管正是在这些短篇小说中他们开发了最有趣的创新。皮兰德洛的几部小说已被翻译，但它们收到了

① 亨利·詹姆斯（Henry James，1843—1916），英籍美裔小说家、文学批评家、剧作家和散文家，代表作有长篇小说《一个美国人》《一位女士的画像》《鸽翼》《使节》《金钵记》等。

褒贬不一甚至有些消极的评论。托齐的小说《三个十字架》(*Three Crosses*)于1921年以英文出版，但它被归入了流行的自然主义普遍喜好之中。因此，尽管科里森–莫雷利在他的评论中称其为“强有力的”，但最终他抱怨道：“这不是一部伟大的小说”，同时与乔瓦尼·维尔加(Giovanni Verga)作了不利的比较：

> 一方面，我们无法像在维尔加的作品中那样自然地认同其中的人物。我们带着好奇心和深刻的兴趣观察他们；但即使在朱利奥的自杀面前，我们也无动于衷，不会感叹：如果不是因为上帝的恩典，我们自己可能也会那样。
>
> (Collison-Morely 1921: 903)

即使对于斯韦沃的译者来说，自然主义的吸引力也过于强大，因而他未能理解托齐和维尔加正从事着不同的叙事项目，一个是疏离的，另一个是幻觉的。

当然，除了无法预测的因素外，还有各种因素影响着书籍的接受度，这些因素决定了成功或失败的任何预测都不可能是确定的。但对于翻译，过去的实践清楚地表明，出版商没有充分考虑翻译的去语境化过程及其对外国文 163
本接受的不利影响。专注于单一文本或单一作者只会加剧这一过程：它把原语文本出现的语言和文化背景的丧失或纯粹破坏神秘化了，因此给人以任何文学作品都可以独立理解的错误和误导性印象。这鼓励了一种本质上浪漫的原创天才观念，超越了接受的物质条件。最重要的是，它抵制了情境化阅读(contextualizing reading)，即知情读者总是进行文本间的隐性比较。为了使英语读者能够理解和欣赏译作，出版商必须至少部分恢复原语文本原始背景的英文表达。由于个别出版商各自追求他们自己的单一重点，这种语境不太可能出现。

因此，在翻译方面，出版商必须重新思考他们作为出版商的身份。斯坦利·厄温写道："书籍出版是一种非常个人化的事情"，在此意义上，"出版商自己的倾向决定选择出版哪个手稿"（Unwin 1960: 325）。他承认这些倾向可能是文化或商业的，但他仍然认为它们是个人的。我建议，对于翻译作品，出版商必须采取一种不仅不那么个人化，而且更加批判性的超脱、理论上更加精明以及更具审美敏感性的方法。他们必须出版不仅符合自己品味的异域文本和作者的译本，而且还要出版同一语言的多个文本和多位作者，他们必须仔细挑选，以便勾勒出让特定文本在其自身文化中显得重要的文化情境和传统。译者也需要参与这些选择，因为他们在评估翻译过程中的得与失方面有宝贵的专业知识。但他们必须以比今天惯常的规则更具自我批判的方式来看待翻译，当译者倾向于对其工作采取文学美学的方法，做出印象主义的评论时，表明他们像出版商一样，发现写作主要是个人的，是自我表达的形式，或是他们与外国作者的审美亲和的证明（见第 9 章）。出版商和译者都需要将翻译去个人化（depersonalize translation），并意识到在代表异域文本和文化方面所涉及的伦理责任。当出版商和译者向外看，主要看到的是印刷其自身价值观的机会时，这对跨文化交流来说是多么悲哀。

出版翻译作品的决定应被视为具有战略性，随时间变化，永远不是最终的，因为它实际上是一种解释，是对在接受语境中可能创建的背景的变化评估，用以帮助读者更深入地欣赏翻译文学。在他们的解释中，出版商必须依赖（就像他们一直所做的那样）他们所知道的和他们通过咨询他人所能知道的：作家和译者、评论家和学者、书商和读者以及他们的同事与其他出版商。然而，任何解释都不应被视为基于原语文本中的某些内在价值，而是基于收集的
164 信息和接受文化中的变化情况，这些变化总是影响书籍的接受，无论是原创作品还是翻译作品，并确定它们的价值。

驱动出版决策的解释当然取决于特定的外语、文学和文本。但是，这样的决策永远不会发生在真空中。出版商应该在与之前出版的翻译作品相关的情况

下做出选择，不是作为一次性的交易，而是作为对这些翻译所努力创造的背景的贡献，无论是符合翻译模式还是偏离翻译模式。出版商应准备翻译来自同一异域文学的几个文本，并选择过去和当代的文本以及吸引精英和大众口味的文本。不同的原语文本需要不同的背景才能被理解。然而，目标不是翻译一系列代表性的异域文学文本：一次选择永远无法选出真正的代表作，不仅因为成本决定了为翻译选择的文本数量总是有限的，而且因为文学在不同的语言和文化中以复杂、多元的方式发展。目标反而是选择翻译的文本，这些文本响应两个问题，一个涉及源文化，另一个涉及接受文化。翻译如何能够在特定于原语文本的条件下，为读者实现一定程度的可理解性和兴趣？同样的翻译如何促使读者重新思考接受语境中形成的源文学的规范？因为翻译模式的选择性不可避免，排除的文本比被翻译的文本多得多，这些模式最终构建了一个越来越熟悉的形象，很容易变成对异域文学甚至异域文化的刻板印象。（Venuti 1998: 第 4 章）

我所推荐的倡议，不能仅由一个出版商单独进行，因为这需要大量的资金投入，可能还需要外国文化部门或机构的资助和建议。但是出版商可以协调他们的努力，将他们的同事视为合作者而非竞争者，联合起来选择来自异域文化的一系列文本，并出版这些文本的译本，以便建立起一个能使这些译本蓬勃发展的接受文化语境。这种投资不能保证评价和商业上的成功，但从长远来看，通过为受过教育的读者群打下基础，这种投资很可能会带来丰厚的回报，这些读者将不会在特定外语的译本面前感到力不从心，而实际上渴望体验来自该语言的新文本。读者和出版商一样，都能从基于对翻译过程深刻理解的翻译政策中获益良多。

［2008］

165 # 10 在翻译中教学

不管“世界文学”这一术语附带了何种理论或批评意义，它都将被应用于收录了各种古代和现代的外语原著文本的课程。当美洲（以及其他地方）的教师开设这些课程时，他们将绝对依赖翻译。阻止我们分配外文文本的因素始于我们自身教育的局限，但即使我们有幸掌握了几种语言和文学，我们仍然必须面对任何特定班级中外语水平的不均衡，以及许多本科生在阿拉伯语、汉语和俄语等更难的语言中获得高级阅读能力的不可能性。在加拿大和波多黎各等地双语学生群体的可能性，会让教师期望班级以原文阅读法语、西班牙语或英语文本。但在这里，假设统一的语言和分析技能水平也是困难的，尤其是在本科生中，这种期望不大可能实现。讲授世界文学意味着用翻译讲授大部分（如果不是全部）必修文本。然而，这种不可避免的情况不应被视为对外国文学的扭曲或稀释。相反，可以视为以意想不到的方式丰富文学研究。翻译扩大了学生对语言和文本、传统和文化以及它们之间的关系可提出问题的范围。

尽管如此，在翻译中教学与在课堂上提出翻译问题并不相同，后者必须成系统以便产生成果，因此需要原理和方法。引入这个问题的第一个原因，或许是深化学生对语言的了解，包括母语和外语，同时提高他们在语言和文学分析方面的技能。通过比较翻译文本和其所翻译的源语文本，可以通过关注不仅是词汇和句法，而且是意义模式，不仅是指称和内涵，而且是方言和语域，风格和体裁，
166 互文性和跨文化关系，来实现这些目标。要进行这种分析，教师需要呈现对原语文本的形式和主题至关重要的翻译段落。这里可以使用补充材料，从最基本的词

典开始。我有时会带着来自各种词典的条目，包括外语和翻译语言、单语和双语的，包括历史词典，如《牛津英语词典》（OED）和更专业的词典，如《美国俚语词典》。学生使用词典来分析翻译段落与原语文本中相应段落，可以看到作者和译者如何各自做出产生文学效果的语言选择，尽管总是有暗示性的差异。同时，学生还可以对翻译的解释维度以及一般的文学解释了解很多。

为了发展与阐释这些观点，我将深入探讨一个特别丰富的案例，这个案例很可能出现在世界文学课程的教学大纲里：阿根廷作家胡里奥·科塔萨尔[①]的短篇小说《魔鬼的口水》（*Las babas del diablo*，[英] *The Devil's Drool*），以及保罗·布莱克本（Paul Blackburn）的英译本《放大》（*Blow-Up*）。有趣的是，科塔萨尔的文本是由一位译者叙述的，该译者也是一位业余摄影师。有一天，他偶然遇到一对引起他好奇心的情侣，一位年长的女性和一个青少年男子，他决定在猜测他们关系的同时拍摄他们，以一种极度自觉的方式处理这种关系，将其视为亲密关系，同时意识到自己因“创作文学而感到内疚，沉溺于虚构的非现实”（Cortázar 1967: 124）。科塔萨尔的文本是自我反思的：它通过各种语言和文体手段质疑文学中现实的再现，这些手段质疑叙述者的可靠性。这些手段包括不断在第一人称和第三人称视角之间切换，叙述者推测性评论的条件时态使用以及对其描述准确性的明确批评。

叙述者突然注意到附近一辆车里坐着一个男人，于是他重新审视了他最初看到的女人和男孩之间正在展开的亲密场景：

Y lo que entonces había imaginado era mucho menos horrible que la realidad, esa

---

① 胡里奥·科塔萨尔（Julio Cortázar，1914—1984），阿根廷著名作家、学者，短篇小说大师，拉美“文学爆炸”四大主将之一，其主要作品有《动物寓言集》《被占的宅子》《跳房子》《万火归一》等。科塔萨尔于 1938 年开始发表作品，1951 年定居巴黎，1952 年发表第一部短篇小说集《动物寓言集》。曾获得梅第奇奖。

mujer que no estaba ahí por ella misma, no acariciaba ni proponía ni alen-taba para su placer, para llevarse al ángel despeinado y jugar con su terror y su gracia deseosa. El verdadero amo esperaba, sonriendo petulante, seguro ya de la obra; no era el primero que mandaba a una mujer a la vanguardia, a traerle los prisioneros maniatados con flores. El resto sería tan simple, el auto, una casa cualquiera, las bebidas, las láminas excitantes, las lágrimas demasiado tarde, el despertar en el infierno.

（Cortázar 1959: 69）

And what I had imagined earlier was much less horrible than the reality, that woman, who was not there by herself, she was not caressing or propositioning or encouraging for her own pleasure, to lead the angel away with his tousled hair and play the tease with his terror and his eager grace. The real boss was waiting there, smiling petulantly, already certain of the business; he was not the first to send a
167 woman in the vanguard, to bring him the prisoners manacled with flowers. The rest of it would be so simple, the car, some house or another, drinks, stimulating engravings, tardy tears, the awakening in hell.

（Cortázar 1967: 129）

而我之前想象的比现实要可怕得多，那个女人，并不是一个人在那儿，她不是为了自己的快乐而抚摸或引诱或鼓励，而是要带走那个头发凌乱的天使，以他的恐惧和渴望的优雅作为诱惑。真正的老板在那里等着，不耐烦地微笑着，已经确信生意成功；他不是第一个派女人去前线的，用鲜花束缚来的俘虏。剩下的就太简单了，车子、某个房子、饮料、刺激的版画、迟来的眼泪，醒来时却是地狱。

据布莱克本对这段文字翻译的课堂分析，可能恰好从这个关键段落开始，仔细审视他在偶尔偏离西班牙文本的英语方言和风格的使用。英译主要采用了当前的标准方言，但某些选择明显是口语化的，而西班牙语则始终保持使用标准方言。因此，布莱克本故意将 el verdadero amo 译为 the real boss，把 la obra 译为 the business。《西蒙·舒斯特国际词典》（*Simon and Schuster's International Dictionary*）由塔娜·德·加梅兹（Tana de Gámez）编辑或玛丽亚·莫利纳（María Moliner）的《西班牙语用法词典》（*Diccionario de uso del español*）等西班牙语–英语词典显示了布莱克本的手法，表明 amo 有广泛的可能含义：包括“一家之主、家长、所有者、业主、老板、工头、监工”等等。对于 obra，表示“工作、产品、行为、事迹”，布莱克本则使用更为自由的 business 进行翻译，但并非对西班牙文本进行了彻底的修订。他的这两个选择显示出培养口语化的努力，西班牙语中没有俚语 tease 的对应词，他在译文中插入了该词，这一做法可以证实。对于学习英语的学生来说，tease 一词可能不需要任何词典分析，但《牛津英语词典》中的词条，如 cock-tease，可以轻松记录其性暗示。即使是这种快速和选择性的分析，也可以明显看出布莱克本的英文做出了科塔萨尔的西班牙文没有做的事情。转向口语化风格引入了相当于黑帮行话的内容，使翻译的段落走向黑暗风格（a noir style）。布莱克本的选择夸大甚至使西班牙文本中的性犯罪暗示变得耸人听闻，西班牙文中的男孩假定才十五岁。

在包含精通西班牙语学生的本科班级中，这种分析可以变成一项协作活动并进行扩展。一旦教师指出西班牙语和英语之间的一些转换，学生可以自己找出其他转换并考虑其风格含义。整个翻译中都出现了口语化。科塔萨尔用 el chico、el muchacho、el muchachito 和 el adolescente 等词语来指代青少年，而布莱克本不仅使用了 the boy 和 the young boy 这样的标准英语对等词，实际上还通过反复使用 the kid 降低了语言水平（Cortázar 1967: 124, 126, 127）。el pobre（可怜的 [男孩子]）变成了 the poor kid（可怜的孩子）（Cortázar 1959: 65; 1967:

125）。对于 la mujer rubia（金发女郎），布莱克本类似地替换为 the blond。口语化倾向有时导致了针对即时语境的自由译法，但仍保持了黑暗风格：resumiendo（简言之）被译为 to cut it short（长话短说），a disimularlo（隐藏它）被翻译为 to play it cool（保持冷静），para acertar con la verdad（猜测真相）变成了 to hit the bullseye（一语中的），socarronamente（狡猾地）译为 on the sly（偷偷地），la
168 salida（出口）变成了 the way out（出路）。在某个地方，科塔萨尔的文本似乎鼓励这种口语化的翻译，使用了一个长期与犯罪地下世界相关联的体育项目，即拳击的形象。原句是 el chico había agachado la cabeza, como los boxeadores cuando no pueden más y esperan el golpe de desgracia（同上：68），较为接近的翻译可能是 the boy had lowered his head, like boxers when they can do no more and wait for the coup de disgrace（那个男孩低下了头，就像那些已经无能为力只能等待致命一击的拳击手）。而布莱克本的版本牺牲了科塔萨尔对 coup de grâce（致命一击）的巧妙游戏，转而使用了更硬朗的词汇和句法：the kid had ducked his head like boxers do when they've done all they can and are waiting for the final blow to fall（那个孩子低下了头，就像拳击手在尽其所能之后，等待最后一击降临时那样）。这里使用了 kid 和 ducked 这样的词，以及用 like 代替 as 和使用缩写形式，都是明显的非标准用法。

当学生们被讲授如何进行这种翻译分析时，他们会迅速发现，即使不与西班牙文本比较，布莱克本的风格实际上也更加多元化。在我上面引用的那段话中，叙述者的语言在推测那个男人对男孩的性意图时变得富有诗意。布莱克本选择 tardy tears 似乎部分直译自 las lágrimas demasiado tarde（太迟的眼泪）。但是在《牛津英语词典》的帮助下，教师可以展示 tardy 是几个包括 tousled hair（凌乱的头发）（对于 despeinado、uncombed 或 mussed），manacled（对于 maniatados，双手被束缚或限制），以及 stimulating engravings（刺激性的版画）中的 stimulating 是相对于 excitantes 更为文雅的选择，与像 arousing 这样具有更强性暗示的词相比。布莱克本这里选择的深思熟虑，以及它们的风格意义，可以通过引用早期段落来强调，其中他将这些相同的词用口语化表达：despeinarlo变成了 muss his hair（弄乱他的头发），maniatar 变成了 handcuffing（戴上手铐）。这种诗化的倾向可能被描述为维多利亚时代的抒情主义，用以美化叙述者设想的现实，即女性引诱男孩，使其成为男人恋童癖行为的对象。

这种分析的理论假设值得在课堂上作为方法论原则（methodological principles）来阐述。目的是将翻译作品作为它们自身的文本来阅读，这些文本显然是对它们所翻译的原语文本的模仿，但由于语言和文学、结构和文化上的差异，它们相对于原语文本具有相对的自主性。因此，我们必须放弃等价性作为一一对应的观念，在这种观念中，翻译被认为是可接受的，它显然再现了被认为固有于外文文本的单一意义。在任何原语文本中，大多数单词和短语都可以提出几种可能性。此外，the real boss 和 the business 这样的短语事实上确立了基于当前字典定义的与西班牙文本的语义对应，或者换句话说，一种词典学上的对等性。否认布莱克本的选择是不正确或不准确的，不仅忽视了这一事实，而且还是用另一个未陈述的对等标准来替代，也许是一个更偏好当前英语标准方言或特定意义的阴影。然而，布莱克本无疑是在应用他自己的标准，就像译者通常所做的那样，它涉及用英语文学风格的类似物的创造。翻译，即使是那 169
些紧密遵循原语文本的词汇和句法特征的翻译，也会产生超出词典学对等性的效果，并且只在译入语和文化中起作用。因此，坚持布莱克本的英语应该在各方面与西班牙语相匹配，除了语言之间的结构差异，这样做是不行的。英语中的 tardy 是西班牙语 tarde 的直译。它们不仅相互呼应，而且还共享一个基本含义以及词源。然而，tardy 已成为诗化古词，而 tarde 仍然是当前标准用法。英语单词的这种效果就是翻译总是在失去或偏离原语言的特定文本特征时，赋予原文的增益。

如果世界文学课程包含理论组成部分，此时可以引入另一种补充材料，以提高学生在阅读翻译作品时批判的复杂性：研究对等话题的翻译研究论文。为了理论化布莱克本翻译中的损失与收获比例，尤金·奈达的“动态对等”观（dynamic equivalence）可与德里达的“重复性”（iterability）概念有益地并置。奈达主张一种“等效效果”，其中，“译者并不是那么关注于将接收语言信息与源语言信息匹配，而是关注于动态关系，即接收者与信息之间的关系应该与原始接收者与信息之间的关系基本相同”（Nida 1964: 159）。为了实现动态对等，译者“试图将接受者与他自己文化中的行为模式联系起来”（同上）。

然而，我们可能会问，如果翻译是如此民族中心主义，那么如何实现对等呢？通过用接受文化替代原文化语境，对等不会被损害吗？布莱克本的风格类比在科塔萨尔的文本中不存在，且由于它们特定于英语文学传统，它们确保英语读者对翻译的反应将与西班牙语读者对西班牙文本的反应不同。通过转向德里达的“重复性”，我们可以更好地理解布莱克本的工作，这一概念认为任何符号的意义都可以改变，因为符号“可以与任何给定的背景割裂，并以绝对不饱和的方式产生无限新的背景”（Derrida 1982b: 320）。翻译参与重复性：它是一个再语境化的过程，永远无法产生对等效果，因为它转变了原语文本的形式和主题，尽管任何转变都基本上受到语言结构差异以及文学传统之间的文化差异的指导。正是这些差异，任何翻译分析都必须描述和审视，因为它们将意义赋予翻译文本。

因此，我们必须修正，如果不是完全抛弃，仍被广泛认同的翻译的工具型（the instrumental model of translation），无论是专业或普通读者，学术或学生。根据这一模型，翻译是对原语文本中包含或由其引起不变量（invariant）的再现或转移，无论是其形式、意义还是效果。按照工具模型阅读翻译，将其合并到原语文本中，并隐藏了译者的转换劳动。翻译并不是再现原语文本，而是根
170 据翻译语言和文化变化地铭刻一种解释。这种解释应该为学生明确阐述，而不是被视为任意的或不相关的，或被教师构建的或从原语文学专家那里获取的竞

争解释（competing interpretation）所取代。布莱克本的翻译提供了充分的证据，表明他实际上应用了解释项（interpretants）来指导他的语言选择，一种旨在解释其形式和主题的风格类比，超出西班牙文本的意义。如果我们将布莱克本的语言选择视为解释性举措（interpretative moves），如果他的词汇和句法被视为根据与该文本相关但与英语中的语言使用和文学实践相关的形式和意义变化着的西班牙文本，他的翻译确实反映了仔细的阅读。黑暗和诗意的混合塑造了叙述者的性格，表明他对所看到的特定形象的偏好，既色情又耸人听闻，既具威胁又有些压抑的委婉。

在这里，可以向学生提出关于文学解释的一个更普遍的观点，即解释和翻译本质上都是一个再语境化过程（recontextualizing process），一个应用解释者来固定文本的形式和意义的过程，可以随着不同的解释项而变化，无论是形式上的（例如，解释理论或对等概念）还是主题上的（例如，代码或意识形态）。为了阐明这一点，教师可能会指出布莱克本和译者–摄影师这位叙述者所执行的翻译行为之间的相似与不同之处。因为叙述者也在他的猜测中应用了一种解释项，将视觉图像转化为基于精神分析概念的叙述。恋母情结是生成他对其他角色互动的两个相互冲突解释的基础结构。他从异性恋版本转变为同性恋版本，这是恋母情结，通过提及女人和男孩作为“母亲和儿子”而明确（Cortázar 1967: 118，123）。实际上，叙述者在创造场景时，他认同他归因于男孩的情感，首先是对女性的男性欲望，然后是对父性的恐同恐惧（重要的是要记住，他幻想中的男同性恋）。因此，布莱克本翻译的风格混合，结合了黑暗和维多利亚时期的诗意，可能被视为对叙述者潜意识的质疑，也许是他拉美男子的气概：翻译突出了他的越轨兴奋和他的性焦虑，他认为男孩如果逃离女人会感到“他的男子气概减少”，而那个男人正试图在一种古色古香的诱人掩护下，实施一种“虐待行为”（同上：127, 129）。

到目前为止，分析已经是对翻译策略的细读，评估了它们与原语文本的形式和主题之间的关系。在课堂上，可以通过将分析置于更广泛的背景中来加深分析，比如翻译家的其他项目，或者这些项目出现的翻译传统。翻译策略可以形成与翻译家在长时间内采用类似语言选择和解释性举措相对连续的传统，也可以引入变种和创新。布莱克本的策略反映了现代主义的实验主义，这一特点也贯穿于他的其他项目，包括对普罗旺斯吟游诗人的翻译，而这些策略受到了庞德的影响（Venuti 2008: 194-232）。

171 在庞德 1929 年所撰写的文章《吉多的关系》（Guido's Relations）中，他倡导一种源自英语诗歌传统的翻译风格，以重新创造他在原语文本中所感知到的效果。为了翻译 13 世纪吉多·卡瓦尔坎蒂（Guido Cavalcanti）的意大利诗句，庞德建议使用“伊丽莎白前期英语”，即 16 世纪初期诗人的语言，如都铎王朝的廷臣托马斯·怀亚特爵士（Sir Thomas Wyatt）和苏格兰牧师加文·道格拉斯（Gavin Douglas）的语言；并解释他的选择时断言这些“作家仍然致力于明晰和明确”（Anderson 1983: 250）。然而，庞德低估了他翻译中的解释维度。他认为通过早期十六世纪的语言追求的效果与意大利文本中固有的效果相当，实际上，他是在用自己的现代主义诗学给这些文本赋予新的意义，做法是应用一种由语言精确性构成的形式解释项（Venuti 2008: 166-167）。庞德的风格类比重新将意大利和英语诗歌置于现代主义的不同背景下，为它们的再次解释和重新评价奠定了基础。

类似的观点也可以用于布莱克本的风格类比，但由于他在翻译当代外国文学，因此，国际文学关系的问题也应该考虑进来。这里，补充材料也可以用来为翻译创造一个解释性的背景。思考一下佛朗哥·莫雷蒂（Franco Moretti）具有争议的重构世界体系理论为模型的比较文学努力。他假设核心（由法国、英国和美国的文学所代表）与外围（包括全球其他多种文学）之间存在不对称的影响模式（Moretti 2000: 56）。从这个假设中可以得出“文学演变法则”（law of literary evolution）：现代散文叙述（对于莫雷蒂来说是小说），“首先不是一种自主发展，而是西方形式影响（通常是法语或英语）和当地材料之间妥协的产物"，最终他具体指出了这种材料是"**外来情节**、当地**人物**，然后是当地**叙述声音**"（同上：58，65，粗体为莫雷蒂所加）。这个理论可能会在翻译分析过程中引发各种问题，尽管也许布莱克本的科尔塔萨尔案例特别引人注目，特别是一个问题：当来自全球外围的叙述被翻译成英语等核心语言时，会发生什么情况，同时伴随着英语风格类比？

科塔萨尔的文本似乎确实体现了莫雷蒂理论中经常不稳定的"结构妥协"（structural compromise），然而，由于布莱克本的翻译所产生的文本效果，可能需要加以限定（Moretti 2000: 62）。叙事者罗贝托·米歇尔（Roberto Michel）是法国与智利混血，而支撑他对女人、男人和男孩所进行的构思，由于涉及悬疑和犯罪元素，源自19世纪末开始在阿根廷传播的英美国侦探小说，并且也被科塔萨尔的同胞博尔赫斯[①]以创新的方式使用。然后，布莱克本的翻译中的黑色电影风格揭示了科塔萨尔文本的混合文学条件，这些混合文学条件由博尔赫斯的实验使之更加自觉。然而，科塔萨尔的文本通过使其陌生化回应了布莱克本的文体类比：性别和性别角色的精神分析再现，质疑了黑色电影的男性主义，暴露了其心理条件。

翻译策略，尤其是当它铭刻了丰富的文本间的网络（intertextual network） 172
时，可以被看作是在原语文本和译入语文本之间引发批判性辩证过程的开始，这是一种相互质询，其重要性可以通过重构那些文本产生和传播的文学传统、文化境遇和历史时刻来表述。布莱克本的翻译属于20世纪60年代和70年代

---

① 豪尔赫·路易斯·博尔赫斯（Jorge Luis Borges，1899—1986），阿根廷诗人、小说家、散文家兼翻译家，被誉为作家中的考古学家。生于布宜诺斯艾利斯一个有英国血统的律师家庭。博尔赫斯在日内瓦上的中学，在剑桥读的大学，掌握英、法、德等多国文字。他的作品涵盖多个文学范畴，包括短文、随笔小品、诗、文学评论、翻译文学。其中以拉丁文隽永的文字和深刻的哲理见长。

拉丁美洲文学所谓的“繁荣”，这波翻译浪潮形成了新的英语外国文学经典，并改变了美国当代小说，鼓励像约翰·巴思（John Barth）等作家发展相关的叙事实验（Payne 1993：第1章）。翻译通过打开另一层潜在不稳定的结构妥协，使边缘文学的文本能够动摇核心文学，从而使莫雷蒂的理论变得复杂化。

我试图根据一篇译文勾画出翻译文学的教学法，但在某些情况下采用其他方法也许是可取的。经常被反复多次翻译的古老文本提供了机会，可以将相同段落的不同版本并置，揭示出不同的策略和解释（Venuti 1998: 99-102）。翻译的概念可以宽泛地解释，包括不同媒体中的模仿和改编，以便在跨语际翻译之外研究它们。科塔萨尔的文本还成为了符际翻译的基础，米开朗基罗·安东尼奥尼[①]1966年的电影《放大》就是根据该文本改编的。然而，无论媒体如何，教学法必须包括对原材料和二阶作品进行详细比较，以确定变化（shifts）或变异（variations），从中可以推断出策略、解释和价值观的显著差异，并随后将其置于文化和社会情境中加以解释。在课堂上提出翻译问题，可能最值得推荐的是它对细读与详读的强调。

［2009］

① 米开朗基罗·安东尼奥尼（Michelangelo Antonioni，1912—2007），意大利电影导演、摄影师兼制片人，以其人物研究和一系列含糊其辞的隐喻事件而著称。他的主要电影作品包括《女朋友》《奇遇》《蚀》和《放大》。

11 诗人仿译，或者一种翻译伦理

为什么是诗歌?

今天，在全球符号资本分布极不均匀的文学传统中，翻译文学无论处于何种位置，诗歌很可能都是最少得到翻译的文学体裁（Casanova 2004）。由于多种占据霸权地位的英语文化长期以来翻译得较少，诗歌翻译比例并不令人惊讶（Venuti 2008: 11-12）。每年春天，纽约市的诗人之家（Poets House in New York City）会展示美国上一年出版的大部分诗集，建立一个在线文献目录，使人能够全面了解当代情况。译本只占了总量的一小部分，大约在 5% ～ 8% 之间。在 2009 年，美国出版商出版了约 2200 本诗集，但只有约 115 本是翻译作品（略高于 5.2%）。在全球文化等级较低的地方，比如斯洛文尼亚等地，情况并没有好多少，尽管较低的数字反映了出版业规模较小，但仍然是较低的。在 2009 年，斯洛文尼亚出版商出版了约 300 本诗集，其中包括 33 本翻译作品（11%）（Kastelic 2010）。在像意大利这样的文化中，自上世纪 80 年代以来，翻译作品每年占新书的 20% ～ 26%，越来越多的诗歌被翻译，但与本土创作相比，比例仍然很小：在 2009 年，意大利出版商出版了 3769 本诗集，其中包括 520 本翻译作品（13.77%）（Peresson and Mussinelli 2009；蒙达多里宣传部提供了 2009 年的数据）。如果从数量上看，诗歌翻译似乎在西方（无疑在其他地方也是如此）是极为边缘的文学体裁，那么为什么我们要把注意力放在研究它上面呢?

事实上，边缘性（marginality）是将诗歌转移到翻译研究核心位置的首要原因。诗歌翻译吸引了一小部分受众，因此在商品化过程中占据了不稳定的地位，使得其他文学体裁，特别是小说，成为在外国版权市场上有利可图的投
174 资。在美国，大多数诗歌译本由小型出版社和大学出版社发行，这限制了它们的印量和分销范围，使其中许多成为短命的出版物。正如布尔迪厄关于诗歌的普遍观察一样，这些因素使诗歌翻译成为“卓越的无私活动”，决定了它不仅将引起“魅力合法化”，而且还将在译者寻求通过区别他们的工作来获得“诗意合法化”的过程中引发“一系列成功或夭折的革命”（Bourdieu 1993: 51）。诗歌翻译不受盈利的约束，更有可能鼓励实验性策略，这些策略可以揭示翻译作为一种语言和文化实践的独特之处。

正是诗歌作为一种语言使用形式的独特性引发了这种启示。阿兰·巴迪欧认为，“诗歌不在于沟通”，因为它执行了两个操作：一是“从客观现实中做减法”，使诗歌“宣告了自己的宇宙”，在“对象消失的地方”表达“存在或思想”，而是“散播”（dissemination），旨在通过无限的隐喻分布“溶解对象”，以至于一提到它，对象就会通过对其他对象的“过度等同”而迁移到意义的其他地方（Badiou 2004: 233, 236-237）。因此，翻译一首诗，无论是哪种语言、文化或历史时刻，通常意味着在接受语境中创建一首诗，旨在培养可能寻求保持与原语文本对等性的诗意效果，但由于翻译是用不同的语言为不同文化编写的，因此它未能达到这一目标并超越了它。原语诗歌在翻译过程中“迁移”，因为它在翻译过程中不可避免地消失，被一个主要根植于接受语境的意义网络所取代，这个网络主要包括接受语境。因此，诗歌翻译往往会释放语言，使其摆脱了大多数翻译被认为是服务的狭义传达功能，无论原语文本的文体是技术性的、实用性的还是人文性的，即传达包含在原语文本中的形式或语义不变量。诗歌翻译对这一假设提出了质疑：同一首原语诗歌可以支持极不相同但同样可接受的多个译本，从这一事实之中我们可以看到不变量并不存在的可能性，翻译实践本质上是变化。

仿译的出现

我想通过考查翻译史的一个发展来深入这个话题。上个世纪见证了一种前所未有的译诗和戏剧形式的创造和概念化，这种形式主要由诗人实践。这种形式被称为“翻译”（translation）或“改编”（adaptation），也可以称为“模仿”（imitation）或“仿译”（version），其最终的文本有特定来源，但可能与该来源相去甚远，以至于构成了彻底的修订，主要回应的是诗人译者的文学兴趣，或者，它可能涉及诗人对原语知识有限或完全不了解的情况，因此需要使用由本土信息提供者、学者专家或专业译者所准备的细译（close rendering）。这种翻
译可以在诸多现代文学中找到，无论是用霸权语言还是小众语言编写的，无论 175
是否具有相当多的抑或很少的符号资本。著名的案例包括欧洲诗人如保罗·策兰[1]和鲍里斯·帕斯捷尔纳克[2]以及巴西的哈罗尔多·德·冈波斯[3]和叙利亚的阿多尼斯（Adonis）。然而，我将主要基于英语国家的案例进行讨论，重点关注在英国进行这种形式翻译的诗人的作品，因为它引发了争议。

不仅在伦理上被视为可疑，而且实践过这种形式的诗人并不总是坦率地说明他们到底做了什么。例如，2007 年，即罗宾·罗伯逊（Robin Robertson）发布托马斯·特兰斯特伦默（Tomas Tranströmer）诗歌“仿译”后的一年，这

① 保罗·策兰（Paul Celan，1920—1970），出生于一个讲德语的犹太家庭，父母死于纳粹集中营。策兰历尽磨难，于 1948 年定居巴黎，他以《死亡赋格》一诗震动战后德语诗坛。之后出版多部诗集，成为继里尔克之后最有影响的德语诗人。

② 鲍里斯·帕斯捷尔纳克（Boris Pasternak，1890—1960），苏联作家、诗人、翻译家。出生于莫斯科，主要作品有诗集《双子星座》《生活——我的姐妹》等。1957 年，出版《日瓦戈医生》，获得 1958 年诺贝尔文学奖，后因受到苏联文坛的猛烈攻击，被迫拒绝诺贝尔奖。

③ 哈罗尔多·德·冈波斯（Haroldo de Campos，1929—2003），诗人、文学评论家，出生于巴西圣保罗，以 20 世纪 50 年代巴西具体诗歌运动的主要推动者而闻名。

些诗遭到了瑞典诗人主要是英文译者罗宾·富尔顿（Robin Fulton）的严厉批评。富尔顿暗示罗伯逊犯了剽窃行为，他说，“罗伯逊的很多句子与我翻译的特兰斯特伦默的诗句完全相同”，并声称由于罗伯逊不懂瑞典语，他对这些诗歌进行了侵犯，“他的仿译既不是可靠的翻译，也不是独立的模仿：对特兰斯特伦默的文本表现出鲁莽的漠视”（Folton 2007: 17）。富尔顿使用“独立模仿”（independent imitations）这个词汇暗示，也许我们应该将诗人的仿译视为依赖性模仿（dependent imitation）：它依赖于诗人译者自己的工作，或者，依赖于其他译者的工作，或两者都有，但在不同程度上遵循原语文本，允许出现在“可靠翻译”中找不到的离题之处。富尔顿的区分隐含地将翻译定义为细译。

这种翻译和模仿之间的区别，不同于早期现代时期对这些术语的应用，因此诗人的仿译不应与约翰·德莱顿所称的“模仿”混淆。在他 1680 年出版的《奥维德预言集》的前言中，德莱顿将模仿纳入翻译的范畴，尽管他对这一分类有所疑虑，因为诗人译者

> 假定自由不仅可以在文字和含义中变化，还可以根据需要放弃：只从原作中得到一些一般性的线索，然后按照自己的意愿在基础上加以扩展。
>
> （Dryden 1956: 114-115）

此处的离题是故意的，反映的不是对原语的无知，而是知晓。因此，模仿者被说成是在“基础上进行划分”（to run division on the groundwork），这是一个音乐的隐喻，将模仿比作对主题进行变奏。模仿者不仅必须能够理解音乐主题或源语文本，还必须建立与之某种对等的关系。德莱顿的例子是亚伯拉罕·考利的《品达颂歌》（1656），他指出，“古希腊的风俗和仪式仍然保留着”，考利“有能力在品达拒绝他自己的作者思想时，用更好的他自己来补偿他”（Dryden 1956: 117）。在德莱顿看来，考利对品达的模仿产生了一种风格上的对等，不

管他的词汇和句法离题与否，这些离题被视为希腊文本的改进而不是腐化。 176
此外，模仿并不适合每位外国诗人的翻译形式。德莱顿认为，品达的晦涩需要模仿，因为“如此狂野而难以控制的诗人无法进行逐字翻译”，而“如果使用维吉尔或奥维德，或者任何规范明确的作者进行逐字翻译，那么就不再可以称之为他们的作品了”（同上）。尽管德莱顿明显假定了关于这些古典诗人解释的当代共识，即关于他们独特风格性质的普遍一致意见，但他的思维始终强调了与原语言和文本对等关系的重要性。这种对等恰恰建基于对原作的解释。

然而，相比之下，20 世纪的诗人仿译，通常包括对原语文本的离题，这些离题是由不同的诗学或对原语毫无所知所驱使的，在某些情况下两者都在起作用。如果这种翻译形式不是源自埃兹拉·庞德的话，但无疑受到了他的影响。他在 1912 年版本的《航海人》中篡改了现存的盎格鲁–撒克逊文本，将其世俗化了：他不仅删除了对基督教的引用，还删除了二十多行的布道结尾。由于庞德对中文了解甚少，他主要依赖于汉学家欧内斯特·费诺洛萨（Ernst Fenollosa）的笔记，在他的 1915 年《华夏集》中收集了古代中国诗歌的自由译文。

庞德译作合集于 1954 年出版，部分原因是现代主义诗人更倾向于将翻译作为创作过程中的一个阶段（Hooley 1988; Yao 2002），之后，类似的翻译形式开始出现得更为频繁。1961 年，罗伯特·洛威尔在《仿作》中收入了他对古典与现代诗歌的仿译，他承认自己处理“字面意义如此草率”，甚至“漏掉了句子，移动了句子，移动了诗节，改变了图像并且改变了格律与意图”（Lowell 1961: xi，xii）。尽管洛威尔收入了大量俄国诗歌，但他承认“不懂俄语”，并补充道，“我贸然试图改进其他翻译，俄国读者给我的准确散文体仿译对我帮助良多”（同上：xii）。克里斯托弗·洛格（Christopher Logue）对荷马作品的改编从1962年的《帕特罗克莱亚》[①]开始，没有使用任何希腊语知识。相反，洛格依赖于古典学家唐纳德·卡恩–罗斯（Donald Carne-Ross），罗斯“提供了保留希腊词序的翻译”。洛格还查阅了乔治·查普曼和亚历山大·蒲柏在内的五个之前《伊利亚特》的译本、洛布古典丛书[②]和企鹅经典丛书（Logue 2001: vii）。

到了20世纪末，诗人仿译已经成为文学翻译真正的样式。1999年，唐·帕特森（Don Patterson）出版了《眼睛：仿译安东尼奥·马查多》（*The Eyes: A Version of Antonio Machado*）并不是基于西班牙诗人的诗歌，而是基于西班牙文学研究专家阿兰·特鲁布拉德（Alan Trueblood）1982年的双语选集。帕特森将特鲁布拉德的翻译描述为“扎实的直译”，承认他“未经许可，偷窃了一些句子，因为它们似乎无法改进”（Patterson 1999: 60）。仿佛是预料到了他
177 承认剽窃所引发的伦理问题，帕特森的后记提供了他的坦率解释，展示了当时能够解释“仿译”的是什么以及这种实践的精确和复杂。他说：

> 我最初尝试忠实于诗的论点、忠实于其视野，如果不是忠于其各个意象的话，以及我所用语言的诗歌传统，而不是它的词汇。……这很快成为了更为常见的尝试，试图将手头的材料制作成音乐性和论证性的统一体，这一

① 克里斯托弗·洛格的《帕特罗克莱亚》（*Patrocleia*），是荷马《伊利亚特》第16卷的仿译。它是洛格《战争音乐》的一部分，其中洛格仿译了《伊利亚特》的第1–4卷和16–19卷。《帕特罗克莱亚》是第一部分，被描述为一种改编或仿译，因为虽然它清楚地讲述了帕特罗克洛斯的战斗和死亡的故事，但它只是基于原始的希腊史诗，因为洛格不懂希腊语。然而，尽管它不是逐行翻译的，洛格仍设法保留了《伊利亚特》的许多情感的表达。

② 《洛布古典丛书》（Loeb Classical Library）是一套大型文献资料丛书，采用古希腊语或拉丁语与英语译文相对照的体例，几乎涵盖了全部古希腊文和拉丁文典籍。这套丛书最初全部由詹姆斯·洛布筹划出资，故以其姓氏命名，自1912年开始出版。这一丛书对西方古典学的传播和发展起到了极大的促进作用。截至2010年，《洛布古典丛书》已出版超过500种，现在的出版方是哈佛大学出版社。

考量，凌驾于所有其他因素之上，导致了篡改、重点转移、省略、故意误译、不同诗歌的合并、全新诗行的插入，以及在少数情况下编写全新的诗歌。

（Patterson 1999: 56）

尽管帕特森的思想与德莱顿关于模仿维护风格相似的观点大相径庭，但他并未完全放弃对等概念。正如帕特森解释的那样，“唯一可辩护的，是对‘精神’或‘愿景’完全主观质量的忠实，而不是对字面含义的忠实”（同上：58）。因此，仿译似乎假定了一种纯粹以自身利益为导向的伦理观，其中诗意许可（poetic licence）已被重新定义为优先考虑诗人解释翻译或模仿原语文本之外的原创性强度。然而，只要它依赖于先前的翻译并使用诗人创作诗歌语言的诗意传统，这种原创性就只能保持可疑。用帕特森的话说，就是“有好几个安东尼奥·马查多，但我试图译出我自己的马查多的诗”（同上：55）。然而，德莱顿假定，外国诗人的解释在接受文化中享有共识，即受过良好教育的读者之间存在一致的看法，这恰恰验证了翻译或模仿，帕特森则假定原语文本是竞相解释的场所（site of competing interpretations），仿译诗人要选择或构建的解释与个人偏好相符。

在 20 世纪，仿译发展中保持不变的，不仅是诗人以公认的利己调控原文和有限的、几乎没有的原语知识，还有一种理念，也即仿译的目的，是创作一部原创作品。发生变化最大的是最终文本，即诗人语言选择的性质和效果。因此，庞德在他 1929 年的论文《吉多的关系》中明确区分了“解释性”翻译（interpretative translation），作为原文本的“陪伴”准备并通常印在封面上，以及“另一种翻译”，即我们今天认识的仿译。正如他所描述的，“很简单，属于原创的领域，如果不是的话，必须根据同等标准受到谴责”（Anderson 1983: 251）。然而，对于庞德来说，判断翻译作为一部原创作品的“标准”，包括话语多样性（discursive heterogeneity），这既是现代主义诗学的一项创新，也是对当时盛行的语言与文学价值观的偏离。因此，《航海人》使用古词的策略和
178 《华夏集》中的诗歌，如《河商妇》（The River Merchant's Wife: A Letter）中精确而不连贯的风格。随着20世纪的展开，庞德的翻译实验主义被越来越多地规避，以至于诗人仿译，与多数译作一样，倾向于更现代，而非现代主义的，这培养出一种遵循当前英语标准方言的流利话语。

帕特森在其2006年对里尔克《致奥菲斯的十四行诗》的改编《奥菲斯》中努力区分翻译和仿译，这一趋势从中可见一斑。帕特森解释道，翻译

> 试图保持忠实于原文词汇及其关系，其主要目标通常是风格上的优雅（本质上意味着从源语中平滑地消除句法和习语的人为痕迹：这是一个比听起来更微妙的项目），其中，抒情统一性只是几个竞争考虑因素中的一个。［……］然而，仿译试图成为独立的诗歌；虽然它们有原作作为详细的基础平面图和立面图，但它们试图在当地的建筑风格中，在新的国度，为自己建造一个坚固的家园，并且用当地的词汇作为砖块，以当地的音乐作为砂浆。
>
> （Paterson 2006: 73）

帕特森提及翻译目标为"风格优雅"（stylistic elegance），是对20世纪文学翻译中占主导地位的狭隘流畅性的暗示，即"通顺"或易读性（Venuti 2008: 第1章）。然而，他对仿译的建筑比喻。最终显得模糊且避重就轻，因为即使是粗略阅读他翻译的马查多和里尔克作品，也能发现它们具有同样的风格优雅：它们在将原文本以及他所依赖的翻译同化到当前标准英语方面异常流畅，非标准形式被排除在外，既包括"口语"或俗语项目，也包括以地区或社会方言意义上的"地方词汇"。帕特森的仿译缺乏在他自己的诗歌中反复出现的词汇和句

法特点，特别是使用俚语和苏格兰方言。因此，通过根据他在翻译中质疑的相同标准来制作仿译，他实际上放弃了庞德将翻译视为原创的概念。

解释学模型

诗人仿译，明显是我们今天所理解的翻译和改编、细译和自由改写的混合体（amalgam），引发了关于语言、文学和伦理的一系列问题。然而，为了进一步探讨这些问题，我们必须摒弃翻译的工具模型，即翻译是将原语文本中包含或由其引起的不变量复制或转移的观念，无论是形式、意义还是效果。这一广泛流传的模型不仅将翻译研究和实践锁定在原语文本和翻译之间的限制性和混淆性的比较中，还掩盖了译者的解释工作及其语言和文化条件。正如这一观点所示，我认为庞德关于“解释性”翻译和“原创性写作”翻译的区别以及帕特 179
森关于“解释必须先于仿译和翻译行为之前进行”（Paterson 2006: 78）的断言都是误导性的。我认为，无论在什么介质中，无论其物质基础如何，每一种第二阶创作都是在制作过程中进行的一种解释，并且受到使用它的各种接受者进一步解释的影响，无论所讨论的作品是翻译还是模仿、文本编辑还是选集、戏剧或电影改编，甚至是博物馆展览。

更准确地说，尽管在文学领域，翻译和改编确实可以区分开来（即使这个区分在不同时期是可变的，不同的时期有不同的区分方式），但这两种二阶创作都更有助于以解释模型为基础来理解。在这里，它们被视为对原语文本的解释之一，存在不同且潜在冲突的可能性，这些可能性会改变文本的形式、意义和效果。在推进这一解释模型时，我并不是在暗示原语文本和翻译或改编之间不能存在形式或语义上的对应，而是强调这些对应都受到解释行为的影响，解释行为在很大程度上受到译入语和文化的决定。翻译或改编在写作过程的每个阶段都会铭刻其解释，从原语文本的选择开始，包括每种语言选择。

思考一下一位古代诗人翻译家的案例，他也许是西方最早将翻译视为文学创作的诗人翻译家，将翻译视为产生相对独立的文学作品的过程。在公元前三世纪，希腊人里维乌斯·安德罗尼柯（Livius Andronicus）出生于今天的意大利南部普利亚地区的塔兰托，是一位教授希腊语和拉丁语的语法学家，他创作拉丁语剧本和诗歌，并翻译了荷马史诗《奥德赛》拉丁语的仿译本，但如今只存留下了片段，大约有四十五个短语和诗行，其中一些作者存疑（Conte 1999: 39-40）。在他的仿译中，安德罗尼柯选择了拉丁词 dacrimas 来翻译希腊词 dakru（δάκρυ），这个词出现在尤利西斯在阿尔辛诺斯宫殿听歌手时擦拭泪水的地方（Odyssey 8.88; Warmington 1936: 32）。Dacrima 是拉丁语中 lacrima（泪水）的古老形式，所以，对于安德罗尼柯的第一批读者来说，他的语言选择被视为一种解释举动，产生了古老的效果，可以表明荷马史诗历史遥远，同时创造了与普通用法不同的高雅语气，因此适合于该文体的严肃性（Lewis and Short 1879, s. v. "Lacrima"; Conte 1999, 40-41）。事实上，即使罗马读者没有阅读希腊文本，这一效果也会产生，因为安德罗尼柯选择了古词（archaism）。这个例子表明，即使是紧密遵循原语文本的翻译，以至于成为模仿其词汇声音的平行翻译，也会释放出超越形式和语义对应的共鸣，最终与译语有更多的关系。我会更深入一步：
180 因为翻译履行的是一种解释，所以它永远不会是字面的，只能是比喻的，或者更准确地说，是铭刻效果的，这种效果在翻译语言和文化中会起作用。

翻译应被视为一种解释，因为它本质上是去语境化的。即使是基于共享的词源或相互借用的历史，或类似的形态特征（如屈折变化）在词汇和句法上具有显著相似性的语言之间，由于结构差异，也要求翻译者拆解、重新排列、最终置换构成原文本的能指链。有三种原语语境会丢失。第一种是文内的，因此由原文本、其语言模式、话语结构和语言纹理构成。第二种是文本间的（就与现存文本的关系而言）和话语间的（就与现存形式和主题的关系而言），同样是构成性的，因为它包括赋予原文本对广泛阅读源语读者具有意义的语言关系网络。第三种是接受语境，同样是构成性的，但同时是文本间的、话语间的和符号间的，是原文本在其原文化中开始流通时继续积累意义的各种媒介，范围从编辑决策如排版、裁切尺寸和装订，到封面简介、作者照片和广告，到期刊评论、学术批评和互联网博客，再到不同版本、选集摘录和各种形式的改编（戏剧、电影、漫画）。通过“构成性”，我指的是这三重语境构成了原文本的意义生成过程，使其能够支撑意义、价值和功能，因此，这些在转换到不同的语言和文化时永远无法完整保留。

因此，译作的读者永远不能以对等或甚至可比较的反应来体验它，与原语的读者体验原语文本的反应相同或类似，也就是说，那些在原语中广泛阅读并深入了解原文化的读者。甚至那些熟悉原文和翻译文化的双语读者也不会以相同或类似的方式体验这两个文本。安德罗尼柯在其《奥德赛》中采用的策略包括将神话和英雄人物的希腊名字拉丁化。Kronos（克洛诺斯）成为 Saturnus（萨图努斯），Musa（缪斯）成为 Camena（卡美娜，歌曲女神），Moira（Fate，命运）变成了 Morta（莫塔，死亡），Odysseus（奥德修斯）成为 Ulixes（尤利西斯），Hermes（赫尔墨斯）成为 Mercurius（墨丘利乌斯），the Muse Mnemosyne（缪斯女神墨涅摩西涅）被称为 Moneta（莫内塔）（*Odyssey* 1.1, 1.45, 2.99, 8.322-323, 8.480-481; Warmington 1936: 24, 28, 32, 34）。这些选择意味着失去了希腊文化的参考。精通希腊文学的双语罗马读者无疑可以补充上下文的丧失，但同时也会感知到安德罗尼柯的解释举措所创建的不协调。无论是罗马还是希腊的希腊文本读者，都不会察觉到这种不协调。

安德罗尼柯的案例表明，翻译的解释力量意味着原语文本不仅是去语境化的，而且在翻译中重新构建语境，以使其对接受者具有意义和吸引力，将其置于不同的语言使用模式、不同的文化价值观、不同的文学传统和不同的社会制度中。重新文化过程，涉及在翻译中建立和建立的另一组文本间和话语间 181
关系，即接受间文本（receiving intertext）。因此，当原语文本被翻译时，它不仅经历了形式和语义上的丧失，还获得了巨大的收益：为了固定该文本的形式和含义，译者在译语中发展了一种解释，最终促使了文化差异的增殖。安德罗尼柯《奥德赛》的现存诗行表明，他的仿译可能不仅是拉丁化的，而且可能比希腊文本更加详细。在阿尔西诺斯（Alcinous）的女儿诺西卡（Nausicaä）邀请尤利西斯拜访她的那段话中，安德罗尼柯插入了短语 me carpento vehentem（driving in my carriage，驾驶我的马车），而这在荷马史诗中是没有希腊语对应的（*Odyssey* 6.295；Warmington 1936: 22）。因此，拉丁语的仿译提供了罗马的语境：安德罗尼柯添加了对 carpentum 的参考，这是一种由罗马贵妇在公共庆典期间游行中使用的双轮马车（Lewis and Short 1879, s. v. "carpentum"）。

这些语言选择不仅是语言学层面的，也是文化层面的。它们不仅呈现单词和短语，还建立特定于文化的意义。译者通过应用一个介于原语与文化以及译语和文化之间的类别来铭刻解释，这是一种将原文本转换为译文的方法。这个类别包括解释项（interpretants），可以是形式上的或主题上的。形式上的解释项可能包括对等概念，例如基于语言学研究或词典的语义对应，或风格的概念，与某一流派或话语相关的独特词汇和句法。主题上的解释项是诸多代码：可能与特定社会团体和机构相关联的价值、信仰和表征；在相对一致的概念、问题和论点体系意义上的话语；或对原文本的特定解释，已在评论中独立表达。例如，现代诗人的仿译通常从一个特定的形式解释项、一种独特的诗学或前人的翻译开始，这两者同时是主题上的，编码了诗人诗歌中处理的主题或前人译者的解释，根据诗人应用的不同解释项集进行修订。解释项基本上是互文性和话语间的，主要基于接受语境，即使在某些情况下它们可能包含原文化特有的材料。译者应用解释项重新将原文置于新的语境中，用接受的互文来替代与源文化的关系，用构建在译文中的与译入语和文化的关系来替代。

解释项概念有助于澄清安德罗尼柯对《奥德赛》的处理方式。他应用了几种形式的解释项：包括借鉴古老拉丁语中的词汇和句法项的古代风格，还有一种特定的诗歌形式，即撒图尼乌斯韵（Saturnian meter），这种诗体被认为是拉丁诗歌传统的本土形式，专为像墓志铭和凯旋纪念等与史诗的庄严相匹配的体裁而保留。他选择了并不基于希腊六步格所发展出来的韵律，这是像恩尼乌斯（Ennius）这样的后来诗人作品的特点。安德罗尼柯还采纳了一种对等概念，他大体上保持了与希腊文本的语义对应。与普劳图斯、贺拉斯和卡图卢斯这些 182
晚出的罗马作家不同，他似乎没有完全依赖改编，即使他的翻译包含了偏离和插入。在这些例子中，他应用了一个主题解释项，这在他对希腊文化引用的拉丁化和他插入如 carpentum 这样的拉丁术语中都很明显：他用明显的罗马价值观对他的译文进行了编码。另一个编码的例子出现在用来描述帕特罗克洛斯的一个形容词 theophin mestor atalantos（θεόφιν μήστωρ ἀτάλαντος; 3.110），可以被翻译为“在议事上与诸神同辈”。然而，安德罗尼柯将其替换为 vir summus adprimus（最卓越的人），表达出早期罗马对于消除人与神之间形而上学区别的谨慎态度，可惜这种谨慎态度在共和国时期没有保留下来（Warmington 1936: 26）。丹尼斯·费尼观察到，“在罗马，没有人成为［神化］崇拜的对象，从罗穆卢斯 / 奎里努斯到尤利乌斯·恺撒”（Feeney 1998: 110）。

译者的解释总是在一种文化语境中进行并受其影响，这个文化语境中的价值观、信仰、再现以及它们所属的社会群体在权力和声望的层级秩序中排列。解释所建立的文本间和话语的间关系，影响着原文本以及翻译文化中的文本。这些关系是通过在翻译语言中复制已存在的单词、短语或段落创建的，无论是通过具体引用，还是更一般地通过模仿字形和声音、词汇和句法、风格和话语。在翻译中，就像在原创作品中一样，引用和模仿不会产生相同或对已存在文本的简单重复。一旦读者认识到了互文性，由于德里达所说的语言的“可重复性”，即在不同语境下可能发生的意义变化，差异也变得明显。（Derrida 1982b: 320）因此，翻译重新给它所翻译的原文本以及它引用或模仿的翻译语言文本赋予了新的语境，将它们置于一个变化其意义的转化之中。因此，翻译建立的文本间和话语间关系不仅仅是解释性的，也带有潜在的质询：它们铭刻了形式和意义，邀请读者对引用或模仿的文本——甚至是这些文本所处的文化传统和社会机构——进行批判性理解，同时又邀请读者基于翻译文化特有的文本、传统和机构来理解原文本。

安德罗尼柯是享有人身自由的奴隶，因此，他的拉丁化翻译实际上可能反映了他对希腊文化起源的深刻投入以及他对罗马文化的强烈依恋，他是其中的一员。后来的罗马作家，如西塞罗和贺拉斯认为他是拉丁文学的奠基人，他对《奥德赛》的仿译，在接下来的两个世纪里作为教科书被使用，很可能用于教授希腊语（Conte 1999: 40）。不管安德罗尼柯的杂合性是否被视为使得他作为译者的意图复杂化了，换句话说，他作为殖民地主体的代理是否在某种决定性的方式上存在冲突，我们仍然可以看到他引用罗马马车（Roman carpentum），
183 这在他的翻译中构成了多义性的节点。一方面，这种特殊和特权的马车与罗马的贵妇人联系在一起，在庆祝活动中最常使用，在共和国的整个时代在城市内禁止使用，使它成为类似诺西卡国王女儿的适当载具，并同时指向荷马诗歌的有限环境，这是一种口头传统文化的产品，处于文学和社会发展的初级阶段（Smith 1875: 242-243）。另一方面，希腊文本通过 carpentum 这个词回到罗马文化中，创造了一个语境，不仅突显了该文化的复杂性，还揭示了构成它的阶级和性别意识形态，即使在如马车等日常物品中也是如此。我推测，这种阅读对于安德罗尼柯的最初受众来说是可用的，不管是拉丁语还是双语，因为他们对这样的文化和历史差异感到敏感。今天，只有精英读者，即具备古典学专业知识的读者，才会对此感兴趣。

然而，谁会像我这样阅读安德罗尼柯译本的片段呢？这需要是一位读者，他认同我对于解释学模型的假设，将这些片段分析为基于接受文化中的互文和话语间关系的解释性铭刻。这位读者还必须对译者的铭刻进行彻底的历史语境化，将其视为在一个特定的文化语境中运作，其中价值观和实践按等级排列，

等级关系同样表征了跨文化关系，以及像翻译这样的实践活动既在社会主体的文化身份形成中发挥作用，也在这些主体工作的社会机构的运作中发挥作用。读者还必须运用像德里达这样的后结构主义思想家所构建的关于语言和翻译的观念，这些观念限制了译文片段所支持的可能解释的多样性，同时强调其中最具有质疑性的解释。换句话说，我所描述的读者，必须应用一套特定的批判性解释项来推断和构建翻译所铭刻的解释。批判性解释项也可以是形式上的或主题上的，包括例如解释学模型这样的方法论假设，或包含价值论的哲学话语。

每一种解释在本质上都是评价性的，因为它基于潜在的判断，即一个文本值得解释，不仅仅是在评论中，还通过翻译或改编（Smith 1988: 10-11）。安德罗尼柯决定翻译《奥德赛》开创了随后罗马作家的常规做法，即通过翻译希腊模型来发展竞争性的拉丁文学。此外，解释项总是已经卷入了价值体系的等级，这些等级构成了特定历史时刻接受文化的结构，其中的中心和边缘、经典和边缘都具有等级。安德罗尼柯决定遵循罗马的语言和文化规范将希腊神话拉丁化。然而，由于翻译或改编必然将原语文本从其原初语境中分离出来，同时对其语境进行重构，因此，不能仅仅通过与该文本的比较来评估它们，而不考虑它们的文化和社会解释条件。翻译评估必须提升到一个不同的层 184
次，在我看来是适当的伦理层次：通过在原语文本中铭刻解释，翻译或改编可以在与竞争性解释相关的伦理立场上标明自身，并在与其它解释相比之中提供意识形态功能。尽管安德洛尼柯应用的解释手法强化了罗马共和国的主导文化形式和实践，但他将史诗这一在拉丁语中之前不存在的诗歌体裁引入了拉丁语。因此，他的行为是创造性的，不能仅仅通过当前的文学规范来评判，从而在其中为翻译主体创建了一个范畴子集，标志着翻译主体既不是特定的希腊人，也不是特定的罗马人，而是在古老的语言和文学形式，如旧拉丁语和撒图尼乌斯格律的新用途中，留下了不同解释手法，无论是残存的、主导的还是新兴的。

翻译伦理学

在这里，我借鉴了阿兰·巴迪欧的思想，特别是他关于基于真理的伦理学概念。对于巴迪欧来说，真理不是对现实的充分适应或启示，而是一种由“事件”引发的调查过程，这个事件带来了与“意见”和“制度化知识”定义的情境不同的“某种他者”（Badiou 2001: 67）。该事件同时定位并补充了情境中的“空白”或缺失，创造出一个致力于维护与情境“断裂”的主体，通过阐述和探究事件的后果、理念、形式或实践的影响，这些影响被赋予足够的价值而被称为“真理”。真理是特定于它所出现的情境的，但它的诉求是普遍的，同样适用于每个致力于成为真理过程的主体的个体，该主体在真理过程构建的宇宙中工作。然而，真理不会断言它是排他性或压制性的全能权力，因为它基于一个“不可名状”（unnameable）的元素，该元素位于其概念上的掌握之外。巴迪欧指出，“不可名状”应该不是根据可用的知识和百科资源来理解的，而是根据它在真理基础上的可预测性的精确意义（Badiou 2004: 130）。承认“不可名状”的存在，是拒绝将决定性强加给真理。

这个过程代表了什么是好的。当它在一个伪事件中被颠倒，该事件不是定位在情境中的一个空白，而是“充实”或“实质”，从而导致了“真理的虚伪”（Badiou 2001: 72-73）。拟像远非普遍适用的，而是与“共同体的绝对特殊性”（the absolute particularity of a community）相关联，因为该共同体接纳或排除个体（同上：73-74）。致力于拟像，是试图通过将每个元素纳入其感兴趣的知识中来，从而给不可名状的事物贴上一个名字（同上：85-87）。在巴迪欧的
185 思想中，真理伦理学（ethics of truth）促进了创新和平等，服务于共享的、普遍的“无私的兴趣”（disinterested interest），而伦理缺失的拟像则强迫遵从和支配，服务于特定人群的利益（同上：49, 74）。

巴迪欧的伦理学引发了许多问题，其中最不可忽视的是他对共同体主义的反感（同上：73-74），仿佛每一个社会团体都是排他性或压迫性的，仿佛可以想象一个没有这些团体及其层级关系的社会结构或政治行动。他认为，当主体在他们对改变情况并在探究真理的过程中确立平等时，集体才会出现（Badiou 2008: 163）。我想质疑他思想中的这一点，因为没有真理过程能够脱离机构场所发生：巴迪欧对事件的定义正是假设了一种尽管在机构内部但却与之断裂的情况，这是因为每一个机构都包含了相互竞争的观念、形式和做法，它们出现时总是在层级中占据一个位置。不道德的行为不应被视为服务于任何社区利益的知识，而只能被视为与一个在机构中获得主导地位以至于排除或边缘化其他群体的竞争性知识的群体相关的知识。

因此，翻译的评价可能根据其在接受情境中对文化和社会机构的影响（无论是潜在的还是实际的）来进行，根据它是否挑战已获得机构权威的风格、体裁和话语，根据它是否激发创新思维、研究和写作。翻译中的不良之处是“不惜一切代价命名的欲望”（Badiou 2008: 127），强加寻求认知上的掌控，从而否认超越它们的独特性的文化规范，排除了那些能够促成不同翻译、不同解释的替代解释集。因此，翻译（包括诗人的仿译）不应仅因展现出通常被称为不道德的特征而受到责备：对原文本的全面操纵、对源语言的无知，甚至对其他翻译的剽窃。我们应该检视翻译的文化和社会条件，考虑其解释是否引发一个事件，通过提供当前在接受情境中占主导地位的知识和价值所缺乏的东西，创造新的知识和价值。这种缺乏可能是诗人仿译能够或不能提供的解释，例如，涉及语义对应甚至紧密遵循原文本的对等概念。最权威和广泛流传的翻译可能本身不应用这样的解释项，或者即便是用了，原文本的新版本或其新的、独立表述的解释可能要求在重译中修订以前翻译中应用的对等概念（参见第 5 章）。然而，除非考虑在特定文化和特定历史时刻的情境，否则任何解释都不能被视为固有的价值。

我在这里概述的翻译伦理学，也遵循巴迪欧的观点，避免将不良行为视为186 “对他者之名的不尊重”（Badiou 2008: 127）。这一观点由理论家安托瓦纳·贝尔曼提出，他在1985年的《翻译与信》（*La traduction et la lettre*）中主张，翻译可以并且应当通过展现或显现（révéler, manifester）这些差异的话语策略，尊重外国文本和文化的差异，同时抵制任何民族中心主义的简化或剔除（Berman 1999: 76）。在将翻译描述为“显现”（manifestation）时，伯曼借鉴了海德格尔的真理作为揭示的概念。“说一个断言‘是真的’，意味着它揭示了实体本身的样子”，海德格尔在1927年《存在与时间》中论述道，其中“断言的真实（truth）必须被理解为揭示存在”，或者，允许实体被看到“在其揭示的状态中”（Heidegger 1962: 261; Massardier-Kenney 2010, 266）。在1947年《关于人道主义的书信》中，海德格尔明确地将语言视为“存在”被揭示的场所：

> 语言是存在的家园，人类就居住在其中。那些思考和用语言创造的人是这个家的守护者。他们的守护实现了存在的显现［Offenbarkeit］，因为他们将这种显现带入语言，并通过他们的言说在语言中保存它。
>
> （Heidegger 1947: 193）

通过在这段话中将“外国文本的异质性”代替“存在”、“译者”代替“人类”以及“翻译”代替“说话”，我们可以把海德格尔的假设应用到贝尔曼的思想中。因此，在贝尔曼的表述中，翻译的伦理维度是“渴望在其自身的语言空间中揭示作为国外的异质性”（*désir d'ouvrir l'Étranger en tant qu'Étranger à son propre espace de langue*; Berman 1999: 75）。为了实现这种海德格尔式的异质性的显现，贝尔曼推荐一种特定的形式解释项（formal interpretant），“忠实于”“字面”，即原文本的语言特征和意义结构，或者实际上是一种字面化策略（fidélité [...] à la letter; 同上：77）。他发现荷尔德林对索福克勒斯的仿译具有典范意义，正是因为这位德国诗人的策略包括“词源化的字面主义”（littéralisme étymologisant），通过这种方式，“希腊语渗透到德语中”（le grec investit l'allemand; 同上：88, 91）。

然而，在翻译过程中，源文本从未以某种未经媒介的形式存在。由于文本在翻译语言和文化中重新构建了语境，民族中心主义不可避免地介入，因此其异质性永远无法通过翻译“本身”揭示。贝尔曼自己描述了翻译中的一种民族中心主义的“力量”或“倾向”的“系统”，这些力量或倾向会“扭曲”或“破坏”源文本，他甚至断言这些策略自古典时代以来就成为常规，“在每一次翻译中都在操作”（opérant dans toute traduction; Berman 1999: 49）。在这种情况下，贝尔曼似乎承认翻译是一种转化，这隐含与他的海德格尔假设相矛盾，即“作为外国的异质性”可以在翻译文本中表现出来。此外，荷尔德林的解释包括使用一种地区方言——施瓦本方言（Swabian）以及古词，这导致贝尔曼考 187
虑到实际上偏离希腊文本并且仅在接受语境中起作用的文本效果：

> 诗人的翻译……重振了德国的古老，以此迎接希腊的古老，这与强化有关，因为所有这些词语，无论是方言还是古老的，都来自语言的“基岩”，都更强大，有助于建构伟大而残酷的语言，超越了古典主义，必须在悲剧中发声……荷尔德林的翻译故意试图破坏对希腊艺术的“古典”视觉。
>
> （Berman 1999: 94）

贝尔曼将一个隐喻性的“accueillir”（欢迎）赋予他在荷尔德林的德语古词和古典希腊语之间感知到的相似性，而且，由于这个法语词不仅可以表示“欢迎”，还可以表示“招待”或“容纳”，它唤起了海德格尔将语言视为“存在”之“家园”的概念。然而，贝尔曼的观点是有争议的：对索福克勒斯或他的希腊受众来说，他们的希腊语并不古老；源语言的历史遥远性只能从译者的时刻感知，因此，任何试图与德语古风创建类比的尝试本质上都是民族中心主义的。荷尔德林的翻译并没有揭示索福克勒斯文本的异质性，而是通过使用一种异质的德语偏离了它，这种语言因为是“野蛮的”（sauvage），挑战了十八世纪末流行的对古希腊文学的看法：即古典时代象征着秩序、平衡和克制。贝尔曼的分析基于不断变化和矛盾的假设：一方面，是将翻译视为通过字面主义、外国的形而上学直接体现语言和文化差异的本质主义；另一方面，是将翻译视为一种创新实践的唯物主义，这种实践通过偏离主导语言形式和制度化知识间接地标示差异，一种经历文化和历史变迁的偶然异质性。最终，虽然并不完全符合他的意图，贝尔曼的分析展示了荷尔德林的翻译体现了差异伦理（ethics of difference），但这仅是因为它们与接受语境中的价值、信念和表征体系相冲突（Venuti 1998: 82）。

学术翻译 vs. 诗人仿译

通过考虑另一部古代文本——塞内加（Seneca）的戏剧《俄狄浦斯王》以
188 及两位英国翻译家在几乎相同历史时刻撰写的版本，即古典学家沃特林（E. F. Watling）1966 年为企鹅古典丛书的翻译和诗人泰德·休斯（Ted Hughes）1969 年为导演彼得·布鲁克（Peter Brook）创作的改编版本，我们可以进一步发展这一伦理学。沃特林应用了几种形式解释项，这些解释项在当时具有相当的文化权威：他相当忠实于拉丁文，因此在翻译古典文学时执行了一种普遍的对等概念；他不仅采用了抑扬格，还采用了素体诗（blank verse），这是积累了最多价值的英语诗歌传统的形式；他将现代英语标准方言与早期现代词汇和句法项目相结合，包括一系列诗歌的古老之处，其中包括一些词语的倒装顺序（例如 accursed、craven、noisome、slain、thou shalt、the curse my own unhappy coming brought）。沃特林译文的互文是伊丽莎白时代的戏剧，这一点在他的介绍中从未明确提到，而是在他对这位伊丽莎白时代拉丁文学作家极具热情的描述中体现出来的（Watling 1966: 9-11, 26-38）。这一解释项的批判性效应，是通过暗示戏剧对伊丽莎白时代戏剧作家产生了重要影响，从而质疑了塞内加的悲剧在现代的持续关注是否来源于这一事实。

沃特林写了一篇富丽堂皇的诗歌，令人联想到马洛和莎士比亚。以下是他的仿译中俄狄浦斯在文本开头附近的一篇演讲：

No man can brand me with the name of coward.
My heart is innocent of craven fears.
Against drawn swords, against the might of Giants,
Against the fiercest rage of Mars himself
I would march boldly forward. Did I run
From the enchantment of the riddling Sphinx?
I faced the damned witch, though her jaws dripped blood
And all the ground beneath was white with bones.
There, as she sat upon her rocky seat,
Waiting to seize her prey, with wings outspread
And lashing tail, a lion in her wrath,
I asked "What is your riddle?" She replied,
Shrieking above me with a voice of doom,
Snapping her jaws and clawing at the stones,
Impatient to tear out my living heart.
Then came the cryptic words, the baited trap;
The monstrous bird had asked her fated riddle,

And I had answered it!... Fool that I am,
Why should I now be praying for my death?...
You could have had it then!

（Watling 1966: 212）

没有人能够嘲笑我懦弱。
我的内心洁净，没有怯懦之情。
面对出鞘的利剑，巨人的力量，
甚至是激烈的战神马尔斯，
我也会勇敢前进。难道我曾经
从谜语之女斯芬克斯的魅力中逃脱？
我直面这个可恶的女巫，尽管她的嘴滴血
地面上铺满了白骨。
她坐在岩石上，等待着抓住猎物，
展开翅膀，摇摆着尾巴，像狮子一样愤怒，
我问："你的谜语是什么？"她回答，
发出毁灭性的尖叫声，
张开嘴巴，抓住石头，
迫不及待地要撕裂我的活心。
然后，出现了谜一样的话语，陷阱已设好；
巨鸟提出了注定的谜题，
而我回答了它！……我是个傻瓜，
为什么现在却祈求我的死亡呢？……
那时你本可以得到它！

在这一段落中，沃特林的素体诗以其创建连贯言语声音的能力而令人瞩目。句法连贯迫使读者在行距之间阅读含义，而韵律上的变化产生了对话的韵律，因此演讲产生了透明的幻觉，俄狄浦斯出现在我们面前，人物的心理轮廓被勾画 189
出来（我依赖于伊斯特霍普 1983 年对五步抑扬格的解释）。这些效果表明沃特林的翻译中另一个解释项的作用，即艾略特对伊丽莎白时代戏剧的批评。在他 1927 年的论文《莎士比亚与塞内加的斯多葛哲学》中，艾略特指出："塞内加、马基雅维利和蒙田的作品对那个时代产生了共同的影响，尤其是通过莎士比亚，那就是一种新的自我意识；莎士比亚笔下英雄的自我意识和自我戏剧化，哈姆雷特只是其中之一。"（Eliot 1950: 119）沃特林的介绍中可以看出艾略特的影响，一方面，他承认"悲剧中夸张的铺张、激情但人为的修辞"，另一方面，他认为在其中存在一种"内省态度"，断言"真正引起他（塞内加）兴趣的，也是给他那些本应寒冷的希腊杰作注入了生命的，是对人类良知的探索，人类需要了解和证明自己动机的需求"（Watling 1966: 7, 36-37）。通过创造一种富有言语气氛的素体诗，沃特林在他的拉丁韵文戏剧翻译中写入了艾略特关于伊丽莎白时代"自我意识"的观念，该观念强调修辞而不是心理学，强调情感化的表现而不是微妙的内省，这个观念会回来干扰他的铭刻。

与此截然不同的是泰德·休斯的方法。他在出版文本的序言中指出，与索福克勒斯的"完全文明"戏剧（fully civilized play）不同，塞内加的"人物""比原住民还要原始"（Hughes 1969: 8）。这种解释适合彼得·布鲁克风格化的制作，休斯说，这种风格化的制作涉及一种"加强的、在某种程度上去个性化的说话方式"（同上）。在后来的版本中，布鲁克自己解释说，"这个文本需要一种失落的艺术，即无个性表演的艺术"，休斯的诗歌通过"严格消除一切不必要的装饰，一切无用的个性表达"来支持这种艺术（Brook 1972: 6, 8）。以下是休斯仿译的同一拉丁段落，我从沃特林那里对其进行了再造：

have I turned back   whatever there is that frightens
men in this world   whatever shape terror pain and
death can come in   it cannot turn me back not
even Fate frightens me   not even the sphynx
twisting me up in her twisted words she did not
frighten me   she straddled her rock   her nest of
smashed skulls and bones   her face was a gulf her
gaze paralysed her victims   she jerked her wings up
that tail whipping and writhing   she lashed herself
bunched herself   convulsed   started to tremble
jaws clashing together biting the air   yet I stood
there   and I asked for the riddle   I was calm
her talons gouged splinters up off the rock   saliva
poured from her fangs   she screamed   her whole
body shuddering   the words came slowly   the
riddle   that monster's justice   which was a death
sentence   a trap of forked meanings a noose of
knotted words   yet I took it   I undid it   I
solved it
that was the time to die   all this frenzy now   this
praying for death it's too late   Oedipus

（Hughes 1969: 18-19）

正如他解释的，直接从拉丁文翻译，“借助维多利亚时代的辅助材料”，休斯保持了一定的语义对应，即使不像沃特林那样紧密和精确（同上：8）。但他避免了任何类似艾略特对伊丽莎白时代自我意识的正典化解释（canonizing interpretation）。事实上，休斯通过应用两种形式解释项破坏了声音的唤起：他发展了一种到达颂歌般重复的诗歌风格，并从当代美国诗人如查尔斯·奥尔森和保罗·布莱克本那里借鉴了被称为“投射诗歌”的不连续韵律，他们使用非传统的间距创造了既是文本又是表演乐谱的作品（Feinstein 2001: 179）。奥尔森试图摒弃浪漫诗歌的自我表达，转向了“机器”，即打字机，以继续与抑扬格传统的现代主义断裂：“是我们采摘卡明斯、庞德和威廉姆斯实验成果的时候了”，他写道，“他们每个人都用机器作为他们作曲的记分，作为其发声的脚本”（Olson 1960: 393）。

我们如何权衡沃特林翻译和休斯改编的不同伦理意义？在这两种情况下，翻译塞涅卡的《俄狄浦斯》的决定本身就是一个事件，它补充了20世纪60年代中期英国文化机构中的缺失，特别是在学术界和剧院中。到那时，塞涅卡的戏剧在古典戏剧典籍中早已被边缘化。在1957年版的《大英百科全书》中，爱丁堡大学的古典学家亚历山大·梅尔阐述了关于塞涅卡的生平和作品的主流评价。梅尔写道“九部悲剧，以希腊典范为模板，展现了他散文的修辞特点，诗歌价值不高”（Mair 1957: 323）。因此，不出所料，在1917年洛布古典图书馆出版的密集散文译本和沃特林1966年为企鹅经典丛书所做的诗歌翻译之间，没有出现其他英文翻译。20世纪的译者显然更青睐希腊悲剧家埃斯库罗斯、索福克勒斯和欧里庇得斯。在复兴塞涅卡的戏剧时，沃特林和休斯都参与了典籍改革的行动，质疑这位罗马作家作品的边缘性，并通过他们的翻译断言其诗歌价值。

除了特定的风格和韵律之外，休斯还将拉丁文本同化到了他当时的诗歌实验中。他同时在创作将于1970年出版的诗集《乌鸦》，在那里他实际上在重新发明英国诗歌，使用一种带有极端异质词汇和句法的散文自由诗，既古老又现代，混合标准和非标准形式，借鉴古代神话和文学，创造出一种哲学上深刻锐利且持续阴郁的关于人类和自然暴力的观点。他的神话人物乌鸦在一些诗中扮演俄狄浦斯，休斯后来承认"在创作《乌鸦》中间确实做了那个（塞内卡戏剧的改编）。而那是有用的"（Faas 1980: 212）。因此，他仿译中的互文，不仅包括来自美国的当代诗歌实验性，还有他自己正在创作的实验诗歌，以挑战英国诗歌主流，即由约翰·贝特杰曼（John Betjeman）和菲利普·拉金（Philip Larkin）主导的战后趋势，这种趋势以克制的、内省的正式性为特点，构建作为诗人个性表达的独特声音仍然是他们项目的核心（休斯诗歌的异议观点，见 Easthope 1999a: 192）。休斯在改编塞内卡的剧作中应用的解释项，通过避免沃特林的心理主义，而是在拉丁文本的修辞展示中定位一种原始主义，对其进行了质询。然而，那种原始主义反过来通过引起对他构建的互文的纯粹文学复杂性的关注而使休斯的仿译变得复杂。

191 我们如何衡量沃特林的翻译和休斯的改编的不同伦理意义？在两个个案中，选译塞内卡的《俄狄浦斯》本身就是一个事件，它为 1960 年代中期英国文化机构，特别是学院和剧院提供了所缺失的东西。到那时，塞内卡的戏剧在古典戏剧典籍中早已被边缘化。在 1957 年出版的《大不列颠百科全书》中，爱丁堡大学的古典学者亚历山大·梅尔（Alexander Mair）在其关于塞内卡的生平和作品的条目中表达了当时的主流评价。"九部悲剧，模仿希腊范例，展示了他散文的修辞特征，诗歌价值不高"（Mair 1957: 323）。因此，不出所料，在 1917 年出版的洛布古典丛书接近源文的散文翻译和 1966 年沃特林为企鹅经典出版的诗歌翻译之间，没有出现其他英文翻译的版本。20 世纪的译者，显然更偏爱希腊的悲剧家，如埃斯库罗斯、索福克勒斯和欧里庇得斯。在复兴塞内卡的戏剧时，沃特林和休斯都参与了典籍改革的行动，质疑这位罗马作家作品的边缘性，并通过他们的翻译断言其诗歌价值。

但是相似性就此结束。沃特林的翻译是一个伪事件，这一事件揭示了当代学术机构中的丰富程度：现代主义批评话语的权威地位，其强大的解释力量可以掌控任何文学文本，不论是什么历史时期。艾略特判断的权威性，已经变得无可争议，不仅影响了对古典和早期现代戏剧的学术研究，甚至还影响了为广泛流通的系列教科书翻译的古典学家。沃特林的翻译呈现了真理的仿译，与学术精英有关，塞涅卡的文本按照主流话语被重新写作为伊丽莎白时代的戏剧。然而，休斯的仿译，却启动了一个真理过程，创造了超越这种权威阅读塞涅卡的新解释，其最具决定性的解释剂来自大量边缘的诗歌材料，即被称为黑山（Black Mountain）的前卫美国运动，以及休斯自己的实验，创造了一个不标记翻译主体为特定英国或美国的文学规范之外的通用子集。这些解释项并没有沃特林的现代主义话语的总体化力量：他们的边缘性隐含地承认了多种解释的可能性，这些解释同样位于文化机构的边缘，无论是学术、戏剧还是文学，可能实现与休斯的翻译或改编不同的翻译。我假设，只有一种解释或一组相关解释可以在任何特定的历史时刻获得机构的支配地位，而随着这种支配，多样性被排除或压制。

从伦理角度出发，无论是细译，还是使用改编的仿译来处理文学翻译，问题永远不应该是它是否成功捕捉了原文的特征，或是否有助于对原文学的全面理解。这两个问题已经假设（但同时也神秘化了）关于翻译成功和全面理解文学的概念，而这些概念又基于对等和表现的本质主义观念，即原语文本和文学 192
被认为包含不变的特征，可以在翻译或一系列翻译中被再现或转移。翻译过程表明，不变量并不存在，原语文本的特征必须通过解释行为来确定。翻译只能传达一种解释，永远不是原语文本本身或被认为固有于其中的某种形式或意义。此外，翻译所铭刻的解释是局部的和偶然的：局部是因为它在重现原语文本时不完整，且倾向于接受文化；偶然是因为它被一组在接受文化构成、社会情境和历史时刻之间变化的解释项所确定。因此，作为学习翻译的学生，我们应该专注于这些解释项，特别是翻译与传统和习俗、风格和体裁、话语和典籍构建的关系，以考虑它是否铭刻了一种与在接受文化中已获得权威的解释相比是新的解释。当然，这也是对译者的行动号召，既不是任意的，也不是无政府主义的、颠覆性的，而是决心承担将异域文本带入不同情境的责任，承认其异质性，并要求文化创新。

翻译可以成为对语言、文学、文化及其相互关系的深入调查之机会，因为我们试图增加对翻译实践的了解。我选择了诗歌这样一种类型来进行这项调查，尽管诗歌在出版和翻译研究中边缘化，但它仍保留着一定的声望，这是一种策略。也许这种声望可以帮助激发沿着类似路线的新的翻译研究，特别是对那些比诗歌更居中心位置的文本类型的翻译，这些类型对于跨文化交流更为重要。我们对技术和实用文本的翻译了解更多，其中解释项往往相对有限于惯用用法、标准术语和明确定义的功能，而我们对人文翻译的历史和现状了解得较少，即在艺术和人文科学的全部范畴中的翻译，如人类学、艺术史、电影、哲学、政治历史和宗教领域。在这里，与诗歌一样，解释项不断发展，以反映不断变化的文化和社会条件。最终，我想提出的问题比专注于诗歌可能暗示的要广泛得多。我将其表述如下：解释学模型能揭示出大多数人可能通过翻译的形式和实践遇到其他文化时的哪些方面？

[2011]

12 翻译研究与世界文学 193

通过翻译定义世界文学

世界文学的概念化不能脱离翻译。在大多数历史时期和地理区域，只有少数读者能理解一种或两种以上的语言，因此，从读者的角度来看，世界文学不仅仅是原创作品，更多的则是翻译作品，也就是说，被翻译成读者所属社区语言的异域文本，通常是多语言情况下的标准方言或主导语言。因此，翻译使得文学文本获得国际接受，这巩固了下述观点，即“世界文学不是一个无限的、无法把握的作品典籍，而是一种流通和阅读的模式”（Damrosch 2003: 5）。

同时，就本质而言，翻译是一种本地化的实践。翻译过程的每个步骤，从选择原语文本开始，包括翻译它的话语策略的发展以及在不同的语言和文化中的流通，都是由接受语境中的价值观、信仰和表现所定位。翻译远非复制原语文本，而是通过铭刻一种解释来将其转换，这种解释反映了接受者认为可理解和有趣的内容。即使译者试图保持相当严格的形式和语义对应，这种转换也会发生。原语文本在其原初文化中承载的意义、价值和功能的复杂性，确保了任何翻译都将既达不到又超越译者希望建立的任何对应，为其接受者赋予不同的意义、价值和功能。这种损失与获得的比例使翻译能够被构建为一个相对独立于原语文本的研究对象，但始终与接受语境不可分割地联系在一起。

因此，翻译加深了世界文学当前的诸种定义。如果世界文学的特点是“在伟大民族空间之间的对立，这些空间也是最古老因而最富有的，以及那些最近 194

出现且相对贫瘠的文学空间”（Casanova 2004: 83），那么翻译所涉及的跨文化关系在任何历史时刻都不仅是不对称的，而且存在等级差异。主要文学（major literatures）之所以能够获得主导或中心地位，是因为它们广泛的传统积累了文化声望，而小众文学（minor literatures）由于其发展相对有限，因此占据的是被支配或边缘地位。少数地位经常通过翻译其主要对应文学的文本来增加其资源，引入其作家以前未使用的形式和实践，并转移伴随着主要传统文本的声望。同样，主要地位由于其广泛的形式和实践可以支持独立发展，因此翻译较少。当主要文学进行翻译时，它会将其文化声望投射到原语文本上，尤其是当这些文本起源于文学少数群体时，它便会执行一种“神圣化”的行为（Casanova 2004: 135; 也见 Casanova 2010）。

然而，翻译模式可能不像“引入”（importing）和“转移”（transferring）等术语所暗示的那样直接。中介形式和实践可能决定性地介入源语文本和译文之间。20 世纪早期的加泰罗尼亚作家，如约瑟普·卡内尔（Josep Carner），不仅试图通过翻译维多利亚和爱德华时期的英国小说来实现加泰罗尼亚文学的现代化，而且还寻求法国的指导来选择翻译哪些小说，采用法国的批评类别甚至法国的翻译策略（Coll-Vinent 1998）。阿尔弗雷德·加拉德（Alfred Gallard）1930 年翻译了约瑟夫·康拉德[①] 的小说《台风》（1903）的加泰罗尼亚语版本，模仿了安德烈·纪德 1923 年法文版的词汇和句法特征（同上：219-223）。在翻译方面，主要文学可能表现出类似的依赖性。美国出版商拒绝了翻译阿根廷作家博尔赫斯创新小说的提议，直到 1950 年代，小说才在著名加利玛出版社出版了法语译本，并且博尔赫斯被西方大都市中心的国际出版商团体授予弗门

① 约瑟夫·康拉德（Joseph Conrad，1857—1924），英国作家，1857 年 12 月 3 日生于波兰。康拉德有二十余年的海上生涯。在此期间，他曾航行世界各地，积累了丰富的海上生活经验。康拉德最擅长写海洋冒险小说，有“海洋小说大师”之称。代表作有《吉姆爷》《黑暗之心》。

托奖（Levine 2005: 310）。

由于翻译总是回应接受语境中的偶然性，因此它所涉及的跨文化层级比主要和次要文学之间简单的二元对立要复杂得多。早在20世纪初，中国作家鲁迅寻求法国的原语文本，这些文本可以用于中国文化的现代化，但在1903年，他选择翻译儒勒·凡尔纳1865年的科幻小说《月界旅行》，因为它以有趣的形式包含了科普，可以吸引广泛的读者群（Semanov 1967: 14）。通过绕过西方经典小说，选择一个在当时法国文学典籍中边缘化的作者和体裁，鲁迅揭露了法国文学文化内部的层级结构（Evans 2000）。因此，小众文学会通过翻译来质疑其主要的对应文学，以提出如经典形成等问题。它们也可能在彼此之间进行翻译，以探索共享的少数地位所提供的文化变革可能性。1909年，鲁迅和他的兄弟周作人合作编撰《域外小说集》，由于他们寻求利用文学翻译作为改变中国 195
在全球政治关系中从属地位的手段，他们吸收了已获得国际认可的小国文学作品（Eber 1980: 10; Lee 1987: 22-23）。他们的选集展示了诸如俄罗斯象征主义作家安特莱夫和波兰历史小说家显克微支等作者的作品。

翻译同样使得将世界文学视为一种结合了外来和本土材料的特殊文本的努力变得复杂化。为了解释西方体裁如小说传输到其他通常较小众的文学中，尤其是东半球和南半球的文学，该定义已经被细化为“一个三角形：外来形式、本土材料和**本土形式**。简化一点：外来**情节**、本土**角色**，然后是本土**叙述声音**”，其中本土叙述者的评论在处理外来形式特征时可能变得“不稳定”（Moretti 2000: 65；粗体为莫雷蒂所加）。这个评述旨在描述原创作品，其构成材料被假定为可以清楚识别为外来或本土的起源，这一假设实际上可能不被分析所支持，因为文学文本往往是异质的文化制品。翻译增加了异质性，因为译者的语言选择相当于解释举动，这些举动改变了原文本。这些变化可能不仅仅由接受语言和文化决定，也可能由包含了对源文化知识的源文本阅读决定。因此，翻译的本土化驱动力可以改变“外来”和“本土”这些类别的本质，正如接受语境中的读者所理解的那样。

翻译与世界文学文本

英国作家伊恩·麦克尤恩[1]1981 年的小说《只爱陌生人》（*The Comfort of Strangers*，又译为“陌生人的慰藉”）是思考世界文学文本性概念极佳的例子，因为在出版后大约十年内，它被翻译成大约十五种语言，不仅包括主要的欧洲语言（法语、德语、意大利语、俄语、西班牙语），还包括近东和远东语言（中文、希伯来语、日语、土耳其语）和小众的欧洲语言（加泰罗尼亚语、捷克语、荷兰语、芬兰语、波兰语、罗马尼亚语）。由于这一文本由可识别的英国文学和文化形式组成，因此，在很大程度上可以被认为是本地起源的。它体现了自 18 世纪以来主导英国小说发展的经典现实主义（classic realism），不仅通过积累逼真的细节，而且通过为英语读者建立一个立场，使叙事变得可理解和可信，一个能够在作者声音和与特定角色相关的观点之间移动的认同立场（Belsey 1980: 64-77）。麦克尤恩的角色也是当地的。叙事跟随一对英国夫妇，科林和玛丽，他们自称“在威尼斯度假”，在那里他们遇到了另一对夫妇，意大利人罗伯特和他的加拿大妻子卡罗琳（McEwan 1981: 12）。外国背景和外国角色的存在实际上表明，尽管包括了本地化的外国元素，但文本的起源是本地的。英国旅行者在意大利成为 16 世纪到 20 世纪之间英国散文小说的一个
196 真正的传统，从托马斯·纳什（Thomas Nashe）1594 年的《不幸旅行者》到

① 伊恩·麦克尤恩（Ian McEwan，生于 1948 年），英国文坛当前最具影响力的作家之一，他擅长以细腻、犀利而又疏冷的文笔勾绘现代人内在的种种不安和恐惧，积极探讨暴力、死亡、爱欲和善恶的问题。他的作品多为短篇小说，内容大都离奇古怪、荒诞不经，有“黑色喜剧”之称。

E. M. 福斯特[①]1908年的《看得见风景的房间》及其他。

麦克尤恩小说有着令人震惊的高潮，其中，罗伯特和卡罗琳是杀害科林以获取快感的施虐狂和杀人犯，这同样源自英国文学传统。这些传统经常在特定文本中交汇：惊悚小说体裁和对意大利人的刻板印象，认为他们不道德，倾向于欺骗、淫荡和暴力。英国文学中的意大利恐惧症（Italophobia），至少可以追溯到伊丽莎白时代，在像罗杰·埃斯科姆[②]于1570年撰写的《论教师》（*The Scholemaster*）一文中就有所呈现，其中受意大利影响的英国人被称为魔鬼的化身。然而，同样的种族刻板印象随后在预示麦克尤恩作品的悬疑情节中重现，如安·拉德克利夫（Ann Radcliffe）1794年的哥特式浪漫小说《乌多尔佛的神秘事件》（*The Mysteries of Udolpho*），就以几个意大利恶棍为特色，到达芙妮·杜·穆里埃（Daphne du Maurier）1971年有预言色彩的神秘小说《别回头看》，其中一名连环杀手在威尼斯制造恐怖。麦克尤恩将这座城市作为悲剧欲望上演的舞台的处理背后，不仅有这些英国传统和习俗，还有德国作家托马斯·曼1912年的《威尼斯之死》（*Der Tod in Venedig*），因此可以看出这位英国小说家也在修订和更新一个异域情节，并以英国术语将其重新构思（Von der Lippe 1999）。

在小说一开始不久，科林和玛丽第一次遇到罗伯特时，就可以注意到一些明显的英国素材。这对夫妇在深夜寻找餐馆时迷路了，当玛丽试图找到他们的方向时，他们突然遇到了罗伯特：

---

① 爱德华·摩根·福斯特（Edward Morgan Forster，1879—1970），20世纪英国作家。福斯特出生于伦敦，在剑桥大学求学，毕业后一度前往意大利和希腊旅游，回到英国后，协助创办《独立评论》，并成为其主要撰稿人之一。1905年，他出版了第一部重要的长篇小说《天使不敢涉足的地方》。其后接连出版了《最漫长的旅程》《看得见风景的房间》和《霍华德庄园》。他到印度两次旅行后，于1924年写出《印度之行》，福斯特于1946年回到剑桥大学国王学院任荣誉研究员。

② 罗杰·埃斯科姆（Roger Ascham，1515—1568），英国人文主义者、学者和作家，以其散文风格、对俗语的推广以及其教育理论而著名。

> ... She pointed at a doorway several yards ahead and, as if summoned, a squat figure stepped out of the dark into a pool of street light and stood blocking their path.
>
> "Now look what you've done," Colin joked, and Mary laughed.
>
> The man laughed too and extended his hand. "Are you tourists?" he asked in self-consciously precise English and, beaming, answered himself. "Yes, of course you are."
>
> （McEwan 1981: 25）

> ……她指着前方几码远的一个门口，仿佛被召唤一样，一个矮胖的身影从黑暗中走出，站在一片街灯下，挡住了他们的路。
>
> “看看你做了什么，”科林开玩笑地说，玛丽笑了。
>
> 那人也笑了，伸出手来。“你们是游客吗？”他用自觉精确的英语问道，然后笑着自答：“是的，你们当然是。”

这段文字展示了经典现实主义的特点。通过使用代词 she（她），读者被置于玛丽的视角，这个视角最初是空间的：她指出了几天前她和科林经过的地方，读者与她一起朝那个方向看，虚构世界变得可信。因为她对那个男人如何出现在那里感到不确定——他似乎被她的手势“召唤”出来，就像哥特式浪漫小说中的灵魂一样，空间视角变成了认知的，然后是心理的：读者被置于与她一起分享对科林玩笑的笑声，她的指点无意中做错了什么事情。玩笑和笑声显示了科林和玛丽不害怕，暗示了他们对这个空间的熟悉：男人挡住了他们的路，但并非故意，只是因为他们站在狭窄的威尼斯街道上，宽度像小巷。罗伯特的问题可能被认为是恐吓，因为它相当直白地暴露了他们作为游客的脆弱性：事实上他们迷路了。然而，任何恐吓的可能性都被该男子参与玛丽的笑声、他打招呼的努力以及他自己脆弱的迹象所预先排除：他做出握手的手势，对说他们的语

言似乎感到不安（他的英语“刻意地准确”），并且，在他的正确发音和确定 197
他们是游客的同时感到男孩般的自豪（他是“眉开眼笑的”）。因此，他对自己问题的回答有效地消除了任何恐吓的暗示，以及任何身体危险，通过暗示他对他们处境的同情意识。在角色和代表这次遭遇的作者声音之间没有明显的区别。就英国文学传统而言，这次交流遵循了一个熟悉的传统，即英国旅行者与意大利本地人在意大利地点的相遇，每个角色都说英语。

麦克尤恩小说的意大利翻译保持了叙事的现实主义，但由于意大利文学有强烈的现实主义传统，从19世纪延续到现在，意大利读者不太可能将这种形式视为外来而非本地（Carsaniga 1974）。此外，科林和玛丽遇见罗伯特的英文段落在意大利语中经历了显著的转变，从将英语的测量单位（麦克尤恩的 yards，码）替换为意大利语的测量单位（qualche metro/several meters，几米）开始：

> ... Indicò una porta qualche metro piú avanti e, come evocata, una figura tozza emerse dal buio entrando nel raggio di un lampione e si fermò in modo da bloccare la strada.
>
> — Guarda cosa hai fatto, — scherzò Colin, e Mary rise.
>
> Rise anche l'uomo, porgendo la mano. — Siete turisti? — chiese in un inglese deliberatamente preciso e, sorridendo, rispose per loro. — Certo, naturalmente.
>
> （McEwan 1983a: 21）

> ……她指着前方几米处的一个门口，仿佛被召唤一样，一个矮壮的身影从黑暗中走出，走进路灯的光圈，然后站住，挡住了他们的路。
>
> “看看你干的好事，”科林开玩笑地说，玛丽笑了。
>
> 那人也笑了，伸出手。“你们是游客吗？”他用一种刻意精确的英语问道，然后微笑着为他们回答。“当然，自然是。”

在这里，玛丽同样确立了观点，但对罗伯特的描绘却显示出几个显著的转变。他被描绘为故意阻挡科林和玛丽：si fermò in modo da bloccare la strada（他停下来挡住道路）。尽管这一段落表明他用英语说话，但意大利语语法引入了他语气上的明显变化：他是第一次遇见这对英国夫妇，但他大胆地使用了类似的第二人称动词形式 siete（你们是），而不是用礼貌的第三人称形式来表示尊敬，所以称他们为游客似乎是一种对抗，是对他们脆弱性的坚持。他的英语被描述为 deliberatamente preciso（刻意精确），仿佛他想明确表明他知道他们有多脆弱。英文文本中的 beaming（眉开眼笑），在这里变成了更含糊的 sorridendo（微笑），他对自己的问题 per loro（为他们）回答，暗中控制了局面。他的回答 Certo, naturalmente，暗示作为游客的脆弱性是不可避免的：在紧密的回译中，Of course, naturally（当然，自然是）。

通过这些转变，意大利译本为整个场景注入了一种不安的氛围，这在英文段落中不存在。罗伯特被描述为咄咄逼人，甚至带有威胁性。他性格上的这种
198 变化，削弱了玛丽作为意大利语读者理解场景的可靠性：虽然起初她的视角使动作在空间上变得有意义，但她对科林玩笑的笑声暗示她和他一样没有意识到罗伯特的潜在威胁，因此创造了另一个更可靠的视角，即隐含的作者的视角，读者与作者共享罗伯特的潜在，知道罗伯特的威胁外表并非儿戏。因此产生了悬念，也就是不确定接下来科林和玛丽将发生什么事情。

这种翻译铭刻了一种与英文段落中可感知意义相当不同的解释。文字选择显然是在改写罗伯特的进入场景，考虑到他后来将犯下的谋杀，改变了读者与科林和玛丽最初对他毫无戒心态度的微妙定位。观点和性格上的不同也是体裁上的不同。英文文本几乎直到暴力高潮前都呈现出传统的现实主义叙事，而在这个早期场景中，意大利译本突然将叙事转变为具有明显哥特色彩的惊悚片。描述罗伯特突然出现的意大利词 evocate，虽然准确地翻译了 summoned（召唤），但与英文单词不同，它主要具有神秘的意义，如“召唤”灵魂或恶魔。

然而，要精确识别意大利译本中的外来及本地元素仍然是困难的，甚至是不可能的。翻译通过创建一个接受的互文来重新定位原语文本，用接受文化中的文学传统的关系替换对源文学的关系，因此翻译的读者必须具备文学和文化知识来感知互文，以及批判能力来阐明其对原语文本和译本的意义（Venuti 2009）。熟悉英国文学的意大利语读者，当然可以将讽刺的观点和对罗伯特的负面描绘读作与英文文本的对应，这些特征源自英国体裁中对意大利角色的恐意大利刻板印象，如哥特式浪漫小说和惊悚故事。然而，同样的特征也可以被读作外国形式和性格的铭刻，这是一种对英语文本的意大利解读，因为这些样式也存在于意大利文学传统中（Billiani and Sulis 2007; Carloni 1994）。在全球框架下看待今天意大利文学的不确定地位时，这种潜在意大利反应的不确定性可能归因于其不是小众文学，拥有丰富的文学传统，但也不是主要文学，因为缺乏英语或法语所拥有的文化声望。

此外，意大利语译本所铭刻的解释，不能被视为独特的意大利特色：它也出现在对这部小说的其他主要和小众语言的翻译中。在西班牙语版本中，这个人的神秘性被明确表达为 el desconocido（陌生人），permaneció en pie sin moverse, cortándoles el paso（站着不动，切断了他们的道路）（McEwan 1982: 26）。在法语译本中，这个人突然 jaillait（跳出来），alla se planter au milieu d'une flaque de lumière et leur barra le passage（走到光圈的中心并阻挡了他们的道路）（McEwin 1983b: 34）。在加泰罗尼亚语版本中，这个男人 va col · locar-se sota un raig de llum, barrant-los el pas（站在一道光线下，挡住了他们的道路）（McEwan 199
1997: 33）。这些翻译，就像意大利语译本一样，将场景转变为威胁性的相遇，以预示高潮的谋杀。也许它们都应该被读作对原语文本质疑性质的解释，挑战英文段落中对罗伯特表面上的无辜呈现，从某种意义上说，揭露了作者的虚张声势，暗示着后来即将到来的事情，这是对英国传统、习俗和刻板形象的确认。在这方面，翻译所铭刻的解释，可能很好地表明了对英语文学文本多数地位的抵抗，反过来揭示了由于它们相对于英语的少数地位而产生的敌意，甚至是反感。

显然，使翻译能够定义世界文学的形式和语义收获离不开细读，离不开对源语文本和译文之间转变的详细分析。"远距离"阅读，强调的是"较小"的文本特征，如"技巧""主题""修辞手法"，或"大"的结构，如"体裁""传统"和文化"系统"，对于理解世界文学作为一个错综复杂、历史发展的跨文化关系集合，包括主要和次要传统，是必不可少的（Moretti 2000: 57）。然而，让文本在这两个极端之间作为分析单位消失将适得其反：文本不仅连接了小特征和大结构，展示了它们如何相互依赖以获得文学和文化意义，而且还使翻译在构建世界文学中的作用变得可见。认为细读"必然依赖于极小的典籍"（同上）的观点是错误的；问题倒是细读继续在有限的原创作品典籍上进行，我认为，这揭示了对浪漫主义的作者原创性概念的未经检验的投入，这把像翻译这样的二级实践边缘化了。翻译作品集可以进行远程分析，用以思考交换模式如何影响接受文学传统。但是，也可以对单个翻译进行细读，以考虑对原语文本的特定解释如何塑造这种影响。当我们认识到并非每个文本都能被简单地划归为世界文学，因为并非每一文本都显示出外国传统的影响，也许最重要的是，并非每个文本都会被翻译，这种方法论观点可能变得更有说服力。

外国文学翻译经典

我们可以通过首先发展一个系统视角，来举例说明一种结合远读（distant reading）与细读（close reading）翻译的世界文学方法。理论家吉迪恩·图里做过以下基本描述，可以作为出发点：

翻译是一种不可避免地涉及至少两种语言和两种文化传统的活动，即，至

> 少涉及每个层面上的两套规范系统。因此，其背后的“价值”可以被描述为包含两个主要元素：
>
> （1）作为一种特定语言的文本，因而在适当的文化中占有一个位置，或填补一个特定部分的空缺；
>
> （2）在该语言 / 文化中构成对另一种已存在的文本的再现，该文本属于某 200
> 种其他语言，归属于某种其他文化，并在其中占有一个确定的位置。
>
> （Toury 1995: 56）

图里的区分清楚地表明，翻译从未还原原语文本本身，只是以一种中介形式呈现的原文，一种“再现”，并且这种中介记录了接受文化中的“规范”或价值观。更确切地说，原语文本及其翻译再现，均处于其各自文化中的“规范系统”或价值层次中，其中每个文本所占据的“位置”或“空缺”可能是中心的或边缘的，经典的或边缘的。翻译在接受文化中所占据的位置可以决定其对原语文本的再现：边缘的新兴、前卫实践可能产生与控制中心的主导实践大不相同的翻译，前者倾向于激进的实验，后者倾向于保守地维护典范。

图里认为，接受文化的价值观也在激励选译原语文本中起到作用，而从一系列翻译作品中可以推断出“翻译政策”，因为一系列的选择建立了模式（Toury 1995: 58）。然而，翻译模式在两个意义上也是片面的：它们在再现原语文学方面是不完整的，因为文学作品从未被完全翻译，而总是有选择性的，并且它们在选择原语文本方面倾向于接受文化，因为翻译的决定通常由接受者做出，而只有对接受文化价值观可接受的文本才倾向被选译。因此，外国文学的经典是通过翻译形成的，这些经典可以成为与外国文化中构建的文学经典在不同程度上发生偏离的刻板印象的再现。

这一点可以通过检查一种文化中定期出版大量翻译文学来说明。我将选择意大利来继续深化前一节中思考的案例。二战以后，意大利出版业日益依赖翻译，在1950年代初，翻译占年度图书总产量的16%，在1980年代上升到20%，并最终在1990年代达到约25%的高峰（Turi 1997: 408, 444; Peresson and Mussinelli 2009: 255）。2008年，意大利出版的成人书籍达到49767本（不包括儿童图书和学校教科书），其中有10046本是翻译作品（占20.1%）（Peresson 2010: 62-63）。在过去的六十年中，意大利每年发行的翻译作品中有50%～60%以英语为源语言。鉴于存在大量从英语译出的作品，我们可能会问：意大利翻译中的美国小说的典范是什么，以及是什么价值观导致这种情况的发生？

数据主要来自2006年《商业图书目录》（*Catalogo dei libri in commercio*）
201 印刷版，即意大利在印图书书单，我下面将展示的数据足以勾勒出选择翻译美国文本的主要趋势，从而勾勒出意大利经典的大致轮廓，即使这些数字不能被视为精确的计数。这些翻译的可用性不仅表明它们继续在意大利书市上具有商业可行性，能够销售，而且还表明它们被意大利读者投入了各种价值，无论是根据精英还是大众口味来判断。这种投资在几十年前翻译且仍在印刷的文本中尤为明显。

在意大利市场上，美国畅销书的译本一直蓬勃发展。目前，在意大利可购得的作品包括丹尼尔·斯蒂尔的57部作品，斯蒂芬·金的55部作品，汤姆·克兰西的28部作品，约翰·格里森（John Grisham）的20部作品以及安妮·赖斯（Anne Rice）的15部作品，其中一些作品初版于1970年代。这些小说的类型，包括浪漫的、恐怖的、惊悚的，部分解释了译作的成功：它们迎合了大众口味，使人们能够基于对角色的同情认同而享受间接参与的乐趣（Bourdieu 1984: 32）。然而，因为这些作者还处理了专属美国的材料，无论是背景还是主题，有些是历史性的或时事性的，它们的吸引力与美国文化在20世纪下半叶在意大利获得的象征资本不可分割。这种资本可以部分地解释意大利读者对包含美国文化和社会问题现实描绘的精英小说的兴趣，尽管在这里，至少对某些受众群体来说，对文学形式的超然欣赏也起到了作用。因此，目前在意大利可以获得的作品包括乔伊斯·卡罗尔·欧茨（Joyce Carol Oates）的22部作品，菲利普·罗斯（Philip Roth）的18部作品以及雷蒙德·卡佛（Raymond Carver）和安妮·泰勒（Anne Tyler）各14部作品。不出所料，鉴于这些翻译模式，美国作家的实验叙事在意大利边缘化。数字差异惊人：意大利书商可能只备有唐纳德·巴塞尔姆（Donald Barthelme）的3部作品，罗伯特·库弗（Robert Coover）的2部作品，威廉·加迪斯（William Gaddis）的2部作品，威廉·加斯（William Gass）的1部作品，凯西·阿克（Kathy Acker）的1部作品，而大卫·马克森（David Markson）作品在意大利市场上找不到。

当代美国小说在意大利翻译中的经典，主要是由各种形式的现实主义和特定文化主题组成的。在某种程度上，这些作品与美国文化中的同类作品有所重叠，尤其是在学术界的定义中，但排除的部分非常明显，特别是实验主义被边缘化的现象。然而，在意大利经典的中心超越了精英小说，并在市场存在感上与畅销书竞争的，是一大批与垮掉的一代相关，或探索美国社会边缘非传统生活，或属于硬汉侦探小说类别的作品。目前在意大利可以获得的作品包括查尔斯·布考斯基（Charles Bukowski）的39部作品，杰克·凯鲁亚克（Jack Kerouac）的33部作品，威廉·S. 伯勒斯（William S. Burroughs）的22部作品，詹姆斯·艾尔罗伊（James Ellroy）的20部作品，艾德·麦克贝恩（Ed McBain）的18部作品，约翰·方特（John Fante）的17部作品，以及爱德华·邦克（Edward Bunker）所写的全部8本书。凯鲁亚克和方特受到了特别的对待：他们的作品被收入了由贸易出版商蒙达多里（Mondadori）创立的经典系列“I Meridiani”（高点），他们被置于西方经典中的人物，如荷马、但丁、莎士比亚、歌德、波德莱尔和乔伊斯，以及美国经典作家如海明威、菲茨杰拉 202
德、庞德和福克纳等人之间。

意大利将这些作者纳入经典行列，当然包括商业出版的利润动机，这在意大利和其他地方都是一样的，以及美国文化在意大利观众中积累的声望和现实叙事中存在的流行品味的吸引力。然而，更多的东西显然是岌岌可危的，因为特定于写作的样式和主题：意大利经典的核心最终建立在对特定类型浪漫个人主义（romantic individualism）的重视之上，这种个人主义不仅重视坦率的自我表达，而且还重视从社会约束中获得自由，以至于通过培养非标准语言和非传统的，甚至是非法的行为来公然蔑视资产阶级的体面。

这些价值观可以从爱德华·邦克 1973 的小说《无兽之极》在意大利的接受中窥见，卡洛·卢卡雷利（Carlo Lucarelli）在 2001 年评论了 1996 年意大利翻译的重印版。卢卡雷利是一位多产的犯罪小说作家，出版了 20 部小说和其他作品，他指出，“像我这样的样式作家”，在邦克的写作中发现值得“羡慕”的不是他作为职业罪犯和监狱囚犯的生活，而是他与海明威、达希尔·哈默特和詹姆斯·艾尔罗伊等其他美国小说家共享的风格，即

> 能够叙述这种生活，让你看到它，用观察者客观而又强烈的风格。……埃德·邦克拥有这种令人难以置信的客观简洁的风格，无情且非常坚硬，对话、行动、评论，一个接一个，没有留下任何不必要的空间，尤其是修辞。这是一个曾经坐过牢的人的话语，由充满含义的词语、行为和最有说服力的沉默组成。令人震惊的是这种风格所讲述的内容，发生事情的暴力，经历这些事情的人们的无望的顺从，野蛮命运的戏剧性打击，以及肮脏和绝望。
>
> （Lucarelli 2001: 8）

卢卡雷利的描述最终没有区分作者的生活和他的写作。相反，他的评论表明，他有些天真地屈服于邦克现实叙事的幻觉主义：尽管卢卡雷利引用了可比较的
203 文体家，但是，他似乎没有意识到硬汉散文在美国小说中的传统，从哈梅特和詹姆斯·M. 凯恩延伸到雷蒙德·钱德勒和吉姆·汤普森（Jim Thompson）再到

安德鲁·瓦克斯（Andrew Vachss）和詹姆斯·埃尔罗伊，恰恰是一种“修辞”，一种风格化，能立刻被识别且已自主发展，与特定作者的生活没有任何必要的联系。卢卡雷利对邦克小说的热情赞赏，取决于对浪漫观念的深刻投入，即美国作者直接从经验中写作，表达其犯罪人格。

这种赞赏，对于卢卡雷利这一代的意大利小说家来说是很典型的，跨越了意大利文化群体的界限，无论是精英还是大众。卢卡雷利出生于1960年，对当代美国小说的品味显然是大众化的，倾向于想象中的情节和角色的投入，抹去了艺术和生活之间的界限。然而，他对邦克写作的描述与精英小说家尼科洛·阿玛尼蒂（Niccolò Ammaniti）的描述非常相似，后者出生于1966年。阿玛尼蒂凭借引人入胜的小说获得了著名的维亚雷焦和斯特雷加奖，这些小说利用犯罪小说的传统来探究意大利的社会问题，例如2001年的《我不怕》和2006年的《如神所命》。在卢卡雷利评论的《无兽之极》的译本简短的介绍中，阿玛尼蒂最初评论说邦克“构建了一个难忘的陀思妥耶夫斯基式人物，一个在成为弃儿的意识和重新被视为正常人的不可能愿望之间挣扎的人物”（Bunker 2001: x）。在这里，阿玛尼蒂表现出对邦克角色的超然批判赞赏，基于对陀思妥耶夫斯基1866年小说《罪与罚》的熟悉。但他很快就抛弃了这种回应，并采纳了卢卡雷利将写作归结为作者生活的观点：“邦克以一个亲身经历过他所讲述事情的人的知识，写下了他的故事，没有修辞，也没有将犯罪世界神话化，这是大多数犯罪小说作家所喜爱的。”（同上）卢卡雷利和阿玛尼蒂的文学感性，是通过沉浸在美国文化中而形成的，特别是犯罪小说等大众类型，尽管不是那么多的小说本身或其在美国的接受，而是意大利出版商建立的翻译小说经典。他们对这个经典的参与性回应，显然阻止了他们认识到该样式的常规性，它的“修辞”，同时压制了任何意识到他们将写作视为作者生活的透明再现，他们已经将其所描绘的犯罪性浪漫化了，即使他们反对这种观点。

翻译经典与翻译策略

尽管卢卡雷利和阿玛尼蒂都没有提到用英语阅读邦克的小说，也没有评论意大利语译本的特点，但他们是用民族语言写作的小说家，而不是多语种
204 的文学学者，因此，他们对美国小说经典的了解，就像其意大利读者一样，不可避免地需要翻译来介入。这似乎是《无兽之极》的情况，因为两位作者都表示有兴趣阅读邦克回忆录《一个重罪犯的教育》的意大利语译本，尽管这本书直到 2002 年才被翻译，而在几年前就已经有英文译本。那么，邦克小说的意大利版本 *Come una bestia feroce*（Like a ferocious beast，像一头凶猛的野兽）在多大程度上支持了他们评论中记录的这种浪漫化的回应呢？更普遍地，对这种翻译的细读，能揭示出什么关于翻译文学经典与构成它们的个别翻译之间的关系呢？

在以下段落中，邦克小说的叙述者和主角马克斯·登博，即将在服刑八年后出狱，寻找他在监禁期间结识的一位囚犯：

> Aaron Billings, the person I really wanted to see, failed to appear. He was black and would avoid a group of whites, just as I would avoid a group of blacks. The races had become totally polarized during recent years. Because of this I'd talked with Aaron less and less, but our friendship remained. He'd stopped me at the dentist's office yesterday (he worked there) and mentioned that he might be transferred to camp and wanted me to help him escape. There'd been no time to talk, and he was going to meet me this morning.
>
> （Bunker 1998: 14）

我真正想见的人亚伦·比林斯没有出现。他是黑人，会避开一群白人，就像我会避开一群黑人一样。近年来种族已经完全两极分化。正因为如此，我和亚伦的交谈越来越少，但我们的友谊仍然存在。他昨天在牙医办公室拦住了我（他在那里工作），提到他可能被转移到营地，并希望我帮助他逃跑。我们没有时间交谈，他将在今天早上与我见面。

意大利版本虽然保持了与英文文本的核心语义对应，甚至遵循了英文语法，但包含了一些有趣的转变，如下粗体所示：

Aaron Billings, l' uomo che volevo vedere **piú di tutti**, non era fra loro. Era un nero e avrebbe evitato **un drappello** di bianchi esattamente come io avrei evitato un gruppo di neri. Nel corso degli ultimi anni le razze si erano **violentemente divise all'interno della prigione**. A causa di ciò con Aaron parlavo sempre meno, ma la nostra amicizia restava **viva. Il giorno precedente** mi aveva fermato nella studio del dentista dove lavorava e mi aveva accennato che forse l'avrebbe trasferito in **un campo di lavoro**. Voleva che lo aiutassi a fuggire. **Al momento** non avevamo potuto parlarne, **ma mi avrebbe spiegato tutto** il mattino **della mia liberazione**.

(Bunker 2001: 14)

我最想见到的人，亚伦·比林斯，并不在他们之中。他是黑人，就像我会避开一群黑人一样，他也会避开一群白人。在过去的几年里，种族在监狱内部发生了激烈的分裂。因此，我与亚伦的交谈越来越少，但我们的友谊仍然存在。前一天，他在牙医办公室里拦住了我，那里是他工作的地方，他暗示可能会被转移到一个劳改营。他希望我帮助他逃跑。那一刻我们不能谈论这个，但他会在我释放的早上向我解释一切。

这里可以看出到两个明显的趋势。一是使用了比英语语言更高级别的、更明确的语域。文本以当前的意大利语标准方言呈现，与邦克会话式的缩写用法不同，在某些时候回归到更正式的形式：yesterday（昨天）变成了 il giorno precedente（前一天），there'd been no time（没有时间）变成了 al momento（在那一刻），并且在 the person I really wanted to see（我真正想见的人）这一短语中，
205 省略了关系代词 that 或 who，被 che（由于语言结构差异，不可避免地，因为没有 che 会被视为错误）所补充。意大利文增加了短语来传达英文中仅暗示的意义。这些增加包括地点 all'interno della prigione（在监狱内），camp（营地）的性质被明确为 un campo di lavoro（劳动营），以及 this morning（今天早上）的关键事件 la mia liberazione（我的释放）。同样，英文文本暗示比林斯 was going to meet（将会见）德姆博来讨论他的 escape（逃跑），但意大利文明确了会面的目的：mi avrebbe spiegato tutto（他要是向我解释一切就好了）。

另一个趋势涉及夸张的程度，使意大利语朝向戏剧化发展。英文中 really（真的）的简单强调是一种会话用法，用于在登博告别的其他囚犯中特别指出比林斯，被替换为加强了的 piú di tutti（比任何人都更），这个短语再次明确了英文中暗示的内容。对 races（种族）作为 totally polarized（完全两极分化）相对超然的提及，被转化为暗示身体攻击的 violentemente divise（暴力分裂），而宽松的 group（群体）的白人囚犯变成了更有组织的 drappello（小队），这是一个用于体育团队的军事术语：a squad（一个小队）。而且，英文仅仅表明登博与比林斯的 friendship（友谊）remained（保持），意大利文添加了 viva（活着的），这可以带有"活着的"（alive）力量，但也可以是"强烈的"（intense）。

这两个趋势在翻译的段落中结合起来，形成了对英文的独特解读。第一个显示了努力创造一个立即能够被理解的意大利文本，通过填补读者知识的空

白，从而弥补文化差异。这个趋势显然与卢卡雷利认为邦克用“最有说服力的沉默”写作的观念相矛盾，但它被遵循英文句法的做法所抵消，这创造了一系列较短的句子，模仿邦克的“简洁风格”，同时反映了当代意大利散文从传统的周期性结构向更简单形式的转变（Mengaldo 1991 and Testa 1997）。这种意大利互文阻止了翻译再现邦克倒数第二句话中的多联结法，即 and（和）的重复，这是海明威散文的典型特征，卢卡雷利认识到，这已构成了英文内文的一部分。然而，翻译的清晰性和精确性增强了朝向戏剧化的趋势，塑造了一种极端的监狱生活形象。其他例子包括将 racial climate（种族气候）翻译为 tensioni razziali（种族紧张）和 there were murderous skirmishes（有杀人冲突）翻译为 gli omicidi si susseguivano incessanti（谋杀不停，接二连三发生）（Bunker 1998: 16, 17; 2001: 16, 17）。意大利文没有再现英文文本的每一个文体特征，但它仍然能够支持意大利对美国小说经典中的非传统和犯罪经历的迷恋。

邦克丰富的俚语和粗俗语在意大利语中特别难以匹配。他的一些俚语是过时的，特定于 20 世纪 60 年代，或与非裔美国人的用法相关。例如，登博与比林斯的对话包含诸如 up tight（紧张），被翻译为 teso（紧张的），和 right on 206
（对），被翻译为 giusto（正确的）之类的短语（Bunker 1998: 16, 231; 2001: 16, 277）。在每种情况下，翻译都建立了语义对应关系，但提高了语言层次，并且失去了种族关联。类似的转变也出现在黑帮和监狱俚语中。hit man（杀手）变成了 sicario（刺客），the big yard（大院子）变成了 i cortili delle prigioni（监狱庭院），而 fingered（被指认）变成了 tradito（背叛的）（Bunker 1998: 28, 110, 145; 2001: 31, 132, 174）。常见的粗俗语在意大利语中有对应的翻译，尽管英文的粗暴程度并不总是可能重现。如 motherfucker（他妈的混蛋）和 fuck your mother（去你妈的）被翻译为 figlio di puttana（婊子的儿子）和 fottiti（去你的），但“Fuck no!”（绝不！）变成了“No, cazzo!”（不，混蛋），而 bullshitter（说谎者）变成了 ballista（骗子）（Bunker 1998: 28, 110, 145; 2001: 31, 132, 174）。尽管如此，

翻译汇集了广泛的非标准意大利语形式来表示类似违反语言禁忌，不仅证实了卢卡雷利的观点，即邦克的语言“无情且非常坚硬”，而且将英文文本同化到意大利文学散文日益增长的口语化中（Spunta 2004）。这些形式包括 stronzo（屎，混蛋）代替 asshole（混蛋），non bidonarmi（别骗我）代替 don't hang me up（别绞死我），pivello（没经验的男孩）代替 squarejohn（正直的人），以及保留了进入当前意大利使用的英文单词，如 putting green（果岭）、freezer（冰箱）和 whiskey（威士忌）（Bunker 2001: 25, 31, 109, 146, 170; 1998: 23, 28, 92）。意大利语的句法在对话段落中也变得口语化：better than a cell（比牢房好）细译为 sempre meglio di una cella（总比牢房好），而标准结构 the bottom of a burnt spoon left this（这是被烧过的勺子底部留下的）被简化为 lasciata dal fondo di un cucchiaino bruciato（被烧过的勺子底部留下的）（Bunker 1998: 101; 2001: 120）。

最能引起联想的转变涉及登博的价值观。当一次抢劫使他成为被追捕的逃犯，并且他决定杀死向警察告密的朋友时，他考虑了他的行为会伤害到哪些人，得出结论：“他们永远不会理解我的世界法则，那是我唯一能依靠的东西”（Bunker 1998: 270）。意大利版本将最后一句话改为 l'unica che io potessi seguire per sopravvivere（为了生存我唯一能遵循的［法则］），将犯罪行为的准则简化为纯粹的动物本能，将登博描绘成绝望的，而英文中他更加超然和算计（Bunker 2001: 323）。在另一点上，他与一位女性建立了令人满意的关系，但他的犯罪行为使他质疑这一点：“当我想到这段插曲是多么脆弱，多么注定（我仍然是一个通缉犯，仍然致力于更多的犯罪），我感到痛苦”（Bunker 1998: 207）。意大利文再次将登博处理为一个不那么具有反思性的角色。

> Se mi ritrovavo a pensare a quanto fosse fragile quell'interludio, a come fossi condannato a una condizione di ricercato e criminale, soffrivo.
>
> （Bunker 2001: 248-249）

如果我发现自己在思考那段插曲是多么脆弱，以及我是如何被判定为一个通缉犯的身份，我就会感到痛苦。

当然，“如果我发现自己在思考”，意味着登博并不是一直在审视他的关系，因 207
为他把行动看得比思考更重要。同样，condannato（被判死刑的）这个词替换了短语 still committed（仍然致力于），消除了他实际上选择违反假释并开始犯罪的想法。在这些段落中，意大利语译文将一种强烈的决定论观点铭刻进了英文文本，这种观点是国际小说史上自然主义特征的一部分，包括硬汉侦探小说的子类型。这种观念也支持卢卡雷利对于邦克叙事中所描绘的罪犯所经历的“无望的顺从”感觉。

极其重要的是，翻译中的转换不应被轻视地视为需要纠正的错误。这些错误反而表明，译者在翻译小说时运用了他自己的解释项，一种对应概念（语言差异允许的形式和语义对应程度）和虚构话语（适合犯罪行为的自然主义），而这些选择（在我所指出的其他选择中）构成了一种策略，构成了一种细腻的解释。在没有仔细检查上下文的情况下，将特定的语言选择视为错误，可能无意中将不同的解释作为评价标准。这种做法是值得质疑的，因为没有翻译能够完全精确地再现原文，或者在没有增加翻译语言形式和意义的情况下再现原文。更糟糕的是，它剥夺了译者为接受语境中的受众解读原文的权利。

在邦克小说的个案中，我们应该三思而后行，不要剥夺译者的这一权利，因为他非常有成就。斯蒂法诺·博尔图西（Stefano Bortolussi），1959 年出生，是一位经验丰富的专业人士，在过去二十年里将六十多部当代英语小说翻译成意大利语。他的作者包括许多写类型小说的人，包括硬汉侦探小说，包括詹姆斯·李·伯克（James Lee Burke）、詹姆斯·艾尔罗伊、卡尔·海亚森（Carl Hiaasen）、斯蒂芬·金、瓦尔·麦克德米德（Val McDermid）、理查德·普莱斯（Richard Price）和约翰·戈迪（John Godey），即《抢劫 123 号地铁》（*The Tak-*

ing of Pelham 123）的作者。博尔图西的意大利语版创造了一种解释，产生了与当前意大利文学背景下的类似效果。他的作品似乎足够强大，能够通过激发一代新作家运用犯罪小说来代表意大利社会，与各种外国和意大利传统共同对该文学产生影响。翻译外国文学经典，虽然无疑在某种程度上是排他的，甚至在它们所创造的文学形象上是刻板的，但是它们依靠相对连贯的翻译策略，可以对接受语境中的文学传统产生决定性影响。

关注翻译，就是以最具体的方式重新定义文学研究。翻译的生产、流通与接受，不仅跨越国家边界，而且还需要将文本嵌入全球网络，这些网络确实受到民族文学传统的影响，但它们揭示了该民族是如何通过国际关联构建的。这些网络从一个历史时期变化到另一个时期，进入 21 世纪后，接受模式得以增加和重叠。同一原语文本可能被翻译成多种语言，在不同程度上同化
208 到接受文化价值中。要理解翻译在世界文学创作中的影响，我们需要检查接受语境中由翻译模式发展出的经典以及翻译在原语文本中铭刻的解释。为了产生最深刻的发现，这种检查必须结合远读和细读翻译，以便探索经典标准和解释之间的关系。对于大多数读者来说，翻译文本构成了世界文学，即使我们仍在学习如何将翻译作品作为独立的文本来阅读，作为与原文有显著独立性的文本来阅读。

［2012］

13　三重翻译：欧内斯特·法雷斯《爱德华·霍普[①]》的英译版

理论与缘分

长期以来，作为读者，我一直对“绘画诗”（ekphrasis，即对视觉艺术的文字表达）感到好奇，因此作为译者，我渴望翻译一篇绘画诗文本。我想象这个项目如同翻译的翻译，或者用罗曼·雅柯布森的术语精确地说，作为一种语际翻译的跨符号适应，它将视觉符号转化为文字符号，但仍然类似于翻译，因为两者都是在先前材料上操作的二级创作（Jacobson 1959: 233）。我相信，这类项目，要求译者不仅关注原语文本及其在源语及文学中的位置，还要关注艺术作品及其在艺术历史传统中的位置，不仅关注接受文化的语言模式和文学传统，还要关注艺术家在学术和普通读者中的批评接受，这些都是绘画诗及其翻译的潜在受众。

此时，你可能会觉得我对翻译绘画诗文本的兴趣仅仅源于对困难事物的迷恋。但我说，不是，困难的是翻译，而我对绘画诗的关注是为了以一种新颖的方式理解什么是翻译。无论我可能学到什么，都将取决于将两个实例并置所产生的增强的自我意识，这两个实例确实是相连的，但相对独立的，它们在不同的媒体和语言中发生作用。

---

① 爱德华·霍普（Edward Hopper，1882—1967），美国现实主义画家和版画家。

如果我描述的方法引起了任何抵抗，原因与其说是它的困难，还不如说是它对当今普遍的翻译理解所带来的含义。将一系列因素纳入翻译过程，是超越原语文本和翻译文本之间的常识性二分法。我的方法坚持认为常识是无稽之
210 谈：这种二分法不仅是简化的，而且还令译者的工作神秘化，因为它基于一种二级创作的工具模型。这种模型将像绘画诗和翻译这样的实践视为再现源材料中或由源材料引起的不变内容，无论是形式上的、语义上的还是效果上的。关注二级创作的文化和社会条件，反而是采用一种解释模型（这一“解释”概念不同于德国传统和受该传统启发的翻译理论：参见 Venuti 2012: 495-499；第 11 章）。在这里，绘画诗和翻译被视为解释行为，根据作家或译者选择的条件来解释其各自原材料的形式、意义和效果，以构建一种解释。原材料从未保持完整，因为其原始背景被二级创作的背景所取代，这些背景是构成性的（constitutive），由特定媒体或语言组成，并且受到不同文化实践和社会发展、机构场所接受方式的影响。

这一事实使得解释成为一种始终在进行中的铭刻，从选择源材料开始，包括查看或阅读它的每一个行为，并包括构成绘画诗和翻译的语言选择。源材料被不断处理，永远不会以某种未经媒介的状态存在，因此，铭刻部分是故意的，但也部分是无意识的，是有意行为在无法完全理解或控制的条件下发生的效果，并导致部分未预料到的后果。因此，二级创作与其源材料之间的关系可能被认为是直接的解释，但它可以变成质疑的，特别是在更加怀疑的读者中，采取批判辩证法的形式，其中每个作品都质疑另一个（更全面的论述，请参见 Venuti 2010）。

2006 年，我终于有机会翻译了一篇绘画诗文本。我被一本不同寻常的儿童读物约稿，这是一本受艺术作品启发的外国诗歌选集（Greenberg 2008）。我的第一反应是在意大利文中寻找例子，这是我大多数翻译的源语言。然而，尽

管得到了一位罗马同事的帮助，我没有找到许多文本，而且我找到的几篇文本，尽管足够吸引我去翻译，但被拒稿了。编辑认为它们不适合预期读者，因为它们要么概念稠密（瓦莱里奥·马格雷利对未来主义艺术家卡罗·卡拉的象征图像的实验），要么可能带有色情倾向（安娜·卡斯切拉对阿梅代奥·莫迪利亚尼的裸体画的描绘）。

那些年的夏天，我在巴塞罗那度过。在那里的一家书店里，我偶然发现
了一本以美国艺术家爱德华·霍普的画作为基础的加泰罗尼亚诗集：欧内斯 211
特·法雷斯 2006 年的《爱德华·霍普》。我立刻停止寻找意大利语的绘画诗。自二战以来，意大利语在译入英语的语言中排名相当高，我开始翻译这本来自加泰罗尼亚的著作，这是一种被极度忽视的语言。这本选集的编辑最终接受了这个项目中的一篇译稿，对其易于使用和看似无害以及霍普的名声感到高兴。

自 1980 年我在惠特尼美国艺术博物馆（Whitney Museum of American Art）观看了霍普作品的大型回顾展以来，霍普的画作就一直让我着迷。那时，我已经成为了纽约人，他的城市场景、他画作的匿名和孤独的形象、含糊却充满气氛的叙事，对我来说有着奇异的意义，尽管许多画作更让人联想到黑色电影，而不是我日常的遭遇。但现在我对法雷斯对霍普艺术的诗意理解变得着迷。我想知道，一个在主导文化中的经典画家，可能会从一位小众语言和文学作家那里激发出什么样的诗歌，这位作家关于霍普的著作赢得了金玫瑰奖（Englantina d'Or of the Jocs Florals），这是一项至少可以追溯到 19 世纪的著名的加泰罗尼亚诗歌奖，但在自己的文化中还未获得太多认可。我问自己，跨文化关系背后的等级制度，将如何影响绘画诗所铭刻的解释？当我将这些诗歌翻译成英语这种享有全球主导地位的语言时，诗歌的少数地位将如何影响我的解释？

偏离的生活故事

法雷斯的《爱德华·霍普》作为一本典型的绘画诗集呈现在读者面前：目录显示每首诗的标题都取自霍普的一幅画作的标题和日期。但这本集子不是在博物馆的走马观花：诗歌并没有按照回顾展的时间顺序排列。它们反而勾勒出一段传记叙述，跟随一个男性角色从小镇搬到大城市，从寻找工作到日常的职业磨砺，从单身到有了女性伴侣，从青春到老年，偶尔在沿海地区逗留。这段传记属于霍普，他在纽约长大，后来在曼哈顿定居，工种是插画家，直到他的画作吸引了收藏家和评论家。夏天在马萨诸塞州的格洛斯特和缅因州度过，然后在科德角建造了一座房子。然而，这段传记也属于法雷斯，他在工业城市伊瓜拉达长大，后来搬到地中海沿岸的巴塞罗那，在那里上大学并从事新闻工作，最终担任《先锋报》（*La Vanguardia*）文化副刊的编辑。

然而，这些生活只在最一般的轮廓上重叠，在一些诗中，法雷斯通过插入不合时宜的细节暗示了这一点。《城市，1927》的背景是纽约，该诗提到“altes arquitectures futurists i blocs/de pisos sense personalitat”（高耸的未来派建筑 / 和无个性的公寓楼）。但随后，读者遇到了一个典型的地中海景象：

oliveres de rabassudes soques
que fructifiquen a les acaballes
de la tardor

olive groves cleared of stumps
yielding a crop in the last days

of fall

（Farrés 2009: 22, 23）

橄榄树园中清除了树桩，
在秋天的最后几天
收获果实。

在这些例子中，法雷斯的绘画诗超越了描述，起到了挪用霍普绘画的作用，不 212
仅用它来叙述加泰罗尼亚人的生活，还揭示了图像的局限性：它极具地方性，显然带有美国风格，以至于只能通过超现实的并置来使其更加包容，这立即揭示出法雷斯的诗歌是一种挪用。

因此，诗人既是又不是画家。在以作于1925—1930年间霍普的《自画像》（*Self-Portrait*）为基础的开篇诗中，法雷斯解释了他传记方法的偏斜定位。自画像被称为“un mirall”（一面镜子），反映的不仅是霍普的形象，还是法雷斯的，“com li agradaria al fantasista Borges”（会让幻想家博尔赫斯感到愉悦），读者被邀请接受博尔赫斯式的前提：“Podem ben creure-ho:/Hopper i jo formem una sola persona”（毫无疑问：/霍普和我构成了一个单一的人）（Farrés 2009: 2, 3）。短语“formem una sola persona”是对博尔赫斯故事《神学家》（1947, “The Theologians”）结尾句子的加泰罗尼亚语近似表达，其中两位虚构的教会博士奥雷利安和潘诺尼亚的约翰，被锁定在一个反驳异端的竞赛中：“formaban una sola persona”（他们合为一体）（Borges 1949: 43）。奥雷利安导致了约翰被定为异端，故事以“在天堂”（in Paradise）结束，正如詹姆斯·E.厄比的译本所述，其中“奥雷利安了解到，对于深不可测的神性来说，他和潘诺尼亚的约翰（正统信徒和异端，厌恶者和被厌恶者，控告者和被控告者）构成了一个单一的人”（Borges 1964: 126）。暗示着霍普和法雷斯，就像奥雷利安和约翰一样，构成了差异中的同一身份，互补而对立。法雷斯诗歌的读者意识到博尔赫斯的互文，便采取了一种虽然不神圣却十分人性化的谨慎观点，准备质疑画家和诗人的身份，无法分辨谁是信徒谁是异端，最终怀疑诗人狡猾地援引博尔赫斯。

随后，法雷斯以更明确和更精确的文学术语阐述了这种怀疑。诗中的另一个间接文本是哈罗德·布鲁姆[①]的观点，即卡夫卡代表着德国文化传统的顶点，在其中歌德是主导影响。布鲁姆这样表达，“卡夫卡是格言家和寓言家的高度原创混合体，与维特根斯坦以及叔本华颇有相似之处。在所有这些人背后是作为智慧作家的歌德。”（Bloom 1994: 454）法雷斯去掉了这个说法中的类型决定，将其转化为一个奇幻的类比：

Si Goethe es reencarnà en Kafka,
Hopper en una transmigració
plena d’encert ho féu en mi

If Goethe was reincarnated in Kafka,
Hopper in a transmigration most apt
pulled it off in me

（Farrés 2009: 2, 3）

如果歌德在卡夫卡中转世，

① 哈罗德·布鲁姆（Harold Bloom，1930—2019），美国著名文学教授、耶鲁学派批评家、文学理论家。1951年，毕业于美国康奈尔大学；1955年，获得耶鲁大学博士学位；曾执教于耶鲁大学、纽约大学和哈佛大学等知名高校。布鲁姆一生出版了40多部著作，包括20余本文学批评，一些宗教相关书籍和一部小说，尤其是1973年的代表作《影响的焦虑》，在美国批评界引起了强烈的反响。

霍普在最合适的轮回中
在我身上实现了这一点

这位诗人继续向我们眨眼：他讽刺地将“轮回”归因于霍普，“实现了这一点”，而显然这不是画家的功劳，而是法雷斯自己诗意手法的结果。如果既古典又浪漫的歌德变成了荒诞的卡夫卡，我们应该期望法雷斯以一种根本上不 213
确定的讽刺来解读霍普的现实主义。“在他那种讽刺中，”布鲁姆论述卡夫卡，“他给我们的每一个形象都是也不是它可能看起来的样子”（Bloom 1994: 451）。

在这方面，关于自画像的程序性诗歌（programmatic poem）并不令人失望。它不断地指出画作没有展现的东西：

L’home del quadre ja no és
aquell pintor prim com un tel de ceba
que va venir de jove a Europa a trencar el glaç,
sinó el pintor casat, de vida estable,
que mostrarà el seu món personal reflectint
profusament ciutats, paisatges, dones.
（“No faig,” va dir, “sinó pintar-me a mi mateix.”）
Erra qui veu representacions
d’Amèrica del Nord on de debò bateguen
els tràfecs de la solitud humana,
on intuïm les pors, obsessions, neguits,
dilemes o estats d’ànim de l’artista
i hi apareix la Jo, l’omnipresent esposa.
Com la pintura emmarcada, també

les abundants finestres i portes són miralls.

The man in the picture no longer is
that painter thin as a sliver of onion
who came to Europe young to break the ice,
but the married painter, his life settled,
who will exhibit his personal world profusely
reflecting cities, landscapes, women.
("I'm just trying to paint myself," he said.)
You're off the track to see representations
of North America where what really stirs
is the agitation of human solitude,
where we intuit the fears, obsessions, anxieties,
dilemmas or states of mind of the artist
and Jo appears, the omnipresent wife.
Like the framed painting, the scads
of windows and doors are mirrors too.

(Farrés 2009: 2, 3)

画中的那个人不再是
那个像洋葱片一样瘦的画家
年轻时来到欧洲破冰，
而是已婚的画家，他的生活安定，
将大量展示他的个人世界
反映着城市、风景、女人。

（“我只是想画我自己，”他说。）
你看错了，看到的不是
北美的再现，真正激起的
是人类孤独的动荡，
我们感知到了艺术家的恐惧、执念、焦虑、
困境或心境，
而乔出现了，无处不在的妻子。
就像被框起来的画作，成群的
窗户和门也是镜子。

这一插入行引用了美国策展人凯瑟琳·库（Katharine Kuh）的一次采访，霍普在其中否认他的主题是“美国景象”，并声称只是在表达他的个性：“这个人就是作品，”他告诉她，“我在尝试画我自己”（Kuh 1962: 131, 135）。然而在法雷斯的 214
描述中，事情更加复杂：自画像显示霍普是“安定的”，“他的姿态放松且严肃”（el seu posat tranquil i seriós），并未被其作品中出现的任何“恐惧、执念、焦虑、困境”所困扰。而他的妻子，画家约瑟芬·尼维森，在自画像中根本没有出现，所以“无处不在”的形容词显得讽刺，提醒人们，尽管她经常为霍普的画作中的女性形象做模特，他很少为她画肖像，只有一幅油画（Levin 2007: 284）。

实际上，法雷斯暗示自画像是一种二级创作，是霍普经历的翻译，带有其特有的损失和收获比率。霍普在与库的访谈中曾用翻译的隐喻来描述他的作品。他说，作于1930年的画作《星期日的早晨》，

几乎是第七大道的直译。那些房子现在已经不在了。但我的大多数画作都是合成的，不是来自任何一个场景。不过，在科德角有一幅帆布画，我称为《科德角的下午》，只是一幢房子和一座小屋，直接来自自然。还有一

> 些其他的是直接翻译的，但都是早期的作品。
>
> （Kuh 1962: 131）

对于霍普来说，如果一幅画翻译了它所代表的人物、物体和场景，那么，它不会再现其中包含的不变内容，原因有几个：场景可以改变，图像是不同场景的合成，最重要的是，因为“这个人就是作品”，翻译永远不可能是“直接的”，因为它们总是由霍普的心理状态所决定。就像弗洛伊德的梦境机制一样，产生合成图像的创造过程同时涉及对某些细节的压缩和对其他细节的转移。自画像抑制了霍普生活中的各种事实，画布右侧边缘的门框可以被视为他压抑的镜子，因为他心理上无法处理的事情已被排除在外，门通向隐藏的生活。我认为，法雷斯的绘画诗所扮演的角色是打开那扇门，阐述画作未呈现的条件，即使是以电报式或者间接的方式。正如他在题为《楼梯，1949》的诗中所观察到的，他寻求一种诗歌，“Que, com una clau al pany, obri les portes/a l’aire vivificant i al safareig”（像钥匙在锁中一样可以打开门 / 通向鼓舞人心的空气以及洗衣房），瞥见加泰罗尼亚短语“treure els draps bruts”，或者如英语所说“airing dirty laundry”（晾晒脏衣服），如果公开可能会造成尴尬或丑闻的个人信息。（Farrés 2009: 6, 7）

因此，诗人既是画家又不是画家的这个难题，持续困扰着关于自画像的诗歌的结尾：

> els seus neguits o estats d’ànim són meus
> i a la vegada els meus de tots a la llum
> d’una mateixa lluna arreu del món.

215 his anxieties and states of mind are mine

and mine, in the same breath, belong to everybody
in the light of the same moon all over the world.

（Farrés 2009: 4, 5）

他的焦虑和心境是我的，
我的，同时，也属于全世界
在同一轮月光下的每一个人。

在指出画家与诗人之间以及自画像与画家生活之间的差异后，法雷斯试图通过一种普遍化姿态来解决它们：他将自己塑造成一个普通人。然而，他再现人性的能力，他声称每个人的心理与他相同，不仅被他所用的加泰罗尼亚语削弱，还被这种语言的少数地位所削弱。一方面，诗人试图与霍普产生共鸣，表达敬意和依赖，这些都是由美国文化偶像的声望和权力所引导的。诗歌的开头几行将绘画诗呈现为一种口技表演，霍普通过他的傀儡诗人法雷斯说话：

On escric tot aquest assortiment de versos
  hi ha de fet l'Edward Hopper que els engendra
  i que, bo i transcendint l'espai-temps, ve a donar-me
  les consignes.

On the spot where I write all this hodgepodge of verses
  stands Edward Hopper, in fact, who engenders them
  and who, neatly transcending space-time, sends me
  the signals.

（Farrés 2009: 2, 3）

在我写下这些杂乱无章的诗句的地方

其实代表的是爱德华·霍普，他创造了它们
并且，巧妙地超越时空，向我发送
信号。

另一方面，诗人努力质疑他与霍普以及画作的认同，表达了不敬和独立，这些源自加泰罗尼亚文学的边缘化和排斥，尤其是在美国。因此，法雷斯召集了一系列不稳定的互文，包括博尔赫斯关于异端的论述、布鲁姆关于卡夫卡的观点，以及霍普在与库的采访中拒绝其绘画的美国性。认同霍普，是为了将其变为普适的，只是因为在20世纪期间，随着美国实现全球文化主导地位，他的影响变得国际化。正如小众语言通过翻译大语种的文学作品或被翻译成大语种，来获得象征资本一样（Casanova 2002），法雷斯旨在将自己翻译成霍普，同时将霍普的绘画翻译成加泰罗尼亚诗歌。诗人的普遍主义因此是纯粹的乌托邦主义，一种层级关系的想象性解决方案。他的翻译旨在平衡这种关系，但实际上体现和揭露了它。

受创的帝国

作为法雷斯这一作品的译者，我希望我的翻译能在文化影响上发挥实实
216 在在的作用。考虑到加泰罗尼亚语在英语文化中处于边缘地位，决定将法雷斯的作品翻译成英语本身就是对它价值的认可。然而，他的项目有更深层次的意蕴：因为这些诗歌不仅以霍普的生活为主题，而且还携带质疑他的图像的潜力，一种翻译可能会通过在他的作品中寻找新的和不同的意义来使一位典型的美国画家变得陌生。在这个过程中，法雷斯的项目也将受到质疑。毕竟，我参与了一种三重翻译：我在解读法雷斯的绘画诗，即他对霍普的绘画，通过其心理解读各种美国场景。因为这个序列中的每一次翻译，都是一种解释行为，每

一个都可以与其源材料展开批判的辩证法，进行一种相互质疑，只要它找到了适当怀疑的受众。你可能会好奇，这种对译者任务的感知，如何影响了我对加泰罗尼亚诗歌的英译？我通过什么方法，无论是文本的还是副文本的方法，或者两者兼而有之，来铭刻我的解释？

法雷斯的传记叙事，特别是他的博尔赫斯式分支，成为一个关键的出发点。我将其字面理解，认为既然我是用英语翻译，我的词汇和句法或许可以借鉴霍普（1882—1967）和尼维森（1883—1968）所说的和写的语言。他们的语言是19世纪末到20世纪中叶盛行的一种丰富的美式英语。他们经常混合各种语域和风格、正式和口语、诗意的古风和街头俚语，唤起各种文化话语。霍普可能会使用充满《钦定本圣经》风格的短语，比如当他回答关于一幅水彩画的询问时写道，“我确信我不知道这样的一幅画何时会出现”（Levin 2007: 505）。或者他可能会用学术抽象的方式评论他的作品：他写信给一位收藏家说，“在绘画中尝试将非常模糊的印象具体表达出来，是不可逾越的困难”（同上：408-409）。然而，他的说话也可能转向黑社会俚语，比如当他称麦迪逊大道为“the gip St.”，或者使用乡村式的用法“aw shucks”（同上：453, 545）。为了了解霍普和尼维森的语言，我沉浸在画家的传记中，并收集了他们留下的文件，诸如日记、信件、记录簿、采访。我收集了代表性的词语和短语，并在可以与加泰罗尼亚文本创造语义对应关系的地方使用它们。为了让读者意识到我的策略，我在引言中进行了描述，并将我选择的词语和短语放在了尾注部分，在那里我还收入了包含该项目的句子或段落以及对场合或背景的简要参考。但我没有止步于此：我将法雷斯的传记叙述视为许可，在整个翻译过程中培养与画家的言语和写作相当的语言多样性。因此，我加入了他们的文件中实际没有出现的措辞，但在我考虑到他们的习惯表达形式，认为他们可能会使用。

尽管如此，我认为我不是在改编，不是对加泰罗尼亚文本的自由改写，而是翻译，正如今天这个词通常定义的那样，它受制于根据当前字典定义的意义

217 上的对等以及在句子结构、行长和跨行连续性方面的普遍尊重，只要在加泰罗尼亚语和英语之间的结构差异许可的范围内。译文还非常紧密地遵循法雷斯的加泰罗尼亚语形式，这本身就是多样化的，结合了当前标准方言、口语和俚语、学术和技术术语、外来借词和新词。下面是一些例子：plegar de la feina（to knock off work，下班），cama-segada（leg-weary，腿疲乏，我译为 bone-tired，累到骨头），fer castells a l'aire（to build castles in the air，建造空中楼阁），testimoni（deposition，证词），temps anticiclònic（anticyclonic weather，反气旋天气），Bildungsroman（成长小说），vulgus，tantsemenfotismes（couldn't give adamnism，毫不在乎）（Farrés 2009: 24-25, 46-47, 88-89, 6-7, 18-19, 20, 36, 8-9）。

在不止一个场合，法雷斯频繁使用习语，迫使我放弃了细译，而是选择了近似表达。És com caure del candeler o com treur'ls/un pes de sobre，两个常用表达，用标准英语可以翻译为 It is like losing influence or like removing/a weight from themselves（这就像是失去了影响力，或者是从他们身上卸下了一个重担），变成了 It's like losing clout or taking/a load off their minds（这就像是失去了影响力或者卸下了他们心中的重担），而同样常见的表达 perdo l'esma，可以翻译为 I lose my orientation（我失去了方向），变成了 I lose my north（我找不着北）（同上：10-11, 50-51）。正如这些例子所示，我的选择倾向于超出加泰罗尼亚语，因为我寻找明显的非标准项目以匹配霍普和尼维森的美国俚语。我甚至在加泰罗尼亚语使用标准方言的地方选择了非标准的替代词。因此，tot（每个人）变成了 all and sundry（各种各样的人），una gran mentida（一个大谎言）变成了 a cock-and-bull story（荒诞无稽的故事），planys（抱怨）变成了 bellyaching（埋怨），句子 El cas és que transmits tensió i malestar（事实是，你传递了紧张和不安）变成了 Fact is, you seem jumpy, in a stew（事实是，你看起来神经兮兮的，乱作一团），而 portentosa（预示性的）变成了 wondrous strange（奇妙的奇怪）（同上：4-5, 52-53, 58-59, 54-55, 66-67）。

培养一种与画家语言相似或类似的风格，可以产生一系列潜在的效果。它挑战了长期主导英语以及许多其他语言文学翻译的策略，即在当前标准方言中的流畅或易读性，从而让译者的解释工作变得不可见（Venuti 2008: 1-5）。通过依靠译入语一种受限形式，即最熟悉和最同质的方言来确保流畅性，产生了透明的幻觉，即翻译不是翻译，而是原语文本，而对标准的变化可以打破这种幻觉，并引起对翻译二级状态的关注，以一种可以增加而不是减少愉悦的方式丰富接受读者的反应。在我对法雷斯诗歌的译文中，这种效果得到了书籍双语格式的支持，因此，期望标准方言流畅性的英语读者，可能会在英文文本中遇到非标准项目，并被迫翻看加泰罗尼亚语的页面，读者会突然意识到翻译背后有一个原创作品，甚至在这个特定项目中，它们可能被视为共同作品。因此，外国文学博客“百分之三”（Three Percent）的一位评论员在“Summer in the City, 1949”译文中遇到 bellyaching 这个词时经历了一种陌生感。他将其描述为：

> bellyaching（抱怨）一词的出现，在霍普的声音中平稳地滑动，直到令人 218
> 震惊地意识到这是霍普在说加泰罗尼亚语，因此 bellyaching 是一个语言上的不可能性时刻，以防止读者对语言过于舒适。
>
> （Mena 2010）

尽管评论者显然对我的策略持开放态度，愿意思考其含义，但“不可能性”的概念本身可能进一步被解开：它可以被视为在加泰罗尼亚语和英语文本之间构建批判性辩证法（critical dialectic）的第一阶段。法雷斯选择的 planys，在加泰罗尼亚语中是当前的标准用法，可以很容易地用标准英语的 complaints 翻译，bellyaching 暴露了俚语转换所涉及的语域变化，从而使我选择中的对等受到质疑，并揭示了我对加泰罗尼亚文本的挪用，以服务于我的文化政治目的（即挑战当前的翻译实践，并通过扩大可读性条件来增加译者的可见性）。然而，bellyaching 正因为它不仅偏离了主导英语翻译的狭隘定义的流畅性，也偏离了我在翻译中创造的相对同质的背景，也可以质疑法雷斯的项目，他的腹语表演的真实性或合理性，仅仅因为他用加泰罗尼亚语写诗，而我选择将它们翻译成与霍普和尼维森的语言交织的英语。bellyaching 是腹语表演因语言差异而崩溃的一个点。

我采用的策略也可以释放特定于出现非标准项目诗歌的含义。加泰罗尼亚语文本中的《自画像，1925-30》在讽刺地提到画作中未呈现的传记细节时，将尼维森称为 l'omnipresent esposa（无处不在的妻子）。但正是在翻译中，读者才能一瞥尼维森的存在，不仅仅是通过保留她的名字，还通过她的语言。在 1943 年的一封信中，尼维森邀请一位艺术评论家欣赏她的作品，但她显然缺乏信心并犹豫不决，她写道："当然有很多原因说明这永远不可能实现"（Levin 2007: 361）。我用 scads（一种变体拼写，以示不同的语境）来翻译加泰罗尼亚语中的 abundants，保持了语义对应，因为两个词都表示"大量"："就像被框起来的画作，大量的窗户和门也是用镜子做的。"我选择的来源在尾注标注出来，这使得对霍普的形象以及法雷斯的腹语表演进行批评成为可能：这个词可以鼓励读者将自画像中关闭的门解读为霍普对与画家结婚（她在隔壁房间工作）的压抑，同时承认翻译中听到的声音可能是混合的，既是霍普的，也是尼维森的。镜子般的门，类似于被框的画作，提醒人们霍普的自我形象甚至可能被视为尼维森的肖像，她不知疲倦地支持他的职业生涯：她激励他尝试水彩画，她的画作中描绘了在他的作品中再现的建筑结构，她仔细记录了他售出的作品，并抑制了自己的绘画抱负（Levin 2007: 168-169, 199）。实际上，霍普对尼维森作为
219 画家的工作感到不适：她有一次问他："有一个画画的妻子不好吗？"他回答道："真糟糕"（她 1941 年 9 月 10 日的日记条目，Levin 2007: 343）。我的选择 scads 再次从标准加泰罗尼亚语转向英语口语，质疑翻译建立的对等，同时揭示了我对原语文本的挪用是为了服务于性别政治（即质疑画家职业生涯中的不平等）。这个词是质疑意义的节点，等待持怀疑态度的读者来评估它们与法雷

斯诗歌和霍普形象的关系。

法雷斯可能没想到他的绘画诗会被翻译成像英语这样的主导语言，更不用说是由一个理论导向的译者来翻译，他的目标是挑战这种语言以及继续主导英语翻译的实践。但诗人本身对讽刺的玩味倾向，有时是卡夫卡式的，可以在某种程度上证明偏爱怀疑解释学的翻译是合理的，正如保罗·利科所说（Ricoeur 1970：第 1 章），给作品表面看似连贯的部分打了折扣，通过省略、添加或差异，以此探索潜在意义。

男人（们）的注视

这种方法在霍普绘画的独特方面尤其具有启发性，比如画作的窥视主题（voyeurism）。思考一下法雷斯 1938 年关于霍普绘画《车厢 C，293 号车》（*Compartment C, Car 293*）的诗：

Rostre sever, cabells
més o menys rossos, ulls
amb una espurna d'introversió,
cutis al pic de la vida, posat
de vés-guipant-me-fins-que-t'avorreixis,
vestit negre que li estrenyia els pits
i un joc de cames llargues i en plenes facultats,
era, i fa de bon dir, una dona atractiva
i, en el sentit modern del mot, "independent."
Aquelles hores mortes del tren eren propícies
per llançar-li mirades furtives a la dona

que seia a l'altra banda del passadís. Llegia,
la pobra, amb tanta concentració
que a l'horabaixa li passà per alt
que els últims raigs del sol s'adherien encesos
per l'oest a la volta sense límits del cel.

Face stern, hair
more or less blonde, eyes
with an inward-looking glint,
skin in the pink, wearing
a stare-till-you're-bored attitude
in a black dress that hugged her breasts
and a pair of long legs, in good working order,
she looked real swell, sure enough,
and "independent," as the saying goes.

The down time on the train was just
the ticket for stealing looks at her
as she sat across the aisle, reading —
poor kid — with such concentration
that at dusk she completely missed
the sun's last rays burning in the west,
stuck to the limitless vault of the sky.

（Farrés 2009: 17,18）

面容严肃，头发
或多或少是金色，眼睛
带着向内的闪光，
肌肤呈粉红色，穿着
一身让你看到厌烦的黑色连衣裙
紧紧包裹着她的胸部
还有一双长腿，行动良好，
她看起来真的很棒，
而且“独立”，正如俗话所说。

在火车上的闲暇时间只是
偷看她的好机会
当她坐在过道对面，专心地阅读——
可怜的孩子——以至于在黄昏时分
她完全错过了
太阳最后的光芒在西方燃烧，
黏附在无限的天空穹顶上。

法雷斯绘画诗的最显著特征是增加了一个在画中并未出现的角色，即诗歌的叙述者，由于贯穿整个传记叙述，可以被识别为男性。这种添加是变革性的：画作的焦点是孤独的女性，而诗歌的焦点则是一个对女性产生性吸引的男性，他被动地观察、描述和评论她。

很大程度上，法雷斯的诗歌按照对霍普作品的艺术史接受来解读这幅画。盖尔·莱文总结了普遍观点，她指出，“他成熟时期的作品”源自“他的经历”，在表现“反复出现的紧张内部场景、性暗流以及窥视者的视角”（Levin 2007: 81）。《车厢 C，293 号车》具有更确切的传记联系。霍普开始这幅画前的几周，他乘火车前往费城、里士满和印第安纳波利斯的多家艺术博物馆和学院担任评委。由于霍普的旅行是他与尼维森结婚十多年以来分开时间最长的一次（同上：300），这幅画可以被视为他对妻子的复杂情感表达，旅行中他可能遇到了其他女性，这种情感因而过滤掉了一些。尼维森为火车车厢里阅读的女性做了模特。

画作的窥视性质将女性呈现为欲望的对象。然而，欲望必须被推断出来，因为它刚一被察觉就立即被压抑，这是由不同的绘画特征所产生的矛盾效果。这些特征从画布本身的大小开始，20 英寸 × 18 英寸，明显小于霍普的大多数油画，包括他在第二年完成的两幅画：《科德角的夜晚》（30¼ 英寸 × 40¼ 英寸）和《纽约电影》（32¼ 英寸 × 40⅛ 英寸）。因此，窥视主义不仅是隐含的，
221 而且还被限制在画面狭窄的空间内。女性的姿势被性感地描绘：她向下看，脸部的一部分被帽子遮挡，引导观者的视线看到她身体的可见部分：金色的头发和红色的唇膏（已在 20 世纪 30 年代与性吸引联系在一起）；她的胸部丰满，交叉的腿露出膝盖，一条大腿依稀可见。然而，任何挑逗都被预先阻止：女性的腿被画布的边缘裁剪，长袖连衣裙上的纽扣系在她的脖子上。其他压抑的迹象不仅包括空间的拘束感，还有窗户上方的弯曲面板，尼维森在记录簿中将其识别为“上铺”，一张藏在视线之外的床（Levin 1995: 258）。

霍普画作中的绿色基调，增加了被压抑欲望的感觉，尽管是通过视觉来产生联想。莱文描述了这种着色产生的不安效果：“整体的绿色调和电灯泡的刺眼光线破坏了原本平静安详的氛围”（同上）。在我看来，这种效果唤起了 1888 年梵高的《夜间咖啡馆》（*The Night Café*），该画于 1933 年被霍普的赞助人斯蒂芬·克拉克购买，并与画家的作品一起在两次展览中展出（Vincent and Lees 2006: 156; Levin 2007: 310）。梵高的绿色覆盖了天花板和台球桌，与

黄色混合，使其有助于场景的艳俗氛围，而霍普的绿色相对克制，因为它更柔和、更淡，但仍然令人不安，因为它更广泛，覆盖了墙壁、窗户、百叶窗和座位。“整个车厢都是绿色的，”尼维森写道，“从右侧墙上强烈反射光的斑点，到上铺的深阴影”（Levin 1995: 258）。梵高在给弟弟提奥的信中描述了该画作的目的：“我试图通过红色和绿色表达人类可怕的激情”（Van Gogh 1888）。在霍普的画作中，激情不是可怕的，而是被控制的，可能有些内疚，因为他与尼维森的性关系受到了他自私的要求和她的无经验所困扰（Levin 2007: 178-183）。

法雷斯的诗歌将绘画从霍普的传记中抽离，以赋予其相关但相当不同的意义，从而为图像与文本之间的批判性辩证法建立基础。在2009年1月的一次采访中，我请法雷斯解释他在诗中对现代生活的表现，他提到了一种普遍的窥视主义以及传记叙述：

> 女性的存在帮助我引入了窥视主义的主题（每个人每天都会经历的日常窥视主义）以及诗歌中的“我”（同时代表霍普和我）对（有吸引力的）女性的单方面迷恋。

然而，这首诗是序列中的第七首，这个位置将它置于描绘诗中的“我”为年轻人的部分，而霍普在画《车厢C，293号车》时已经五十五岁。这种差异 222
在采访中变得更加明显：

> 我将这首诗放在书的开头部分，以便它作为霍普的起点和他迁移到大城市（纽约）的解释：它被放置在其他带有铁路参考的诗歌/绘画之间，大多数是外部场景（街道、车站、火车、隧道），除了这幅画是一个内部场景，因此它是唯一一个让我能够从内部、从旅行者的视角讲述旅程的作品。

法雷斯似乎打算在他的诗歌和绘画之间建立简单的对应关系，但这幅画并没有表现“霍普的起点”。这种时间上的差异，暴露了诗人从画家生活中抽离了出来，以代表“旅行者的视角”，这只能是诗人自己的视角：在出版这本绘画诗集时，他三十九岁，而在他第一次前往巴塞罗那时更年轻。法雷斯的诗歌不是呈现一个双生的传记，即画家和诗人的传记，而是劫持了这幅画来描绘他自己生活中的一个时刻。

同时，法雷斯加入的男性叙述者让我们回到画作中，认识到其不同的空间视角。诗歌的读者扮演叙述者的角色，坐在女性对面的过道上，与她处于同一水平，而画作的观看者则处于略微高于女性人物的锐角位置，就好像我们与霍普站在他的画架旁，以他六英尺五英寸的高度俯视模特，也就是他的妻子。法雷斯将画作与霍普的传记脱钩，消除了被压抑欲望的感觉。但他的诗歌也突出了窥视主义，并强调这是性别特定的。通过将图像置于叙述中并将描述分配给叙述者，法雷斯的诗歌揭示了男性视角如何将女性形象转变为欲望的对象。

在这一点上，画作与诗歌之间的差异比相似之处更能说明问题。霍普的印象派笔触使女性的外貌和面部表情模糊不清，从而突出了法雷斯描述的修辞，这是相当细致的。诗歌从头到脚模仿传统的颂歌，唤起了在彼特拉克传统中对女士美丽的赞美，并引导见识丰富的读者识别法雷斯十六行诗歌的两部分结构与典型十四行诗之间的相似性，这些十四行诗可分为八行和六行。南希·维克斯（Nancy Vickers）论述，在彼特拉克传统中，颂歌是通过对女性身体的碎片
223 化和物化来施加的一种控制形式：“描述就是控制、拥有，最终为自己的目的所用”（Vickers 1986: 219）。面对女士不愿回应他的爱时，彼特拉克的情人通过在他的赞美中修辞地肢解她来维持他的心理一致性（Vickers 1981）。类似地，法雷斯的男性叙述者在 llançar-li mirades furtives（偷偷地看她）时构建了对孤独女性的颂歌，当然，这是一种侵略性的姿态，忽略了她“严肃”的眼神，显然旨在对抗她的 vés-guipant-me-fins-que-t'avorreixis（看到你厌烦）的挑战，以及打

破她沉默的 concentració（专注）。他的颂歌可以被视为一种征服或克服她态度的手段，如果我们根据图像判断，她的态度只是内省的，对任何观看者的存在毫无察觉。他使用 la pobra（可怜的女人）时的居高临下的语气产生了类似的效果，这种语气旨在使他在对她进行评判时占上风。

彼特拉克互文使得法雷斯在对叙述者的处理中所体现的男权意识形态进行批评成为可能。只有在诗歌接近尾声时，似乎才暂时逃脱了这种批评，在倒数第二行中，通过 s'adherien，源自 adherer，动词，意为"黏附"或"黏住"。太阳的最后一缕光线"黏在天空上"的想法，暗示日落是一个图像或表象，被黏贴，可能被画上，无论如何都不是真实的。因此，整个过程中依赖于创造现实幻觉的诗歌，突然转向了人为的表现，读者可能会与这种观点产生距离，即诗人的价值观是文化构造，这些构造被法雷斯归因于霍普的绘画，但显然属于诗人自己。

来自翻译的声音

翻译铭刻的是另一种解释，反映了我对画作和诗歌的分析。我试图通过借鉴霍普词汇的策略，将霍普的传记重新融入英文译本。我将第八行 era [...] una dona atractiva（她是……一个有吸引力的女人）翻译为 she looked real swell，因为 1931 年，霍普在写给他作品第一本专著作者的信中使用了 swell 这个词："我认为你在惠特尼博物馆的书中对我作为清教徒的描述很棒（swell）"（Levin 2007: 239）。这个引用放在了尾注中，这样读者不仅可以了解 swell 的来源，还可以通过提到霍普作为"清教徒"的参考来意识到压抑的主题。在翻译中，swell 加入了一系列在霍普一生中流行的类似口语。因此，cutis al pic de la vida（生命巅峰时期的肌肤）变成了 skin in the pink，fa de bon dir（很容易说，不言而喻）变成了 sure enough（十分确信），propícies（有利的）变成了 just the ticket

（恰是所需）。同样，我增加了加泰罗尼亚文本的性暗示，以捕捉画作中被压抑的欲望。vestit negre que li estrenyia els pits（紧裹胸部的黑色连衣裙）变成了 in a black dress that hugged her breasts，避免了对 estrenyia（紧紧包裹）的简单描述性
224 选择，而是选择了暗示性的拟人化（hugged）。用来描述她的腿的短语 en plenes facultats（功能齐全）变成了 in good working order，这在偷窥主义的语境中可能获得轻佻的暗示。翻译中口语化更显著，同时揭示和补偿了加泰罗尼亚文本中霍普渐弱的存在。

口语化还加深了男性叙述者的性格描绘。英文的语域低于加泰罗尼亚语的语域，后者主要是当前的标准方言。因此，在译文中，叙述者被赋予了生动直接或者坦率的特点，但他也被定位在较低的社会阶层，因此成为法雷斯自己出生和成长环境的代表，他是纺织工人家庭的孩子（相比之下，霍普出生在中产阶级家庭：他的父亲拥有一家干货店）。工人阶级的关联暗示了叙述者的教育有限，这与加泰罗尼亚文本相符，叙述者因为女性在阅读而不是凝视窗外而为她感到遗憾。这一点通过霍普的画作和法雷斯的诗歌之间的差异得到了加强：画作中的女性正在阅读杂志，尼维森将其识别为《纽约客》或《读者文摘》，由于这些材料不需要过分集中精力，似乎表明叙述者质疑阅读的行为本身（Levin 1995: 258）。因此，我将 la pobra 翻译为 poor kid（可怜的孩子），而不是 the poor woman（可怜的女人）或 the poor girl（可怜的女孩），这两者都是标准方言的表达，但 poor kid 是一种更加口语化的表达，传达了更深的居高临下的语气。这个选择可能被视为更能唤起年轻时的法雷斯，他是家里第一个上大学的人，因此支持了他对诗歌的解释，即记录了叙述者的“起点”。

口语有助于强化女性与叙述者之间的社会差异，而在称她为“独立”之时，叙述者自己似乎非常清楚这一点。与短语 en el sentit modern del mot（在此单词的现代意义上）一起，“独立”暗指了 20 世纪初女性地位的变化，通

过教育和在劳动力中的显著存在，她们实现了经济和社会方面的自主，同时，女性对自身性行为也有了更大的掌控。美国和加泰罗尼亚都发生了这一变化，尽管对于美国妇女而言，这种发展在大萧条期间有所偏离，而对于她们的西班牙同代人来说，却在佛朗哥的压迫独裁统治下遭受了严重挫折（Kleinberg 1999: 207-212, 217-220, 234-236, 242-244; Nash 1983: 24-25, 49-52）。历史暗示将叙述者与霍普联系起来，他的妻子体现了社会变革（他们在四十多岁时结婚），但他对这些变化感到不适，因为“他一生都强烈感受到传统与现代之间的冲突”（Levin 2007: 111, 206-208）。因此，他不仅反对尼维森的绘画抱负，还反对她对驾驶汽车的兴趣。在诗中，类似地，女性的独立同时吸引并排斥叙述者。然而，霍普是英语和法语的狂热读者，不仅读艺术评论也读文学，而对叙述者来说，阅读是可疑的，正在阅读的迷人女性尤为可疑。公式化短语 en el sentit modern del mot，通过指出语言变化的知识，削弱了加泰罗尼亚文本的真实性，因为不太适合对阅读抱有反感的角色。这 225
种相对学术的公式化短语更适合生活在后佛朗哥时代的加泰罗尼亚的大学教育者法雷斯，在那里妇女不仅重新获得了内战前的解放发展，而且地位还有所提升。（Jones 1997: chapters 1-3）

无法期待任何译文能够捕捉这种密集的意义网络。此外，对短语 in the modern sense of the word 的精确翻译需要使用标准英语。相反，我意译为 as the saying goes，这个选择保持了口语语域，加强了叙述者的工人阶级身份。如果将其视为对读者的一个心照不宣的眼神，将“独立”转化为性自由的委婉语，甚至可能获得讽刺意味。然而，书籍的双语格式也可以揭示，这里英文翻译显著地偏离了加泰罗尼亚文本，促使读者对法雷斯的公式化短语进行更为仔细的审视。持怀疑态度的读者可能会察觉到在加泰罗尼亚文中它是不合理的，诗人和叙述者的身份在这里分裂，不仅霍普的绘画代表了加泰罗尼亚妇女的一个历史时刻的压力，还有法雷斯努力通过美国画家表达自己的欲望。

结尾短语 the vault of the sky（天穹）为叙述者增添了另一个方面：虚假浪漫主义。加泰罗尼亚语的 la volta [...] del cel 是当前相当流行的用法，而英语的 vault 是诗化古词，不太可能在现代美语中遇到，而是更可能在莎士比亚或亚历山大·蒲柏的作品中遇到。考虑到霍普偶尔使用既正式又文学的语言，the vault of the sky 可能是他所写。它也可以被看作是华而不实的言辞，暗示叙述者可能试图给受过教育的女性，或至少是给爱读书的女性留下深刻印象。然而他怎么会熟悉这样的诗意？当然是通过阅读《钦定本圣经》：He spreadeth out the heavens like a vault（他将苍天展开如穹顶）（2 Esdras 16: 59）。

释放读者？

起初，我的译本反响不一。为了获得该项目应有的受众，我试图将一些诗的英译本放置在美国和英国的杂志中。在从 2007 到 2009 年的两年时间里，有十六家杂志拒绝了我的投稿，其中一些编辑多次拒绝了不同的诗歌组合（具体是《诗歌》《纽约客》和《泰晤士文学副刊》），而另外十五家杂志接受了它们。与此同时，我在接洽出版商，但没有找到愿意出版完整手稿的出版商。我原以为霍普的受欢迎程度会引起读者的注意，但与一个不知名的加泰罗尼亚诗人搭档，并没有真正打开大门。到 2009 年，已有八家出版商以文学或财务原因或两者兼而有之的理由，拒绝出版该译品。

除了反复提到的书籍难以销售的观点外，我了解到，这些译品并不符合当
226 时流行的、情感强烈、引发共鸣的诗歌审美。诺顿（W. W. Norton）的高级编辑兼在线文学杂志《无界之词》（*Words without Borders*）的联合创始人阿兰·萨利尔诺·梅森（Alane Salierno Mason）感觉这些诗歌“有点方方正正且过于理智”，尽管她也表示，她对更多“抒情”写作的偏好“无疑是中产阶级品味的

标志”（电邮：2008 年 5 月 13 日）。群岛图书公司（Archipelago Books）的出版人吉尔·斯库尔曼（Jill Schoolman）自 2003 年创立出版社以来，几乎专注于翻译精英文学作品。她的反应与梅森相似：“我对他的诗歌声音没有直观的反应”（电邮：2008 年 5 月 14 日）。令我失望的是，法雷斯的诗正是因为其描绘性引起了我的兴趣，而它却未能受到青睐：这些诗坚持解释性方法，这使得翻译显得尤为重要，即使我译本中英语的多样性可能本身就值得赞赏。或者这就是我在 2009 年学到的，当时诗人兼翻译家理查德·霍华德（Richard Howard）凭借某种奇迹选择了这份手稿作为罗伯特·法格尔斯奖的获奖作品。霍华德的评语赞扬了这份译作，因“其巧妙的雄辩，其持久的活力”。该奖项包括出版权，由美国的灰狼出版社（Graywolf）处理，并且这一进展促成了卡卡耐特出版社（Carcanet）决定在英国出版这本书。

因此，《爱德华·霍普》诗集在两个外语文学的译出较少的英语文化中出版（Venuti 2008: 11-12；有关诗歌翻译的统计数据，见第 11 章）。尽管诗歌翻译市场的前景不佳，这本书的销售情况还算不错，在第一年就卖出了 600 多本。它只收到了少量评论，据我所知有五篇，但它们都表示赞赏，其中一些认识到了绘画诗的解释挑战。《百分之三》的埃里卡·梅纳（Erica Mena）的评论最为敏锐，她愿意根据加泰罗尼亚文本检查译文，并评论了我的翻译策略的陌生化效果（defamiliarizing effects）。《金融时报》的评论员娜塔莉·惠特尔（Natalie Whittle）注意到了诗歌和绘画之间的暗示性分歧，尽管报纸短评的篇幅限制不允许她进行任何详细说明：

> 诗人和画家似乎以相反的方言运作：霍普在不同的方言中排除了所有活力，法雷斯则重新把活力填补了进去，就好像是在八卦霍普的主题。在《酒店房间，1931》，法雷斯写道，“她将开始在房间里走动 / 空气中留下一股水果香气 / 散发着霉味，”调皮地为艺术添加了味道。对于霍普著名

的《夜鹰》，法雷斯为画中坐在吧台上面无表情的男人和女人写了一段刻薄的对话。

（Whittle 2010: 16）

227 惠特尔仔细阅读了这些诗歌。你可能会问，哪位译者会对此有异议？事实仍然是，她的描述具有误导性：由于美国口语的倾向，使得英文版本的对话比加泰罗尼亚文版本更加尖刻，趋向于硬汉和黑暗风格。然而，对于惠特尔来说，尽管她称赞翻译为“佳译”，但文本效果必须全部归功于法雷斯，好像英文是通往加泰罗尼亚文的透明窗户。在指出法雷斯的“活力”时，她可能确实是在指霍华德所看到的翻译的“持续活力”，但没有意识到自己正在这样做。

长期以来，将翻译作品当作原文进行评论的习惯，一直困扰着翻译作品的接受，这在评论家、读者，甚至出版商和翻译家中仍然普遍存在。这表明，最积极的反应可能涉及对翻译的完全误解和对译者写作解释的彻底压制。2010年，诗人兼在线文学杂志“樱桃出版社”联合编辑的凯伦·里格比（Karen Rigby）在她为《无界之词》撰写的评论中无条件赞扬了法雷斯的作品。她的文章被国家图书评论家协会评为典范，并在博客《关键质量》上作为“特色评论”发布出来。像其他《爱德华·霍普》的评论者一样，她敏锐地观察到它“展示了绘画诗的可能性，以及从抄录走向转化的重要性”，并注意到了法雷斯叙事中的双重传记，将“艺术家和诗人视为两个融合在一起的人物”（Rigby 2010）。但是，当她讨论法雷斯对缪斯的幽默调用时，她的评论假设翻译仅仅是抄录：

在《楼梯，1949》中，我们找到了这个新诗人角色的艺术创作理念：

……激发我创作一种不让步的诗歌，
聚集深刻的思考，让我们这个世界

如此难以捉摸，似乎变得透明。
就像钥匙插入锁孔，既能打开门
迎来生机勃勃的风，也能进入洗衣房。

我们被提醒，不论使用什么媒介，创作都需要耐心。这些“深刻的思考”不是一瞬间的灵感，而必须通过努力挖掘聚在一起，这让人想起霍普在被问及其绘画起源时的回答：“很难定义它们是如何形成的，但这是一个漫长的孕育过程，在脑海和情感中上升……”诗人的感性，那些“聚集”的词汇，就像艺术家的感性一样，受到天气和光线变化的束缚，必须同样等待灵感的到来。

（Rigby 2010）

里格比做了功课：为了支持她认为霍普和法雷斯融合成一个诗意角色的观点，她引用了艺术史学家布莱恩·奥多尔蒂[①]与画家的采访（O’Doherty 1973: 22）。
然而，她的解读基于一个误解，认为关键短语 scrapes together 仅仅是复制或转 228
移了法雷斯的加泰罗尼亚语。事情并非如此。我选择这个短语来翻译加泰罗尼亚语 reculli，而它通常用英语标准用词 collects 或 gathers 来翻译。因此，尽管这个选择保持了核心语义对应，但它几乎没有不经变化地传达加泰罗尼亚语词汇的意义：它反映了我的口语化策略，同时暗示了里格比试图通过引用来记录的那种创造性努力，这种努力不仅来自霍普和法雷斯，也来自我自己。这种暗

① 布莱恩·奥多尔蒂（Brian O’Doherty，1928—2022），爱尔兰裔美国艺术评论家、视觉艺术家。他通过自己的多重身份挑战了真实性、身份和性别问题的极限。作为一名艺术家、艺术评论家、小说家、电影制作人和诗人，他留下了极为丰富的遗产，其中包括范式转换（paradigm-shifting）的概念，如“白色立方体”（white cube）和“另类艺术空间”（alternative art space），这些思想通过质疑现代主义画廊对身体、时间和历史的排斥，开创了制度批判的概念架构。

示是我通过翻译所铭刻的解释，它在加泰罗尼亚文本中并不存在。里格比认为情况并非如此：对她来说，叙述者只包括霍普和法雷斯，因此她压制了译者的干预，她假定翻译是工具性的，而并非解释性的。

你可能会倾向于为评论者辩护，因为只有掌握加泰罗尼亚语并能将英文与加泰罗尼亚文本进行比较，才能支持我所倡导的那种反应。但这个论点并不令人信服：评论者的无知并不能为无视所评论书籍的翻译状态辩解。只有当读者假设翻译是解释性的，从而改变了原语文本，即使构建了语义对应，译文才能开始作为译文被阅读。译者选译的每一个词，无论是否有原语文本中的词在其背后，而且由于多年来翻译已经受到一种优先考虑流畅性的话语制度的影响，这种流畅性限制在当前标准用法范围内，非标准项目可被视为译者解释性劳动的显现之处。里格比显然抓住了一种明显偏离标准方言的英语口语化用法，从而引发了评论。然后迫切的问题变成了：为什么把这种偏差当作发生在加泰罗尼亚文本中，而不是发生在英文译本中，仿佛诗人（他只用加泰罗尼亚语写作！）而不是译者完全就此负责？这种对偏差解读的发生，是因为人们期望翻译是原语文本所包含的语义不变量的透明复制。有趣的是，this 这个词在里格比评论引用的译文摘录中被删除了，第三行应该以短语 this our world 结束，尽管不清楚此一删除是她还是杂志编辑所为。作为早期现代英语的一个古代结构，这个短语可能让人想起约翰·弥尔顿或威廉·布莱克[①]：它暗示了霍普偶尔使用的诗意语言以及法雷斯在诗中采用的传统形式，即史诗常见的缪斯祈求，但在他的加泰罗尼亚文本中没有对应。通过省略，明显偏离当前标准英语的显著偏差，消除了译者存在的另一个标志。

如果翻译研究和实践要取得进展，译作就必须被视为独立的文本被阅读。这并不是说，只有我对法雷斯翻译的理解是正确的，即只有按照我对绘画、诗

① 威廉·布莱克（William Blake，1757—1827），英国浪漫主义诗人、版画家，主要诗作有《纯真之歌》《经验之歌》等。

歌和翻译的解释进行的阅读才可以被视为可接受。不，重点不是要推崇特定的解释，而是从假设出发，即翻译就像任何二级创作一样，执行解释性行为或一系列多重解释，使其相对于其解释的原材料具有相对自主性。通过这种方式， 229
二级创作可以为读者或受众带来不同的解释（想法、话语）。只要这个假设构成一种理论，我认为读者对翻译的反应在理论上越成熟，他们就越有能力理解译作的特征，而不是将其归结为原语文本。

我意识到，强调在翻译中需要专业知识的必要性，这种立场可能会被指责为精英主义。但经过审查，任何这样的指控最终都被证明是幼稚的政治姿态，鼓吹反智主义，并威胁着加强翻译所继续遭受的文化边缘性，尤其是在像美国和英国这样的英语文化中。就像必须教授识字一样，读者必须被教会如何阅读翻译作品，那么，阅读行为本身是否构成不民主或者排他呢？学术界是教授翻译导向阅读最合适的场所，因为正是高校和大学培养出最有可能对翻译作品感兴趣的读者，不仅是对文学作品，也包括对艺术和人文科学领域的文本。坚持认为在当今社会，识字对于可行的社会生活至关重要，而阅读翻译作品是一种奢侈，这回避了当代公民身份由什么构成的问题。全球化带来的文化和政治不平衡深深影响了本地情况，使得对不同语言和文化的认识变得紧迫，因此翻译成为鼓励伦理世界主义的核心实践（Cronin 2003: 6; 2006: 第 1 章）。尽管多语言现象广泛存在，全球化还是带来了对翻译的依赖，这一发展表明需要以最精妙的方式生产和欣赏翻译文本。或许最重要的是，除非以同时促进又限制文本理解的理论概念为基础，阅读无法真正开展，因此理论以某种形式，无论是无意识地应用、未成熟还是以抽象精确性构建，都与阅读不可分离。在过去半个世纪中，翻译在受过大学教育的读者中增长的理论自觉性大多被排除在外，因为即使在学术机构中，工具模型仍然根深蒂固。

我对理论价值的理解与维特根斯坦在《哲学研究》中的著名断言有所不同，他说其“哲学目标”是“向苍蝇展示出瓶子的出路”（Wittgenstein 2009:

110）。这个隐喻被理解为表达了他的哲学治疗观念（therapeutic conception of philosophy）：目的是通过拒绝学术哲学家提出的混淆视听的问题，消除植根于日常语言中的谬误，从而使人类摆脱认知陷阱（Schroeder 2006: 125; Hallett
230 1971）。在加思·哈勒特（Garth Hallett）的观点中，“我们困难的源头是我们从出生那一刻起就生活、活动并存在其中的整个概念体系，”而这个系统与“语言、无形的力量，无论好坏，都塑造了我们所有的思考和我们的世界”同一（Hallett 1971: 85, 104）。然而，如果“语言是瓶子”，用哈勒特的话说，我们无法摆脱它：那将导致沉默，混乱将占上风。这个隐喻在思考理论与翻译之间的关系时是有用的，因为翻译长期以来被一种工具主义所困，该主义通过狭义上流畅的翻译，营造出透明的幻觉。结果，译者变得隐形，翻译的学习和实践在许多（如果不是大多数）学术机构以及更广泛的文化中继续被边缘化，这不仅在英语世界，而且在全世界都是如此。然而，解决方案并不是从瓶子中被释放，原文本从未能够不经介入地被访问，而是用一种能够揭示翻译所铭刻的解释的诠释模型来替代工具主义。我们可以说，这个瓶子并非清晰光滑，而是带有色彩和纹理。

或许，现在是完全放弃用隐喻来描述翻译的时候了。translation 这个词本身就是隐喻性的，源自拉丁语的 transferre，意为“搬运”，因此，它包含了对工具模型在词源上的坚持，假设有一个源不变量可以从一个空间转移到另一个空间（Hermans 1999: 51-52）。我们不应该开发有关翻译的类比，尤其是那些根植于工具主义的类比，而应该研究其物质性，即翻译文本产生和流通的不断变化的语言和文化条件。只有通过这种方式，我们才能了解译者的语言选择是如何在同一笔画中即是解释性的举动，又能激发读者进一步解释。

14 走向一种翻译文化

对一个职业的诊断

今天，英语文学的译者，如果选择主动向出版商提交翻译计划，不可避免地会面临多次拒绝。很少有译者享受到稳定的委托流程，因此，如果他们想要翻译，必须自行开发翻译项目，并且希望找到愿意接稿的编辑。然而，很多因素对他们不利。二战以来，每年出版的英语翻译作品的数量平均只占总书籍产量的一小部分，即 2% ～ 4%（Venuti 2008: 11-12），而且考虑到与其他文化产业（尤其是涉及电子媒体的产业）的竞争，书籍出版的前景不容乐观，这一数字可能还会下降。背后是一个不利的文化环境。随着英语在过去的一个世纪中实现全球霸权，英语文化变得越来越孤立，满足于英语是全球译出最多的语言，对外国的文化传统和趋势兴趣减少（也许时尚和食物除外），对文学翻译的接纳度大大降低。

还有持续的财务问题。自 1900 年以来，文学翻译对英国和美国的出版商来说，一直没有带来利润。大多数小说、诗歌和其他文学类型的译本在出版一两年内就亏损了，即使是后来进入现代经典的作家也是如此，而且相对较少的翻译作品被保留在后备目录（backlists）中。普鲁斯特、曼、斯韦沃、里尔克的作品在首次译为英文出版时都遭遇了商业失败（见第 9 章）。那么，想想那些被翻译过但很快被遗忘的无数外国作家。罗宾·希利的书目列出了 1929 年至 1997 年间出版的大约 1400 部 20 世纪意大利文学的英文翻译作品（Healey

232 1998）。这些翻译作品大多只能在英国图书馆和美国国会图书馆找到。像罗伯托·波拉尼奥（Roberto Bolaño）或斯蒂格·拉森（Stieg Larsson）这样的当代外国小说家偶尔的成功是具有误导性的。当前情况并没有真正足够的变化来表明翻译作品的销售或其读者群有任何普遍的增长。

因此，大多数译者如果能在其职业生涯中翻译几部文学作品就很幸运了，如果他们自己发起的翻译项目得以出版则更加幸运。像拉尔夫·曼海姆（Ralph Manheim）这样的译者出版了一百多部翻译作品，理查德·霍华德超过一百五十部，约阿希姆·诺格罗谢尔（Joachim Neugroschel）和安西娅·贝尔（Anthea Bell）各超过两百部。然而，那些日子已经过去了，是否会回来似乎令人怀疑，至少在可预见的未来不会。事实是太多的译者在争夺太少的项目。在过去三十年中出版了十五部翻译作品之后，我可以证明，过往的记录并不重要。如果你的工作引起了争议，它甚至可能对你不利。我发现，今天出版一部翻译作品和我刚开始时一样困难。

然而，这种情况不仅需要被记录和哀叹，还必须被质疑。我想问的是，译者能从拒绝中学到什么？我将分享我自己经历中的两个近期例子，在分享时我会将相关编辑匿名。接下来的内容不是对这些特定编辑的个人攻击，而是对当前编辑方法及其对翻译的假设的批评。因此，我的叙述不应被轻率地归结为仅仅是嫉妒。发生在我身上的事情可以并且确实发生在许多其他译者身上。我决定公开这些经历，是为了引起译者和译本读者的关注。

投稿遭拒的故事

2009 年春，我在翻译一位名叫恩内斯特·法雷斯的当代加泰罗尼亚诗人的作品，和我过去处理其他项目一样，我将译诗投给杂志。我的目标是为一个在英语世界完全未知的外国作家创造读者群。我收到了一些接稿的回复，但如同通常发生的那样，它们的数量少于拒稿信，而这些拒稿信通常以格式化的信件或极为简洁的手写笔记和电子邮件的形式表达。

一位我认识的编辑拒绝了我的一些译诗后，我质疑了这个决定。我并不期望拒稿会被重新考虑。不，我想要的是，迫使杂志做一些它们很少做的事：明确它们评判翻译的标准，或者，如果不是针对这次投稿，至少针对翻译的一般标准。编辑 X 很友好地回复了，解释说这些诗歌“没有让我们感觉到眼前一亮”。我进一步追问：编辑 X 是否曾经考虑过，翻译由于其本质应该与原创的英文作品区别评判，或者这个标准可能包括但应当不同于明显植根于本土感性的直观反应？毕竟，编辑引用了艾米莉·狄金森来回复我。编辑 X 认为我的观点很新颖，并承诺会考虑一下，但对话就此停止了。 233

然而，我本可以进一步探讨。我会问，对于一个 21 世纪的加泰罗尼亚诗人的英文译文，是否应该根据一位 19 世纪美国诗人制定的诗歌概念来评判？为什么我们要按照一位经历了初期动荡、如今在美国文学典范中占据了坚不可摧地位的诗人所表达的标准，来要求一位用较小语种写作、其文学在英语中代表性不足的诗人？那个经典中的价值观，是否对加泰罗尼亚乃至其他外国诗歌不友好？ 19 世纪新英格兰一位隐居的、自我陶醉的女性令人眼前一亮的诗歌，今天能对英语读者产生同样的效果吗？将这个隐喻应用到一位在巴塞罗那报社担任文化编辑的加泰罗尼亚男性所写的诗歌译文上，有多合适或公平？或者，问题在于我的翻译看起来太异质化，需要的不是直观的反应，而是间接、更自发的、更为深思熟虑的思考，尤其是因为这些诗歌都是以爱德华·霍普的绘画为基础的描写性作品？使用这位画家是否为理解外国诗人的独特性和可能的文化特性提供了基础，通过突出他对一个美国文化符号（cultural icon）的解读？或者这家杂志追求的普遍性是多数外国诗歌在翻译中无法承受的，甚至我认为，不应承受的？

我的问题显然具有批判锋芒，旨在激发辩论。如果我有机会提出这些问题，编辑 X 可能愿意认为它们值得考虑。然而，问题在于，这位编辑似乎完全无法构思这样的问题，更不用说提供答案了。对我来说，经历中最令人沮丧的方面不是拒绝本身，而是知道编辑 X 出版了十本翻译作品，包括小说、非小说和诗歌。翻译似乎没有加深这位编辑对翻译的思考。

另一个有些不同的拒稿例子，来自一位正在编辑一本论文集的编辑，译者在这本论文集中讨论自己的工作。编辑 Z 描述受众为“遍布大学景观的翻译培训班”。这位编辑有兴趣使用我在学术期刊上发表的一篇文章，该期刊偶尔会连同研究文章和评论一起印刷文学翻译。我的文章介绍了我对中世纪意大利诗人雅科波内·达·托迪（见第四章）作品的翻译。编辑的兴趣是令人鼓舞的：我写这篇文章是为了争论理论方法的价值，我相信编辑支持我的目的。我想挑战关于翻译的文学评论的流行趋势，当代译者倾向于对他们的实践、其文学和文化价值、他们认为已经在译文和原文本之间建立的对等性，做出相当印象主义的评论。为了考虑为现代英语读者翻译雅科波内这样古老诗歌所引发的
234 问题，我借鉴了埃兹拉·庞德在 1929 年的论文《吉多的关系》中提出的理由，他在其中为他对 13 世纪意大利诗人吉多·卡瓦尔坎蒂的翻译提供了理由。我的讨论不仅是理论性的，还是方法论性质的：文章后来使用它形成的概念来分析雅科波内诗歌先前的英文版本，并解释我自己相当不同的翻译策略。

然而，编辑 Z 希望我完全删去理论部分。我被告知这部分“削弱了后面部分发展的思想的微妙性，并鼓励学生忽视它们，因为你已经提供了一个抽象的总结”。这里提到的“已经”很有启示性：编辑显然认为理论是多余的，因此认为可省略，否则会分散注意力。由于这篇文章经过了学术期刊典型的审稿过程：它被三个匿名读者审查过，但他们中没有一个指出任何冗余，也没有发现任何部分削弱或以某种方式减损了论点，我只能对这一判断感到困惑。为什么编辑 Z 不能得出相同的结论呢？

如果编辑没有揭示性的评论，我可能会将问题归咎于粗略阅读（cursory

reading）："我非常欣赏在实践中体现的理论方法。"这种观点让我感到有疑问：每一种文学和批评实践都将理论概念作为假设体现出来，这些假设既使实践成为可能，又对实践施加约束。这些概念使翻译成为可能，决定了它将采取何种形式。译者在选择翻译原文本时，通常会假设一种优秀文学的概念以及在做出某些语言选择时假设一种优秀写作的概念，同时，在翻译过程中排除其他选择。这些概念构成了一种理论，即使它们仍然是未成形的、未明确表述的或无意识的。它们依赖于关于作者身份和文本性及其与世界关系更为根本的假设，这些假设又基于更基本的人类主体性概念，关于做人的意义。

如果理论概念总是体现在实践中，编辑 Z 一定是在反对我坚持将这些直接关系到翻译的概念呈现给读者。编辑似乎假定理论和实践之间有一对一的对应关系（因此，翻译策略的描述会使理论声明变得多余），而它们之间的关系通常是不平衡的、不连贯的，远非可预测的，开放于翻译过程中的解释和修订。在翻译雅科波内时，我受到庞德警告的启发，但结果与他对卡瓦尔坎蒂的译本截然不同。一个理论概念可以驱动多样的实践应用。我得出的结论是，编辑的误解必定表达了对理论本身的反感以及对实践不加批判的强调。

当我这样建议时，编辑 Z 声称计划中的论文集试图"超越简化的理论 / 技艺或理论 / 文学美学对立，这种对立使得关于翻译的当代话语极度两极分化"。但是，编辑想要删掉我论文的理论部分，难道不仅仅是在压抑这些对立中的"理论"部分，而我正在试图通过将理论讨论与翻译实践讨论相结合来超越它们吗？"技艺"和"文学美学"也涉及理论，但它们与我的理论不同。为什么这 235
些竞争的理论不能独立于它们所可能实现的实践而被阐述和审视呢？编辑 Z 似乎没有意识到，没有理论概念的制定，关于翻译的评论就会变得不精确，并迅速转向印象主义。我拒绝允许删减理论讨论部分，辩论就此结束。

实际上，编辑采取了一种对翻译的反智主义态度，抵制那种可能让译者批评和改进自己工作的理论自觉，以及向读者提供关于其工作的启发性描述的理论自觉。最令人沮丧的经历不是被拒稿，而是得知编辑 Z 已经出版了超过十五本以上的小说和非小说译作。

纯文学主义在翻译中的兴起

我所描述的经历反映了文学翻译领域中纯文学翻译方法的持续主导地位，无论这些译者是否隶属于学术机构，是否独立工作，他们的写作是否也包括诗歌和小说，或者专注于翻译，以及他们是否还以评论的形式撰写关于翻译的文章。纯文学翻译的传统可以追溯到 20 世纪初，起源于现代主义文学实践，特别是在将翻译或改编插入原创作品中，以及在许多现代主义文本特有的多语种和引用外语，通过这种方式，读者转变为译者。这些实践抹去了通常可以在原创作品和二级创作品之间划分的区别，允许将翻译或改编视为原创作品。

庞德在《吉多的关系》中勾勒了这种观点，并通过区分两种翻译来结束讨论。他称其中一种为“解释性”（interpretative）翻译：它作为一种“韵律的注释”，紧密地遵循原文本，原文本印在翻译文本的对折页（Anderson 1983: 251）。他继续说，“另一种”翻译：

> 我指的是，在“译者”明确地创作一首新诗的情况下，这属于原创写作的领域，或者如果不是，它必须根据相同的标准受到审查，并以某种公正的扣除来还原，只能在特定情况下评估。
>
> （同上）

值得注意的是，当庞德描述那种被视为“原创写作”（original writing）或者通过改编渴望成为此类作品的翻译时，他没有提及原文本。他将其赋予了一种从原文本中独立出来的审美自主性，并不是根据对等概念来评判它，而是根据他评判原创作品的“标准”。

我称这种方法为纯文学（belletristic）研究法，因为它强调翻译文本本身 236
的美学品质。它也是印象主义的，因为它模糊或者说不容易定义。庞德的文章充满了引人入胜的想法，但这是一位实践者的陈述，而不是理论阐述，因为他并没有明确指出这些标准究竟是什么。人们可能会从他的实践中推断出这些标准，尽管任何推断都会构成一种解释，随不同读者带入解释行为的理论假设而变化。此外，庞德的翻译实践本身也有很大的变化：他对《航海人》(1911）的细译而又缩略的呈现，不同于他为《华夏集》(1915）编写的汉诗的意象派译本，这两个翻译项目又与他的诗《向赛克斯·普罗佩提乌斯致敬》(1919）大不相同，尽管所有这些作品都是以外国文本为源材料的二级创作。庞德的翻译和改编中保持不变的是现代主义的实验主义，无论它们在其术语中是解释性的还是原创的。他不断创新，运用各种对等概念，并培养了涵盖意象派的清晰度和精确性以及诗意古词和口语化等非标准语言形式的风格范围。翻译中的文学美学可能是印象主义的，但它总是携带着一个文学目的，可以是隐含的，被故意隐藏的，或被自以为是地认为是理所当然的。

庞德之后，尽管他的实验主义在很大程度上遭到了抛弃，但是翻译作品开始被视为具有自身价值的文学作品。1938 年，达德利·菲茨[①] 在新方向出版社出版了《来自帕拉提恩诗选的一百首诗英文释义》(*One Hundred Poems from the Palatine Anthology in English Paraphrase*)，并在前言中宣布“我的目的首先是尽可能简单地创作一首英文诗”，一首避免“诗意”和“古意”的诗（Fitts 1956: xvii-xviii）。现代用法，特别是当前的英语标准方言，成为了英语翻译的标志。在菲茨 1958 年的论文《诗意的细微差别》中，他更加大胆、自信地断言

① 达德利·菲茨（Dudley Fitts，1903—1968），美国教师、诗人、评论家兼翻译家，曾把古希腊经典作品翻译为现代英语。

“一首诗的翻译应该是一首诗，作为一首诗是可行的，并且作为一首诗是可以衡量的”（Fitts 1959: 35）。他的自信应当被视为纯文学方法在那时已成为典范的标志。他的论文刊印在哈佛大学出版社1959年出版的鲁本·布劳尔（Reuben Brower）的开创性文集《论翻译》（*On Translation*）中。在这本书中一些重要的译家，如罗尔夫·亨弗莱斯、里士满·拉铁摩尔、杰克逊·马修斯和埃德温·缪尔，为翻译文本的纯文学自主性辩护，无论译者是诗人还是学者。拉铁摩尔在他的论文结尾声明：

> 翻译希腊诗歌的译者，必须同时记住的多个目标中，最主要的或许是：从希腊诗中创作出一首英文诗，这首英文诗在尽可能多地传达希腊文含义的同时，仍然是一首新的英文诗，如果它不是在翻译它所翻译的希腊文，它就不会是这种类型的诗。
>
> （Lattimore 1959: 56）

237 拉铁摩尔展现了一位学者对于严格保持与原文本语义对应的关注，但他坚持认为译诗必须作为译入语言中的一首诗独立存在。

纯文学主义没有对其自身的前提进行审视，这些前提通常被呈现为未定义的文学或文学品味概念。因此，不足为奇的是，随着20世纪的发展，对翻译的纯文学主义方法的明确阐述变得越来越罕见。评论被限制在简短的文章、前言和访谈中，它们往往是自相矛盾的，一方面宣称对翻译理论的反感或声称其无关紧要，同时又提出理论概念来描述翻译实践。在1976年的一次采访中，著名的德语翻译家克里斯托弗·米德尔顿[①]，也是一位担任学术工作四十多年的

① 克里斯托弗·米德尔顿（Christopher Middleton，1926—2015），英国诗人、短篇小说家、散文家、评论家和翻译家。他的作品跨越多个领域，以其深刻的洞察力和独特的风格而闻名。他的职生涯横跨教学和写作，对文学和翻译领域做出了显著贡献。

学者，他坚定地声明：

> 我没有理论。问题是，我不喜欢对此进行理论化，尽管在教学时人们被迫对文学进行理论化。对我来说，翻译是一项私密的、秘密的、直觉的活动，我从未冒险思考我如何做到或为什么这么做。我更希望它是一种自发的、无意识的、非理论化的事情。
>
> （Honig 1985: 186）

米德尔顿没有意识到，即使是“直觉的”和“无意识的”“活动”，仍然可以基于一种理论。他也没有具体说明通过反思自己的实践他可能会“冒什么险”，尽管他使用“冒险”一词本身就表明了他担心“理论化”会对其翻译的“如何”和“为什么”产生负面影响。这里的纯文学主义接近于非理性主义（irrationalism），甚至可能是偏执狂。

然而，当米德尔顿在后来的采访中描述他的实践时，其叙述实际上确实假设了一套不同的概念：

> 我一直试图在尊重原文文字的基础上翻译诗歌，尽管所有语言的性质都具有暂时性，同时，诗歌译文又作为一首独立的诗：一种作者如果用我的语言写作会创作的那种诗。
>
> （同上：190-191）

与许多前辈一样，米德尔顿分享了纯文学主义方法，他主张翻译的美学自主性：它是“独立的诗”。但他也重视紧密遵循原文本，这是一种策略，作为一位德国专家，他可能从浪漫主义理论家如弗里德里希·施莱尔马赫那里获得启发，施莱尔马赫认为这种策略产生了一种异化效果：施莱尔马赫写道（引自苏珊·伯诺夫斯基的英语译文），“翻译越是精确地遵循原作的转折和比喻，对其读者来说就会显得越是陌生”（Schleiermacher 1813: 53）。然而，米德尔顿最终隐含地倡导自由、归化的翻译：他的最后一句是对德莱顿著名宣言未经致谢的引用，在他的《埃涅阿斯纪》译本中，他“努力让**维吉尔**用**英语**说话，如果
238 他出生在英格兰，而且是在这个时代，会说的那种英语”（Dryden 1958: 1055）。在这两者之间，米德尔顿提到了“所有语言的暂时性本质”，这一点将对德莱顿和施莱尔马赫关于翻译的观点提出质疑。这个短语似乎引用了罗兰·巴尔特[①]1968 年的《写作的零度》（1953）的英译版本（在安妮特·拉弗斯和科林·史密斯的英译中，该段为：the mobile and ever-provisional nature of language [语言的流动和始终暂时的本质]），尽管它也很可能暗示了德里达关于意义不稳定性的思考（Barthes 1968: 12；见 Derrida 1972）。米德尔顿远非缺乏翻译理论，他汇集了一些极其异质的前提，这些前提在理论或实践中都可能被证明是不可调和的。

米德尔顿是一位移居到美国的英国公民。但作为一个母语为英语的人，他并没有给他在纯文学方法或其问题上带来任何特殊的优势。在 1982 年名为《关于翻译诗歌的一些思考》（*Some Thoughts on Translating Poetry*）的文章中，乔纳斯·兹丹尼斯，一位出生于立陶宛的诗人兼翻译家，同样排斥使用理论，因为“艺术的问题，按定义，是主观的、相对的和个人的”。他承认当时存在翻译理论，识别出美国的“‘西方’学派”和苏联的“‘东方’学派”。但他坚持“译

① 罗兰·巴尔特（Roland Barthes，1915—1980），法国作家、思想家、社会学家、社会评论家和文学评论家。其早期的著作，在阐述语言结构的随意性及对大众文化的一些现象提供类似的分析。在《神话学》（*Mythologies*, 1957）中分析大众文化。《论拉辛》（*On Racine*, 1963）在法国文学界造成轰动，使他成为敢与学院派权威相抗衡的人物。他的有关符号学的作品包括《S/Z》（1970）、研究日本而写成的《符号帝国》（*The Empire of Signs*, 1970）等，并在 20 世纪把结构主义建立为一种具有领导性的文化学术运动。1976 年在法兰西学院担任文学符号学讲座教授，成为这个讲座的第一位学者。

者不应该坚持任何理论，也不应该坚持任何其他预先确定的理论”。他的排斥确实基于一种理论，即晚期浪漫主义，在这种理论中，“艺术”被理解为一种形式的自我表达。他继续为翻译确立了一个理论立场，在这个立场中，个体矛盾地融入了文学传统中：

> 在我看来，翻译在必要时应该不是寻找一个语言对等的替换词，而是寻找“情感对等词”（affective equivalents），像艾略特的“客观对应词”捕捉情感和尽可能多的**原作**的认知**含义**。如果这种寻求需要改变“字面”意义，如某些编纂的语言“对等词”所定义的，那么这种改变应该是为了创造一首读起来像并且拥有新语言流行诗歌传统音调和品质的诗。也就是说，翻译成现代美国英语的诗歌成为传统的一部分，或者在这个传统中节奏是轻松的，没有语言压力感或强加的意象并置。翻译的读者必须感觉到他正在阅读一首原创的现代美国诗歌。
>
> （Zdanys 1982）

兹丹尼斯对理论的排斥，除了那些使他自己的翻译实践成为可能的概念之外，让他无法批判性地审视自己的立场。与艾略特一样，他认为每个读者对诗的“客观对应物”或翻译中的“情感对等词”的反应将完全相同，不管他之前将艺术问题与“主观的、相对的和个人的”因素联系起来与否。他还表达了一种深刻保守的翻译观点，即外国诗歌必须被同化到“新语言流行的诗 239
歌传统”中。这里我们与庞德的实验主义以及挑战文学传统的现代主义冲动相距甚远。然而，庞德将翻译视为原创作品的观念，潜在地支撑了兹丹尼斯的纯文学主义。

如今，这种方法在文学翻译者中的主导地位导致了他们普遍无法对自己的工作进行深刻的评论。2010 年 7 月，《伦敦书评》发表了迈克尔·伍德（Michael Wood）对博尔赫斯的两部新诗集《夜的诗》和《十四行诗集》的负面评论，这是一个恰当的例子。伍德通过详细评论西班牙文本来构建他反对博尔赫斯这位诗人的观点。他也引用了译文，但主要是用它们来为不懂西班牙语的读者说明他的观点。只有在少数情况下，他才评论译者工作的准确性或诗意效果。早些时候，他通过将某些翻译称为“忠实”或“忠诚”来表明他对更接近原文翻译的偏好，尽管到最后他简单地在括号中插入了“略有修改”的短语，用以表明他修改了翻译，使其更接近西班牙语原文。

一位名叫斯蒂芬·凯斯勒（Stephen Kessler）的译者因为伍德对他的译文进行了修改而在给编辑的信中提出了异议，他认为这不仅“违反了批评伦理”（violates critical ethics），而且“显示出对译者所做工作的相当严重的误解”（Kessler 2010: 5）。然而，当凯斯勒阐述他所认为的正确理解时，他重申了熟悉的纯文学方法：

> 一首诗的翻译是译者创造的独立艺术作品，而不是转录。伍德的“修改”引用并不直接批评翻译，它提供另类阅读的一个合法理由，而似乎是对其他可以接受的版本的小幅度改进尝试。这种对已发布文本的篡改，等同于作为“纠正”作者实际所写内容的方式来修改其他受审查的文本。
>
> （同上）

尽管凯斯勒的英文译本与博尔赫斯的西班牙文本在《夜的诗》中对照印刷，但他在这里抹去了翻译和原创之间的区别，为自己攫取了一种作者原创性的概念。他显然认为将翻译视为“独立的艺术作品”，足以为他的语言选择提供充分的理由，因此，他不需要解释他应用了什么对等概念来使他的译本“可接受”。不幸的是，这种立场导致了他在信中错失提供这样解释的机会。

争议的材料是诗歌《黎明》(*Amanecer*) 的十六行节选，翻译为《破晓》(*Break of Day*)。伍德修改了凯斯勒英文翻译的两行。下面是博尔赫斯的西班牙文与伍德修订的译本：

la imagen de las calles
que definirán después con los otros.

the image of the street 240
that later they will define with others.

街道的形象
随后他们将与他人一同定义。

凯斯勒的译文是“the image of the streets/that later others will define”。在伍德更为贴近原文的翻译中，they 这个词指的是前文提到的“整夜未眠的人们”。凯斯勒为何偏离西班牙语原文，原因并不清楚，尤其是省略 they 显著改变了含义，因为它移除了博尔赫斯特别指出的那群人，并将重点转移到了“他人”身上。懂西班牙语的读者可能会将这种偏离视为错误。凯斯勒的翻译确实在诗行中建立了格律规律（metrical regularity），使其一致地成为抑扬格。倾向于推测性解释的读者，当然可以给“他人”这个词赋予概念稠密（conceptual density），尤其是考虑到近年来“他者”这个术语在文化理论和哲学中受到了关注。但凯斯勒的纯文学主义使他无法提供一个能够阐明他所做之事的解释。关于文学作品美学自主性的主张，从未像当代译者中那样反智。

翻译培训班派及其局限性

20世纪60年代，纯文学方法在提升译者文化地位方面起到了决定性作用，因为它将翻译描述为一种写作实践。埃德蒙德·基利（Edmund Keeley）观察到，“译者从20世纪60年代中期开始被接受为合法的创造性艺术家，最终，作为合法的翻译教师出现在作为被迅速扩展的创意写作研究领域一部分而形成的各种大学的培训班中”（Keeley 1990: 292）。1963年，当时爱荷华大学作家培训班派的主任保罗·恩格尔（Paul Engle）邀请基利教授开办了美国的第一个翻译培训班（Weissbort 2006: 610）。教学法是纯文学的，强调翻译作为独立的文学文本。2010年9月，当我采访基利关于他在爱荷华的工作时，他回忆恩格尔指导他“像对待诗歌或小说培训班一样对待（翻译培训班）”并“专注于英语中的成品”。学生们是诗歌或小说方向的硕士生，他们从事多种外语翻译。他们被要求通过解释为何选择原文本、可供使用或对抗的竞争译本以及文本对翻译成英语所提出的具体问题，将他们的翻译呈现给培训班。课程内容仅由学生的翻译组成。基利认为没有必要阅读翻译理论和评论。实际上，在采访中，他描述自己“强烈反对翻译理论的观念，你不会阅读诗歌理论来学习如何写诗或教授如何写作”。

自20世纪60年代起，随着越来越多的翻译培训班在美国大学中出现，最初在本科和研究生的创意写作项目中，广泛采用了纯文学教学法。这种方法
241 坚定地以实践为导向，专注于具体的翻译问题，讨论解决方案，并排除翻译理论和评论的阅读，或者仅仅使用与实践直接相关的读物。弗兰克·麦克尚恩（Frank MacShane）于1966年在哥伦比亚大学艺术学院的写作部门设立翻译培训班，他指出他“向学生们介绍了一些关于翻译的观点，这些观点是由鲁本·布劳尔收集和编辑的”，但他明确表示“我们对翻译的理论不是那么感兴

趣，更关注于翻译的实践”（MacShane 1971: 234）。1973年，丹尼尔·韦斯博特（Daniel Weissbort）在爱荷华大学比较文学系受聘指导一个通向翻译艺术硕士学位的项目，尽管它包括一门从古代到20世纪翻译历史和理论的概览课程，韦斯博特后来谨慎地指出“我们的主要兴趣在于翻译文本的产出，而不是考虑翻译的理论维度”（Weissbort 2006: 610-611）。

到了20世纪80年代，纯文学方法已经牢牢地将翻译与创意写作联系在了学术机构中，即使培训班是在文学系和项目中教授的。这一联系确保了培训班成为教授翻译的主要课程形式。与诗歌和小说培训班一样，翻译培训班的内容主要是学生自己的作品，偶尔结合专业翻译，教学法实际上面向英语文学文本的产出。翻译与原文本之间的关系可能实际上很少受到关注，在某些培训班中根本没有得到关注。而翻译理论和评论则实属罕见，或者仅受到有限的关注。

此外，什么可以被视为理论与评论，还取决于授课教师，但在大多数情况下，阅读材料不包括那些理论概念被抽象阐述的材料，无论这些概念是否用翻译作品作为例证。韦斯博特提到，恩格尔“特别坚持”爱荷华研究生翻译项目中需要有“理论/历史组成部分”，尽管他心中想的是“历史聚焦而非基于理论的”课程来补充培训班（Weissbort 2006: 610）。当韦斯博特教授这门课时，他倾向于停止在庞德这里，因为他“发现当代翻译理论，尤其是那些借鉴法国批评理论（例如德里达）的理论，相当令人望而却步”（同上）。到了20世纪90年代中期，正如前学生克里斯托弗·马蒂森（Christopher Mattison）回忆，韦斯博特的阅读清单大多都被缩减为实践者的文章了（电子邮件：2010年9月29日）。

1987年，在美国文学翻译者协会的杂志《翻译评论》（*Translation Review*）上，乔纳斯·兹丹尼斯列出了他认为“最适合本科生翻译培训班入门性质”的阅读材料清单，他在耶鲁大学比较文学系教授此类课程（Zdanys 1987: 10）。这份清单主要由纯文学和实践导向的材料组成，理论性文章没能入选。它包括了布劳尔选集中的菲茨和马修斯的文章，以及艾略特和伊夫·博纳福瓦（Yves Bonnefoy）两位诗人的文章。兹丹尼斯显然选择了他认为对解决他发现的最紧迫的翻译问题有用的阅读材料，这些问题关乎重现原文本的形式特征。这样的阅读材料对于翻译初学者当然有帮助，但它们不会使学生能够批判性地审视作者关于翻译的基本前提，或者是他们自己的前提。

长期绝版的布劳尔选集，最终被约翰·彼根特（John Biguenet）和莱
242 纳·舒尔特（Rainer Schulte）于 1989 年编辑的《翻译艺术》（*The Craft of Translation*）所取代，这本书成为翻译培训班中经常指定的教材，特别是那些设在创意写作项目中的培训班。它包含了埃德蒙德·基利和克里斯托弗·米德尔顿、格里高利·拉巴萨和威廉·维弗、玛格丽特·塞耶斯·佩登和伯顿·拉弗尔等杰出翻译家的文章。根据编辑的说法，重点是"重建翻译过程"，其中"思考源于文本内部的情境；它不是从外部带入文本的"（Biguenet and Schulte 1989: vii, xii）。因此，强调实践的方式将翻译过程描绘为不受译者先入为主观念影响，仿佛译者没有将一系列价值观、信仰和表象带入他们的工作，这些包括理论概念。译者被描绘成一个作家，其反思仅限于具体的语言选择。彼根特和舒尔特随后于 1992 年通过编辑另一本著作《翻译理论》（*Theories of Translation*）在理论和实践之间划出了明显的界限。在这里，他们最终也将关于翻译的思考还原为翻译文本的产出（翻译思考总是关注过程的重建），将译者决策中的文化和社会条件神秘化，这些条件被书中包含的一些理论家和评论者的作品所审视（Schulte and Biguenet 1992: 9）。

翻译培训班在过去大约五十年的运作揭示了纯文学方法最有害的一面。由于对理论阅读的思考有限，甚至完全没有，学生无法获得概念性词汇来描述、解释和评估他们自己的翻译以及他们可能在课程中被要求阅读专业译者的作品。麦克尚恩对他的培训班的描述是典型的："我认为，如果这些一般原则是

从学生作品中的一个明显问题中提出的，而不是抽象地思考，这样会显得更有力量”（MacShane 1971: 234）。然而，麦克尚恩的教学实际上是基于“一般原则”，基于最为神圣的英美文化传统之一，即被称为经验主义的认识论：他假设真实的对象或者过程不是为了知识而构建的，而是独立于认识主体给出的，并且通过观察，该对象或过程产生的知识是不含幻觉和偏见的（Easthope 1999a: 88-90）。麦克尚恩的经验主义意味着他的教学基于一种理论，这种理论排除了其他理论概念，同时使其自身的应用变得隐形。

因此，翻译问题并非简单地出现在译者的工作中，无论是学生还是专业人的工作。这些问题需要被明确定义，而这样的定义只能在某些概念基础上进行。理论，尤其是抽象思辨，创造了概念参数，在这些参数内，某些问题变得可见，而其他问题则不然。一旦确定问题，就可以开发出解决方案，但只能在特定概念设定的参数内进行。

这个过程可以在对翻译培训班的详细描述中看到。尽管兹丹尼斯坚称他在 243
耶鲁培训班的目标是“理解每一翻译必要的有机展开，摆脱预先确定的美学理论的限制”，他描述了指导他教学的理论概念（Zdanys 1987: 9）。他会在第一堂课上告诉他的学生，任何特定时间最好的翻译，

> 是那些在新语言中最流畅和最地道的翻译，这些品质不仅取决于译者的观察和听觉，还取决于原诗的美学特质（aesthetic qualities）。我建议学生们避免翻译超过一代人的作品……并专注于更多当代诗人，他们的作品可能在很多方面被轻松地翻译成当代美国英语，对我们所有人而言这都将更加有趣。
>
> （同上：11）

这些规定的一个严重问题是缺乏精确性。兹丹尼斯似乎将流畅性或者易读性定

义为在翻译中使用当前标准英语，但“当代美国英语”这个术语可以包含许多不同的英语，不仅是标准方言，还包括一系列非标准形式，包括地区和社会方言、俚语和口语、粗俗语和行话。在提到“原诗的美学特质”时，他显然假定了一个对等概念。但如果原文本不是“流畅和地道”的呢？如果它不是用源语言的当前标准方言写的呢？译者是否应该偏离当前标准英语，以在翻译中创造相似的风格？兹丹尼斯的规定确保学生将在相当狭窄的参数内分析和评判翻译。他还通过排除翻译早期诗歌以及任何对过去理论和实践的思考，迫使他们接受彻底的现世主义（thoroughgoing presentism）。

这里，将翻译仅视为创意写作的关键问题变得清晰可见。典型的翻译培训班由诗人译者或专业译者主持，他们不可避免且往往无意识地将自己的美学观念强加给学生译者。这种强加以两种方式发生：（1）通过区分语言选择，不是根据与原文本或接受文化的关系，而是根据未经审视的良好写作和文学品味的观念；（2）通过强调实践问题，根据教师的美学解决这些问题。结果，学生译者缺乏概念资源，不仅无法深刻评论他们自己的和其他译者的翻译，还无法评估教师提出的观点，更不用说支持他们的纯文学思想了。教师通常通过经验获得权威，但如果教学只是简单地传授一种产品，这里是模糊的文学价值观念或现成的翻译解决方案，权威就变得具有压迫性且适得其反。学生可能发展某些翻译技能，但他们没有学会批判性地思考翻译或独立翻译。

244

构想一种翻译文化

文学翻译的纯文学方法占主导地位，严重限制了文学翻译的发展，不仅限制了对翻译的思考，也限制了翻译实践本身。这在美国尤其明显，那里的翻译培训班长期以来一直设在创意写作项目中，但这也适用于整个英语文化圈，即使程度不同，因为纯文学主义仍然是关于翻译的评论中的主导话语。尽管近几代译者取得了很高的成就，尽管存在识别和支持译者工作的奖项和文化组织，尽管创立了致力于翻译的出版社和丛书，尽管翻译研究已经成为学术机构中的教学和研究的领域，但事实是文学翻译仍然被严重误解、低估甚至忽视且持续被剥削。这证明纯文学主义无法改变这种状况。

然而，对一个观点或实践进行批判，审视其前提和后果，并不意味着完全否定它。因此，我并不是在争论纯文学主义应该简单地放弃。因为文学翻译是一种写作实践，任何方法在很大程度上都必须是文学性的，承认翻译文本与原文本相对独立，这种相对独立至少部分体现为某种美学独立性。然而，为了推进当前时期的翻译，这个观点是不够的：翻译，作为一种解释行为，必须根据解释学模型构想、实践和讲授。

我们必须摒弃仍然主导翻译思考的工具主义（instrumentalism）。根据这种观点，一个可接受的翻译是复制或转移原文本中包含或引起的不变量（invariant），无论是形式、意义还是效果，通常是这些特征的组合。工具主义在文学翻译者中占主导地位，这可以从他们对自己的工作的评论或一般性讨论中看出。

例如，在 1998 年《翻译风格》一文中，小说家兼译者蒂姆·帕克斯（Tim Parks）详细分析了劳伦斯、詹姆斯·乔伊斯和弗吉尼亚·伍尔夫等小说家的散文风格，然后将意大利译文与英文文本进行比较，反复发现原作和翻译之间的“差异”（Parks 1998: 118）。贯穿始终的是，他假定了翻译的工具模型（instrumental model of translation）：他将自己的文体分析结果视为原文本中包含的形式不变量。然而，他的比较实际上从未针对英文文本进行，而是针对他对这些文本的解释。这一点在他偶尔质疑自己的分析时变得明显。因此，在讨论劳伦斯的《恋爱中的女人》中的一段时，帕克斯补充说“不可能有精确的解释”，并立即重申了这一点（“撇开任何表达的确切含义这个棘手问题”）（同上：12）。尽管如此，他还是因为翻译未能复制他在英文文本中感知到的风格效果而指责："除了任何特定的语义意义外，失去的是意大利语中的充实感，通245 过将翻译与原作比较可以容易地评估这种充实感。"（同上）如果原文本被承认是不确定的，评估又怎么会容易呢？帕克斯总是准备让自己的解释作为无可争议的判断标准，但他拒绝赋予意大利译者同样解释的权利，而是更愿意认为"或许有一种倾向，将文本扭曲以符合译者自己的个人解释"（同上：92）。显然，问题在于译者不同意他的解释。

在2010年《为什么翻译很重要》的文章中，翻译家埃迪思·格罗斯曼（Edith Grossman）同样阐述了等效效果的工具性概念。她断言，

> 译者所做的最基本描述，是我们在B语言中写作（或者也许是改写）一部最初用A语言创作的文学作品，希望第二语言的读者，我当然是指译文的读者，在情感上和艺术上以一种与其第一批读者的审美体验平行且相似的方式感知文本。
>
> （Grossman 2010: 7）

但是，哪些是"第一批读者"呢？无论语言和文化如何，今天的读者群极其分散：读者带着最多样化的知识和品味进行阅读，他们的反应难以预测，如果不是完全无法预测的话。随后，格罗斯曼提出译者必须调和的语言和文化的差异最终是不可逾越的：她认为，"语言，即使是像西班牙语和意大利语这样的近亲语言，也拖着庞大的、独特的历史，以及所有它们的传统、文化以及话语形式和层次的易变积累，没有两种语言能够完美吻合或在同一时空、占据相同位置"（同上：68）。那么，翻译如何能在其读者身上产生与原文本在源语言读者身上产生的效果相同或相似的效果呢？格罗斯曼回应道，"译者的忠诚不在于词汇配对，而在于上下文，第一作者的语气、意图和话语层次的含义和回响"（同上：70-71）。但是，当原文本作者并没有意图用翻译语言写作时，译者

如何确信翻译实现了原文本作者的意图呢？而当译者拥有作者意图的无可争议记录，例如在使用特定体裁的时候，该记录可能被忽视。以十四行诗为例：其格律和韵式无疑是有意为之的。然而，在翻译西班牙文艺复兴时期的十四行诗时，格罗斯曼选择避免重现这些形式特征。她确实写道，译者所做的不过是“希望”产生等效效果，所以也许我们应该将这一概念视为一种方便的虚构，这对于译者来说是一种安慰，因为他在每个节点都面临着对翻译的工具性理解的绝对不可能性。

解释学模型之所以受到推崇，既在于其解释力，也在于其实际应用。解释活动始于原文本的选择，并在制订翻译策略的过程中持续进行。翻译过程中的这些阶段不仅由原文本和文化决定，还受接受文化中的价值观、信仰和表征影 246
响。译者应能够提供一个意识到这些文化条件的工作说明。他们应该能展示在这些条件下，翻译如何固定原文本的形式和意义，以铭刻一个特定的解释。这种铭刻永远不可能是终极的，它只是多种不同可能性中的一种解释，并且总是受到接受语境中各种文化群体进一步解释的影响。尽管如此，译者应能够阐明使他们的翻译成为可能的解释项。所谓“解释项”（interpretants），我指的是每位译者应用于将原文本转化为翻译的各种因素。解释项可以是形式上的，包括对等概念，如基于词典定义的语义对应，或风格概念，一组与特定体裁（如当一部外国犯罪小说在译入语中可能需要相应的硬汉式散文风格）相关的语言特征。解释项也可以是主题性的意义或代码。示例包括在其他地方（如学术研究）中提出的解释，或与特定社会群体相关联的意识形态立场（如当一位女权主义或酷儿译者编码政治目的）。

在解释原文本时，译者以最具体的方式改变它。它从其原始语境中脱离，该语境支持源语言和文化特有的意义、价值和功能，并同时嵌入一个不同的语境中，由翻译创造，支持翻译语言和文化特有的意义、价值和功能。断定翻译是转换，并不意味着原文本和译文之间不存在形式上或语义上的对应关系。重点是文学作品远不止这种对应关系：它是一个复杂的文化制品，永远不会在移动到另一种语言和文化中时保持完整，它将被赋予不同的意义、价值和功能。因此，我对翻译作为解释的观点与乔治·斯坦纳的“解释运作”（Hermeneutic motion）截然不同，在斯坦纳的观点中，译者被想象为执行“补偿”以“偿还”解释原文本的“侵犯”，建立“理想的、无损失的交换”（Steiner 1975: 297, 300, 302-303）。我认为，源损失和翻译获益的比例无法避免也无法解决，翻译唯一能在国外做对的方式，就是在国内做错，相对于接受语境的文化规范和制度产生明显的差异，为改变外国作品或外国文学在翻译中的感知方式做出贡献。

根据解释学模型进行翻译，并能将翻译视为解释行为的译者，必须具备他们从当前主流的培训班教学法中无法获得的一系列资质（array of qualifications）。这些资质始于源语言的高级熟练度，但还包括能够用译入语清晰、精确和有共鸣地写作多种风格的能力。译者还必须具备译入语和文化中翻译传统的广泛而深入的知识，即对理论概念和实践策略的历史把握。译者还必须是翻译领域的专家，因为这些领域在源语文化和译入文化中都有所发展。翻
247 译法语诗歌至英语的译者不仅应精通法语，还应了解法国文学传统，不仅精通英语，还应熟悉英国文学传统，能够模仿和评估英语诗歌，并了解在英语文化和影响理论及实践构成的文化中，过去和现在的翻译传统。理论的承诺在于自我意识和自我批评，以及扩展译者的文体库（stylistic repertoire），但教师必须能够且愿意在理论概念和语言选择之间移动，展示语言选择如何同时具有文学性和解释性，产生认知和文学效果，并最终在潜在的文化和社会影响上产生效果。译者对这些知识的理解越深，他们对翻译的掌控就越大，他们在描述、解释和评估翻译时就越能清晰和审慎。

文学翻译的当前状态，特别是在英语国家，表明迫切需要我在塑造的那种译者。长期以来，纯文学主义在翻译评论中盛行，导致了未能阐明译者所做工

作的不加反思的印象主义，另一方面导致了阻碍对翻译思考的攻击性反智主义（aggressive anti-intellectualism）。因此，持续的公共讨论尚未形成，对出版的后果是灾难性的，因为理解译者的工作对于创造一个能够欣赏翻译文学的知情读者群至关重要。太多的译者、教师及读者一样，对这个问题负有责任。他们天真地认为，在任何写作或研究中，理论都可以与实践分离，翻译实践可以仅通过将翻译与原文本进行比较而不考虑翻译的文化条件来进行评估，而且当没有这种知识时，译者无法准确地理解和批评文化现状，因此，他们最终会强化这一现状。最近有译者声称，翻译事实上是一种学术形式（form of scholarship），但是他们如此深入地投身于纯文学主义方法，以至于他们不能（有些人说不会）提供对他们翻译工作的学术描述。仅仅断言翻译是学术工作，并不能促使学者放弃学院中长期根深蒂固的关于原创作者身份的浪漫主义观念，这些观念要么将翻译污名化为苦力活，要么将其限制为创意写作的派生形式。这种对翻译的态度不会仅仅通过将一部小说或一本诗集的翻译呈现给学者来改变，特别是当它可能伴随着缺乏深入思考和严谨研究的评论时。译者无疑应该能够写得好。但今天他们还需要能够以高度的批判性来思考、写作和谈论他们的翻译。

我们缺乏一种关于翻译的话语，这种话语能够培养和维持一种翻译文化（a translation culture），这是一种翻译文本被知识分子编写和阅读、讲授和研究的文化，认识到翻译作品不仅与它们的原文本有所不同，而且对接受文化及其 248
与各种外国文化的持续交流至关重要。如果我们生活在我所设想的翻译文化中，译者将同时学习如何翻译以及如何以引人入胜的方式评论翻译。他们的评论将基于一种文学和历史、理论和批评的知识体系，一种关于翻译以及翻译产生和使用领域的知识。译者不仅能够将他们的项目与过去的理论和实践联系起来，还能够评估这些项目对当前读者的吸引力。他们将能够与依赖他们工作的多样化读者群体分享他们的知识，这种分享将采取同样多样化的形式：为学者准备的翻译理论和历史的研究专著和文章，对出版商有帮助的翻译评估报告，为大小期刊编写的翻译小说和诗集的评论，由译者自己和他人撰写译序，关于译者的项目和职业生涯的访谈，以及关于翻译当前问题的博客。只有随着翻译文化的出现，读者才会学会如何将译作欣赏为译作，而不是将它们简化为原文。翻译实践在学术机构中将受到重视，被理解为既是一种创造性的写作形式，也是一种严谨的学术形式。而且，作为这些发展的结果，出版商将看到财务回报，激励并支持他们对翻译持续投资。如果译者想改变翻译的文化边缘性，他们需要改变自己对工作的思考和表述方式。

［2011］

参考文献

Aleramo, S. (1908) *A Woman at Bay*, trans. M. H. Lansdale, New York and London: G. P. Putnam.

—— (1979) *A Woman*, trans. R. Delmar, London: Virago.

Allain, M.-F. (1983) *The Other Man: Conversations with Graham Greene*, trans. G. Waldman, London: Bodley Head.

Althusser, L., and Balibar, E. (1970) *Reading Capital*, trans. B. Brewster, London: New Left Books.

Amati Mehler, J., Argentieri, S., and Canestri, J. (1990) *La Babele dell'inconscio: Lingua madre e lingue straniere nella dimensione*, Milano: Raffaello Cortina Editore.

Anderson, B. (1991) *Imagined Communities: Reflections on the Origin and Spread of Nationalism*, rev. ed., London and New York: Verso.

Anderson, D. (1983) *Pound's Cavalcanti: An Edition of the Translations, Notes, and Essays*, Princeton, NJ: Princeton University Press.

Arrojo, R. (1998) "The Revision of the Traditional Gap between Theory and Practice and the Empowerment of Translation in Postmodern Times," *The Translator* 4/1: 25-48.

Badiou, A. (2001) *Ethics: An Essay on the Understanding of Evil*, trans. P. Hallward, London: Verso.

—— (2004) *Theoretical Writings*, ed. and trans. R. Brassier and A. Toscano, London: Continuum.

—— (2008) *Conditions,* trans. S. Corcoran, London: Continuuum.

Bacardí, M. (1998) "Joan Sales i els criteris de traducció," *Quaderns: Revista de Traducció* 1: 27-38.

Baker, M. (1992) *In Other Words: A Coursebook on Translation*, London and New York: Routledge.

—— (2000) "Linguistic Perspectives on Translation," in P. France (ed.) *The Oxford Guide to Literature in English Translation*, Oxford: Oxford University Press, pp. 20-26.

—— (2006) *Translation and Conflict: A Narrative Account*, London and New York: Routledge.

Bakhtin, M. (1984) *Problems of Dostoevsky's Poetics*, trans. C. Emerson, Minneapolis, MN: University of Minnesota Press.

Balcells, A. (1996) *Catalan Nationalism: Past and Present*, ed. G. J. Walker, trans. J. Hall, New York: St. Martin's Press.

Barsky, R. F. (1994) *Constructing a Productive Other: Discourse Theory and the Convention Refugee Hearing*, Amsterdam: John Benjamins.

—— (1996) "The Interpreter as Intercultural Agent in Convention Refugee Hearings," *The Translator* 2/1: 45-64.

Barthes, R. (1968) *Writing Degree Zero*, trans. A. Lavers and C. Smith, New York: Hill and Wang.

—— (1974) *S/Z*, trans. R. Miller, New York: Hill and Wang.

Bass, A. (1985) "On the History of a Mistranslation and the Psychoanalytic Movement," in Graham (1985), pp. 102-141.

Baudrillard, J. (1983) *In the Shadow of the Silent Majorities ... or The End of the Social*, trans. P. Foss, P. Patton, and J. Johnston, New York: Semiotext(e).

Belitt, B. (1978) "The Translator as Nobody in Particular," in *Adam's Dream: A Preface to Translation*, New York: Grove Press, pp. 45-53.

Belsey, C. (1980) *Critical Practice*, 2nd edition, London and New York: Methuen, 2002.

Benjamin, A. (1989) *Translation and the Nature of Philosophy*, London and New York: Routledge.

Benjamin, W. (1923) "The Translator's Task," trans. S. Rendall, in Venuti (2012b), pp. 75-83.

Berman, A. (1999) *La Traduction et la lettre, ou l'auberge du lointain*, Paris: Seuil.

Bernofsky, S. (1997) "Schleiermacher's Translation Theory and Varieties of Foreignization: August Wilhelm Schlegel vs. Johann Heinrich Voss," *The Translator* 3/2: 175-192.

Bettarini, R. (1997) "Jacopone da Todi e le laude," in C. Segre and C. Ossola (eds) *Antologia dela poesia italiana: Duecento*, Torino: Einaudi, pp. 278-332.

Bhabha, H. (1994) *The Location of Culture*, London and New York: Routledge.

Biguenet, J., and Schulte, R. (eds) (1989) *The Craft of Translation*, Chicago: University of Chicago Press.

Billiani, F., and Sulis, G. (eds) (2007) *The Italian Gothic and Fantastic: Encounters and Rewritings of Narrative Traditions*, Madison, NJ: Farleigh Dickinson University Press.

Blanchot, M. (1988) *The Unavowable Community*, trans. P. Joris, Barrytown, NY: Station Hill Press.

Bloch, E. (1988) *The Utopian Function of Art and Literature: Selected Essays*, ed. and trans. J. Zipes and F. Mecklenburg, Cambridge, MA: MIT Press.

—— (1991) *Heritage of Our Times*, trans. N. Plaice and S. Plaice, Oxford: Polity.

Bloom, H. (1994) *The Western Canon: The Books and School of the Ages*, New York: Houghton Mifflin Harcourt.

Blum-Kulka, S. (1986) "Shifts of Cohesion and Coherence in Translation," in J. House, and S. Blum-Kulka (eds) *Interlingual and Intercultural Communication: Discourse and Cognition in Translation and Second Language Acquisition Studies*, Tübingen: Narr.

Borges, J. L. (1949) *El Aleph*, Buenos Aires: Losada.

—— (1964) *Labyrinths: Selected Stories and Other Writings*, ed. D. A. Yates and J. E. Irby, New York: New Directions.

Bourdieu, P. (1984) *Distinction: A Social Critique of the Judgement of Taste*, trans. R. Nice, Cambridge, MA: Harvard University Press.

—— (1988) *Homo Academicus*, trans. P. Collier, Stanford, CA: Stanford University Press.

—— (1990) *The Logic of Practice*, trans. R. Nice, Stanford, CA: Stanford University Press.

—— (1993) "The Field of Cultural Production, or: The Economic World Reversed," trans. R. Nice, in R. Johnson (ed.) *The Field of Cultural Production: Essays on Art and Literature*, New York: Columbia University Press, pp. 29-73.

—— (1998) *Practical Reason: On the Theory of Action*, trans. S. Farage, R. Johnson, R. Nice, G. Sapiro, and L. Wacquant, Stanford, CA: Stanford University Press.

Brisset, A. (1996) *A Sociocritique of Translation: Theatre and Alterity in Quebec, 1968–1988*, trans. R. Gill and R. Gannon, Toronto: University of Toronto Press.

Brook, P. (1972) Introduction, in T. Hughes, *Seneca's Oedipus*, Garden City, NY: Doubleday, pp. 5-9.

Brower, R. (ed.) (1959) *On Translation,* Cambridge, MA: Harvard University Press.

Brown, P., and Levinson, S. (1987) *Politeness: Some Universals in Language Usage*, Cambridge: Cambridge University Press.

Bruckner, D. J. R. (1995) "They're Speaking English Up There Now," *New York Times Book Review*, 22 October, p. 37.

Buck, T. (1995) "Neither the letter nor the spirit: Why most English translations of Thomas Mann are so inadequate," *Times Literary Supplement*, 13 October, p. 17.

Bunker, E. (1998) *No Beast So Fierce*, Harpenden: No Exit Press.

—— (2001) *Come una bestia feroce*, trans. S. Bortolussi, Torino: Einaudi.

Busquets, L. (1977) *Aportació lèxica de Josep Carner a la llengua literària catalane*, Barcelona: Fundació Salvador Vives Casajuana.

Buzzati, D. (1971) *Le notti difficili*, Milano: Arnoldo Mondadori.

—— (1983) *Restless Nights: Selected Stories*, ed. and trans. L. Venuti, San Francisco: North Point Press.

Calvino, I. (1965) *Le Cosmicomiche*, rpt. Milano: Arnoldo Mondadori, 1993.

—— (1968) *Cosmicomics*, trans. W. Weaver, San Diego, New York, and London: Harcourt Brace and Company.

Camus, A. (1942) *L'Étranger*, Paris: Gallimard.

—— (1946) *The Stranger*, trans. S. Gilbert, New York: Alfred Knopf.

—— (1988) *The Stranger*, trans. M. Ward, New York: Alfred Knopf.

Carloni, M. (1994) *L'Italia in giallo: Geografia e storia del giallo italiano contemporaneo*, Reggio Emilia: Diabasis.

Carlotto, M. (2000) *Arrivederci, amore, ciao*, Roma: Edizioni E/O.

—— (2006) *The Goodbye Kiss*, trans. L. Venuti, New York: Europa Editions.

Carner, J. (1986) *El reialme de la poesia*, ed. N. Nardi and I. Pelegrí, Barcelona: Edicions 62.

Carroll, L. (1927) *Alícia en terra de maravelles*, trans. J. Carner, Barcelona: Editorial Joventut, 1987.

Carsaniga, G. M. (1974) "Realism in Italy," in F. W. J. Hemmings (ed.) *The Age of Realism*, Harmondsworth: Penguin, pp. 323-355.

Cary, J. (1983) Review of Buzzati (1983), *Parabola* (Fall): 120-121.

Casacuberta, M. (1989) "*Quaderns de l'Exili* (Mèxic 1943-47), una revista d'agitació nacional," *Els Marges* 40: 87-105.

Casanova, P. (2010) "Consecration and Accumulation of Literary Capital: Translation as Unequal Exchange," trans. S. Brownlie, in M. Baker (ed.) *Critical Readings in Translation Studies*, London and New York: Routledge, pp. 287-303.

—— (2004) *The World Republic of Letters*, trans. M. B. DeBevoise, Cambridge, MA: Harvard University Press.

Castiglione, B. (1972) *Il libro del Cortegiano*, ed. E. Bonora. Milano: Mursia.

Catford, J. C. (1965) *A Linguistic Theory of Translation: An Essay in Applied Linguistics*, London: Oxford University Press.

Cecchetti, G. (1959) Review of Mandelbaum (1958), *Comparative Literature* 11: 262-268.

Chamberlain, L. (1988) "Gender and the Metaphorics of Translation," *Signs* 13: 454-472.

Chesterman, A. (2009) "The Name and Nature of Translator Studies," *Hermes* 42: 13-22.

Clancy, T., and Pieczenik, S. (1998) *Tom Clancy's Op-Center: Balance of Power*, New York: Berkley.

—— (1999) *Op-Center: Equilibrio de poder*, trans. V. Pozanco, Barcelona: Planeta.

Clowse, B. B. (1981) *Brainpower for the Cold War: The Sputnik Crisis and National Defense Education Act of 1958*, Westport, CT: Greenwood.

Cohen, S. (2001) "*Critical Inquiry, October*, and Historicizing French Theory," in S. Lotringer and S. Cohen (eds) *French Theory in America*, New York and London: Routledge, pp. 191-216.

Colina, S. (1999) "Transfer and Unwarranted Transcoding in the Acquisition of Translational Competence: An Empirical Investigation," in J. Vandaele (ed.) *Translation and the (Re) Location of Meaning: Selected Papers of the CETRA Research Seminars in Translation Studies, 1994–1996,* Leuven: Research Centre for Translation, Communication and Cultures, pp. 375-392.

Collison-Morely, L. (1919) "Souls Divided," *Times Literary Supplement*, 27 November, p. 689.

—— (1921) "Tozzi's 'Tre Croci' ," *The Athenæum*, 31 December, p. 903.

Coll-Vinent, S. (1998) "The French Connection: Mediated Translation into Catalan during the Interwar Period," *The Translator* 4/2: 204-228.

Comay, R. (1991) "Geopolitics of Translation: Deconstruction in America," *Stanford French Review* 15/1-2: 47-79.

Conte, G. B. (1999) *Latin Literature: A History*, trans. J. B. Solodow, rev. D. Fowler and G. W. Most, Baltimore, MD: Johns Hopkins University Press.

Contini, G. (ed.) (1960) *Poeti del Duecento*, Milano-Napoli: Ricciardi, vol. 2.

Cortázar, J. (1959) "Las babas del diablo," *Las armas secretas*, Barcelona: Planeta, 1984, pp. 56-71.

—— (1967) "Blow-Up," in *End of the Game and Other Stories*, trans. P. Blackburn, New York: Pantheon, pp. 114-131.

Cotroneo, R. (1995) "Sostiene Tabucchi," *L'Espresso*, 2 June, pp. 104-108.

Cronin, M. (2003) *Translation and Globalization*, London and New York: Routledge.

—— (2006) *Translation and Identity*, London and new York: Routledge.

Damrosch, D. (2003) *What Is World Literature?*, Princeton, NJ: Princeton University Press.

Daniell, D. (2003) *The Bible in English: Its History and Influence*, New Haven, CT: Yale University Press.

Dante (1954) *The Inferno*, trans. J. Ciardi, New York: Mentor.

De Certeau, M. (1984) *The Practice of Everyday Life*, trans. S. Rendall, Berkeley, CA: University of California Press.

De Gámez, T. (ed.) (1973) *Simon and Schuster's International Dictionary: English/Spanish, Spanish / English*, New York: Simon and Schuster.

Deledda, G. (1905) *After the Divorce*, trans. M. H. Lansdale, New York: Henry Holt.

—— (1984) *After the Divorce*, trans. S. Ashe, London: Quartet.

Deleuze, G., and Guattari, F. (1987) *A Thousand Plateaus: Capitalism and Schizophrenia*, trans. B. Massumi, Minneapolis, MN: University of Minnesota Press.

Derrida, J. (1967) *L'écriture et la difference*, Paris: Seuil.

—— (1972) "Freud and the Scene of Writing," trans. J. Mehlman, *Yale French Studies* 48: 74-117.

—— (1978) *Writing and Difference*, trans. A. Bass, Chicago: University of Chicago Press.

—— (1982a) "Différance," in *Margins of Philosophy*, trans. A. Bass, Chicago: University of Chicago Press, pp. 1-28.

—— (1982b) "Signature Event Context," in *Margins of Philosophy*, trans. A. Bass, Chicago: University of Chicago Press, pp. 307-330.

—— (1987) "The Laws of Reflection: Nelson Mandela, In Admiration," trans. M. A. Caws and I. Lorenz, in *For Nelson Mandela*. New York: Seaver Books, pp. 13-42.

—— (1992) "Onto-Theology of National-Humanism (Prolegomena to a Hypothesis)," *Oxford Literary Review* 14/1-2: 3-23.

—— (1993) *Spectres de Marx: l'état de la dette, le travail du deuil et la nouvelle internationale*, Paris: Galilée.

—— (1994) *Specters of Marx: The State of the Debt, the Work of Mourning, and the New International*, trans. P. Kamuf, London and New York: Routledge.

—— (1996) *Le monolinguisme de l'autre: ou la prothèse d'origine*, Paris: Galilée.

—— (1998) *Monolingualism of the Other; or, The Prosthesis of Origin*, trans. P. Menash, Stanford, CA: Stanford University Press.

—— (1999) "Qu'est-ce qu'une traduction 'relevante' ?" in *Quinzièmes Assises de la Traduction Littéraire (Arles 1998)*, Arles: Actes Sud, pp. 21-48.

—— (2001) "What Is a 'Relevant' Translation?" trans. L. Venuti, *Critical Inquiry* 27: 174-200.

—— (2005) *Rogues: Two Essays on Reason*, trans. P.-A. Brault and M. Naas, Stanford: Stanford University Press.

Devi, M. (1997) *Breast Stories*, ed. and trans. G. C. Spivak, Calcutta: Seagull.

Diemert, B. (1996) *Graham Greene's Thrillers and the 1930s*, Montréal and Buffalo: McGill-Queen's University Press.

Dostoevsky, F. (1912) *The Brothers Karamazov*, trans. C. Garnett, London: Heinemann.

—— (1990) *The Brothers Karamazov*, trans. R. Pevear and L. Volokhonsky, San Francisco: North Point Press.

Dryden, J. (1956) *The Works of John Dryden*, ed. E. N. Hooker and H. T. Swedenberg, Jr., Berkeley, CA: University of California Press, vol. 1.

—— (1958) "Dedication of the *Æneis*" (1697), in J. Kinsley (ed.) *The Poems of John Dryden*, Oxford: Clarendon Press, vol. Ⅲ.

Dunford, M., and Holland, J. (1998) *New York City: The Rough Guide*, 6th ed., trans. J. Deinema, E. Ottens, E. Schreuder and C. Smit, Houten: Nederlandstalige editie.

—— (2000a) *New York City: The Rough Guide*, 7th ed., London: Rough Guides Ltd.

—— (2000b) *New York: The Rough Guide*, trans. A. Barella Sciolette and C. Scandone, rev. G. Penazzi, Bologna: FuoriThema.

During, S. (ed.) (1999) *The Cultural Studies Reader*, London and New York: Routledge.

Easthope, A. (1983) *Poetry as Discourse*, London and New York: Routledge.

—— (1991) *Literary intto Cultural Studies*, London and New York: Routledge.

—— (1999a) *Englishness and National Culture*, London and New York: Routledge.

—— (1999b) *The Unconscious*, London and New York: Routledge.

Ebel, J. G. (1969) "Translation and Cultural Nationalism in the Reign of Elizabeth," *Journal of the History of Ideas* 30: 593-602.

Eber, I. (1980) *Voices from Afar: Modern Chinese Writers on Oppressed Peoples and Their Literature,* Ann Arbor, MI: University of Michigan Center for Chinese Studies.

Eliot, T. S. (1950) *Selected Essays*, New York: Harcourt, Brace and World.

Eminem (2000) *The Marshall Mathers LP*, Interscope Records.

Enright, D. J. (1968) "Effrontery and Charm," *New York Review of Books*, 21 November, pp. 22-24.

Evans, A. B. (2000) "Jules Verne and the French Literary Canon," in E. J. Smyth (ed.) *Jules Verne: Narratives of Modernity*, Liverpool: Liverpool University Press, pp. 11-39.

Even-Zohar, I. (1990) "Polysystem Studies," *Poetics Today*, 11/1.

Faas, E. (1980) *Ted Hughes: The Unaccommodated Universe,* Santa Barbara, CA: Black Sparrow.

Falk, R. (1999) *Predatory Globalization: A Critique*, Cambridge: Polity.

—— (2002) *La Globalización depredadora: Una critica*, trans. H. Bevia and A. Resines, Madrid: Siglo XXI

Farrés, E. (2006) *Edward Hopper: Cinquanta poemes sobre la seva obra pictòrica*, Barcelona: Viena.

—— (2009) *Edward Hopper: Poems*, trans. L. Venuti, Minneapolis, MN: Graywolf ; Manchester: Carcanet, 2010.

Feeney, D. (1998) *Literature and Religion at Rome: Cultures, Contexts, and Beliefs*, Cambridge: Cambridge University Press.

Feinstein, E. (2001) *Ted Hughes: The Life of a Poet*, London: Weidenfeld and Nicolson.

Fish, S. E. (1980) *Is There a Text in This Class? The Authority of Interpretive Communities*, Cambridge, MA: Harvard University Press.

Fitts, D. (1959) "The Poetic Nuance," in Brower (1959), pp. 32-47.

—— (ed. and trans.) (1956) *Poems from the Greek Anthology*, New York: New Directions.

Fitzgerald, A. (2012) "In Conversation: Jonathan Galassi with Adam Fitzgerald," *The Brooklyn Rail*, May. *http://brooklynrail.org/2012/05/books/* Accessed 24 June 2012.

Freud, S. (1953) *The Interpretation of Dreams,* trans. J. Strachey, Harmondsworth: Penguin, 1976.

—— (1960) *The Psychopathology of Everyday Life*, trans. A. Tyson, New York: Norton, 1965.

Frota, M. P. (2000) *A singularidade na escrita tradutora: linguagem e subjetividade nos estudos da tradução, na lingüística e na psicanálise*, Campinas: Pontes.

Fulton, R. (2007) "Letter to the editor" , *Times Literary Supplement,* 9 February, p. 17.

Gavronsky, S. (1977) "The Translator: From Piety to Cannibalism," *SubStance* 16: 53-61.

Gentile, A., Ozolins, U., and Vasilakakos, M. (1996) *Liaison Interpreting: A Handbook*, Melbourne: Melbourne University Press.

Gibbons, R. (1985) "Poetic Form and the Translator," *Critical Inquiry* 11/4: 654-671.

Giddens, A. (1979) *Central Problems in Social Theory: Action, Structure, and Contradiction in Social Analysis*, Berkeley and Los Angeles, CA: University of Califormia Press.

Gill, B. (1955) "The Uses of Love," *New Yorker*, 5 March, pp. 114-115.

Golino, C. (1959) Review of Mandelbaum (1958), *Italian Quarterly* 3: 76.

Gouanvic, J.-M. (1999) *Sociologie de la traduction: la science-fiction américaine dans l'espace culturel français des années 1950*, Arras: Artois Presses Université.

—— (2005) "A Bourdieusian Theory of Translation, or the Coincidence of Practical Instances: Field, 'Habitus,' Capital and 'Illusio' ," trans. J. Moore, *The Translator* 11/2: 147-166.

—— (2007) *Pratique social de la traduction: le roman réaliste américain dans le champ littéraire français, 1920–1960*, Arras: Artois Presses Université.

Graham, J. (1985) *Difference in Translation*, Ithaca, NY: Cornell University Press.

Greenberg, J. (ed.) (2008) *Side by Side: New Poems Inspired by Art from Around the World*, New York: Harry Abrams.

Grossman, E. (2010) *Why Translation Matters*, New Haven, CT: Yale University Press.

Gutt, E.-A. (1991) *Translation and Relevance: Cognition and Context*, Oxford: Blackwell.

Habermas, J. (1998) *On the Pragmatics of Communication*, ed. M. Cooke, Cambridge, MA: MIT Press.

Hallett, G. (1971) "The Bottle and the Fly," *Thought* 46/1: 83-104.

Harvey, D. (1989) *The Condition of Postmodernity: An Enquiry into the Origins of Social Change*, Oxford: Blackwell.

Harvey, K. (1995) "A Descriptive Framework for Compensation," *The Translator* 1/1: 65-86.

Hass, V. P. (1955) Review of Ash (1955), *Chicago Sunday Tribune*, 24 April, p. 6.

Hatim, B., and Mason, I. (1997) *The Translator as Communicator*, London and New York: Routledge.

Healey, R. (1998) *Twentieth-Century Italian Literature in English Translation: An Annotated Bibliography, 1929–1997*, Toronto: University of Toronto Press.

Heidegger, M. (1947) "Letter on Humanism," trans. F. A. Capuzzi, in D. F. Krell (ed.) *Basic Writings*, New York: Harper and Row, 1977, pp. 193-242.

—— (1962) *Being and Time*, trans. J. Macquarrie and E. Robinson, New York: Harper and Row.

—— (1975) *Early Greek Thinking*, ed. and trans. D. F. Krell and F. A. Capuzzi, New York: Harper and Row.

Heilbron, J., and Sapiro, G. (2007) "Outline for a Sociology of Translation: Current Issues and Future Prospects," in M. Wolf and A. Fukari (eds) *Constructing a Sociology of Translation*, Amsterdam: Benjamins, pp. 93-107.

Hermans, T. (1999) *Translation in Systems: Descriptive and System-oriented Approaches*, Manchester: St. Jerome.

Hoby, Sir T. (trans.) (1900) B. Castligione, *The Book of the Courtier*, ed. W. Raleigh, New York: AMS Press, 1967.

Holmes, J. S. (1988) "The Name and Nature of Translation Studies," in *Translated! Papers on Literary Translation and Translation Studies*, Amsterdam: Rodopi, pp. 67-80.

Homer (1951) *The Iliad of Homer*, ed. and trans. R. Lattimore, Chicago: University of Chicago Press.

Honig, E. (1985) *The Poet's Other Voice: Conversations on Literary Translation,* Amherst, MA: University of Massachusetts Press.

Hooley, D. M. (1988) *The Classics in Paraphrase: Ezra Pound and Modern Translators of Latin Poetry*, Selingsgrove, PA: Susquehanna University Press.

Hughes, S., and Hughes, E. (ed. and trans.) (1982) *Jacopone da Todi: The Lauds*, New York: Paulist Press.

Hughes, T. (1969) *Seneca's Oedipus*, London: Faber and Faber.

—— (1970) *Crow: From the Life and Songs of the Crow*, London: Faber and Faber.

Hugo, V. (1985) *Œuvres Complètes: Critiqué*, ed. J.-P. Reynaud, Paris: Laffont, vol. 11.

Hutcheon, L. (1989) *The Politics of Postmodermism*, London: Methuen.

Hu Ying (2000) *Tales of Translation: Composing the New Woman in China, 1899–1918*, Stanford, CA: Stanford University Press.

Ibarz, M. (1984) "El pensament fermat de Joan Sales," *L'Avenç* 67: 15.

Inghilleri, M. (2011) *Interpreting Justice: Ethics, Politics and Language*, London and New York: Routledge.

Jakobson, R. (1959) "On Linguistic Aspects of Translation," in Brower (1959), pp. 232-239.

James, H. (1901) "Matilde Serao," *North American Review*, 172: 367-80.

Jameson, F. (1981) *The Political Unconscious: Narrative as a Socially Symbolic Act*, Ithaca, NY: Cornell University Press.

—— (1991) *Postmodernism, or The Cultural Logic of Late Capitalism*, Durham, NC: Duke University Press.

Jones, A. B. (1997) *Women in Contemporary Spain*, Manchester: Manchester University Press.

Kastelic, N. S. (2010) *Publishing, Slovenia, 2009: Final Data*. Ljubljana: Statistical Office of the Republic of Slovenia, *www. stat.si/eng/novica_prikazi.aspx?id=3529* Accessed 2 January 2011.

Keeley, E. (1990) "The Commerce of Translation," *Journal of Modern Greek Studies* 8/2: 291-297.

Kessler, S. (2010) "Letter to the Editor," *London Review of Books* 32/14 (22 July): 5.

Klein, N. (2000) *No Logo*, London: Flamingo, 2001.

Kleinberg, S. J. (1999) *Women in the United States, 1830−1945*, New Brunswick, NJ: Rutgers University Press.

Kuh, K. (1962) *The Artist's Voice: Talks with Seventeen Artists*, New York: Harper and Row.

Lacan, J. (1977) *Ecrits: A Selection,* trans. A. Sheridan, New York: Norton.

Lash, S., and Urry, J. (1994) *Economies of Signs and Space*, London: Sage.

Lattimore, R. (1959) "Practical Notes on Translating Greek Poetry," in Brower (1959), pp. 48-56.

Lecercle, J.-J. (1990) *The Violence of Language*, London and New York: Routledge.

Lee, L. O. (1973) *The Romantic Generation of Modern Chinese Writers*, Cambridge, MA: Harvard University Press.

—— (1987) *Voices from the Iron House: A Study of Lu Xun,* Bloomington, IN: Indiana University Press.

Lefevere, A. (ed. and trans.) (1977) *Translating Literature: The German Tradition from Luther to Rosenzweig*, Assen: Van Gorcum.

—— (ed. and trans.) (1992) *Translation/History/Culture: A Sourcebook*, London and New York: Routledge.

Levin, G. (1995) *Edward Hopper: A Catalogue Raisonné*, New York: Whitney Museum of American Art and Norton, vol. 3.

—— (2007) *Edward Hopper: An Intimate Biography*, New York: Rizzoli.

Levine, S. J. (2005) "The Latin American Novel in English Translation," in E. Kristal (ed.) *The Cambridge Companion to the Latin American Novel*, Cambridge: Cambridge University Press, pp. 297-317.

Lewis, C. T., and Short, C. (1879) *A Latin Dictionary,* Oxford: Clarendon Press.

Lewis, P. E. (1985) "The Measure of Translation Effects." in Graham (1985), pp. 31-62.

Llobera, J. R. (1983) "The Idea of the *Volksgeist* in the Formation of Catalan Nationalist Ideology," *Ethnic and Racial Studies* 6: 332-50.

Logue, C. (2001) *War Music: An Account of Books 1-4 and 16-19 of Homer's Iliad*, London: Faber and Faber.

Longenbach, J. (2008) *The Art of the Poetic Line*, Saint Paul, MN: Graywolf.

Loomba, A. (1998). *Colonialism/Postcolonialism*, London and New York: Routledge.

Lowell, R. (1961) *Imitations*, New York: Farrar, Straus and Giroux.

Lucarelli, C. (2001) "Quella iena di Bunker non diverrà mai un angelo," *La Stampa Tuttolibri*,8 December, p. 3.

Luke, D. (1970) "Introduction," in T. Mann, *Tonio Kröger and Other Stories*, ed, and trans. D. Luke, New York: Bantam, pp. ix-xxxviii.

—— (1995) "Translating Thomas Mann," *Times Literary Supplement*, 8 December, p. 15.

Lyotard, J.-F. (1984) *The Postmodern Condition: A Report on Knowledge,* trans. G. Bennington and B. Massumi, Minneapolis, MN: University of Minnesota Press.

MacIntyre, A. (1988) *Whose Justice? Which Rationality?*, Notre Dame, IN: University of Notre Dame Press.

MacLehose, C. (2004-05) "A Publisher's Vision," *EnterText* 4/3 Supplement: 103-116.

MacShane, F. (1971) "The Teaching of Translation," in *The World of Translation*, New York: PEN American Center, pp. 231-40.

Mahony, P. (1980) "Toward the Understanding of Translation in Psychoanalysis," in *Psychoanalysis and Discourse*, London: Tavistock, 1987, pp. 3-15.

Mair, A. (1957) "Seneca, Lucius Annaeus," in *Encyclopedia Britannica*, ed. W. Yust, 14th edition, Chicago: Encyclopedia Britannica.

Mandel, E. (1975) *Late Capitalism*, trans. J. De Bres, London: Verso.

Marías, J. (2003) *The Man of Feeling*, trans. M. J. Costa, New York: New Directions.

Massardier-Kenney, F. (2010) "Antoine Berman's Way-making to Translation as a Creative and Critical Act," *Translation Studies* 3/3: 259-71.

May, E. T. (1988) *Homeward Bound: American Families in the Cold War*, New York: Basic Books.

May, R. (1994) *The Translator in the Text: On Reading Russian Literature in English*, Evanston, IL: Northwestern University Press.

McEwan, I. (1981) *The Comfort of Strangers*, London: Jonathan Cape.

—— (1982) *El placer del viajero*, trans. B. Gómez Ibáñez, Barcelona: Editorial Anagrama.

—— (1983a) *Cortesie per gli ospiti*, trans. S. Bertola, Torino: Einaudi.

—— (1983b) *Étrange séduction (Un bonheur de rencontre),* trans. J.-P. Carasso, Paris: Seuil.

—— (1997) *El confort dels estranys,* trans. M. Trias, Barcelona: Ediciones Destino.

McGann, J. (1991) *The Textual Condition,* Princeton, NJ: Princeton University Press.

Mena, E. (2010) Review of Farrés (2009), *Three Percent*, 10 January. *http://www.rochester.edu/College/translation/threepercent/index.php?id=2438* Accessed 9 January 2012.

Mengaldo, P. V. (1991) "Aspetti della lingua di Calvino," in *La tradizione del Novecento. Terza serie,* Torino: Einaudi, pp. 227-291.

Meschonnic, H. (1973) *Pour la poétique II*, Paris: Gallimard.

Mitchell, J. (1975) *Psychoanalysis and Feminism*, Harmondsworth: Penguin.

Mitchell, J. and Rose, J. (eds) (1982) *Feminine Sexuality: Jacques Lacan and the Ecole Freudienne*, trans. J. Rose, London: Macmillan.

Moliner, M. (1994) *Diccionario de uso del español*, Madrid: Editorial Gredos.

Moretti, F. (2000) "Conjectures on World Literature," *New Left Review* n. s. 1 (January-February): 54-68.

Muir, W. (1968) *Belonging: A Memoir*, London: Hogarth Press.

Nabokov, V. (1955) "Problems of Translation: *Onegin* in English," *Partisan Review* 22: 496-512.

Nagid, N. L. (1955) "The Decadent Life," *Commonweal*, 13 May, pp. 163-166.

Nash, M. (1983) *Mujer, familia y trabajo en España (1875–1936)*, Barcelona: Anthropos.

Neruda, P. (1972) *The Captain's Verses*, trans. D. D. Walsh, New York: New Directions.

—— (1973a) *Residence on Earth*, trans. D. D. Walsh, New York: New Directions.

—— (1973b) *Incitement to Nixonicide and Praise for the Chilean Revolution*, trans. S. Kowit, Madison, WI: Quixote.

New Yorker (1988) "Briefly Noted," 2 May, p. 119.

Nida, E. (1964) *Towards a Science of Translating, with Special Reference to Principles and Procedures Involved in Bible Translating*, Leiden: Brill.

Niedecker, L. (2002) *Collected Works*, ed. J. Penberthy, Berkeley and Los Angeles: University of California Press.

O'Doherty, B. (1973) *American Masters: The Voice and the Myth*, New York: Random House.

O'Gorman, N. (1959a) "Language and Vision," *Poetry* 93: 329-332.

—— (1959b) *The Night of the Hammer*, New York: Harcourt Brace.

Olson, C. (1960) "Projective Verse" (1959), in D. M. Allen (ed.) *The New American Poetry*, New York: Grove Press, pp. 386-399.

Ortín, M. (1996) *La prosa literària de Josep Carner*, Barcelona: Quaderns Crema.

—— (2001) "Els Dickens de Josep Carner i els seus critics," *Quaderns: Revista de Traducció* 7: 121-151.

Parks, T. (1998) *Translating Style: The English Modernists and their Italian Translations*, London: Cassell.

Paterson, D. (1999) *The Eyes: A Version of Antonio Machado*, London: Faber and Faber.

—— (2006) *Orpheus: A Version of Rilke's Die Sonette an Orpheus*, London: Faber and Faber.

Payne, J. (1993) *Conquest of the New Word: Experimental Fiction and Translation in the Americas*, Austin, TX: University of Texas Press.

Peresson, G. (2010) *Rapporto sullo stato dell'editoria in Italia, 2010*, Milano: Ediser/Associazione italiana editori.

Peresson and Mussinelli, C. (2009) "The Sale and Purchase of Translation Rights in the Italian Market," *Publishing Research Quarterly* 25: 254-263.

Peretti, J. (2001) "My Nike Media Adventure," *The Nation*, 272/14 (April 19): 19-22.

Pericay, X., and Toutain, F. (1996) *El malentès del Noucentisme: Tradició i plagi a la prosa catalana moderna*, Barcelona: Proa.

Perloff, M. (1996) *Wittgenstein's Ladder: Poetic Language and the Strangeness of the Ordinary*, Chicago: University of Chicago Press.

Polk, W. R. (2004) "Los neoconservadores en las alturas del poder," trans. J. G. L. Guix, 24 January, on-line edition.

Pound, E. (1929) "Guido's Relations," *The Literary Essays of Ezra Pound*, ed. T. S. Eliot, New York: New Directions, 1954, pp. 192-200.

Pozzi, A. (1998) *Parole*, ed. A. Cenni and O. Dino, 2nd ed., Milan: Garzanti.

—— (2002) *Breath: Poems and Letters*, ed. and trans. L. Venuti, Middletown, CT: Wesleyan University Press.

Prat de la Riba, E. (1906) *La nacionalitat catalane*, Barcelona: Edieions 62, 1998.

Pratt, M. L. (1986) "Interpretive Strategies/Strategic Interpretations: On Anglo-American Reader-Response Criticism," in J. Arac (ed.) *Postmodernism and Politics*, Minneapolis, MN: University of Minnesota Press, pp. 26-54.

—— (1987) "Linguistic Utopias," in N. Fabb, D. Attridge, A. Durant, and C. McCabe (eds) *The Linguistics of Writing: Arguments between Language and Literature*, Manchester: Manchester University Press.

Pusey, J. R. (1983) *China and Charles Darwin*, Cambridge, MA: Harvard University Press.

Rafael, V. (1988) *Contracting Colonialism: Translation and Christian Conversion in Tagalog Society under Early Spanish Rule*, Ithaca, NY: Cornell University Press.

—— (2009) "Translation, American English, and the National Insecurities of Empire," *Social Text 101* 27/4 (Winter): 1-23.

Raymond, J. (1955) "Two First Novels," *New Statesman and Nation*, 21 May, pp. 727-728.

Reichert, K. (1996) " 'It Is Time' : The Buber-Rosenzweig Bible Translation in Context," in S. Budick and W. Iser (eds) *The Translatability of Culture: Figurations of the Space Between*, Stanford, CA: Stanford University Press, pp. 169-185.

Riba, C. (1979) *Clàssics i moderns*, ed. J. Molas, Barcelona: Edicions 62.

Ricoeur, P. (1970) *Freud and Philosophy: An Essay in Interpretation*, trans. Denis Savage, New Haven,

CT: Yale University Press.

Rigby, K. (2010) "Ernest Farrés's 'Edward Hopper'," *Words without Borders*, March. *http://wordswithoutborders.org/book-review/ernest-farress-edward-hopper* Accessed 4 February 2012.

Rolo, C. J. (1955) Review of Ash (1955), *Atlantic*, April, pp. 84-86.

Sagan, F. (1954) *Bonjour Tristesse*, Paris: Julliard.

—— (1955) *Bonjour Tristesse*, trans. I. Ash, New York: Dutton.

Sales, J. (1956) *Incerta glòria*, Barcelona: Club Editor.

—— (trans.) (1961) "Nota dels editors Catalans," in F. Dostoievski, *Els germans Karamàzov*, Barcelona: Club Editor.

Sanders, M. (1992) "Training for Community Interpreters," in C. Picken (ed.) *ITI Conference 6 Proceedings*, London: Aslib.

Sapiro, G. (2010) "French Literature in the World System of Translation," trans. J. Gladding, in C. McDonald and S. R. Suleiman (eds) *French Global: A New Approach to Literary History*, New York: Columbia University Press, pp. 298-319.

Saussy, H. (2006) *Comparative Literature in an Age of Globalization*, Baltimore, MD: Johns Hopkins University Press.

Schleiermacher, F. (1813) "On the Different Methods of Translating," trans. S. Bernofsky, in Venuti (2012b), pp. 43-63.

—— (1890) *Selected Sermons*, ed. and trans. M. F. Wilson, New York: Funk and Wagnalls.

Schroeder, S. (2006) *Wittgenstein: The Way Out of the Fly-Bottle*, Cambridge: Polity.

Schulte, R., and Biguenet, J. (eds) (1992) *Theories of Translation: An Anthology of Essays from Dryden to Derrida*, Chicago: University of Chicago Press.

Schwartz, B. (1964) *In Search of Wealth and Power: Yan Fu and the West*, Cambridge, MA: Harvard University Press.

Schweda Nicholson, N. (1994) "Professional Ethics for Court and Community Interpreters," in D. L. Hammond (ed.) *Professional Issues for Translators and Interpreters*, Amsterdam: John Benjamins.

Sellent Arús, J. (1998) "La traducció literària en català al segle XX: alguns títols representatius," *Quaderns: Revista de Traducció* 2: 23-32.

Semanov, V. 1. (1967) *Lu Hsün and His Predecessors*, trans. C. Alber, White Plains, NY: M. E. Sharp, 1980.

Shackman, J. (1984) *The Right to be Understood: A Handbook on Working with, Employing and Training Community Interpreters, Cambridge*, England: National Extension College.

Shuttleworth, M., and Cowie, M. (1997) *Dictionary of Translation Studies*, Manchester: St. Jerome.

Sigmund, P. E. (1977) *The Overthrow of Allende and the Politics of Chile, 1964–1976*, Pittsburgh, PA: University of Pittsburgh Press.

Skelton, J. (1983) *The Complete English Poems*, ed. V. J. Scattergood, Harmondsworth: Penguin.

Smith, B. H. (1988) *Contingencies of Value: Alternative Perspectives for Critical Theory*, Cambridge, MA: Harvard University Press.

Smith, W. (1875) *A Dictionary of Greek and Roman Antiquities*, London: John Murray.

Spanos, W. (1993) *Heidegger and Criticism*, Minneapolis, MN: University of Minnesota Press.

Sperber, D., and Wilson, D. (1986) *Relevance: Communication and Context*, Oxford: Blackwell.

Spivak, G. C. (1985) "Subaltern Studies: Deconstructing Historiography," in D. Landry and G. MacLean (eds) *The Spivak Reader*, London and New York: Routledge, pp. 203-236.

—— (1992) "The Politics of Translation," in *Outside in the Teaching Machine*, London and New York: Routledge, 1993, pp. 179-200.

—— (ed. and trans.) (1995) *Imaginary Maps: Three Stories by Mahasweta Devi*, London and New York: Routledge.

Spunta, M. (2004) *Voicing the Word: Writing and Orality in Contemporary Italian Fiction*, Bern: Peter Lang.

Starr, W. H., Thompson, M. P., and Walsh, D. D. (1960) *Modern Foreign Languages and the Academically Talented Student*, Washington D. C. and New York: National Education Association and Modern Language Association of America.

Steiner, G. (1975) *After Babel: Aspects of Language and Translation*, New York and London: Oxford University Press.

Tabucchi, A. (1994) *Sostiene Pereira: Una testimonianza*, Milan: Feltrinelli.

—— (1995) *Declares Pereira: A True Account*, trans. P. Creagh, London: Harvill.

Tennyson, A. (1972) *Selected Poetry*, ed. C. Ricks, London: Longman.

Times of London (1958) "Perplexities and Poetry," 6 November, p. 13C.

Testa, E. (1997) *Lo stile semplice: Discorso e romanzo*, Torino: Einaudi.

Thompson, J. (1954) *A Hell of a Woman*, New York: Vintage, 1990.

Timpanaro, S. (1976) *The Freudian Slip: Psychoanalysis and Textual Criticism*, trans. K. Soper, London: NLB.

Toury, G. (1980) *In Search of a Theory of Translation*, Tel Aviv: Porter Institute for Poetics and Semiotics.

—— (1986) "Monitoring Discourse Transfer: A Test-Case for a Developmental Model of Translation," in J. House and S. Blum-Kulka (eds) *Interlingual and Intercultural Communication: Discourse and Cognition in Translation and Second Language Acquisition Studies*, Tübingen: Narr, pp. 79-94.

—— (1995) *Descriptive Translation Studies and Beyond*, Amsterdam: John Benjamins.

Tranströmer, T. (2006) *The Deleted World: Versions by Robin Robertson*, London: Enitharmon.

Trueblood, A. (1982) *Antonio Machado: Selected Poems*, Cambridge, MA: Harvard University Press.

Turi, G. (1997) "Cultura e poteri nell'Italia repubblicana," in G. Turi (ed.) *Storia dell'editoria nell'Italia contemporanea,* Firenze: Giunti, pp. 383-448.

Tymoczko, M. (1999) *Translation in a Postcolonial Context: Early Irish Literature in English Translation*, Manchester: St. Jerome.

—— (2000) "Translation and Political Engagement: Activism, Social Change and the Role of Translation in Geopolitical Shifts," *The Translator* 6/1: 23-48.

Underhill, E. (1919) *Jacopone da Todi, Poet and Mystic — 1228–1306: A Spiritual Biography*, London: J. M. Dent.

Ungar, S. (2006) "Writing in Tongues: Thoughts on the Work of Translation," in Saussy (2006), pp. 127-138.

Ungaretti, G. (1953) *Les cinq livres*, trans. J. Lescure, Paris: Editions de Minuit.

—— (1958) *Life of a Man*, ed. and trans. A. Mandelbaum, Milan: Scheiwiller, London: Hamish Hamilton, and New York: New Directions.

—— (1975) *Selected Poems of Giuseppe Ungaretti*, ed. and trans. A. Mandelbaum, Ithaca, NY: Cornell University Press.

Unwin, S. (1960) *The Truth about Publishing*, 7th ed., London: Allen and Unwin.

Vallverdú, F. (1968) *L'escriptor català i el problema de la llengua*, Barcelona: Edicions 62.

Van Gogh, V. (1888) "Letter to Theo van Gogh," trans. Mrs. J. van Gogh-Bonger, ed. R. Harrison, 8 September, no. 533. *http://www.webexhibits.org/vangogh/letter/18/533.htm* Accessed 15 January 2012.

Van Ham, P. (2001) "The Rise of the Brand State," *Foreign Affairs* 80/5 (September/October): 2-6.

Venuti, L. (1982) "The Art of Literary Translation: An Interview with William Weaver," *Denver Quarterly* 17/2: 16-26.

—— (1991) "Simpatico," *SubStance* 65: 3-20.

—— (1995) "Translating Thomas Mann," *Times Literary Supplement,* 22 December, p. 17.

—— (1998) *The Scandals of Translation: Towards an Ethics of Difference*, London and New York: Routledge.

—— (2005) "Translation, History, Narrative," *Méta: Journal des Traducteurs* 50/3: 800-817.

—— (2008) *The Translator's Invisibility: A History of Translation*, 2nd ed., London and New York:

Routledge.

—— (2009) "Translation, Intertextuality, Interpretation," *Romance Studies* 27/3: 218-234.

—— (2010) "Ekphrasis, Translation, Critique," *Art in Translation* 2/2: 131-152.

—— (2012a) "Genealogies of Translation Theory: Jerome," in Venuti (2012b), pp. 483-502.

—— (ed.) (2012b) *The Translation Studies Reader*, 3rd ed., London and New York: Routledge.

Vermeer, H. (1989) "Skopos and Commission in Translation Action," trans. A. Chesterman, in L. Venuti (2012b), pp. 191-202.

Vickers, N. (1981) "Diana Described: Scattered Women and Scattered Rhyme," *Critical Inquiry* 8: 265-279.

—— (1986) "This Heraldry in Lucrece 'Face' " in S. R. Suleiman (ed) *The Female Body in Western Culture: Contemporary Perspectives*, Cambridge, MA: Harvard University Press, pp. 209-222.

Vincent, G. T., and Lees, S. (2006) "A Life with Art: Stephen Carlton Clark as Collector and Philanthropist," in *The Clark Brothers Collect: Impressionist and Early Modern Paintings*, Williamstown, MA: Sterling and Francis Clark Art Institute, pp. 123-199.

Von der Lippe, G. B. (1999) "Death in Venice in Literature and Film: Six 20th-Century Versions," *Mosaic* 32/1: 35-54.

Wadensjö, C. (1998) "Community Interpreting," in M. Baker (ed.) *Encyclopedia of Translation Studies*, London and New York: Routledge, pp. 33-37.

Ward, A. (1974) *Book Production, Fiction and the German Reading Public, 1740–1800*, Oxford: Oxford University Press.

Warmington, E. H. (ed. and trans.) (1936) *Remains of Old Latin*, vol. 2, London: William Heinemann.

Watling, E. F. (ed. and trans.) (1966) *Seneca: Four Tragedies and Octavia*, Harmondsworth: Penguin.

Weaver, W. (1989) "The Process of Translation," in Biguenet and Schulte (1989), pp. 117-124.

Weissbort, D. (2006) "Postface," in D. Weissbort and A. Eysteinsson (eds) *Translation Theory and Practice: A Historical Reader*, Oxford: Oxford University Press, pp. 609-615.

Wesley, J. (1983) *A Collection of Hymns for the Use of the People Called Methodists*, ed. F. Hildebrandt, O. A. Beckerlegge and J. Dale, vol. 7 in *The Works of John Wesley*, Oxford: Clarendon Press.

Westbrook, V. (1997) "Richard Taverner Revising Tyndale," *Reformation* 2: 191-205.

White, H. (1973) *Metahistory: The Historical Imagination in the Nineteenth Century*, Baltimore, MD: Johns Hopkins University Press.

Whittle, N. (2010) "Dialogues with the Dead," *Financial Times*, 23 January, p. 16.

Willcox, L. C. (1920) "A Famous Mystic of the 13th Century," *New York Times*, 11 April, p. BR166.

Williams, G. (1999) *French Discourse Analysis: The Method of Post-Structuralism*, London and New

York: Routledge.

Wills, G. (1997) "Homer's Women," *New Yorker*, 27 January, pp. 74-78.

Wilson, E. (1946) "Books," *New Yorker*, 13 April, pp. 99-100.

Wong, L. (1998) "Lin Shu's Story-retelling as Shown in His Chinese Translation of *La Dame aux camellias,*" *Babel* 44: 208-233.

Wittgenstein, L. (2009) *Philosophical Investigations*, trans. G. E. M. Anscombe, P. M. S. Hacking, and J. Schulte, Chichester: Wiley-Blackwell, rev. 4th ed.

Wood, M. (2010) "The Unreachable Real," *London Review of Books* 32/13 (8 July): 26-28.

Yao, S. G. (2002) *Translation and the Languages of Modernism: Gender, Politics, Language*, New York: Palgrave Macmillan.

Zdanys, J. (1982) "Some Thoughts on Translating Poetry," *Lituanus*, 28/4 (Winter), online.

—— (1987) "Teaching Translation: Some Notes toward a Course Structure," *Translation Review*, 23: 9-13.

Zhang, S., and Schmitt, B. H. (2001) "Creating Local Brands in Multilingual International Markets," *Journal of Marketing Research* 38 (August): 313-325.

索　引

本索引所标页码为原书页码，即本汉译本边码。

图书在版编目（CIP）数据

翻译改变一切：理论与实践 /（美）劳伦斯·韦努蒂著；蒋童译.--北京：商务印书馆，2025.--（二外翻译文库）.--ISBN 978-7-100-24875-4

Ⅰ. H059-53

中国国家版本馆CIP数据核字第20255BG259号

二外翻译文库

翻译改变一切

理论与实践

〔美〕劳伦斯·韦努蒂 著

蒋童 译

商 务 印 书 馆 出 版

（北京王府井大街36号 邮政编码100710）

商 务 印 书 馆 发 行

三河市春园印刷有限公司印刷

ISBN 978－7－100－24875－4

2025年7月第1版　　开本880×1230 1/32

2025年7月第1次印刷　　印张$13^{3}/_{8}$

定价：78.00元